[개정판]

아동권리와 복지

김미영 저

Rights and welfare of the Child

양성원

머리말

이 책이 출간된 지 2년 만에 다시 개정판을 내게 된 소회는 한마디로 '감사함'이다. 그동안 책을 접하신 많은 분들의 조언과 격려가 있었기에 가능한 일이기 때문이다. 한편으로 초판의 내용을 다시 정리하고 최근의 자료들로 채울 수 있는 기회가 제공됨으로서 교재 발간 당시 부족한 부분과 내용들은 계속해서 수정·보완하겠다는 약속을 지키게 되어서 더욱 감사함이 크다.

처음 「아동권리와 복지」로 출간한 이후에 우리 사회에서 아동권리와 보호라는 측면에 대한 국민들의 인식은 진일보했다고 하지만 아직도 우리나라 아동의 행복지수는 높다고 할 수 없을 것이다. 연일 보도되는 아동학대는 물론 빈곤의 사각지대에 놓여있는 아동들은 생존권마저 위협당하고 있는 처지이며 교육에 대한 양극화 등은 심각한 상황에 놓여있다고 할 수 있다.

본 교재 「아동권리와 복지」는 이미 2017년부터 보육교사 자격기준을 대폭 강화하고 필수교과로 지정하면서 사회복지사 교과와 더불어 보육전공에도 맞춤형 교재로 활용하기 위한 일환으로 집필되었다. 그런데 최근 「사회복지사업법 시행규칙」 일부 개정에 따른 자격제도 변경사항에 의하면 2020년부터 선택교과가 증가하게 되었다. 그 배경에는 전문 사회복지사로서의 자격을 강화하기 위한 것으로 본다. 따라서 본 교재는 시대적인 흐름에 따라 보육 및 사회복지 전공에서 좀 더 심도 있게 아동관련 사업과 정책을 공부하고 아동권리 보장과 실현을 위한 실천적인 힘을 보태야 할 책무성이 더욱 더 커지게 되었다.

그러한 차원으로 개정판을 준비하면서 두드러진 변화 중의 한 가지는 초판의 12장으로 구성된 본문을 개정판에서는 13장으로 재구성하였다는 점이다. 이는 15주인 한 학기 강의 분량을 고려한 것이며, 또한 한 챕터의 내용으로 소화하기에는 다소 부담이 되는 분량을 두 챕터로 분리하여 학생들이 최적의 이해를 할 수 있도록 조정하는데 의미가 있다고 본다. 수차례 수정작업을 거친 결과 교재의 구성은 다음과 같다.

- 제1장 아동권리와 복지의 기초
- 제2장 아동복지의 기본전제와 원칙

- 제3장 아동권리와 복지의 발전과정
- 제4장 아동복지 정책과 행정 및 관계법
- 제5장 보육아동 복지서비스
- 제6장 빈곤아동 복지서비스
- 제7장 한부모 및 조손가정의 아동복지서비스
- 제8장 다문화 및 북한이탈주민 가족의 아동복지서비스
- 제9장 장애아동 복지서비스
- 제10장 학대아동 복지서비스
- 제11장 가정위탁보호서비스
- 제12장 입양아동 복지서비스
- 제13장 시설아동 보호서비스

보다 세부사항으로는 시대적인 변화에 따른 통계 수치를 최신 자료로 업데이트하였으며, 각 장별로 필요한 개념 정의 및 내용들을 보다 이해하기 쉽게 서술하였으며 주제와 관련한 '플러스 팁스'에 추가적으로 보완하여 첨부시켰다. 이는 학생들로 하여금 사고를 확장시키고 수업에 주도적으로 참여시킬 수 있는 토론거리로 활용하면 좋을 것이다.

이번 개정판에도 '아동이 아동답게 살 수 있는 세상'을 만드는데 일조할 수 있는 사회복지사와 보육교사, 유치원교사가 되는데 힘을 보태는 마음으로 이 책을 수정하고 보완하였다. 부디 이 교재가 대학 강의실에서나 아동복지 실천 및 아동 교육 현장에서 유용하게 활용되기를 바라며 더불어 사회복지 전문성을 향상시키는데 도움이 되면 좋겠다. 끝으로 새로이 개정판으로 출간할 수 있도록 여러모로 힘이 되어주고 지원을 아끼지 않으신 양성원 출판사의 임·직원들께 감사의 마음을 전한다.

2020년 8월

대덕연구단지에서 저자 **김미영**

Contents

Contents

Contents

13장
시설아동 보호서비스 / 305

CHAPTER

01

아동권리와 복지의 기초

1_ 아동권리의 이해
2_ 아동복지의 개념
3_ 아동복지서비스의 대상과 유형
4_ 아동복지서비스의 관점

아동권리와 복지는 아동을 권리의 주체자로서 인정하고, 한 사회가 아동에게 행복한 삶의 기초를 제공하는 것을 기반으로 한다. 아동 개인 및 가족은 행복한 삶의 기초를 마련하기 위해 필요한 모든 정책적, 제도적, 행·재정적 지원을 제공받아야 할 것이다. 이에 사회는 아동이 아동답게 살 권리를 보장해 주고 특수한 요구를 필요로 하는 아동뿐 아니라 일반 아동 전체가 건강하고 행복하게 살아가는데 필요한 모든 지원을 제공할 의무가 있다.

아동권리와 복지를 실현하기 위해서는 아동의 권리와 기본권을 인정하며, 아동복지에 대한 기본적 이해가 바탕이 되어야 할 것이다. 따라서 1장에서는 아동권리의 이해, 아동복지의 개념을 다루고 아동복지서비스의 대상과 유형 및 관점 등에 관한 내용을 설명한다.

1 아동권리의 이해

과거에는 역사적으로 아동에 대한 영향력이 매우 미비하고 부진하여 모든 제도나 정책은 성인의 필요에 의해 만들어지고 시행되었을 뿐 아동의 특성과 요구는 반영되지 않았다. 아동은 청소년 시기를 거쳐 어른으로 성장해 나가는 하나의 단계로 보고 단순히 어른의 보호를 필요로 하는 삶의 한 과정에 지나지 않는 것으로 인식해 온 것이 기존의 사고였다.

아동권리의 개념을 고려하기 시작한 것은 최근의 일로서, 아동은 신체적, 정신적으로 미성숙하여 성인의 특별한 보호를 받아야 하며, 독립된 인격체로서 존중받고, 최상의 이익 등이 먼저 고려되어야 한다는 사실이 강조되고 있다. 우리나라 「헌법」 제10조에서도 "모든 국민은 인간으로서의 존엄과 가치를 가지며 행복을 추구할 권리를 가진다."라고 명시되어 있는 것처럼 아동의 보호나 아동권리에 대한 인식은 매우 중요하다.

1) 아동권리의 개념

과거에는 아동복지 측면에서 볼 때 아동권리에 대한 개념이나 인식이 부족하였기 때문에 아동권리에 대한 명확한 개념 정의가 없었다. 실제 모든 사람들이 누리는 기본적인 자유와 권리 측면에서 인권의 문제를 다루어 왔을 뿐 특별히 아동의 권리 개념에 대한 구체적인 논의는 없었다.

보통 '권리'란 어떤 일을 함에 있어서 특별한 이익을 누릴 수 있는 법률상의 힘을 의미한다고 볼 때, 아동권리의 개념을 논할 때는 아동이라는 특수성을 포괄해야 한다. 즉, 아동은 사회적 소수자라는 본질적인 측면이나 보호와 양육의 대상으로만 간주되었을 뿐 개인 및 사회의 독립적인 일원으로 간주하지 않은 사실을 고려해야 한다.

따라서 '아동권리'라는 것은 아동으로서 특별히 누릴 수 있는 이익이나 권한을 말한다. 더 나아가서는 아동의 전인적 발달을 위한 인격 함양을 목적으로 생존 확보 및 신체·정신적 요구를 법적으로 승인하는 것이라고 정의내릴 수 있다. 그러한 차원에서 국가는 아동이 올바르게 성장할 수 있도록 보장하고 사회적으로 배려와 지원을 받을 권리를 추가적으로 제공해야 할 의무가 있는 것이다(이종은 외, 2012).

현대사회는 아동을 보호의 대상에서 권리의 주체로 보는 인식의 전환이 이루어지기까지 많은 변화가 있어 왔다. 특히 국제연합(UN)에 의해서 채택된 아동권리협약에 의하면 아동은 기본권리와 독립된 주체로서의 권리를 갖는다고 명시함으로써 아동이 권리의 주체인 '인간'으로서 인식되기 시작했다는 것을 알게 해준다. 게다가 아동권리선언에서 아동은 신체적·정신적 미성숙으로 인하여 출생전후를 막론하고 적절한 법적 보호를 포함한 특별한 보호와 배려를 필요로 한다고 선포함으로써 국제적 승인을 받았다. 그 이후 아동기는 사회에서 한 개인으로서의 삶을 영위할 수 있도록 충분히 준비되어져야 하며, 그때까지 가족 안에서 필요한 보호와 원조가 제공되어야 하는 것으로 아동의 특성을 폭넓게 이해하기 시작하였다(이용교, 2004).

이러한 변화는 결국 아동권리에 대한 국제법의 효력과 아동권리보장을 통해 적극적으로 아동권리사상을 표명했기 때문에 가능하게 되었으며, 결과적으로 아동권리에 대한 부모의 책임감 및 국가의 의무감은 더욱더 강화하게 되었다.

2) 아동의 4대 기본권리

아동의 법적 권리는 성인의 권리와는 차이가 있다. 아동은 신체, 정신적으로 취약하여 상처받기 쉽고, 성숙한 의사결정을 할 수 있는 능력이 부족하므로 아동의 기본권리는 아동의 특별한 요구에 유연하게 적용되어야 한다. 따라서 아동의 기본적 욕구가 우선적으로 충족될 때 아동권리는 보장될 수 있으므로 권리와 욕구 간의 상호성의 특성을 지니고 있다.

아동의 기본권리는 국제연합에 의해 채택된 아동권리협약 전문과 10개조로 된 아동권리선언을 통해 출생권, 생존권, 발달권, 행복추구권, 교육권 등을 보장받게 되었다(초록우산 어린이재단, 2013). 그 중 국가의 아동권리와 보호 의무에는 생존권, 보호권, 발달권, 참여권 등 4대 기본권으로 규정하고 있다. 〈표 1-1〉은 아동권리협약의 4대 기본권리를 나타내고 있다(한국아동권리모니터링센터 홈페이지).

〈표 1-1〉 아동권리협약의 4대 기본권리

기본권	주요내용	CRC 관련 조항
생존권	생명을 유지하기 위하여 영양가 있는 음식, 깨끗한 공기와 물을 섭취하며 안락한 주거지에서 적절한 생활수준을 누리고 최상의 건강을 지키기 위하여 의료혜택을 받을 권리	제24조(건강 및 의료) 제26조(사회보장) 제27조(생활보장)
보호권	각종 위험과 차별대우와 착취, 학대와 방임, 가족과의 인위적인 분리, 형법 등의 폐습으로부터 보호받을 권리	제3조(아동최선의 이익) 제18조(아동이익 극대화) 제23조(장애아동의 보호)
발달권	신체적, 정서적, 도덕적, 사회적 성장에 필요한 정규교육을 포함한 모든 종류의 교육을 받고 놀이, 여가, 정보, 문화 활동 등을 누릴 권리	제3조, 제17조, 제18조 제28조(교육), 제29조(교육) 제31조(놀이와 오락, 문화활동)
참여권	자신의 의사를 표현할 자유와 자기 생활에 영향을 주는 일에 대하여 참여하고 말할 수 있는 권리	제12조(의견표명) 제13조(표현의 자유) 제17조(정보에의 접근)

자료: UNICEF자료 재구성

(1) 생존권

생존권(Survival Rights)은 기본적인 삶을 누리는데 필요한 권리를 말한다. 적절한 생활수준을 누릴 권리, 안전한 주거지에서 살아갈 권리, 충분한 영양을 섭취하고 기본적인 보건서비스를 받을 권리 등을 포함한다.

(2) 보호권

보호권(Protection Rights)은 아동이 모든 형태의 유해한 것으로부터 보호받을 권리를 말한다. 학대와 방임, 차별, 폭력, 고문, 징집, 부당한 형사 처벌, 과도한 노동, 약물과 성폭력, 괴롭힘, 정서적 혹은 성적 학대, 전쟁 등으로부터 보호받을 권리 등이 해당된다.

(3) 발달권

발달권(Development Rights)은 아동의 가능성과 잠재능력을 최대한 발휘하는데 필요한 권리를 말한다. 교육받을 권리, 여가를 즐길 권리, 문화생활을 하고 정보를 얻을 권리, 생각과 양심과 종교의 자유를 누릴 권리, 자유롭게 뛰어놀 수 있는 권리 등을 포함한다.

(4) 참여권

참여권(Participation Rights)은 자신의 생활에 영향을 주는 일에 대하여 의견을 말하고 존중받을 권리를 말한다. 표현의 자유, 양심과 종교의 자유, 평화로운 방법으로 모임을 자유롭게 열 수 있는 권리, 사생활을 보호받을 권리, 유익한 정보를 얻을 권리, 의견을 갖고 지역사회와 문화 속에 참여할 권리 등이 해당된다.

Plus Tips

어린이의 권리를 지켜주는 유니세프의 역할

출처: 유니세프(Unicef) 어린이 소식지(2011). 아름다운 우리-유엔아동권리협약 특집.

3) 아동권리의 의의

그동안 국제사회의 노력으로 아동의 권리를 보장하고 국가의 아동보호의무를 준수하기 위해 많은 노력들을 기울여 왔다. 이에 아동권리 인식 및 보장에 대한 의의는 3가지로 설명된다. 첫째, 국제사회의 아동권리협약 체결 이전까지는 아동이라는 대상은 항상 논의에서 제외되어 왔다. 아동을 권리와 주체의 대상으로 보기보다는 객체로 인식하는 경향이 많았으며 아동보호에 대한 주된 책임의 주체는 가정이고, 사회와 국가는 취약 아동에 대한 응급구호와 요보호 아동 등에 국한한 것뿐이었다. 그러나 협약체결 이후부터는 아동권리에 대한 인식의 변화가 시작되었으며 명문화된 아동권리선언문은 아동이 권리의 주체로서 기본적인 인권을 가진다는 것을 명백히 입증하고 있다. 따라서 아동의 권리는 모든 인간이 누리는 보편적인 인권과 동일하게 고려되어야 한다는 것을 인식하게 되는 계기를 마련하였다.

둘째, 인간에게 보편적인 권리를 강조할 때 모든 사람은 삶의 어떠한 조건에 상관없이 인권을 누려야 한다는 것을 의미한다. 그러나 특별히 아동은 발달 시기적 특징을 고려한 권리를 인정하여야 한다는데 의의가 있다. 또한 인권을 논할 때 비합리적이거나 부당한 조건으로 인해 개인의 권리를 침해해서는 안 되는 것을 강조해야 하는 것처럼 아동도 “아동이기 때문”이라는 조건으로 많은 권리가 제한받아서는 안 된다. 전 생애의 발달과정을 고려하여 아동이라는 시기적 특성에 비추어 생존과 발달에 필요한 다양한 권리를 누릴 수 있도록 강조하는데 그 의의가 매우 크다.

셋째, 아동은 권리를 누리기 위한 권리를 갖도록 인정하는 것에 그 의의가 있다. 즉, 아동은 시민으로서 위치를 유예한 자가 아니다. 이에 따라 자기 결정권을 부모나 교사, 사회에 위임한 자도 아니다. 자신에 대한 의견과 결정을 스스로 행할 권리를 가진다는 사실을 인정하게 된 것이다. 그러므로 아동은 그들의 권리를 권리로서 충분히 누릴 수 있도록 향유할 권리를 가진다. 아동은 성인에 비해 자신의 권리를 주장하는데 한계가 있기에 권리를 누리기 위한 권리를 가지도록 해야 한다(김승훈, 2009; 김승권, 2007).

그동안 국제연합을 통해 아동권리협약을 만장일치로 채택하고 아동권리선언을 선포하기에 이르기까지 아동권리에 대한 많은 변화가 있어 왔다. 앞으로도 아동은 사회적 약자로서 더 보호받고 더 배려받아야 하며, 지구상의 모든 아동의 법적 지위를 보장해야 한다는 것을 명확하게 인식하고 실천해야 할 것으로 본다.

2 아동복지의 개념

아동복지는 아동과 복지의 합성어로서 아동이나 복지의 개념을 어떻게 정의하느냐에 따라 아동복지의 의미는 달라질 수 있다. 한편으로 각 나라마다 시대적 배경에 따라 그리고 사회문화적 배경에 따라 아동과 복지라는 개념은 크게 변화해 왔다. 여기에서는 아동과 복지의 개념을 각자 살펴 본 다음 아동복지의 개념을 종합적으로 설명한다.

1) 아동의 개념

아동이라는 개념은 시대와 사회의 변천 및 학자의 관점에 따라 다양하게 정의내리고 있다. 고대에서부터 중세, 근대를 거쳐 현대사회의 발달과정에 따라 아동에 대한 시각이나 관점은 분명 많이 변화하고 있다. 여기에서는 아동에 대한 생물학적, 발달심리학적, 교육학적, 그리고 법적 측면에서의 개념을 살펴보도록 한다.

(1) 생물학적 측면

사람은 태어나면서부터 죽음에 이르는 생애주기 동안 생물학적 시간표에 근거하여 발달과 성숙이 나타난다. 아동도 각 연령별로 발달단계를 구분하고 있으며, 각 단계마다 이룩해야 할 발달과업이 존재한다. 태아기, 영아기, 유아기를 지나면 자연스럽게 아동기의 단계에 이르게 되는데 이 시기에 존재하는 이가 바로 아동이라는 것이다. 다음 〈표 1-2〉는 연령별 발달단계를 규정하고 있다(Newman & Newman, 1991). 이에 따라 아동기는 영아기와 유아기 시기를 포함하며 대개 7~12세의 연령까지를 의미한다.

〈표 1-2〉 연령별 발달단계 구분

태아기	→	신생아기	→	영아기	→	유아기	→	아동기	→	청소년기
수정~출생		출생~4주		4주~2세		3세~6세		7세~12세		13세~19세

(2) 발달심리학적 측면

아동이란 이 세상 모든 아동에게 공통되는 보편적인 욕구와 특성을 가지고 있는 존재로 본다. 즉, 아동은 일반적인 언어능력이나 운동능력, 정신적·정서적인 대처능력이 부족하여 의식주를 포함한 인지적, 정신적, 사회적, 도덕적 발달과정을 성인들에게 의존하는 보편적인 욕구와 특성을 가진 존재라고 본다.

따라서 발달심리학적 측면에서 본 아동이란 아동기의 의존성과 욕구를 중심으로 정의내리기도 하고, 사회가 그 사회의 아동에게 부여하는 독특한 일련의 역할과 기대로 설명하는 사회학적 개념으로 정의내리기도 한다.

(3) 교육학적 측면

교육학적 입장에서는 아동을 교육의 대상으로서 정의내린다. 우리 사회에서는 초등교육 취학 이전의 시기는 영유아기로 규정하고, 초등교육과정에 해당되는 시기인 6~12세를 아동기로 본다.

일반적으로 초등학교 취학연령은 아동이 만 6세가 된 날의 다음날 이후인 1학년 초부터 만 12세가 되는 날이 속하는 학년말까지로 규정되어 있다(초중등교육법).

(4) 법적 측면

아동의 개념은 법적 측면에서 다소 상이하게 규정되고 있으며, 용어에서도 유아, 아동, 소년, 연소자, 미성년자, 청소년 등이 혼재되어 유사 개념으로 사용되고 있다. 「국제법」에서는 아동을 18세 미만으로 명확하게 규정하고 있는데 국내의 경우 법에 따라 명칭 및 연령상의 차이가 있어 그들의 권리와 의무에도 많은 차이가 나고 있다.

아동복지의 근간이 되는 「아동복지법」에서는 한 인간으로서 근로 및 자립할 수 있는 시기까지를 고려하여 아동을 "18세 미만의 자"로 규정하고 있다. 다음으로는 아동 관련법에 따라 각자 규정하고 있는 아동의 호칭과 연령의 범위를 정리한 것이다.

〈표 1-3〉은 아동관련 법률에서 적용하는 연령기준을 제시하였다. 「아동복지법」에서는 아동을 18세 미만의 자로, 「영유아보육법」에서는 6세 미만의 미취학 연령의 영유아를 대상으로 하고 있다. 「청소년기본법」과 「청소년보호법」에서는 각각 연령을 다르게 규정하고 있으며, 「소년법」과 「민법」에서는 19세 미만의 자로 규정하고 있다.

〈표 1-3〉 아동관련 법률의 적용연령 기준

관련법	호칭	연령
아동복지법	아동	18세 미만의 자
영유아보육법	영유아	6세 미만 미취학
청소년기본법	청소년	9세~24세 이하
청소년보호법	청소년	19세 미만
소년법	소년	19세 미만
민법	미성년	19세 미만

각 법령마다 대상 아동에 대한 연령과 호칭은 서로 다르고, 지원 대상자의 중복현상이 발생한다. 따라서 아동복지 정책과 서비스가 효율적으로 실현되지 못하고 있다는 우려의 목소리가 있다. 특히 일반 아동을 대상으로 할 경우 중복되거나 사각지대가 발생하는 경우가 있기 때문에 이러한 문제는 아동복지와 교육에서의 권리 주장의 한계로 이어지고 있어 지속적으로 논의의 여지를 남겨두고 있다.

2) 복지의 개념

복지의 개념은 다소 추상적이면서도 실천적인 개념을 공유하고 있으며, 특정 사회복지 분야를 지칭하는 용어이다 보니 매우 다양하게 사용되고 있어서 그 개념을 구체화하여 정의내리는 것은 쉽지 않다. 원래 복지(welfare)란 안녕(well-being), 행운(good-fortune), 번영(prosperity), 행복(happiness) 등과 같은 개념과 동의어로 사용되고 있기도 하다. 어떤 학자는 "행복이란 주관적이고 개인 지향적인 특성이 강하여 상태라는 의미가 함축되어 있는 반면 복지라는 의미는 행복한 상태라기보다는 행복을 고려한 실천적 행동의 의미를 보다 더 많이 지닌 것"으로 설명한다(김영모, 1990).

포괄적인 의미에서 복지란 '더할 나위 없이 좋고 만족스러운 삶이 영위되며 건강과 행복의 조건이 충족되는 상태'를 말한다. 따라서 몸과 마음, 일과 휴식, 가정과 사회, 자신과 공동체 등 모든 것이 조화를 이루어 어느 한쪽으로 치우치지 않은 상태를 의미한다. 복지를 추구하는 사람들은 육체적으로 질병이 없는 건강한 상태뿐 아니라 가정이나 직장, 지역 공동체에서 느끼는 소속감이나 성취감의 정도, 여가생활이나 가족 간의 유대관계, 심리적 안정 등 다양한 요소들을 복지의 척도로 삼는다.

이렇게 볼 때 복지는 "인간의 안녕된 삶을 위한 적극적인 사회의 노력"이며, 복지사업이란 국민 생활의 행복을 증진시키기 위해서 수행하는 제반 서비스를 지칭하며, 복지국가란 국민의 안녕과 복지를 제도적으로 보장하고 복지활동에 대한 중요한 책임과 의무를 가진다. 이러한 차원에서 우리나라는 현재 저출산, 고령사회, 다문화가정 등의 문제들이 회자되면서 복지주체로서 국가의 역할이 보다 강조되고 있다.

3) 아동복지의 개념

아동복지란 아동복지법을 근간으로 하여 아동의 건전한 발달과 행복을 위한 총체적인 활동을 말한다. 아동복지에 대한 개념은 복지의 대상이 누구냐, 어떠한 주체에 의해서 복지활동이 수행되느냐에 따라 광의와 협의의 개념으로 나눌 수 있다. 요보호 아동을 위한 제반활동을 아동복지의 협의의 개념이라고 본다면 모든 아동을 위해 지역사회와 국가에서 이루어지는 포괄적이고 체계적인 활동을 광의의 개념으로 이해할 수 있을 것이다.

아동복지에 대한 광의와 협의의 개념을 살펴보면 먼저, 광의의 아동복지는 일반아동과 그 가족을 대상으로 다양한 복지주체들이 서로 유기적인 관련을 맺으며 체계적으로 복지활동을 전개하는 것(Kadushin, 1980)을 말한다. 아동복지는 아동 전체의 복지를 위해 개인, 단체 및 공공기관에 의해 실시되는 보건·위생·교육·레크리에이션 등을 포함하는 일체의 조직적 활동(김영모, 1990)을 포함하며 모든 아동이 신체적·지적·정서적 발달을 위하여 공적·사적 기관에서 실시하는 사회적·경제적·보건적 활동을 의미한다(장인협, 오정수, 2000).

반면 협의의 아동복지는 요보호아동을 대상으로 아동복지 전문가들이 실제적으로 행하는 조직적 활동을 의미한다. 다시 말하면, 특수한 욕구를 가진 아동과 가족을 대상으로 사회복지기관을 비롯한 특정기관에서 제공하는 서비스를 의미하며, 개인이나 민간단체를 중심으로 이루어지는 활동을 말한다.

과거의 아동복지 활동은 주로 구조적으로나 기능적으로 부적절한 가정환경에 처한 아동으로서 기아, 미아, 비행, 가출, 빈곤이나 학대, 해체가정의 아동, 혹은 신체, 정서,

행동적 장애를 지닌 요보호 아동 등이 대상이었다. 그러나 현대의 아동복지는 빈곤, 방치, 유기, 질병, 결함 등을 지닌 아동 또는 환경에 적응하지 못하는 비행아동들에게만 관심을 두는 것이 아니라 모든 국민에 대한 복지가 보장되고 그에 대한 국가가 폭넓은 책임을 수행해야 한다는 인식으로 변화되면서 아동복지의 대상 역시 모든 아동을 대상으로 하는 광의의 개념을 채택하고 있다(Friedlander & Apte, 1974).

「아동복지법」 제1조에 의하면, "아동이 건강하게 출생하여 행복하고 안전하게 자라나도록 그 복지를 보장함을 목적으로 하고 있다."고 규정한 바와 같이 이는 법적 측면에서 모든 아동의 안녕과 복지를 제도적으로 보장하고 있다. 따라서 아동복지에 대한 개념은 아동복지법을 근간으로 그와 관련된 정책 및 행정, 그리고 아동복지 서비스를 모두 포함하고 있는 것으로 이해해야 할 것이다.

따라서 아동복지의 주체는 부모는 물론 민간단체와 국가기관을 비롯한 공공단체의 노력을 포괄하고 있으며 그 관심 분야도 아동의 신체적, 심리적, 사회적 욕구에 초점을 두고 전인적 발달을 도모하고 촉진하기 위한 총체적 활동으로 보고 있다. 아동복지의 대상에 아동뿐 아니라 가족까지 포함시키는 것은 아동복지의 일차적인 책임은 가족에게 있으며, 최선의 아동복지는 아동양육에 대한 가족의 기능을 강화해 주기 위한 사회복지의 한 분야로서 아동과 그 가정의 안녕을 위한 것이라고 할 수 있다.

3 아동복지서비스의 대상과 유형

"아동복지는 전체 아동들에게 관심을 가진다(김만두 외, 2004)."로 알려져 있으며, 아동복지서비스 유형에는 아동의 건강한 발달을 위하여 지원하고, 보충하고, 혹은 대행해 주는 서비스를 말한다. 이 절에서는 아동복지서비스의 대상과 유형을 설명한다.

1) 아동복지서비스의 대상

최적의 아동발달을 실현하기 위해서는 아동뿐 아니라 그 아동의 가족을 포함해야 한다. 따라서 현대적 의미에서 아동복지서비스의 대상은 요보호 아동과 일반 아동뿐 아니라 아동의 부모도 복지의 대상에 포함된다(이순형 외, 2006).

(1) 요보호 아동

요보호 아동이란 가족이나 지역사회로부터 적절히 보호받지 못하는 아동을 말한다. 아동복지법에서 명시하고 있는 "보호대상아동"이란 보호자가 없거나 보호자로부터 이탈된 아동 또는 보호자가 아동을 학대하는 경우 등 그 보호자가 아동을 양육하기에 적당하지 아니하거나 양육할 능력이 없는 경우의 아동을 말한다(아동복지법, 제3조 제4항).

아동복지는 전체 아동의 행복을 추구하기는 하지만 현실적으로 요보호 아동의 복지에 일차적인 관심을 둘 수밖에 없다. 요보호 아동은 크게 보호가 필요한 아동, 취약계층 가족의 아동, 발달 및 행동장애를 가진 아동, 사회적·법적 보호가 필요한 아동, 특별보호가 필요한 아동 등 5가지 유형으로 분류가 가능하다. 요보호 아동의 유형 및 범위는 〈표 1-4〉와 같다(김은정, 이재인, 2006; 한성심 외, 2003; 장인협 외, 2000).

〈표 1-4〉 요보호 아동의 유형 및 범위

요보호 아동 유형	범위
보호가 필요한 아동	• 가족 구조의 결손, 가족 기능의 약화 등으로 부적절한 양육환경에서 자란 경우 • 부모의 사망과 이혼 등으로 부모의 보호를 받지 못한 경우
취약계층 가족의 아동	• 한부모, 조손, 다문화, 빈곤 가족 아동의 경우
발달 및 행동장애를 가진 아동	• 장애로 인하여 일상적인 사회참여에 제약이 있으며, 아동권리의 침해를 받는 경우
사회적·법적 보호가 필요한 아동	• 가출이나 비행, 탈선 등으로 인한 문제행동이나 일탈행위의 경우
특별보호가 필요한 아동	• 학대 및 유기, 미혼모 아동의 경우

첫째, 보호가 필요한 아동의 경우에는 가족의 구조적 변화 및 가족기능의 약화가 원인이 되는 것으로 부모의 사망, 이혼 등이 포함된다. 둘째, 사회적 취약계층 가족의 아동은 경제적으로 매우 어렵고 열악한 가정환경에서 돌봄을 받지 못하기 때문에 이로 인하여 가난이 세습되어 보호를 필요로 할 수 밖에 없다. 셋째, 발달 및 행동장애를 가진 아동의 경우, 신체·정신·정서적인 문제나 장애로 인하여 아동권리 보장 및 사회참여

등의 제한이 따를 수 있다. 넷째, 사회적·법적 보호가 필요한 아동의 경우, 학교폭력, 가출, 비행 등의 문제는 탈선이나 일탈행동을 야기시킬 가능성이 크다. 다섯째, 특별보호가 필요한 아동의 경우, 가정에서의 부모역할의 부재 및 부적절한 자녀양육 등으로 학대, 폭력, 유기 등의 문제에 노출될 가능성이 많다. 더욱이 최근 성개방 풍조가 만연하고 성적인 착취대상으로 간주되어 신체적, 정신적, 정서적으로 학대받는 아동들은 성인의 보호없이 무방비 상태로 노출되어 있어 특별한 보호가 필요하다.

(2) 일반 아동

일반 아동이란 특별한 보호가 필요하지 않은 일반 가정에서 자라나는 아동을 일컫는다. 아동은 작은 어른도 아니며 성인의 축소판도 아닌 아동 고유의 독특한 특성과 욕구를 지닌 독립된 인격체를 지닌 존재로 인식되어야 한다.

「헌법」에서 규정하고 있는 관점에서 볼 때 아동은 국민의 일원으로서 보편적인 권리주체이며, 국가와 사회는 아동의 건강한 성장과 발달을 도모하기 위해 아동의 이익을 최우선으로 고려하여 그들의 복지를 보장해야 한다.

현대사회에서 아동은 "독립된 인격체, 무한한 잠재능력, 그리고 가능성의 존재"라고 주장되어 왔다. 아동은 아직 발달과정 중에 있으며 성인의 보호가 절대적으로 필요할 수밖에 없다. 또한 아동은 언어적 표현능력이 부족하여 언어보다 행동으로 소통하는 특성이 있기 때문에 주요 양육자 및 보호자는 아동의 행동을 세밀하게 관찰하고 아동의 관점에서 아동의 반응에 민감하게 반응해 주어야 한다.

아동복지에 대한 수요는 사회가 발전할수록 증가하고 있는 상황이다. 즉, 가족의 기능이 축소되고 정보화의 가속화는 가족의 기능을 대체하는 복지서비스를 더욱 필요로 하고 있다. 일반 아동의 최선의 복지를 위해서는 모든 아동의 기본적인 욕구를 충족시켜 주는 것은 물론이고 아동의 권리보장을 위해 노력을 기울여야 한다. 즉, '아동의 권리에 관한 국제협약'에 명시되어 있는 바대로 아동을 위한 최선의 이익을 우선하며, 아동의 생존과 보호, 그리고 발달과 관련한 아동 고유의 특성을 인정하며 책임감 있는 어른이 되기 위해 아동자신의 능력에 부응하여 적절한 사회활동에 참여할 기회를 가질 권리를 향유할 수 있도록 도움을 제공해 주어야 한다.

그러나 최근 우리나라의 일반 아동은 위기에 직면해 있는 경우가 많다. 부모와 사회의 과도한 학업의 성취적 요구로 인해서 아동은 어려서부터 놀지 못하고 각종 학원을 전전하고, 컴퓨터 등은 유아기 때부터 노출되어 인터넷 게임 중독에 걸린 아동이 많다. 아울러 인터넷을 통해서 유해한 프로그램 등에 접촉되어 정서적으로 부작용을 보이는 사례가 증가하고 있다. 또한 학교폭력의 피해자와 가해자가 되는 아동, 또래로부터 집단 따돌림 당한 아동, 과도한 부모의 욕구로 인해서 정서적으로 불안정한 아동 등이 많이 발생하고 있다. 그러므로 더 이상 요보호 아동만을 보호하는 복지체계로는 우리 사회의 주역이 되는 수많은 아동들의 문제를 벗어나게 하는데 한계가 있으므로 일반 아동도 복지의 수혜자로 받아들여야 하는 것이 바람직하다. 아동복지의 궁극적 목적이 모든 아동이 건전하고 행복하게 성장하고 발달하는 것이라고 본다면 아동복지의 대상은 요보호 아동뿐 아니라 일반 아동이라는 인식의 확산이 필요하다.

(3) 부모 및 보호자

「아동복지법」 제2조 4항에 의하면 보호자라 함은 친권자, 후견인, 아동을 보호, 양육, 교육하거나 그 의무가 있는 자 또는 업무, 고용 등의 관계로 사실상 아동을 보호, 감독하는 자를 말하는 것으로 일반 부모 및 맞벌이 부모, 계부모 및 한부모, 위탁부모 및 입양부모, 시설양육 아동의 양육자 등이 해당된다.

아동복지의 대상에 가족을 포함시키고 있는 이유로는 아동복지의 일차적인 책임은 가족에게 있으며, 최선의 아동복지는 아동양육에 대한 가족의 기능을 강화해야 한다는 입장에 근거하고 있다. 아동의 건강한 성장을 위해서는 아동 발달단계 특성상 보호와 양육의 역할을 담당하는 부모는 절대적으로 필요하다.

부모는 자녀가 성인이 될 때까지 신체적, 심리적으로 양육하고 보살펴야 한다. 부모는 자녀양육 시 아동의 기본적 욕구를 충족시키며 아동의 전인적 발달을 위해 모든 관심과 보호가 제공되도록 책임을 다해야 한다. 또한 부모는 어린 아동을 문화에 적절하게 사회화시키는 중요한 수단으로서 역할을 담당해야 한다.

가정은 사회 구성의 기본단위로서 아동의 건정한 성장과 발달의 기본토대를 이루고 부모는 최선의 역할을 수행해야 함에도 불구하고 부적절한 부모의 양육태도나 아동에 대한 이해가 부족하여 아동학대, 방임, 유기 등의 문제가 나타나는 경우가 많다. 따라서 아동복지 차원에서 부모의 바람직한 역할을 수행하도록 도와주고 지지하는 것은 매우 중요한 부분이다. 현대사회에서 아동복지의 궁극적 목적을 실천하기 위해서는 부모 자신의 일차적인 책임과 의무를 수행하는 노력이 지속적으로 필요하다. 따라서 자녀양육에 대한 준비와 상담, 지도 및 교육 프로그램은 모든 계층의 부모에게 제공되어야 한다.

2) 아동복지서비스 유형

아동복지서비스는 아동을 최적의 조건으로 보호하고 양육하고, 교육하기 위하여 필요한 다양한 서비스를 지원하고, 보충하고, 혹은 대행해 주는 것을 말한다. 이 절에서는 가정 내·외 서비스, 기능에 따른 3S 유형 및 방어선에 의한 분류 등의 아동복지서비스 유형을 설명한다.

(1) 가정 내·외 서비스 유형

제공 장소에 의한 분류는 가정 내 서비스와 가정 외 서비스로 구분하고 있는데 이 방법은 가장 전통적이고 보편적으로 사용되고 있다. 가정은 아동에게 일차적인 방어선으로서의 기능을 수행하기 때문에 가장 중요하다. 다음 〈표 1-5〉는 제공 장소에 따른 아동복지서비스 유형을 소개하고 있다.

〈표 1-5〉 가정 내·외 서비스 유형

제공 장소	기능	서비스 유형
가정 내 서비스 (in-home service)	• 아동의 기본적인 욕구 불충족의 경우 • 부모-자녀관계의 문제나 장애가 발생할 경우	• 상담서비스 • 방임이나 학대아동 보호서비스
가정 외 서비스 (out-of-home service)	• 아동의 특별한 욕구를 충족시키기 위한 경우 • 가정해체나 기능의 약화로 인해 아동을 보호해야 하는 경우	• 가정위탁보호사업 • 입양사업 • 시설보호사업

(2) 기능에 따른 3S 유형

전통적으로 아동복지 정책을 수행하는데 필요한 서비스 유형은 카두신(Kadushin, 1974)이 제시하고 있는 세 가지 모형(3S)으로 활용되고 있다. 카두신에 의하면, 아동양육을 책임지는 부모의 역할과 같은 가정의 기능에 따라 지지적(Supportive), 보완적(Supplementary),

대리적(Substitute) 서비스로 구분하였다. 이 분류는 영문 머리 문자를 인용해서 3S모형이라고도 하며 다음 〈표 1-6〉과 같다.

〈표 1-6〉 카두신의 기능에 의한 3S 유형

기능에 의한 분류(3S)	기능	서비스 유형
지지적 서비스 (Supportive service)	• 아동의 욕구충족 및 아동문제 예방을 위한 부모의 역할 지원 및 강화 • 원가정을 유지하며 가정외부에서 가족 내부의 역할 기능을 수행하는 서비스 제공	• 아동/가정 상담소, 지역사회복지기관에서 제공하는 상담소 • 학대, 방임아동을 위한 보호서비스 • 미혼부모, 한부모를 위한 서비스
보충적 서비스 (Supplementary service)	• 부모의 역할 부재를 대행하여 아동양육 및 보호에 필요한 서비스를 보완 • 가정의 형태를 유지하면서 가정외부에서 지원	• 소득보충 프로그램 • 가정봉사원파견 서비스 • 보육서비스
대리적 서비스 (Substitute service)	• 원가정 해체, 제3자에 의한 보호 • 부모를 대리하여 아동은 다른 가정이나 시설에서 일시적 혹은 영구적으로 보호	• 가정위탁보호서비스 • 시설보호: 그룹홈, 쉼터, 긴급피난처, 아동양육시설, 아동치료보호시설 등

먼저, 지지적 서비스(Supportive service)는 아동으로 하여금 가정에 머물면서 부모와의 좋은 관계를 유지한 상태에서 가족들의 기능을 강화시키고 부모-자녀관계의 긴장을 완화시킴으로써 아동문제를 예방하는 차원에서 이루어지는 서비스를 말한다. 지지적 서비스를 제공하는 것은 가족관계의 개선 및 가정의 기능을 회복하여 아동이 자신의 가정에서 부모의 양육과 보호를 받으며 안정적이고 지속적인 생활을 하도록 하는데 의의가 있다.

지지적 서비스를 제공하는 기관으로는 아동복지기관, 가족 및 아동상담기관 등이 있으며, 아동 및 가족구성원을 대상으로 개입하면서 개별상담, 집단서비스, 가족치료 등의 접근방법이 활용된다.

둘째, 보완적 서비스(Supplementary service)는 부모의 역할이 불충분하거나 부적절하고 한계가 있을 때 부모의 역할을 대행하여 보완할 수 있도록 제공되는 서비스를 말한다. 부모의 사망, 유기, 이혼, 별거 등으로 부모의 역할이 영구적으로 수행되기 어려울 경우 또는 실업, 질병, 장애, 재정적 곤란 등을 이유로 아동양육을 하기 어려운 경우에는 보완적 서비스를 통해 일시적으로 부모역할을 보충해줄 수 있다.

보완적 서비스의 유형으로는 영유아보육서비스, 방과 후 아동지도, 가정조성사업, 사회보험과 공적부조 등을 들 수 있다.

셋째, 대리적 서비스(Substitute service)는 부모의 역할 전부가 상실되었을 경우 부모를 대리하여 아동이 다른 체계에 의해서 보호받는 서비스를 말한다. 따라서 아동은 자신의 가정이 아닌 다른 가정이나 시설에서 생활하면서 일시적으로 혹은 영구적으로 보호받게 된다.

대리적 서비스의 유형으로는 시설보호가 대표적이며, 가정위탁서비스, 입양서비스 등으로 아동의 양육기능을 상실한 부모와 가족을 대신하여 국가와 사회가 아동의 생존권 및 생활권을 보장받게 한다는 차원에서 시설보호의 단점을 최소화하면서 최후의 수단으로서 제공되어야 한다(이소희, 2005).

(3) 방어선에 의한 유형

아동은 안정된 가정에서 부모의 돌봄 속에서 자라는 것이 기본이다. 그러나 부모의 빈곤, 질병, 실업, 수형 등의 다양한 어려움을 겪고 있는 가족의 아동들에게는 적절한 아동복지서비스가 제공되어야 한다. 이를 위하여 주커만(Zuckerman, 1983)은 아동의 건강과 안녕된 삶을 보장하기 위하여 기본적으로 3가지 방어선으로 분류하였다. 〈표 1-7〉과 같이 1차, 2차, 3차 방어선을 제시하여 가정지원 및 대리가정, 시설보호 등으로 분류하였다.

〈표 1-7〉 주커만의 방어선에 의한 유형

1차 방어선	2차 방어선	3차 방어선
• 상담 및 교육서비스 • 보육서비스 • 보호서비스 등	• 가정위탁보호 서비스 • 입양서비스	• 집단보호 및 치료서비스

제1차 방어선은 가정 내 서비스를 말한다. 가정은 아동에게 가장 중요한 환경이며 최초의 작은 사회이기 때문에 가정의 기능을 유지하고 강화하는 것이 가장 중요한 기본원칙이다. 따라서 가정에서 부모-자녀의 역할상의 문제나 장애가 발생 할 경우, 1차적으로 가정 내 서비스를 제공함으로써 가정의 기능을 회복하도록 돕고 더불어 아동양육을 충

족시키는 것을 기본으로 한다. 상담 및 교육 서비스, 보육서비스, 아동학대에 대한 보호서비스, 지역사회중심의 아동복지사업, 소득보완사업 등 대부분의 아동복지사업이 이에 속한다. 이러한 사업이 지속적으로 수행될 수 있도록 제반 프로그램을 개발하여 지원한다면 기본적인 아동양육을 충족시킬 수 있게 된다.

제2차 방어선으로는 대리가정 서비스를 제공하는 것을 말한다. 가정이 정상적인 기능을 발휘할 없는 경우에 1차적인 방어선만의 기능으로는 그 역할을 수행하기가 어렵다. 즉, 가족의 붕괴나 해체로 인하여 출생가정에서 보호를 받을 수 없을 때 2차 방어선이 제공되어야 한다.

대리가정 서비스가 필요한 2차 방어선의 경우에는 가정위탁보호 서비스와 입양서비스가 대표적이다. 생물학적 친부모를 대신해서 지속적으로 자녀를 돌보아 줄 수 있는 대리부모를 통해 일반 아동과 마찬가지로 안정적인 생활을 누릴 수 있도록 해야 한다.

제3차 방어선에는 시설보호서비스가 제공되어야 한다. 일반가정은 물론 대리가정을 통해서도 아동보호나 양육이 충족될 수 없는 경우, 시설보호서비스의 형태가 주어져야 한다.

현대사회에서는 집단보호 및 치료서비스 형태로 그 유형이 점차 다양화되어 가고 있지만 단순한 보호의 차원을 넘어 양질의 서비스를 수행할 수 있도록 하기 위해서는 소규모 집단 시설로 운영되어야 하며, 다양한 욕구를 가진 아동들의 특성을 반영한 프로그램들이 개발되고 적용되어야 한다.

3) 아동복지서비스의 4대 원칙

아동복지서비스는 아동과 부모, 그리고 국가의 역할과 책임에 대한 사회적 인식과 가치를 중심으로 이루어져야 하는 것을 기본으로 한다. 이에 다운즈 등(Downs, et al., 1996; 오정수, 정익중, 2008)의 학자는 영속성, 안전, 보호, 배치 등 4가지 지침을 제시하고 있다.

(1) 영속성

영속성은 아동복지의 제1원칙에 해당된다. 안정된 가정에서 부모의 보살핌을 받고 자라는 것이 아동복지의 가장 보편적인 원칙이지만 이러한 보편적인 권리조차 누리지 못하는 아동들이 있다. 아동은 의존적이고 미성숙한 존재로서 생존과 보호를 위하여 부모의 보살핌과 지도가 필수적이다. 아동에게 있어서 지속적인 보호와 양육, 교육, 그리고 사회화 등에 필요한 최적의 환경은 가정이며 이러한 환경에서 영속적인 케어를 받는 것이 무엇보다 중요하다.

(2) 안전

아동은 신체적, 성적, 정서적 학대로부터 자유롭고 안전한 환경에서 성장하여야 한다. 아동은 의식주 등 기본적인 욕구를 충족하기 위하여 주요 양육자인 부모와의 상호작용 속에서 안전하게 자랄 권리가 있다. 그런데 주요양육자나 주변의 성인들로부터 부당한 대우를 받거나 안전한 가정환경의 부재 등의 상황은 아동을 위태로운 상태에 처하게 할 수 있다. 위기상황에서는 아동을 우선적으로 격리, 보호하여야 하며, 아동이 건강하게 자랄 수 있는 안전한 환경을 보장하는 것이 필요하다.

(3) 보호

일반적으로 아동의 욕구가 가족에 의하여 충족될 수 있을 경우에는 문제가 되지 않지만 불리한 경제적, 사회적 조건으로 인하여 아동의 양육과 보호가 위협을 받는 가정의 경우에는 보호체계가 작동해야 한다.

아동을 가족으로부터 분리하지 않으면서 가정 내에서 보호받을 수 있도록 하기 위해서는 가족의 기능을 강화하고 지지하는 것이 필요하다. 이 때 사회와 국가가 나서서 가정의 기능을 회복하도록 돕는 것은 소득 및 주거 보장, 의료보호 등의 서비스를 제공해주는 것이다.

(4) 배치

배치는 아동복지의 마지막 최후의 수단으로 작동한다. 아동이 가정으로부터 불가피하게 분리되어야 하는 경우, 아동의 욕구를 기반으로 가정 내의 영속적인 보호와 같은 수준에서 합리적인 배치가 결정되어야 한다. 배치의 경우에도 아동의 최우선의 이익을 고려하고 아동의 의견 존중을 전제로 친인척을 통한 양육이 우선적으로 고려되어야 하며, 다음으로 가정위탁이나 입양 등이 마땅하다. 이러한 방법이 여의치 않을 때 최종적으로 아동복지시설에의 배치를 원칙으로 한다.

4 아동복지서비스의 관점

한 사회의 수준은 국가가 아동에 대한 어떠한 관점을 가지고 있느냐와 밀접한 관련이 있으며, 아동정책 및 서비스 등이 그에 따라 다양하게 전개되어 나타난다. 국가의 아동관에 따라 한 국가의 아동복지 지향점과 구체적 서비스 등은 상당한 차이를 보여준다. 아동복지의 실천적 관점은 아동복지사업을 수행하기 위해 필요한 개입에 대한 여러 가지 방향과 시각을 제시해 준다. 여기에서는 생태학적 관점과 가족기반 관점, 그리고 가족중심의 통합적 관점을 설명한다.

1) 생태학적 관점

생태학적 관점에 의하면, 아동발달은 아동 개인이나 가족뿐 아니라 사회적 요인도 관련되어 있으므로 사회적 맥락을 고려해야 한다고 보는 관점을 말한다. 인간은 매우 복잡한 체계이며, 개인과 환경은 서로 분리될 수 없기 때문에 아동의 행동이나 문제는 가족체계 및 지역사회 환경 내에서 관련성을 찾고 더 나아가서는 국가 정책과의 연관 속에서 그 원인과 해결책을 찾아야 한다고 보는 관점이다. 아동의 행동은 가정과 지역사회 환경 내의 상호의존적인 관계를 통해 다양한 수준의 환경에 영향을 받으며 체계를 변화시킨다고 본다.

생태학적 관점의 대표학자인 브론펜브레너(Bronfenbrenner: 1917~2005)는 아동이란 '가족을 넘어서 집단, 조직, 지역사회 및 문화 환경에 영향을 받는 복잡한 체계 속에서 발달하는 존재'라고 설명하였다. 그는 "맥락속의 발달", "발달의 생태학" 등을 연구하면서 아동과 주변 환경과의 관련성을 설명하고 이를 체계적으로 조직화함으로써 아동행동과 발달과정을 설명하였다. 다음 [그림 1-1]은 브론펜브레너(Bronfenbrenner, 1979)가 제시한 생태학적 체계 모델을 그림으로 제시한 것이다.

브론펜브레너에 의하면, 아동의 발달은 진공상태에서 이루어지는 것이 아니라 가족, 이웃, 학교, 지역사회, 국가 등 여러 가지 환경 속에서 상호작용을 통해 이루어지는 것으로 보았다. 아동의 성장발달에 영향을 주는 생활환경을 미시체계, 중간체계, 외체계, 거시체계, 시간체계 등 다섯 가지로 설명한다. 이러한 체계는 아동과 환경 간의 상호호

혜성의 특징을 지니고 역동적인 실체로 작용하게 된다(노병일, 2012; 안영진, 2006).

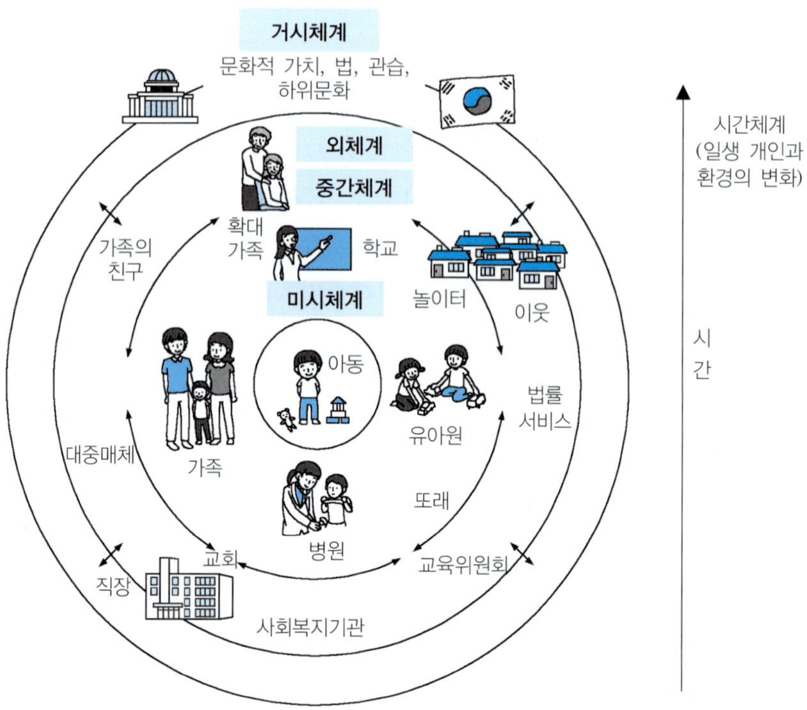

[그림 1-1] 생태학적 체계 모델

(1) 미시체계

미시체계란 가정환경이나 학교환경처럼 아동에게 직접적인 영향을 주는 체계로서 가장 내부에 있고 가장 중요한 곳으로 아동의 즉각적인 환경 속에서의 활동과 상호작용 관계를 말한다. 따라서 아동을 보호하고 발달을 촉진하는 가정과 보육시설, 학교, 그리고 지역사회 등을 의미하는 것으로 아동과 성인 간의 상호작용이 가장 밀접하게 일어나는 체계이며 미시체계 내에서의 상호작용은 양방향이며 상호적인 특징을 갖고 있다.

(2) 중간체계

중간체계는 미시체계들을 연결시켜 주며 미시체계들이 중복되면서 더 많은 다양한 환경들이 상호관계를 맺는 것을 말한다. 한 개의 미시체계와 다른 한 개의 미시체계 사이를 연결시켜 준다는 의미는 어떤 하나의 미시체계에서 일어나는 사건들은 다른 미시체계에서 일어나는 아동의 행동과 발달에 영향을 끼친다는 것이다. 부모와 자녀관계, 형제자매관계, 또래친구, 교사와의 관계 등에 있어서 서로 간의 연계가 잘 이루어지고 서로 정보를 교환하는 등 체계들 간의 관계가 밀접하면 밀접할수록 아동의 발달도 순조롭게 진행된다.

(3) 외체계

외체계란 아동과는 직접적인 관계는 없지만 부모의 직장, 지역사회의 복지체계, 정부, 교육 및 의료기관 등의 환경들에 의하여 영향을 받는 사회적 환경을 의미한다. 예를 들면 부모의 직업은 그들의 사고와 행동에 영향을 미치고 자녀의 양육방식에 영향을 미쳐 마침내 자녀의 성격발달에 영향을 미치게 된다. 또한 아동학대와 관련된 부적인 외체계의 변인들도 있을 수 있다(강란혜 외, 2005). 즉, 부모의 실직, 빈곤, 빈약한 주거환경 및 사회적 지원망 등이 아동학대의 가능성을 높일 수 있는 외체계의 요인들이다.

(4) 거시체계

거시체계란 개인이 속한 사회나 하위문화의 이념 및 제도의 유형으로 사회문화적 규범과 같은 커다란 체계를 말하며 개인에게 간접적 영향을 준다. 사회적 변화와 가치에 따라 아동에게 미치는 영향력은 다양한 형태로 나타날 수 있지만 아동과는 가장 멀리 떨어져서 영향을 미치고 미시, 중간, 외체계를 포함한다.

(5) 시간체계

시간체계는 시간에 걸쳐 일어나는 변화와 사회, 역사적인 환경을 의미한다. 예를 들면 가족제도의 변화, 결혼관의 변화, 직업관의 변화 등을 들 수 있다. 아동기에서 청소년기로 바뀌고, 청소년기에서 성인기로 바뀌는 것과 같은 변화는 개인 내에서 생긴다.

2) 가족기반 서비스 관점

가족기반 서비스 관점은 각 가족의 욕구에 따라 필요한 서비스를 포괄적으로 제공하고 지원하는 체계를 말하는 것으로 가족과 사회환경이 가지고 있는 모든 강점과 자원을 효율적으로 활용하는 것을 기본으로 한다. 따라서 이 관점은 가정 내에서의 아동에 대한 부모역할이 기본적인 아동복지의 전제조건이기 때문에 부모가 아동을 잘 양육할 수 있도록 부모에 대한 물질적·정서적 지원의 범위를 확대하여 이웃, 지역사회, 국가 차원에서 다양한 자원을 확보하고, 가정에 연계하여 포괄적으로 지원해 주고 실천하는 것에 목적을 두고 있다.

미국에서는 각 주마다 가족과 아동을 지원하는 가족지원 프로그램이 개발되어 실시되고 있으며, 현재는 공공부문과 민간 부문의 아동복지기관에서 다양한 가족기반 프로그램을 마련하여 서비스를 제공하고 있다(Pecora et al., 2002). 미국 아동옹호기금은 아동의 보호를 위하여 가족을 지원하는 포괄적인 서비스체계 모형을 제안하였다. 다음 [그림 1-2]는 가족기반 서비스 체계 모형을 나타내고 있다(윤혜미 외, 2005 재인용). 가족기반 서비스 체계 모형에서는 5단계의 가족으로 구분한다. 먼저 '모든 가족', '추가지원을 필요로 하는 가족', '특수한 지원을 필요로 하는 가족', '위기가족', 그리고 '가정에서 아동을 보호할 수 없는 가족' 등으로 분류하여 그들에게 필요한 제반 서비스를 제공하는 것이다.

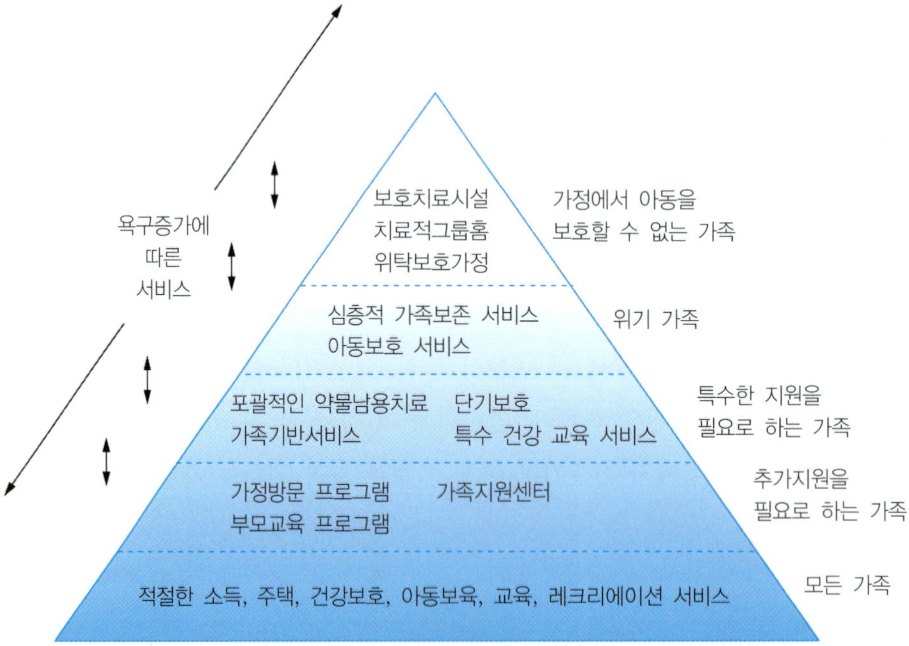

[그림 1-2] 가족기반 서비스 체계 모형

가족기반 서비스 체계 모형은 우리나라의 아동복지서비스와 가족체계에 대한 전반적 복지서비스를 지원하기 위한 모델로 채택되고 있다. 특히 소년소녀가정, 요보호 대상아동의 문제를 해결하고 보호할 수 있도록 돕고 있으며 사회적으로 고립된 가족이나 빈곤 등의 취약 가족을 대상으로 개입하는데 있어서 가정을 기반으로 지역사회 내 다양한 지원체계를 조직하여 도움을 제공하고 있기 때문에 그 효과가 매우 크다고 알려졌다(송정애 외, 2012).

3) 가종중심의 통합적 관점

가족중심의 통합적 관점은 아동을 중심으로 전개되는 가족의 발달과제를 수행하고 가족의 기능을 강화하기 위한 아동복지 실천의 기본적 틀을 제공하고 있다. 이 관점은 궁극적으로 아동과 가족의 삶의 질을 향상시키고 풍요롭게 하며 가족과 그 틀의 생태학적 환경 간의 복잡한 상호작용을 이해하고 규형있게 대처하도록 돕는 것을 목표로 한다. 가족중심의 통합적 관점(Pecora, et al., 2002)에서는 생태학적, 발달론적, 능력중심, 영구계획적 관점 등을 통합한 네 가지 관점으로 설명한다(임시아, 2011).

첫째, "생태학적 관점"은 아동 주변의 환경에 대해 관심을 갖고 아동에게 필요한 지지적인 환경을 조성하고 어떤 문제나 장애가 발생하였을 경우에 환경에의 대처능력을 향상하는 것에 초점을 둔다. 이 관점은 사회지지체계를 확립하거나 강화시키기 위한 목적으로 환경에 초점을 두며, 아동의 환경과 사회적 기능을 환경적 맥락에서 분석하는 틀을 제공하고 있다.

둘째, "발달론적 관점"은 아동 및 가족구성원이 각각 수행해야 할 발달과업 등을 기술하고, 궁극적으로 그 과업을 잘 수행하는 것에 목표를 둔다. 가족생활 주기의 단계와 과제, 아동발달의 원칙, 가족의 다양한 욕구에 중점을 둔다. 이 관점은 가족 내에서의 아동의 성장과 기능 및 그들 가족과의 상호작용을 이해하는 틀을 제공한다.

셋째, "능력중심의 관점"은 아동 및 가족들이 기본적으로 능력을 가지고 있다는 전제에서 출발한다. 가족은 그들의 상황을 가장 잘 아는 당사자이기 때문에 문제나 위기 상황 시 자신의 능력이나 자원을 잘 활용하는데 초점을 두며, 능력과 자원을 증대시키기 위해 구성원들을 지지한다. 아동의 잠재력, 동기 및 환경 간의 상호작용의 결과로 얻어

지는 능력에 초점을 두기 때문에 아동과 가족의 효과적인 기능향상을 위한 실천방법과 전략을 강조한다.

마지막으로 "영구계획적 관점"은 아동이 친가족과 생활하는 것을 우선적으로 강조하되, 대리가족이 필요한 경우에는 일시적이기보다는 보다 지속적이고 영구적인 배치를 통해 보호와 양육이 가능하도록 계획하는데 초점을 둔다. 아동발달을 위한 친가족의 중요성을 강조하며, 가정위탁 등의 경우 특정 시간 내의 체계적인 계획이 필요하다.

종합적으로 가족중심의 통합적 관점에 의하면, 아동의 문제를 아동만의 문제로 바라보지 않고, 아동의 가족 및 더 나아가 사회적 환경 내에서 문제를 탐색하고 생태학적, 발달론적, 능력중심, 영구계획적인 관점에서 문제를 통합하여 조망하고 해결 방안을 모색한다는데 의미가 있다.

CHAPTER

02

아동복지의 기본전제와 원칙

최선의 아동복지 실천은 아동으로 하여금 안전한 가정에서 부모로부터 적절한 양육과 교육을 받고 자라는 것이다. 그렇지 못한 환경에 처한 아동의 경우, 아동권익 보호를 위하여 아동과 복지의 특수성을 고려하여 부모권을 침해하지 않으면서 국가와 사회가 최선을 위한 개입을 할 수 있어야 할 것이다. 제2장에서는 아동권리와 복지를 위한 기본전제와 원칙을 설명한다.

1 아동권리와 복지의 기본전제

아동복지의 궁극적인 목적은 아동이 건전하게 성장하고 발달하는 것이다. 아동의 욕구를 잘 알아차리는 것이 아동복지의 시작이며, 아동의 욕구를 충족시켜 주기 위한 아동복지의 기본권은 보장되어야 한다. 욕구결핍은 아동의 성장과 발달에 문제를 일으키며, 이는 곧 사회적 문제로 이어질 수 있기 때문에 국가 차원에서 부모 및 가정 지원, 보건의료체계 및 제반 교육여건을 개선하는 등의 노력은 매우 중요하다. 이 절에서는 아동권리와 복지의 전제조건에 대해 설명한다(장인협, 오정수, 2000; 이순형 외, 2006).

1) 안정된 가정환경

아동복지의 기본 이념에 의하면 "아동은 어떠한 종류의 차별도 받지 않고 자라나야 하며, 완전하고 조화로운 인격 발달을 위하여 안정된 가정에서 행복하게 자라나야 한다."고 명시되어 있는 것처럼 안정된 가정환경은 아동에게 필수적이다.

아동이 태어나서 최초로 경험하는 곳이 가정이며, 아동에게 있어 가정은 작은 사회가 되고, 성숙한 부모는 최초의 교사가 되는 역할을 제공하게 되므로 아동발달에 있어서 안정된 가정환경은 최적의 전제조건이 될 것이다. 따라서 가정에서부터 부모의 따뜻한 사랑과 보호를 받으면서 양육되고 아동이 신체적, 정신적, 사회적으로 긍정적인 경험을 하게 한다면 아동발달의 기초가 완성될 것이므로 안정된 가정환경은 매우 중요하다.

한편으로 현대사회에서 가족체계의 구조적 변화와 기능적 변화는 아동양육에 위협이 될 수도 있는 가능성이 높아지고 있다. 과거에 비하여 취약해진 가정 내 양육기능체제는 가족해체의 증가로 가족의 안정성은 상당히 위협을 받고 있다. 높은 이혼율로 인해 발생하는 가족해체는 아동보호와 양육, 사회화 등을 위한 가정의 기능이 약화되고 사회적 지원망이 부족하여 결과적으로 아동발달과 성장을 저해하고 있다.

그러므로 아동복지 실천을 위해 궁극적으로 선행되어야 할 전제조건은 안정된 가정환경과 올바른 부모역할 수행이다. 아동은 안정된 가정에서 자신의 생리적 욕구를 기본적으로 충족하고 부모로부터 정서적인 지지를 경험하면서 사회화의 기초를 형성하게 된다. 그리고 부모의 입장에서는 자녀양육에 대한 책임감을 가지고 올바른 부모역할을 수행하는 계획과 부모교육이 필요하다. 부모로서 갖추어야 할 지식과 기술에 대한 교육을 통해 아동은 물론 부모 자신의 성장에도 도움을 줄 수 있으므로 가정에서의 노력뿐 아니라 지역사회의 노력과 국가 차원에서 지원이 요구된다.

Plus Tips

안정된 가정환경 : 페스탈로치의 가정교육

안정된 가정환경에서 부모로부터 올바른 가정교육을 받고 자란다면 아동들의 미래는 밝을 것이다. 가정은 인간 형성의 가장 기초적인 장소로서 모든 교육이 가정에서부터 시작된다고 보는 19세기 페스탈로치의 교육 철학이 현대사회에서도 유효하게 작용한다. 페스탈로치(Pestalozzi, Johann Heinrich, 1746~1827)는 스위스 출신의 교육사상가이면서 교육실천가로서 가정교육의 중요성을 다음 4가지로 설명하였다.

첫째, 가정은 질서를 배우는 곳이다. 이것은 도덕적 질서뿐 아니라 생활의 질서, 마음의 질서를 의미한다. 둘째, 가정은 순수한 사랑의 마음을 익힐 수 있는 터전이 되는 곳이다. 가정은 부모의 모습을 통해 신과 이웃에 대한 사랑과 경의의 마음을 배울 수 있는 곳이다. 셋째, 가정은 읽기, 쓰기, 셈하기 등 실제적인 기초 교육이 이루어지는 곳이며, 다양한 가사 노동에 참여하는 것 또한 교육으로서 중요한 의미를 갖는다. 넷째, 가정은 자발적이고 자연스러운 방법으로 인간을 성숙하게 하는 곳이다.

출처: 김정일(2006). 상담사, 교육자, 사회복지사, 지도자를 위한 상담의 물꼬를 터라. 창지사.

2) 경제적 안정

경제적 안정은 아동의 건전한 발달을 위해서 필수적이고, 가정생활에 필요한 최소한의 물질적 욕구 충족은 물론 아동의 의식주에 대한 생리적 욕구 등이 기본적으로 보장되어야 한다. 아동이 필요로 하는 적절한 식사, 안전한 주거 공간 및 환경, 의료 및 보건서비스, 양질의 교육, 여가 및 문화생활 등을 제공하기 위해서는 적절한 경제력이 바탕이 되어야 한다. 가정의 경제적 안정은 부모뿐 아니라 아동의 삶에 직접적인 영향을 미치므로 아동복지의 중요한 요소로 작용한다.

가정의 빈곤은 아동복지의 수준을 측정하는 지표이며, 동시에 가정의 기능적 수준을 측정하는 지표가 된다(Garbarino, 1992). 취약계층 자녀들은 특히 경제적으로 어렵고 열악한 가정환경에서 돌봄을 받지 못하기 때문에 이로 인하여 가난이 세습되거나 발달지체 등의 문제가 야기될 수 있다. 특히 빈곤지역의 가정에서 부모의 양육태도나 사회적 지지체계가 열악한데 이러한 요인들은 결국 아동의 정서발달에 부정적인 영향을 미쳐서 아동 내적으로 우울 또는 자아존중감 저하, 또래관계 형성의 어려움, 품행장애와 같은 어려움을 겪을 가능성이 높은 것으로 나타났다(이승우, 2011; 고선주, 박옥임, 문희, 2010; 이혜숙, 임은이, 2009). 또한 빈곤가정의 아동들은 사망률과 유병률이 높고, 영양실조, 사고, 비위생적 환경 등 교육기회의 박탈에 따른 학업 부진과 정서·행동문제 등의 가능성이 높으며, 가정폭력의 피해 가능성 등의 부수적인 문제들을 유발할 수 있다(김미영, 2013).

결과적으로 경제적 안정은 아동의 건강한 발달에 필요한 기본적 요소뿐만 아니라 학업성취 및 교육과 관련하여 매우 중요한 의미를 내포한다. 경제적 불안정으로 가족이 해체되기도 하고 욕구 충족의 좌절로 심리사회적 발달단계와 관련된 문제 및 우울 증상이나 비행 등의 위험에 노출되어 있기 때문에 보다 집중적인 사회적 지원과 관심이 필요하다. 저소득층 부모에게는 취업훈련 및 취업알선을 통해 고용의 기회를 확대함으로써 가족원의 수입원을 보장하고 경제적 안정에 도움이 되도록 하여야 한다. 또한 공적부조, 사회보험, 아동수당제도 등은 열악한 빈곤환경에서 벗어나 건강한 성인으로 성장하는데 바람직한 지원방안이 될 수 있다.

3) 보건 및 의료서비스 제공

아동의 건강상태는 복지수준의 지표가 되며, 더 나아가 아동의 인지·사회적 발달에 영향을 미치는 요소로 작용하기 때문에 보건 및 의료서비스는 매우 중요한 의미를 갖는다. 아동의 건강관리는 우선적으로 어머니의 신체적, 정신적 건강관리와 밀접한 관계가 있으므로 임신, 출산 시 모자보건에 대한 각별한 관심과 적절한 서비스 제공에서부터 관심을 기울일 필요가 있다. 아동에게는 보건·의료서비스를 받을 권리가 보장되어야 하며, 질병 치료와 건강회복을 위한 시설을 사용할 수 있도록 해야 하며, 더 나아가 국가는 영유아·아동의 사망률을 감소시키고 질병과 영양실조를 퇴치하기 위한 조치를 취해야 할 책임이 있다.

최근 세계보건기구(WHO)의 아동 및 모성 보건의 개선을 위한 캠페인에서는 '적절한 영양공급, 감염과 질병으로부터의 보호와 필수 보건 및 의료서비스에 대한 접근' 이라는 세 가지 주요 내용을 월드비전이 추구해야 하는 목표로 설정하고 그에 따른 구체적인 방안을 발표하기도 하였다.

또한 세계보건기구의 학교 건강 증진사업은 학생의 신체적, 정신적, 사회적 건강을 향상시키고 지역사회의 보건활동에 기여하고 국민건강이 향상되는 효과를 가져온다(월드비전, 2010). 미국의 교육부에서 추진하는 학교중심 보건사업으로는 보건과 건강, 환경보건, 체육프로그램 등이 있으며, 이러한 프로그램은 지역사회 중심 서비스로도 연계되어 운영되고 있으며, 아동과 부모가 개별화된 서비스를 받도록 지원하고 있다(한국청소년정책연구원, 2011).

우리나라에서도 아동들의 건강에 대한 권리를 보호하고 질병을 미연에 예방하는 차원으로 보건 및 의료서비스에 대한 적극적인 지원이 필요하다. 특히 취약지역일수록 건강한 삶을 누릴 수 있는 아동의 권리를 주장하고 보건의료서비스의 제공을 요구해야 한다(월드비전 세계 보건총회 정책제안서, 2013).

그 일환으로 어린이 필수예방접종에 대한 지원이 대폭 확대되어 영유아(0세~12세)를 둔 부모들의 육아 부담이 경감되었다(메디칼 헤럴드, 2012). 앞으로 정부는 아동의 발달적 특성과 요구를 고려한 보건의료서비스 정책을 수립하고 실행함으로써 가정과 지역사회가 모두 건강한 삶을 누리도록 노력해야 한다.

Plus Tips

보건 및 의료서비스 취약

〈아프리카 영유아, 말라리아감염으로 사망률 높음〉

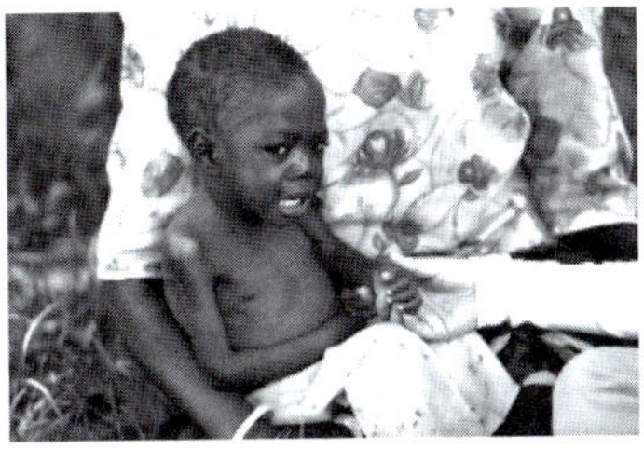

보건 및 의료서비스가 취약한 나라는 전 세계적으로 적지 않다. UN에 따르면 전 세계 약 2억 2천5백만 명이 말라리아에 감염되고 있는데 특히 말라리아 발병의 90%는 사하라 사막 남쪽의 아프리카 국가에서 나타나고 있으며, 사망하는 인구는 대부분 아프리카의 5세 미만 영유아 아동들이다.

모기에 의해 전파되는 말라리아는 고열과 구토 등 얼핏 보면 감기 증세와 비슷해 모르는 상태에서 병을 키우는 경우가 많다. 아프리카 지역은 병을 옮기는 모기가 치명적인 열대열 원충을 갖고 있어 사망률 또한 높게 나타나고 있다.

특히 영유아기에 말라리아에 감염되면 장애를 갖게 되거나 심각한 경우 사망에까지 이를 수 있다. 국제구호개발 NGO 굿네이버스는 말라리아로 고통받는 아동들을 위해 아프리카 빈곤국을 중심으로 살충모기장 보급 및 의료보건사업을 전개하고 있다.

출처: 굿네이버스 홈페이지(http://www.goodneighbors.kr). “말라리아로부터 아프리카 아동들의 생명을 지켜주세요”

4) 교육권 보장

교육권은 기본 인권 중에서 가장 핵심적인 권리로서 학습을 할 고유의 권리를 말한다. 교육권은 아동의 성장과 발달, 인격형성을 위해서 절대적으로 필요하다. 교육권 보장은 모든 아동에게 공평하게 교육의 기회가 제공되어야 할 뿐 아니라 아동 개인의 능력, 필요, 흥미에 따라 적절한 교육 여건을 개방해야 한다는 것을 의미한다.

아동권리협약에 의하면, “아동의 인권 중에서도 교육과 건강 서비스와 관련한 인권을 향유하게 하는데 모든 노력이 기울여져야 한다.”고 하여 교육받을 권리를 규정하고 있다. 또한 우리나라 「헌법」 제31조와 「교육기본법」 제13조에 “모든 아동은 초중등교육을 받을 권리가 있다.”고 명시하고 있다.

아동기에는 학교에 적응하고 지식과 기술을 습득하는 과정을 통해 자신감과 효능감, 사회성 등을 습득하고 학교규율과 법의 준수 등과 같은 사회생활의 기초를 마련하게 되므로 교육만큼 중요하고 효율적인 것이 없다. 학교는 다양한 가능한 방법을 통해서 학생의 전인적 발달과 학습능력을 향상시키도록 노력해야 한다.

Plus Tips

교육권 보장

〈학교가 생기니 꿈이 생겼다네!〉

교육의 중요성은 갈수록 강조되고 있지만 교육권이 보장되지 않는 나라들도 있다. 인도네시아는 다민족·다종교 국가인만큼 정치가 불안정하고 빈부격차가 심한 탓에 의무교육이 불가능한 상태다. 국제연합개발계획이 발표한 자료에 따르면, 인도네시아에서 교육받는 햇수는 평균 7.5년, 초등교육을 받는 100명 중 12명이 중도 탈락한다.

인도네시아의 데니가 사는 치자이린 마을은 자동차가 진입하기 어려울 정도의 오지이다. 당연히 교육 및 의료시설이 갖춰지지 않아서 학교에 가고 싶어도 가지 못하는 형편이다. 이런 오지 마을에 굿네이버스와 코이카(KOICA·한국국제협력단)가 지원해 차자이린 학교가 설립되었다. 그 결과 치자이린 마을에 사는 아동들이 학교에 다닐 수 있게 되었으며, 입학하지 않은 옆 마을 학생이나 미취학 아동도 와서 수업을 들을 수 있게 되었다. 동화책 한 권이 이곳 하루 일당(1~3달러)과 맞먹는 까닭에 책을 구경할 수 없었던 학생들이 도서관에서 책을 읽을 수 있게 되면서 꿈이 생겼다고 한다.

출처: 송지혜(2014). 굿네이버스 [시사 IN] 학교가 생기니 꿈이 생겼네. 시사 IN Live

한편으로 교육과 관련된 다양한 문제들을 간과해서는 안 된다. 한편, 우리나라의 과도한 교육열과 과중한 사교육비, 치열한 입시 위주의 교육환경 등은 아동발달에 무리한 학습을 강요하게 되고 이로 인해 학업 스트레스가 높고 전인교육의 부재현상 등의 문제를 초래하고 있다.

또한 이주 노동자의 자녀들, 그리고 미등록 이주민 자녀의 경우에는 초등학교 입학이 불허되는 등의 교육의 불평등을 경험한다. 이는 심각한 아동 교육권 보장에 대한 침해이며, 이로 인해 더욱더 심각한 아동문제들을 양산하게 된다. 이러한 문제들을 최소화하기 위해서라도 전 세계적으로 아동 개개인의 능력과 적성을 고려하여 최대한의 잠재력을 일깨워주는 교육은 보장되어야 할 것이다. 더 나아가 아동들이 미래에 대한 꿈을 가지고 자신의 삶을 주도적으로 이끌어 가는데 교육만큼 중요한 것은 없기 때문이다.

5) 놀이 및 오락 제공

놀이는 아동에게 삶이고 학습이며, 본능적인 활동이기 때문에 아동은 놀이를 통해서 즐거움 외에도 성장에 필요한 통찰을 얻을 수 있는 가장 효과적인 방법이다(지옥정 외, 2013). 따라서 아동들은 놀이를 통해 자유롭게 선택하는 과정을 경험하며 재미를 얻는다. 심리학자들에 의하면, 아동들이 놀이를 할 때 대뇌에서는 신경전달물질인 도파민이 생성되고 스트레스를 유발하는 호르몬의 분비가 감소된다는 결과를 보고한다.

아동권리협약 제31조에는 “모든 아동은 적절한 휴식과 여가생활을 즐기고 자신의 연령에 적합한 놀이와 오락활동에 참여하며, 문화 예술 활동에 참여할 권리를 가진다.”라고 명시되어 있는 것처럼 아동의 놀이 및 여가의 중요성을 강조하고 있다. 따라서 아동에게 적절한 휴식과 여가를 즐기고 자신의 연령에 적합한 놀이와 오락활동에 참여할 수 있는 권리가 보장된다면 비로소 아동은 건강하게 성장하고 발달하게 된다. 놀이 및 오락을 통해 경험하는 긍정적인 정서적 경험 등은 아동을 행복하게 하는 원동력이 되며 결과적으로 정서조절을 잘 하는 아동으로 성장시킨다.

그러나 놀이 및 오락은 건전한 아동발달과 밀접한 관련이 있음에도 불구하고 아동의 놀 권리는 존중되지 못하고 있는 것이 현실이다. 과도한 학업으로 스트레스는 쌓이고 친구들과 자유롭게 어울려 놀 수 있는 시간과 여건이 보장되기 어렵다. 따라서 모든 아동을 위한 건전한 놀이문화를 제공하는 것뿐만 아니라 빈곤으로 인한 취약계층 아동들의 문화적 빈곤을 벗어나도록 돕는 것도 필요하다.

현재 우리나라에서는 방과 후 지역사회 아동의 보호와 교육, 건전한 놀이와 오락의 제공, 보호자와 지역사회의 연계 등 아동의 건전육성을 위하여 종합적인 아동복지서비스를 제공하는 시설이나 센터 등이 운영되고 있으므로 이를 적극적으로 활용하는 방안도 있다. 또한 2015년 초 범정부 차원에서 '아동정책기본계획'을 수립하였는데 그 가운데 아동의 '놀 권리 보장'과 '어린이 놀이헌장'이 공식 선포되기도 하였다. 앞으로도 지속적으로 아동에게 충분히 놀 수 있는 자유와 권리를 누리기 위해 부모와 지역사회 그리고 국가 차원에서 적극적인 놀이문화를 위한 인식 개선과 환경 조성이 필요하다.

Plus Tips

놀이 및 오락제공

〈아이들에게 놀이터가 없다면〉

"아이들은 놀기 위해 세상에 온다."라는 말이 있듯이 지구촌에 있는 모든 아이는 '놀 권리'를 가지고 있다. 1991년 우리 정부가 비준한 UN 아동권리협약과 1998년 보건복지부가 개정 공포한 어린이 헌장에 따르면 놀이는 아이들의 권리이며, 놀이에 필요한 시설과 공간을 제공하는 것을 어른들의 의무이기도 하다.

놀이터를 지키자

그런데 최근 아동들의 놀 권리를 침해하고 있는 사례가 나타나고 있다. 놀이시설 안전관리법이 시행된 후 안전검사에 불합격한 전국 1,500여 개 놀이터를 임시 폐쇄하고 완화된 놀이터 설치기준과 놀이터를 없애고 그 자리에 주차장 등의 주민 편의시설을 만든다는 소식 등을 접하고 초록우산 어린이재단이 나섰다.

초록우선 어린이재단에서는 아동 놀이 환경을 개선하는 첫걸음으로 "놀이터를 지키자"라는 캠페인을 진행하였다. 지자체장 책임 하에 놀이터를 잘 손질해서 아이들에게 되돌려주기 위한 서명을 받고 있다. 모든 아동의 놀 권리만큼은 보장되도록 놀이공간을 마련해주는 일에 지역사회 구성원들의 관심과 참여가 중요할 때이다.

출처: 초록우산 어린이재단. '아이들도 보물을 가질 권리가 있다.', 초록우산 어린이재단 뉴스레터지. 2015. 07/08호

6) 아동노동으로부터 보호

아동노동은 아동이 아동답게 자라나는 것을 방해하고 정당한 대가도 받지 못한 채 노동현장에서 일하는 것을 의미한다. 「국제법」에 의하면, 12살 이하의 아동에 대한 노동금지 조항이 있고, 우리나라 「근로기준법」에는 15세 미만의 아동에 대한 근로가 금지되어 있으며, 「아동복지법」 제29조에서도 아동을 학대하거나 착취하는 행위를 금지하고 있다. 국제노동기구에 의하면, 11세까지의 아동이 행하는 모든 경제활동에서부터 18세 미만의 아동이 행하는 가혹한 형태를 아동노동이라고 규정하고 있다. 거의 모든 국가가 아동노동을 규제하는 법령을 보유하고 있음에도 불구하고 세계적으로 아동노동의 수는 줄지 않고 있다.

국제노동기구(2010)의 전 세계 아동노동 현황에 의하면, 아동노동 인구가 1억 2천6백만 명에 달하며, 안전과 생명, 성장을 위협하는 매우 위험한 일들에 종사하고 있다. 특히 여자 어린이, 고아, 소수 민족이나 거리의 어린이들 같이 학교에 대부분 다니지 않는 가장 취약한 계층의 아이들이 착취를 당하고 있다. 전 세계적으로 아동매춘, 매매와 같이 아동에게 해를 끼치는 모든 악의적인 형태의 아동 착취가 계속 발생하고 있다.

아동노동의 심각성을 간과해서는 안 되는 이유가 아동들이 노동에 종사하기에는 육체적, 정신적으로 취약성을 갖고 있기 때문이다. 작업환경이 거의 성인을 위한 시설과 공간이므로 아동들은 장시간 노동, 저임금, 비위생적이고 위험한 작업환경, 영양실조 등으로 질병과 비행 등의 문제를 보일 수 있기 때문에 결과적으로 육체적, 정신적 발달에 여러 다양한 문제들을 초래하게 된다.

아동노동의 문제는 점차 아동권리 또는 복지와 관련된 문제로 직결되고 있다. 아동노동이 쉽게 근절되지 못하는 것은 아동노동의 문제는 교육, 소득, 관습 등 복합적인 요인과 연결되어 있기 때문이다. 아동노동을 근절하기 위한 방안으로는 아동노동 금지의 필요성에 대한 계몽운동, 학교교육 제도 마련 및 보급, 아동노동 근절 캠페인, 지역주민 소득증대 활동 등 포괄적인 사업을 지속적으로 실행하는 것이 아동노동의 근본적인 문제해결책이 될 수 있다.

우리나라도 예외가 아니다. 유엔아동권리위원회로부터 우리나라에서 연예인으로 고용되는 아동의 수가 증가하고 있으며, 하루 8시간 이상 활동하고, 그로 인해 수업에 빠진 경험이 많아지는 것에 대해 우려를 표명하였다. 또한 한국청소년정책연구원(2013)의

연구에 의하면, 열악한 아르바이트 환경, 친절하지 않은 어른, 폭력적이고 선정적인 미디어와 휴대전화 게임, 청소년 성매매 등은 아동 착취의 실상으로 보고되었다. 아동에 대한 성적인 착취는 아동의 권리를 가장 심하게 위협하는 것이고 이로 인한 아동의 정신적, 육체적 피해는 매우 심각한 형태로 표출되고 있다(노태인, 2016). 아동착취를 근절하고 아동친화적 사회 안전망을 만드는 노력은 정부 차원에서 적절한 대책마련이 필요하며, 전 세계가 함께 동참해야 할 일이다.

Plus Tips

아동노동으로부터 보호

〈다이아몬드 · 커피 뒤에 숨은 '아동노동 착취' 현장〉

아동노동은 아직도 세계 도처에서 일어나고 있다. 자본주의 역사에서 볼 때 아동노동 착취는 이미 수세기 전에 시작됐다. 16세기에서 18세기 사이에 중세의 독립 수공업자들이 사라지기 시작했고 대신 기업가에 종속된 임금 노동자가 등장했다. 특히 다이아몬드, 커피, 코코아(초콜릿 주원료) 등은 아동노동 착취 구조에서 생산되는 대표적인 품목들이다. 이들의 주요 생산지인 아프리카와 중남미 지역의 상당수 아동들은 광산과 농장에서 노동력을 착취당하고 있다. 아동노동 착취의 문제는 갈수록 더 심각해지고 그 지역도 확대되고 있다.

농촌의 가내 수공업이 없어지면서 수많은 인구가 도시로 유입되었으며 이 시기에 아동노동도 자연스럽게 생겨났다. 빈민국일수록 아동노동 착취 정도는 심각하고 선진국이라도 빈민층의 아이들은 노동현장으로 내몰린다. 국제노동기구(ILO)에 따르면 전 세계적으로 노동착취 환경에서 일하는 5~17세 아동 및 청소년이 약 2억 5000만 명에 달하는 것으로 추산된다.

출처: 세계일보. 커피농장 노동자들의 심각한 노동착취. 2015.06

7) 특수보호

특수보호는 특수한 요구를 지닌 아동을 개별적이면서 전문적으로 보호하는 것을 의미한다. 특수보호의 대상으로는 신체·정서·사회적 장애를 지닌 아동이나 학대 및 방임아동이 그 대상이 된다. 그 외에도 취약계층의 취업모 자녀, 미혼모와 그 자녀, 빈곤층 아동, 입양 및 시설아동 등은 여러 가지 이유로 인하여 사회적 차원에서 특수보호를 필요로 한다.

따라서 국가는 장애아동에게 특별한 보호를 받을 권리가 있음을 인정하고 가능한 무상으로 제공해야 한다. 아동의 교육·훈련·건강관리 지원·재활 지원·취업 준비 및 오락 기회를 효과적으로 이용할 수 있도록 지원하고 제공해야 한다.

또한 특수교육 대상 학생의 요구를 충족하기 위하여 특수교육을 받을 권리를 보장해야 한다. 「특수교육진흥법」 제22조에 의하면, 특수교육 대상자의 특성에 적합한 교육과정, 교육방법 및 교육매체 등을 통하여 교과교육, 치료교육 및 직업교육 등을 실시해야 한다고 명시하고 있다. 또한 동법 제5조 1항에 의하면, 특수교육 대상자의 경우 초등학교와 중학교 과정의 교육은 의무교육이며, 유치원 및 고등학교 과정의 교육은 무상교육으로 규정하고 있다. 따라서 특수교육에서는 일반학교 프로그램 이상의 보충적인 서비스를 제공하는 것은 물론이고 장애아동의 적성을 발견하여 그에 맞는 적절한 직종을 권장하고 직업적 기능을 사전 교육하는 것이 중요하다. 또한 그들의 개별적인 요구를 충족시키기 위해서 적합한 특수교육 진단체계를 통해 일반학교의 특수학급이나 특수학교의 적정한 배치, 개별화교육과 통합교육을 위한 프로그램 개발 및 운영, 치료교육을 위한 교사 확대 및 특수교육 보조원 배치 등의 기반을 조성하여 특수교육 대상 학생의 학습권을 보장하고 교육의 질을 제고해야 할 필요가 있다.

8) 아동보호 및 안전체계 구축

아동보호 및 안전체계는 건강하고 안전한 성장발달을 담보할 수 없는 학대, 폭력, 유기·방임, 빈곤, 가정해체 등의 위기 상황에 노출된 아동을 보호하기 위한 일련의 공적 체계로 정의내려진다. 현대사회에서 각종 범죄가 증가하고 있는 상황에서 특히 아동 대상 강력범죄에 대한 적극적인 대처방안은 매우 시급한 실정이다.

아동은 어떤 위험한 상황에 대한 신체적, 심리적, 인지적 대응체계가 미숙하고 취약하여 성인에 비해 사고 발생 가능성이 높기 때문에 아동과 보호자의 불안감 또한 상대적으로 더 높을 수밖에 없다. 이는 아동복지 차원에서 또 하나의 사회문제로 대두되고 있다는 것을 시사하고 있다. 2008년 국가청소년위원회에서 제공한 분석 자료에 의하면 13세 미만 아동 대상 성범죄 2,800여건을 대상으로 분석한 결과, 취학 중인 아동이 피해를 입은 833건 중 74%가 학교 반경 2Km 이내에서 발생하였으며, 가장 많이 일어난 곳은 학교 반경 500m 내외에서 36%로 나타났다. 이와 같이 하루 중 가장 많은 시간을 보내는 아동 관련 시설이 범죄의 표적이 될 확률이 높기 때문에 이러한 시설을 중심으로 별도의 아동범죄 방어체계가 요구되지 않으면 안 되는 실정이 되었다. 현재까지 아동교통사고 예방, 보건위생 및 학습환경, 안전한 식품 판매 환경 조성 등과 관련해서 아동보호체계가 구축되어 있으나 범죄를 대상으로 한 별도의 아동보호 및 안전체계는 현재 구축되어 있지 못하고 있다(박세경, 2015).

따라서 이러한 위기 아동을 보호하기 위한 공적 아동보호체계를 구현할 수 있도록 하기 위해서는 유기와 방임, 학대와 폭력, 빈곤 등의 발달적 위기환경에 처해 있는 아동의 안전을 확보해야 한다. 그러기 위해서는 발달적 위기의 원인이 되는 요소를 사전에 차단하고 발달을 촉진하는 요인을 확산해야 한다. 즉, 아동의 잠재능력을 발현하기 위하여 심리·정서적 안정을 꾀하고 신체·정신적 건강 및 발달상의 손상과 장애 등을 극복하도록 최대한 지원을 아끼지 않아야 한다.

외국의 사례를 살펴보면, 영국에는 아동 위치 추적 서비스를 이용한 아동안전지대(Child Safety Zone)가 있으며, 미국에는 앰버 경고(Amber Alert) 시스템, 일본 다마가와 현에서는 학교 주변 안전지도 만들기 캠페인 등의 다양한 아동보호체계가 운영되고 있다. 현재 우리나라의 경우에도 "아동안전 지킴이", "배움터 지킴이" 등의 놀이터, 공원 주변의 순찰활동을 통한 소지역 단위 아동범죄로부터 아동보호대책이 일부 시행되고 있지만 통합된 사회적 보호예방 시스템 마련 및 규제 등을 강화하는 것이 필요하다.

2 아동권리와 복지의 기본원칙

아동권리를 보장하기 위하여 복지사업을 계획하고 서비스로 전달하기까지 기본원칙이나 지침은 중요하다. 아동복지의 권리협약에 나와 있는 아동의 권리를 중심으로 다음과 같은 기본원칙 5가지를 제시하고 있다.

1) 권리와 책임의 원칙

「헌법」 제9조에 의하면 "모든 국민은 인간으로서의 존엄과 가치를 가지며 행복을 추구할 권리가 있다."라고 하여 행복추구권을 규정하고 있다. 또한 제33조에서 "모든 국민은 인간다운 생활을 할 권리를 가진다."고 규정하고 있는 바, 아동 역시 행복추구 및 인간으로서의 존엄성과 기본인권을 누릴 권리를 가지고 있음을 의미한다.

이러한 관점에서 볼 때 국민의 일원인 아동은 보편적인 권리주체이며, 국가와 사회는 아동의 건강한 성장과 발달을 도모하기 위해 아동의 이익을 최우선으로 고려하여 그들의 복지를 보장해야 한다.

아동권리와 복지를 위한 정책 및 서비스는 아동-부모(보호자)-사회(국가와 지방자치단체)의 상호관계를 바탕으로 수립되고 실행되어야 한다. 이 세 주체는 각자의 권리와 책임이 수반된다. 즉, 아동은 아동으로서의 권리와 책임을 부여받고 부모는 부모로서의 권리와 책임을 감당해야 하며, 또한 사회는 사회로서의 권리와 책임을 충실히 이행할 때 진정한 아동권리와 복지의 실천은 이루어질 수 있다. 세 주체 중 어느 한 부분이라도 권리의 상실이나 부적응, 지나친 요구 등이 야기될 때 아동권리와 복지는 담보할 수 없는 상태가 된다.

(1) 아동의 권리와 책임

아동의 권리와 책임은 아동복지의 주체인 아동에게도 권리는 향유하되 일련의 책임이 있다는 원칙을 말한다. 과거에 아동은 부모의 자산이나 소유물로 그리고 종족의 유지나 국가의 보호를 위한 수단으로 간주되었던 시대가 있었다. 그 당시 아동의 권리는 존재하지도 존재할 수도 없었다. 아동관이 변화되기 시작한 20세기에 들어와서도 법은 전통적으로 아동을 보호의 객체로 파악했을 뿐 아동의 생존, 보호, 발달을 위한 적극적인 권리의 주체로 인식하지 않았다.

그러나 아동의 권리에 대한 사회적 인식이 지속적으로 변화되고 과학과 의학이 발달하고 영아 사망률이나 자녀수의 감소 및 의무교육을 비롯한 고등교육에 대한 보편화 현상 등은 아동의 지위향상에 변화를 가져왔으며, 아동권리사상을 발전시켰다. 따라서 이제는 아동을 단순히 성인의 보호를 필요로 하는 의존적이고, 수동적인 존재가 아니라 독립된 개체로서 자신의 생을 능동적으로 받아들이고 행동하는 존재로 받아들여야 한다.

모든 아동은 적절한 의식주를 제공받으며 건강하고 위생적인 삶을 향유하며 문화적인 생활을 누릴 수 있는 복지권을 가진다. 또한 모든 아동은 폭력과 공포, 학대나 방임으로부터 보호받을 권리와 자신의 의견을 주장하고 결정할 수 있고 자신이 원하는 각종 활동에 참여할 수 있는 권리를 갖는다.

한편, 아동권리협약에는 아동의 책임도 담고 있다. 아동은 다른 사람들, 특히 부모의 권리를 존중할 책임, 상대방을 괴롭히거나 해치지 않을 책임, 환경을 돌보기 위해 노력할 책임, 능력이 닿는 대로 많이 배우고 다른 사람들과 지식을 나누며 경험할 책임, 다른 사람의 아이디어나 생각 또는 종교적 원칙을 존중할 책임 등이 있다(유니세프 어린이 소식지, 2011).

(2) 부모의 권리와 책임

부모에 의한 아동양육환경의 질적 환경이 아동발달에 중요하다는 것은 이미 널리 알려진 사실이다. 급격한 사회변화로 인하여 맞벌이 가족과 한부모 가족이 증가함에 따라 아동복지에 대한 책임이 사회나 국가로 많이 이양되었다고는 하지만 아동의 보호 및 양육을 위한 일차적 책임은 부모에게 있다.

특히 유엔의 아동권리협약의 제18조는 "부모 쌍방이 아동의 양육과 발전에 공동 책임을 지는 것"으로 규정하고 있고, 「아동복지법」 제4조 2항에는 "아동의 보호자는 아동을 가정 안에서 그의 성장 시기에 맞추어 건강하고 안전하게 양육하여야 한다."라고 명시하고 있는 것처럼 부모의 권리와 책임에 대한 사회적 인식이 강조되고 있다.

건강한 아동의 삶을 보장하는 것은 바로 적절한 부모의 역할과 의무가 수반되어야 가능하다. 부모의 양육책임 범위는 매우 광범위하고 시대나 사회에 따라 부모의 권리와 책임에 대한 규정이 변화할 수 있지만 기본적인 사회생활을 유지할 수 있는 범위 내에서 각각의 가족체계에 적절한 양육책임에 대한 부모의 역할을 규정하고 궁극적으로 이상적인 아동발달을 목표로 하는 일련의 내용이 포함되어야 한다. 이를 위해서는 바람직한 부모-자녀관계를 정립할 수 있는 직·간접적인 지원이 필요하며, 가족의 정서적 기능을 강화하고 부모가 함께 부모역할을 할 수 있는 제도적 장치를 마련해야 한다. 아동의 권리는 가족과 사회가 함께 노력함으로써 보장될 수 있기 때문다(이재연 외, 2010).

(3) 국가와 사회의 권리와 책임

한 사회의 미래는 그 사회가 아동을 어떻게 보호하고, 교육하느냐에 의해서 예측할 수 있다. 부모가 양육책임을 다 할 수 없을 경우에 아동복지에 대한 책임은 사회와 국가기 전적으로 맡아야 한다.

1989년 유엔 총회에서 만장일치로 채택한 "아동권리협약"은 국가로 하여금 아동의 권리실현을 위해 법적 구속력을 갖추게 하여 아동권리에 커다란 진전을 가져오게 하는 계기가 되었다. 아동의 권리를 지키는 수단이자 기준이 되는 아동권리협약은 아동이 가정에서 성장하고, 학대로부터 보호받으며, 자신의 견해를 표현하며, 부모의 양육과 사회의 제도가 아동의 최선의 이익에 의해 이루어지도록 공식화하였다. 결과적으로 이는 국가와 사회에 대한 책임과 의무를 강조하는 것과 같다.

국민의 복지 향상을 강조하고 있는 현대사회에서 아동복지에 대한 책임은 더 이상 부모에게만 강조하지 않는다. 가족의 기능이 제대로 발휘되지 못할 때 국가는 적극적으로 개입해 그 기능을 대신해 주어야 한다. 국가는 부모의 부적절한 양육에 대해 규제를 하거나 아동의 복지를 위해 구체적인 서비스를 제공하거나 다양한 정책이나 법의 제정을 통해 보호받도록 한다. 예를 들면 국가는 법률이 정한 바에 따라 국민으로 하여금 납세의 의무를 이행하도록 권한을 행사하는 일이나 아동이 자신의 원가정에서 더 이상 생활할 수 없게 되었을 때 이들로 하여금 위탁가정이나 아동양육시설에서 보호를 받도록 하게 하는 것이다.

2) 보편성과 선별성의 원칙

보편성의 원칙이란 계층, 인종, 민족, 장애유무, 부모유무 등의 요인이나 특성에 관계없이 동등한 수준에서 모든 아동에게 동일한 수준에서 동일한 복지서비스를 제공한다는 것을 말한다. 그러므로 이 원칙은 평등의 이념과 함께 건강하고 건전한 육성을 통해 아동문제 및 사회문제를 예방하려고 하는 가정이 전제되어 있다.

보편성의 원칙은 아동복지 접근방법 중에서 특히 정책적 접근의 궁극적인 목표라 할 수 있을 만큼 의미 있는 원칙이다. 즉, 아동양육을 위한 최저소득의 보장, 기본적 의료조치, 최소한도의 사회생활을 영위할 수 있도록 하기 위한 생활훈련과 기초교육 등이 이 원칙에 적용되고 있다. 따라서 이러한 원칙을 적용하려면 국가재정에 대한 부담이 크기 때문에 비교적 경제수준이 높고 사회보장제도가 발달한 구미 선진국에서 실현되고 있다. 대표적인 사례가 영국의 아동수당제도를 들 수 있는데, 이는 아동이 있는 모든 가정에 경제적 수준이나 소득 여부에 관계없이 동일하게 지원되는 소득보장제도를 말한다. 우리나라에는 의무교육제도, 만 0세부터 5세 아동의 무상보육 및 초등학교 무상급식 등은 보편성의 원칙에 적용되는 복지제도라고 할 수 있다.

선별성의 원칙이란 기본적 욕구조차 충족하기 어려운 아동이나 빈곤아동들에게 급여나 서비스를 우선적으로 지원하는 원칙을 말하는 것으로 여러 가지 조건이나 기준에 의해 아동복지 사업대상을 제한하는 것을 말한다. 대부분의 경우, 부모의 양육능력의 정도가 기준이 되어 부모가 양육책임을 다하기 어렵거나 또는 거의 불가능한 경우의 아동들이 선별성의 원칙에 적용을 받게 된다. 선별성의 대표적인 사례에 의하면, 고아나 기아를 아동복지시설에서 보호하거나 다른 가정에 입양할 수 있도록 조치하는 경우를 말한다.

과거의 아동복지사업은 주로 선별성의 원칙에 근거하여 요보호 아동, 특히 빈곤아동과 기아 등을 중심으로 하는 보충적 서비스가 주를 이루었다. 그러나 아동의 권리를 실현하고 아동복지를 위한 전제조건이 실현되기 위해서는 선별주의적 접근만으로는 더 이상 어려운 현실이 되었다.

지금도 많은 나라에서 선별성의 원칙에 근거하여 요보호 아동을 우선적인 정책대상으로 간주하고 있으며 그 배경에는 국가재정에 대한 한계 때문이기도 하지만 적어도 자유주의 성향의 나라에서는 아동복지에 대한 책임을 부모에게 더 많은 비중을 두고 있기 때문으로 볼 수 있다.

그러나 모든 아동의 행복한 삶의 보장을 위해서는 아동들의 다양한 욕구를 고려하고 적극적으로 아동복지를 실천해야 한다는 측면에 있어서 아동복지의 서비스는 보편성과 선별성이 동시에 고려되어야 한다. 모든 아동을 위한 보편적인 수준에서 가족, 의료, 고용, 사회보장제도 등에서 아동의 복지를 도모하며, 아동의 발달 수준에 대한 기대나 교육적 욕구에 대한 변화를 수용하고 충족하는 질적인 서비스가 제공되어서 예방과 치료를 모두 고려한 광범위한 차원에서 보편적 아동복지가 실현되도록 노력해야 한다.

3) 개발적 기능의 원칙

개발적 기능의 원칙은 모든 아동이 가진 능력을 최대한 발휘하고 개발하는 것을 말하지만 아동 자신에게만 초점을 두는 것이 아니라 거시적 측면에서 여러 대상과의 관계성을 고려해야 한다. 즉, 가족, 학교, 교사, 지역사회 및 전체사회가 유기적인 관계 속에서 모든 아동의 권리와 발달특성을 중심으로 아동의 문제에 접근하고 개인 아동의 욕구 충족을 위해 다양한 아동복지서비스 및 프로그램을 개발하고 향후 나아갈 방향성을 정립하는 것을 말한다. 따라서 건강한 가정과 지역사회, 더 나아가 복지사회가 이루어질 수 있도록 아동복지 관련 전문가들은 매우 적극성을 가져야 한다.

개발적 기능의 원칙에서는 모든 아동 중에서도 특히 아동발달상의 편차가 심한 장애아동이나 영재아동, 결손환경에서 자란 고아나 빈곤가정 아동 등이 주요 대상이 된다. 이 원칙에는 아동의 사회적 자립과 사회적 기여라는 관점이 내포되어 있는데, 장애아동의 경우, 그들이 가지고 있는 잔존능력을 개발하여 사회적으로 자립이 가능하도록 해야 하는 것을 목표로 한다. 사회적 자립은 경제적 자립의 의미도 강하게 함축되어 있으며, 사회적 유익을 위해서도 그 의미가 크다는 것을 알 수 있다. 또한 빈곤가정의 아동인 경우에는 결핍된 환경이 학업성취를 저해하고, 이로 인해 직업적 성공이 어려워서 빈곤의 악순환을 되풀이할 가능성이 크기 때문에 개인의 능력을 중시하고, 이를 개발시키고자 하는 원칙은 매우 강조되고 있다.

시대적, 사회적 변화와 함께 아동의 욕구 및 발달과업이 변화하고 있으며, 아동의 문제는 개인의 문제를 넘어서 부모와 학교, 또래, 지역사회의 영향으로부터 벗어날 수 없는 심각한 문제로까지 확산되고 있는 실정이다. 더군다나 아동에 대한 권리와 복지권의 필요성이 강조되면서 아동복지서비스에 대한 기대와 욕구는 높아지고 있는데 기본적으로 아동문제에 대한 예방적 대책의 부재는 여전히 심각하고 문제를 해결하고 치료하고자 하는 적극적인 개발 기능 역시 부족하다고 여겨진다. 앞으로의 아동복지사업은 대상아동의 욕구를 발견하고 변화를 예측하며 사회구조나 경제조건에 바람직한 변화를 초래하는 접근을 모색함으로써 국가적 발전을 촉진하는 것이다.

결과적으로 아동을 위한 적극적인 개입에 의한 개발적 기능의 수행은 아동의 안녕된 삶을 보장할 수 있도록 프로그래밍 되어야 하며 보다 거시적인 안목으로 아동과 사회를 동시에 바라볼 수 있어서 아동복지 차원을 넘어서 국가 전체의 복지수준을 향상시켜야 할 것이다. 이는 더 이상 사후 치료적인 아동복지가 아니라 사전 예방적인 차원에서 아동복지서비스가 전개되어야 함을 의미한다.

4) 포괄성의 원칙

포괄성의 원칙이란 아동문제에 대처할 때 여러 가지 유형의 서비스를 고려해야 그 효과를 거둘 수 있다는 것이다. 즉, 아동의 문제 및 욕구 충족을 위한 제반 복지활동을 수행하기 위해서는 주변의 여러 환경과 유기적인 관련성을 고려하여 종합적이고 통합적인 접근이 이루어져야 하는 것을 말한다.

아동발달 측면에서 볼 때 아동의 신체, 사회·정서, 인지, 언어적 발달 등은 각각의 개별적인 영역에 의해서 독립적으로 발달하기보다는 서로 유기적인 관련을 가지고 역동적으로 전개되므로 한 영역의 발달손상은 다른 영역에 파급되며 아동문제는 여러 가지 요소가 결합된 복합적인 양상을 띠기 때문에 아동복지서비스에 대한 접근 역시 아동의 욕구 및 발달특성을 모두 포괄하여 통합적인 관점에서 접근해야 하는 것을 의미한다.

포괄성의 원칙을 적용하는 사례를 들면, 취약계층 자녀들은 경제적으로 매우 어렵고 열악한 가정환경에서 돌봄을 받지 못하기 때문에 이로 인하여 가난이 세습되거나 발달지체 등의 문제가 우려될 수 있다. 취약계층 가족의 공통적 특성은 경제적 어려움을 들 수 있으며 이로 인하여 부모역할 부재, 자녀양육 및 교육의 문제, 폭력 및 학대의 문제가 발생될 수 있다. 이러한 문제들은 아동들의 건강한 삶과 발달에 치명적인 영향을 미치기 때문에 경제적, 물질적 지원을 넘어서 건강, 보건 및 의료, 교육, 상담 등의 포괄적 서비스가 필요하다.

한편, 장애아동의 경우, 장애로 인해 야기되는 여러 문제들을 극복하고 사회적 자립을 유도하기 위해서는 의료, 교육, 심리 및 직업재활이 종합적으로 제공되어야 하며 관련 분야 간 상호 유기적인 이해와 협조는 아동복지의 증진에 기여한다고 볼 수 있다.

과거의 아동복지는 주로 요보호 아동을 대상으로 보호 및 치료하는 서비스에 치중한 나머지 모든 아동을 둘러싸고 있는 환경에 대한 총체적인 접근은 부족했다. 이제는 전체 아동의 건전육성, 기본권의 보장, 사회 안전망 확보와 연계된 정책과 제도가 뒷받침되도록 조직과 인력을 국가와 지방자치단체가 상호연결되는 체계로 확립되어야 할 것이다.

결론적으로 아동복지의 기본 전제가 되는 제 요소인 안정된 가정생활, 경제적 안정, 교육, 보건, 노동, 오락 및 특수보호 등에 대한 프로그램이나 서비스는 무엇보다 예방 차원에서 접근해야 하며, 포괄적이고 통합적으로 제공되어야 한다.

5) 전문성의 원칙

전문성의 원칙이란 아동복지사업이 전문가와 전문기관에 의해서 수행되어야 한다는 원칙이다. 즉, 아동의 발달수준에 대한 기대나 교육적 요구에 대한 변화를 수용하고 충족하는 질적인 서비스가 제공되도록 제반 노력을 기울이는 것을 전제로 하고 있다. 이러한 기본원칙을 성공적으로 수행하기 위해서는 아동복지 관련 제반 사업은 전적으로 아동복지 전문기관의 전문인력에 의해 이루어져야 한다. 이 원칙은 전문적 접근에서 중요하게 고려되는 원칙으로서 과거보다 더욱 세분화되고 있다.

현대사회에서는 더욱 다양한 아동의 욕구와 아동의 문제들이 발생하고 있으므로 아동복지 실천현장에서 전문가를 필요로 하는 요청은 증가하고 있는 실정이다. 또한 아동들의 욕구나 사고 및 행동문제 등에 관한 전문적 지식이나 기술없이는 아동을 올바로 이해하기 어려우며 문제해결을 도모하기 어렵다.

전문성의 원칙에 근거하여, 아동복지 전문가는 물론 관련 종사자들은 기본적으로 아동 및 아동을 둘러싼 환경에 대한 이해가 요구되며, 아동권을 인정하며, 아동중심적 관점에서 아동의 욕구 및 문제에 대한 접근이 이루어질 수 있어야 하며, 아동 상담에 대한 도덕적이고 윤리적인 자질을 가지고 있어야 한다. 이러한 경향은 종래의 동정심에 호소하는 실제적인 자선에서 아동복지를 기술과학의 입장에서 파악하게 해준다.

따라서 사회복지사, 의료 사회복지사, 학교 사회복지사, 아동 및 가족 상담사, 학교 전문 상담가 등은 어려움에 처한 사람들의 상황과 문제를 파악한 후 적합한 복지서비스를 제공해 주어야 하며, 이를 위해 관련 자료를 수집하고 분석하는 것은 물론이고, 사회복지 프로그램을 직접 기획하고 평가할 수 있어야 한다. 단순히 희생과 봉사정신만이 아니라 사회복지 분야에 대한 전문성을 갖춰야 하는 이유가 바로 여기에 있다.

특히 최근에는 정책적 접근에서도 강도 있게 고려되고 있는데, 저출산과 고령화, 여성 경제활동 참가 확대 등으로 다양한 복지서비스에 대한 요구가 늘면서 아동복지 정책 결정과정에 전문가가 참여하는 등 사회복지 분야의 수준을 향상시키고 기여하는데 전문성을 더욱 필요로 하고 있다.

CHAPTER

03

아동권리와 복지의 발전과정

1_ 아동권리협약의 이해
2_ 아동권리의 발전과정
3_ 아동복지의 발전과정
4_ 최근의 아동권리와 복지의 동향

인류의 역사는 동서양을 막론하고 오랫동안 아동들에게는 미성년이라고 해서 사람의 권리를 부여하지 않았다. 부모의 소유물처럼 여겼고, 학대와 고역, 중노동에 시달리는 아동이 수없이 많았다. 현대사회에서 추구하고 있는 아동에 대한 기본권과 복지권이 인정되고 존중되기까지는 아동권리와 복지의 발달과정에 많은 어려움과 난관이 함께 했다.

한 사회의 복지수준을 결정하는 요인은 경제 및 교육수준, 그리고 국가 재원 등의 사회적 여건과 긴밀한 연관관계가 있는 것처럼 아동복지 실천도 그 사회가 추구하는 아동에 대한 가치관과 아동복지에 대한 이념 등이 중요하게 작용한다고 볼 수 있다. 제3장에서는 아동권리협약의 이해, 아동권리와 복지의 발전과정, 그리고 최근 아동복지의 환경변화를 설명한다.

1 아동권리협약의 이해

아동이 권리를 가진 존재임을 인식하고 세계적인 움직임이 전개된 것은 20세기에 들어서면서부터이다. 20세기 초까지만 해도 아동을 성인들의 보호 하에 있는 수동적인 존재로 여겨왔었으나 사고와 행동에 있어서 성인과는 다른 독특한 특성을 가진 능동적인 존재로 인정하고 적극적인 아동권언선언을 표명하고 아동권리사상이 발달하게 되었다. 이 절에서는 아동권리협약의 의미와 4대 기본원칙을 설명한다.

1) 아동권리협약의 의미

'협약'이란 국가들 사이에 같은 법을 지키기로 결정한 합의를 말하는 것으로 한 나라의 정부가 협약을 비준하면 협약을 지킨다고 약속하는 것을 의미한다. 유엔아동권리협약은 아동·청소년의 기본적 권리에 대한 국제적 약속으로 1989년 11월 유엔총회에서 만장일치로 채택되어 현재 전 세계 195개국이 비준한 국제법이다. 우리나라는 1991년 아동권리협약을 비준함에 따라 협약에서 규정하고 있는 아동·청소년 인권보장을 위해 노력하고 5년마다 유엔아동권리위원회에 이행상황을 보고할 의무를 가진다.

아동권리협약은 전문과 54개조로 구성되어 있으며, 조문은 3부로 나뉘어져 있으며 아동의 권리와 국가의 아동보호의무, 유엔아동권리위원회와 당사국의 관계규정, 협약가입절차와 협약 개정절차 등에 관하여 규정하고 있다.

아동권리협약의 전문에서는 아동은 취약한 집단이기 때문에 특별한 배려와 보호가 필요하다는 사실을 재확인하고 있으며, 가족의 일차적 보살핌과 보호책임을 특별히 강조하고 있다. 또한, 출생 전후 아동에 대한 법적 또는 기타 보호장치가 필요하며, 아동이 속한 공동체의 문화적 가치를 존중하고 아동의 권리를 보장하는 데 있어 국제적 협력역할의 중요성을 재확인하고 있다.

아동권리협약의 대상은 18세 미만의 아동으로서 모든 아동에게 평등하게 적용되고, 아동의 최선의 이익을 지향하면서도 부모의 지도를 존중한다는 점이 특징이다. 아동의 최선의 이익, 차별금지는 아동권리협약의 가장 큰 이념이고, "당사국은 이 협약에서 인정된 권리를 실현하기 위한 모든 적절한 입법적, 행정적 및 여타의 조치를 취하여야 한다."(협약 제4조)는 의무가 있다(한국보건사회연구원, 2011). 협약에 비준한 가입국가들은 이를 지키기 위해 최대한의 자국의 입법 및 사법, 행정적 조치를 취하도록 의무화하고 있다.

유엔 아동권리협약은 아동의 생존, 보호, 발달, 참여의 권리 등 아동 인권과 관련된 모든 권리를 규정하고 명시하고 있다. 이 협약은 아동을 권리의 대상이 아닌 권리의 주체로 인식하였다는 점에서 아동관련 인권 조약의 새로운 지평을 열었다고 할 수 있다(장인협 외, 2000).

2) 아동권리협약의 4대 기본원칙

아동권리의 내용에는 아동권리협약의 토대를 이루는 핵심 가치가 있는데 이러한 가치를 기본원칙이라고 한다. 기본원칙에는 아동권리협약의 제1부에 아동의 권리와 국가의 아동보호의무를 규정하고 있다. 보통 4가지로서, 무차별의 원칙, 아동 최선의 이익 원칙, 생명존중 및 발달보장의 원칙, 의사존중의 원칙이 포함되며, 그 내용은 다음과 같다(유니세프 한국위원회).

(1) 차별금지의 원칙

차별금지의 원칙(2조)은 모든 아동은 차별받지 않고 그들의 권리를 누릴 수 있는 원칙을 말한다. 이 규약의 권리는 예외 없이 모든 아동에게 적용된다. 국가는 모든 형태의 차별로부터 아동을 보호하고 아동권리의 증진을 위해 적극적 조치를 취할 의무를 지닌다.

따라서 모든 아동들이 출발선부터 인종, 국적, 종교 등의 어떠한 조건에 따른 차별을 배제한다는 것이다. 모든 어린이는 어떤 사람이건, 어떤 인종이건, 어떤 종교를 믿건 어떤 언어를 사용하건, 부자이건, 가난하건, 장애가 있건 없건 모두 동등한 권리를 누려야 하는 것을 말한다. 오로지 권리의 대상인 아동이라는 그 조건만으로 아동권리협약에 부과된 아동의 권리는 지켜져야 하며, 예외는 존재하지 않으며 어떠한 차별도 받지 않고 자라나야 한다는 점을 강조하고 있다.

(2) 아동 최선의 이익 원칙

아동 최선의 이익 원칙(3조)은 아동의 권리를 보장하는데 있어서 가장 중요하게 고려되어야 할 원칙으로 모든 정책이나 서비스가 아동에게 최선의 이익이 보장되는 방향으로 결정되어야 하는 것을 의미한다. 따라서 '최선의 이익'이란 의사결정권자가 아동의 이익에 관한 한 어떤 결정을 함에 있어서 아동의 권리보호와 그들의 복지증진을 고려해야 함을 의미한다.

아동의 권리를 결정할 때 아동 최선의 이익 원칙은 '언제나' 고려되어야 하고, '중요하게' 다루어져야 한다. 국가는 부모 또는 기타 양육의 책임이 있는 자가 아동을 적절히 보호하지 못하는 경우 이를 대신하여야 한다.

(3) 생존과 발달의 원칙

생명존중의 원칙 및 발달보장의 원칙(6조)이란 모든 아동은 고유한 생명권이 있으며, 국가는 아동의 생존과 발달을 보장할 의무가 있다. 생애시기 중 특별히 아동기까지 생존과 발달을 위해 다양한 보호와 지원을 받아야 한다.

생존권은 생명을 유지하고 최상의 건강을 유지할 권리를 의미하며, 모든 아동들은 생존을 위한 기본적 욕구 충족이 필요하다. 생존권에 관한 조항에는 영양가 있는 음식을 제공받고 가족과 사회로부터 사랑과 보호를 받을 권리, 의료혜택을 받을 권리, 살아가는데 필요한 기술을 익히고 교육을 받을 권리, 집과 양부모를 가질 수 있는 권리, 생존은 물론 삶을 살아가는데 필요한 훈련을 받을 수 있도록 도움을 받을 권리 등이 포함된다.

발달권은 아동이 신체적으로나 정서적으로, 도덕적으로나 사회적으로 성장하는데 필요한 평균수준의 생활을 누릴 권리를 의미한다. 모든 아동의 건강한 발달과 성장을 위해서는 필요한 모든 종류의 지원을 받아야 하며, 그러한 욕구를 충족시켜 주는 지지적인 환경이 필요하다. 또한 아동들의 최대 잠재능력 개발을 위한 정규 교육과 비정규 교육을 포함한 모든 종류의 교육이 필요하며, 놀이, 여가, 문화 활동의 자유를 누릴 권리를 가진다.

(4) 참여의 원칙

참여의 원칙(제12조)이란 책임감 있는 어른이 되기 위해 어린이 자신의 능력에 맞게 적절한 사회활동에 참여할 기회를 가지고 자신의 생활에 영향을 주는 일에 대하여 의견을 말할 수 있어야 하며 그 의견을 존중받을 수 있어야 한다. 따라서 기본적으로 타인에 대한 존중과 권리를 침해하지 않는 범위 내에서 아동의 의견이 표현될 수 있도록 성인들의 지도가 수반되어야 한다. 아동의 견해에 대해서 아동의 연령과 성숙도에 따라 아동의 자기결정권과 참여권이 부여되어야 한다. 이러한 참여는 국가, 사회, 성인 집단들이 이를 인정하고 지켜주지 않으면 의미가 없으며 아동의 능력에 부응하여 적정한 활동에 참여할 기회를 가질 수 있어야 한다.

Plus Tips

아동의 권리를 지키는 착한 여행자가 되어주세요!

월드비전에서는 차일드후드 프로젝트(Project Childhood)라는 캠페인을 통해 아동의 권리를 지키는 착한 여행 보고서를 발표하였다. 이 캠페인은 길에서 구걸하거나 물건을 파는 아동에게 무심코 돈을 주는 행동이 지속적인 아동착취 행위를 가져오게 하며, 또한 아동들에게 선물을 주고 안아주거나 하는 행동은 아동으로 하여금 낯선 사람을 신뢰하는 결과를 가져와 아동이 더 큰 위험을 겪을 가능성이 있다는데 문제의식을 가지고 시작한 캠페인이다.

이 캠페인을 통해 여행지에서 구걸하는 아이들에게 돈을 주거나 물건을 사는 행위, 관광을 목적으로 아동보호시설을 방문하는 등은 여행자들로 하여금 아동들의 안전과 건강한 삶을 위협할 수 있다는 인식을 강화하게 되었다. 결과적으로 이 캠페인은 아동들의 권리가 더 이상 침해되지 않도록 아동권리와 보호를 위한 행동에 긍정적인 효과를 가져왔으며, 여행산업 분야에서 발생하는 아동착취 문제에 대해 강한 책임의식을 가져야 한다는 효과를 나타냈다.

출처: 월드비전 블로그(2013). '책임관광, 아동의 권리를 지키는 착한 여행자가 되어 주세요.' 이슈 세상탐방. 2013-11-06.

2 아동권리의 발전과정

아동권리를 위한 국제사회의 노력은 1959년 「유엔아동권리선언」을 채택하였으며, 1989년에 유엔총회에서 「아동권리에 관한 협약」이 발효되었다. 우리나라는 1991년 12월부터 아동권리협약의 효력을 받고 있다. 다음 〈표 3-1〉은 유엔아동권리 연대표를 통한 권리협약 체결에 대한 주요 내용을 제시하였다.

〈표 3-1〉 유엔아동권리협약 체결의 주요 내용

연도	유엔아동권리협약 체결에 대한 주요 내용
1924	제네바 선언: 국제연맹 총회를 통해 "인류는 가장 좋은 것을 어린이에게 주어야 할 의무가 있다"고 명시하고 아동권리협약의 기초가 됨
1959	유엔아동권리선언 채택: 유엔아동권리협약에 따른 국제적 승인(10개 조항 초안 작성)
1989	유엔아동권리협약 채택
1991	한국의 유엔아동권리협약 비준
2016	아동의 권리와 책임을 규정하고 유엔아동권리협약의 주요 원칙을 충실히 이행하기 위해 아동권리헌장 제정

1) 제네바 선언(1924년)

국제사회는 1차 대전 이후 전쟁의 폐허 속에서 기아와 질병에 고통받는 아동을 보호하기 위해 영국의 인권운동가들을 중심으로 1923년에 국제아동구호기금이 창립되었다. 이 단체에서 모든 아동의 신체적, 심리적, 정신적 행복을 위해 필요한 요소를 보장해야 한다고 언급하였으며, 이를 바탕으로 1924년 스위스 제네바에서 개최된 국제연맹 총회에서 아동권리선언 5가지 핵심내용이 채택되었다. 이를 제네바 선언이라고 일컫는다.

국제연맹에서 선포한 아동권리선언에 의하면, 모든 나라의 남녀는 인류가 아동에게 최상의 것을 제공할 의무를 인정하고 인종, 국적 또는 신념에 관한 일체의 고려를 넘어서서 이를 선언하며 의무로서 수락하였다. 그리고 5가지 핵심내용은 아동권리에 대해

정상적 발달에 필요한 수단 부여, 원조의 제공, 재난 시 우선적 구제, 생계유지와 착취로부터의 보호, 아동의 재능이 인류동포를 위해 바쳐져야 한다는 내용에 기초하고 있다.

이와 같은 선언은 '아동은 신체적으로나 정신적으로 미숙하기 때문에 그 출생 전부터 법적 보호는 물론 여러모로 잘 보살펴야 할 필요가 있다.'고 주장하며 아동권리에 대한 인식이 반영된 결과라고 볼 수 있다. 제네바 선언은 지금의 아동권리협약의 기초가 되었다. 다음 〈표 3-2〉는 제네바 선언의 핵심내용(5가지)을 정리한 것이다(국제연합아동기금 홈페이지).

〈표 3-2〉 제네바 선언의 핵심내용(5가지)

1. 물질적으로나 정신적으로나 아동의 정상적인 발달에 필요한 수단이 아동에게 주어져야 한다.
2. 배고픈 아동에게 음식을, 병든 아동에겐 도움을 주어야 한다. 잘못에 빠진 아동은 교화되어야 하고, 고아와 집 없는 아동은 보호와 구제를 받아야 한다.
3. 아동은 재난 시 가장 먼저 구제되어야 한다.
4. 아동은 생계를 유지할 수 있는 상황에 있어야 하며, 모든 형태의 착취로부터 보호되어야 한다.
5. 아동은 자신의 능력을 널리 인류 동포를 위하여 바칠 수 있도록 양육되어야 한다.

2) UN 아동권리선언(1959년)

UN 아동권리선언(Declaration on the Right of the child)은 '아동은 신체적으로나 정신적 미성숙으로 인하여 출생전후를 막론하고 적절한 법적 보호를 포함한 특별한 보호와 배려를 필요로 한다.'라는 유엔 아동권리협약에 따른 국제적 승인을 말한다.

이 선언은 국제연맹이 1924년 제네바에서 채택한 5개조로 된 '제네바 어린이 권리선언'을 개정하여 1959년에 아동권리 선언문으로 채택하여 전 세계에 선포하게 되었다. 아동을 인권의 주체로 인정하고 아동 최선의 이익을 실현하겠다는 국제적 의지의 표현이며, 모든 아동들은 권리적 존재라는 인식과 권리보장이라는 측면에서 아동의 복지권이 강조되고 있다.

아동권리선언 전문의 주요 내용에 의하면, '이름과 국적을 가질 권리. 인종, 종교, 태생 또는 성별로 인한 차별을 받지 않을 권리, 신체적 정신적 도덕적 영적 및 사회적으로 발달하기 위한 기회를 가질 권리, 적절한 영양, 주거, 의료 등의 혜택을 누릴 권리, 심신장애 어린이는 특별한 치료와 교육 및 보살핌을 받을 권리, 애정과 도덕적 물질적 보장이 있는 환경 아래서 양육될 권리, 의무교육을 받을 권리, 놀이와 여가 시간을 가질 권리, 전쟁이나 재난으로부터 제일 먼저 보호받고 구조될 권리, 학대, 방임, 착취로부터 보호받을 권리, 인간 상호간 우정, 평화 및 형제애 정신으로 양육될 권리 등을 포함하고 있다.

3) UN아동권리협약 채택(1989년)

1959년 유엔아동권리선언이 채택되고 각 국가에서 인권 관련법이 제정되었음에도 불구하고 세계 도처에서 아동학대, 착취, 빈곤, 질병 등의 아동문제는 지속적으로 발생되었다. 이에 UN은 아동권리선언을 협약으로 바꾸어 법률적 구속력을 강화하게 되었다. 그 결과 1989년 11월 20일 유엔 총회에서 유엔아동권리협약이 채택되었다. 국제아동 인권조약인 이 협약은 아동이 신체적, 정신적, 정서적으로 건강하게 성장하는 필요한 권리를 모두 담은 국제법의 효력을 갖는다.

아동권리협약은 18세 미만의 아동에게 필요한 보호와 도움을 주며 아동의 인격발달과 복지증진을 위하여 국가와 사회 및 가정 모두가 특별한 배려를 제공하는데 그 취지가 있다. 협약의 주요 내용으로는 경제, 사회, 문화 등 전반에 걸쳐 인간의 존엄성과 자유를 보장하는 가운데 어떤 환경, 조건에 관계없이 아동의 생존권이 존중되고 그들의 잠재력이 최대로 개발되도록 지지하고 있다.

아동권리협약은 아동을 권리의 주체로 규정함으로써 아동을 독립된 인격체로 보고, 아동의 인권문제를 다루는 국제조약이라는 특징을 갖는다. 또한 역사상 가장 많은 국가들이 뜻을 함께 한 국제법으로써 아동의 권리문제를 구속력 있는 법으로 규정하였다는데 의의가 있다.

국제적 아동권리협약은 전문과 54개 조항으로 구성되어 있는데 이 중 40개조가 아동의 실제적 권리내용이며, 41조는 아동권리의 실현에 보다 공헌할 수 있는 기준을 존중하겠다는 조항이며, 42조 이하는 이행조치에 관한 것이다. 1990년 9월 2일 협약은 발효되기에 이르렀으며, 국내법과 동일하게 아동권리협약이 효력을 발휘하고 있다. 아동권리협약은 2014년 기준 195개국이 가입한 세계 최대의 국제조약이다.

4) 한국 UN아동권리협약 가입(1991년)

우리나라는 1991년 11월에 협약의 당사국이 되었다. 유엔아동권리위원회는 2013년까지 세 차례에 걸쳐 대한민국 정부보고서를 심사하고 최종권고를 발표했다. 협약과 권고는 아동관련 법제에 많은 영향을 끼쳐왔다. 예를 들면, 민법의 친권자 규정의 개정, 외국인과 결혼한 한국인 여성의 자녀에 대한 국적 취득권 보장, 근로기준법에서 취업금지 연령을 만 13세 미만에서 만 15세 미만자로 조정한 것 등이다. 또한 학생인권조례 제정과 서울시 어린이 청소년 인권조례안의 통과 등이 가장 가시적인 조치라고 할 수 있다(국가인권위원회, 2002).

모든 아동은 건강하고 평화롭고 존엄성을 인정받는 가운데서 성장할 권리가 있다. 아동의 인권을 보장하는 것은 전 인류와 모든 국가의 중대한 문제이며, 그들의 인권을 보장할 의무 또한 모두에게 있다. 현재 다양한 국제인권법과 국내법이 아동을 인권의 주체로 확인하고 있음에도 불구하고 세계 곳곳에서 생존의 위기에 내몰리고 있는 아동들이 많다. 앞으로 아동과 청소년의 권리실현을 위해 노력하는 기구나 단체는 더 많은 노력을 기울여야 할 것이다. 아동의 건전육성을 위한 특별한 보호와 배려에 대한 국민적 관심을 제고할 때이다.

5) 아동권리헌장 제정(2016년)

아동권리헌장은 아동의 권리와 책임을 규정하고 유엔아동권리협약의 주요원칙을 충실히 이행하기 위해 제정되었다. 우리나라는 1991년 협약을 비준한 이래 아동권리 증진을 위해 많은 노력을 하였으나 아동 삶의 만족도와 아동권리에 대한 인식수준은 아직도 낮은 상황이다.

아동권리헌장은 유엔아동권리협약의 조항들을 함축적으로 모아 전문과 9개 조항으로 이루어져 있으며, 다음 〈표 3-3〉과 같이 발표하였다(사단법인 한국아동단체협의회, 2016). 협약의 원칙을 기반으로 우리 아동들이 겪고 있는 위기에 주목해 학대로부터 보호받을 권리, 놀 권리, 표현의 자유와 참여, 상상과 도전, 창의적 활동 등을 비중있게 다루었다는데 의의가 있다.

〈표 3-3〉 아동권리헌장(2016년)

〈전문〉

모든 아동은 독립된 인격체로 존중받고 차별받지 않아야 한다. 또한 생명을 존중받고, 보호받으며 발달하고 참여할 수 있는 고유한 권리가 있다. 부모와 사회, 국가와 지방자치단체는 아동의 이익을 최우선적으로 고려해야 하며, 다음과 같은 아동의 권리를 확인하고 실현할 책임이 있다.

〈조항〉

1. 아동은 생명을 존중받아야 하며 부모와 가족의 보살핌을 받을 권리가 있다.
2. 아동은 모든 형태의 학대와 방임, 폭력과 착취로부터 보호받을 권리가 있다.
3. 아동은 출신, 성별, 언어, 인종, 종교, 사회경제적 배경, 학령, 연령, 장애 등의 이유로 차별받지 않을 권리가 있다.
4. 아동은 개인적인 생활이 부당하게 공개되지 않고 보호받을 권리가 있다.
5. 아동은 신체적, 정신적, 사회적으로 건강하게 성장하고 발달하는데 필요한 기본적인 영향, 주거, 의료 등을 지원받을 권리가 있다.
6. 아동은 자신이 살아가는데 필요한 지식과 정보를 알 권리가 있다.
7. 아동은 자유롭게 상상하고 도전하며 창의적으로 활동하고 자신의 능력과 소질에 따라 교육받을 권리가 있다.
8. 아동은 휴식과 여가를 누리며 다양한 놀이와 오락 문화예술 활동에 자유롭고 즐겁게 참여할 권리가 있다.
9. 아동은 자신의 생각이나 느낌을 자유롭게 표현할 수 있으며 자신에게 영향을 주는 결정에 대해 의견을 말하고 이를 존중받을 권리가 있다.

2016년 5월 2일 대한민국 정부 선포

3 아동복지의 발전과정

아동을 위한 복지사업의 역사는 매우 짧지만 아동복지 시스템은 단순하지 않다. 한 가정에서 아동을 보호하는 차원이 아니라 가정의 기능을 지지하고 강화하면서 아동의 안전을 위해 사회와 국가의 개입이 통합적으로 이루어져야만이 진정한 아동복지를 실천하게 되는 것이다. 아동복지 발달의 역사는 크게 서구사회와 한국사회의 발달과정으로 나누어 기술한다.

1) 서구사회의 아동복지

서구의 아동복지 발달과정은 산업화 이전과 이후로 나누어 볼 수 있다. 먼저 산업화 이전에는 아동복지에 대한 책임과 의무가 거의 부모에게만 있었으며, 요보호 아동은 뜻있는 개인이나 민간 및 종교단체에 의해 보호되었다. 그러나 산업화 이후에는 사회 및 가족구조의 변화가 일면서 복지에 대한 사회 및 국가의 개입이 필요하다는 인식이 증가하고 있다.

산업화 이전의 실제 아동복지에 대한 기록은 찾아볼 수 없고, 오히려 아동복지에 반하는 경우가 많았다. 아동에 대한 개념조차 없었던 시기로서, 아동의 욕구와 능력은 성인의 축소물 정도로 인식하는 정도였기 때문에 아동의 인권이나 존엄성은 인정받지 못한 시대였다.

산업화 이후는 상공업의 발달과 산업혁명의 시작으로 자본주의 시대를 열었다. 아동에 대한 인식도 진일보한 상태로 국가가 아동 보호에 책임이 있다는 것을 받아들이기 시작한 시기였다.

(1) 산업화 이전의 아동복지

산업화 이전은 고대에서부터 중세사회의 시대를 말한다. 고대사회에서는 영아살해나 유기 등이 빈번하게 일어나 아동의 가치나 존엄성은 찾아보기 어려웠던 만큼 아동복지 서비스는 전무하였다. 아동 개인의 가치나 존엄성보다는 부족이나 종족, 공동체의 생존과 안전이 보다 중요시되었기 때문에 아동복지에 관한 내용은 찾아보기 힘들다.

원시 고대사회에서는 각 나라마다 영아살해나 유기가 성행했음을 역사적 사실로 알 수 있다. 어떤 부족들은 병약아나 장애아의 경우에는 갖다 버리는 일도 서슴지 않았다. 실제 아마존강 유역의 인디언들은 아기가 태어나면 강물에 던져 살아남은 강한 아기만 키우고 체질적으로 허약하거나 장애가 있는 아이들은 그대로 죽게 내버려 두었다고 보고되고 있다(Kadushin, 1980). 피임이나 유산이 실패했을 경우에 영아살해가 이루어졌으며, 한편으로는 아이를 유기하는 형태도 영아살해 못지않게 성행하였는데 "극빈한 부모는 자녀를 출생함과 동시에 팔 권리를 가진다"고 명문화할 정도로 사회적으로 합법화시키기까지 하였다.

이와 같은 영아살해, 유기, 낙태, 아동매매 등이 일어나는 이유로는 자연과 타 부족과의 절박한 생존을 위한 투쟁 속에서 의식주를 해결해야 하는 상황이었으므로 인구수와 자원 간의 균형을 유지하기 위해, 그리고 기근이나 질병, 기타 재난에 대비하기 위해, 또한 먼저 태어난 자녀들을 제대로 키우기 위한 것으로 보고되고 있다. 또한 자녀가 없는 사람들이 주워 기르도록 하게 하였다.

중세사회는 고대사회와 달리 종교적 영향력에 의해 봉건제도의 사회적 영향이 강했던 시대였다. 영주와 영민, 국왕과 신하의 주종관계가 엄격한 신분제 사회로서 당시 아동의 지위는 부모의 지위에 따라 결정되었다. 따라서 신분이 높은 계급의 아동들은 신분상의 혈통의 승계자로, 신분이 낮은 계급의 아동들은 농노로 취급받았다. 그리고 고아는 자식이 없는 농노나 빈집에서 양육되어 일찍부터 공동체 사회의 노동력으로 활용되어 무가치한 생명으로 취급되었다.

다만 중세의 아동복지는 고대사회보다는 다소 발전된 보호 차원의 자선사업이 시작되었다. 종교단체나 가톨릭교회에서 시작하여 아동보호사업 서비스가 싹트기 시작하였다. 따라서 어린 생명을 빼앗는 행위를 금지하는 등 아동보호가 이루어지기는 하였으나 아동복지적 상황이 아동에게는 여전히 불리한 조건이었다. 그 당시 생활상을 보고한 아리스(Aries)에 의하면, 세 살 내지 다섯 살 사이의 유아가 젖을 떼면 유모나 어머니의 보호가 더 이상 필요 없다고 보고 즉시 성인사회의 구성원이 되게 하였다. 이러한 사실은 아동기의 본질에 부합하는 아동기의 개념이 여전히 존재하지 않았다는 것을 입증해준다(윤종희 · 이재연, 1992).

또한 복장에서도 아동의 개념에 대한 입장을 알 수 있다. 아동과 성인의 의복의 구분없이 아동도 성인과 같은 옷을 입었다. 17세기가 되어서야 비로소 귀족층과 중산층 자녀들이 연령에 따른 복장을 입게 되었는데 이와 같은 현상은 농부와 빈민계층, 노동자 계층의 자녀들과는 확연히 다른 복장을 입게 함으로써 그 당시 아동기라는 개념은 귀족계층의 전유물로 보았다(윤종희, 이재연, 1992).

엄격한 의미에서 이 시기의 아동보호는 동정적인 차원에서 종교적으로 이루어진 자선행위였고 아동의 발달적 특성이나 욕구, 권리를 중심으로 하는 근대적 의미의 전문아동복지의 사업은 아직 발달되지 않았다.

Plus Tips

영아 살해 및 유기가 관행적으로 일어나다!

드모스(DeMause)는 서구사회의 아동취급 방식을 추적하여 고대사회에 만연했던 유아살해 풍속을 고증하였으며 동시에 전쟁 인질과 노예로 자녀를 파는 일이 공공연히 성행하였음을 밝혀냈다. 드모스에 의하면, 어린 영아를 손발을 움직이거나 기어 다니지 못하도록 꽁꽁 묶어 놓은 후에는 흔히 벽 위에 짐같이 걸어 놓거나 목욕통에 담가 놓거나, 눈에 띄는 편리한 구석에 박아 놓기도 하였다. 꽁꽁 묶어 놓은 아기를 공처럼 던져서 주고받는 관행도 있었는데, 실제로 헨리 4세의 동생을 이쪽 창문에서 저쪽 창문으로 던지는 장난감으로 사용하다가 희생물이 되기도 하였다. 이러한 관행은 결국 죽음까지 초래하는 결과를 빚어내는 참혹한 현상이었다. 드모스가 보고한 다음 사례는 아동에 대한 잔인성을 반영하고 있다.

> 아이를 맡아 키우던 유모가 저녁나들이를 하고 싶어서 아이에게 이렇게 얘기한다. "네가 소리를 내거나 침대에서 내려오면 방안에 시커먼 거인 남자가 숨어 있다가 너를 잡아먹을 거야!" 라고 한 후 외출하였다. 외출 후 돌아와 보니 아이는 침대에서 자기 앞에 있는 무서운 괴물을 향해 겁에 질린 표정과 함께 양손으로 금발머리를 움켜 쥔 채 그대로 굳어서 죽은 상태로 있었다.

출처: 윤종희・이재연(1992). 아동기의 실종, 탁아・유아 교육의 실태와 대안. 교보문고. 재인용.

(2) 산업화 이후의 아동복지

산업화 이후의 시대는 산업혁명이 일어난 후 봉건제도가 점차 붕괴되고 상공업이 발달하고 자본주의 제도가 탄생한 시대이다. 자본주의 사회에서는 개인주의, 자유주의로 말미암아 자본가 계급과 노동자 계급이 탄생하였으며, 노인, 아동 및 기타 구호를 필요로 하는 약자들에 대한 보호 등의 문제가 중요한 사회문제로 등장하기 시작하였다.

산업화 이후에 나타난 빈곤의 문제는 더 이상 개인적인 요인에서 발생한 것으로 보기보다는 사회구조적인 변화에 의해서 기인된 것으로 국가적 책임에 비중을 두기 시작하였다. 따라서 국가 차원에서 새로운 시민계층의 욕구들을 해결하기 위한 다양한 복지정책을 제시하지 않으면 안 되었다.

그 일환으로 국가가 빈민문제를 해결하기 위한 최초의 시도로서 1601년 영국의 엘리자베스 구빈법(Elizabethan Poor Law)이 제정되었다. 구빈법은 노동 가능한 빈민, 노동 불가능한 빈민, 그리고 요보호 아동 등이 대상이 되었으며, 각 대상자에 따른 적절한 보호와 개입 등이 이루어졌다. 또한 그 당시에는 구빈원의 아동과 성인, 노인, 장애인 등 구분하지 않고 혼합수용으로 인하여 많은 문제들이 양산되었고, 보호의 수준도 매우 열악하였는데 혼합수용에서 벗어나 아동 중심의 시설로 변화되어 갔다.

이러한 구빈법은 아동복지의 제도적인 기틀을 마련하는데 일조하였으며 결과적으로 미국과 유럽 등의 여러 나라에 영향을 주었으며, 그 이후 300여 년 이상 구빈사업의 기초가 되었다. 결과적으로 구빈법의 제정은 요보호 아동들이 국가의 보호를 받는 계기를 마련하여 아동복지제도의 시발점이 되었다는 점에서 의의가 있다.

이와 같은 과정에서 근대사회는 철학자, 사상가, 그리고 유아교육자들이 등장하기 시작하면서 아동을 보는 관점도 달라졌으며, 아동에 대한 교육방법이나 가정교육의 중요성을 강조했으며, 경험주의에 입각한 심리학적 원칙을 기본으로 하여 아동들이 쉽게 학습할 수 있는 방법 등을 제시하였다.

또한 아동양육과 교육 및 의료제도에 관한 많은 연구들이 쏟아져 나와서 주로 하류계층의 자녀나 부모 없는 아동들을 수용하던 고아원의 교육적 효과를 높일 수 있는 방안들이 모색되기도 하였다. 실제로 구빈법을 기초로 한 영국에서는 1780년 유아학교를 설립하여 도시 빈민아동의 증가로 인하여 발생된 아동방임의 문제를 해소하고 공교육 체계를 시작하였으며, 1833년 공장법 제정은 9세 미만의 아동노동을 금지시켰으며, 1889년 아동학대방지법 등을 제정하여 아동보호에 대한 제도적인 기틀을 마련하였다.

점차적으로 중세, 근대를 지나면서 아동에 대한 인식변화는 진일보하였으며, 20세기 들어와서는 아동에 대한 가치와 권리가 중요시되면서 아동복지에 대한 국가와 사회의 책임이 강조되기 시작하였다. 현대사회에서는 아동 개인뿐 아니라 아동을 보호 및 양육하고 지지하는 가족체계의 중요성을 인식하면서 포괄적인 복지로 확대, 발전하고 있음을 알 수 있다.

(3) 현대사회의 아동복지

현대사회는 20세기에 접어들면서 아동을 아동으로서의 존재로 인정하게 되었으며, 이들의 욕구와 관심에 대한 사회적인 예방과 대책에 대한 조직적이고 체계적인 방안들이 강구되면서 권리로서의 아동복지 사상이 더욱 강조되었다.

'20세기는 아동의 세기'라고 한 스웨덴의 아동학자인 엘렌 케이(Ellen Key, 1849~1926)에 의하면, "모든 아동은 생명, 보건, 적절한 주거, 교육, 노동으로부터의 자유, 건전한 여가활동, 필요한 경우 공적 부조에 대한 권리까지도 보장해 주어야 한다."라고 하였다. 이러한 변화는 아동에 대한 과학적 연구에 박차를 가하게 하였으며, 아동권리와 복지를 실현하기 위한 구체적인 노력들이 사회적으로 세계적으로 이념적으로 전개되었다.

그 일환으로 1909년 미국의 루즈벨트 대통령은 제1회 백악관 아동회의를 소집하여 '요구호 아동의 보호'를 주제로 전국에서 교육, 사회사업, 의학심리학, 교정사업 등 각 분야의 아동, 청소년 관계자를 모아 아동복지에 대한 정부의 책임을 처음으로 공식화하고 이후 연방 아동국을 설치하고 아동보호에 관한 기본원칙을 발표하였다. 즉, 가난하다는 이유로 아동이 가정에서 이탈해서는 안 되며, 가정을 떠나야만 할 이유가 있을 경우 차선책으로 위탁가정이 바람직하며, 필요에 따라 시설을 이용할 경우에는 소숙사 형태가 바람직하다.

이후 백악관회의는 10년마다 개최되고 지속적으로 아동복지 정책을 모색하게 되는데, 제2회는 윌슨 대통령에 의해 '아동복지의 최저기준, 모자보건, 요보호 아동의 보호'를 주제로 진행되었다. 1930년 제3차 백악관 회의에서는 아동보건 및 보호를 주제로 미국의 어린이 헌장이 의결, 발표되었다. 이는 결국 1924년 국제연맹이 선포한 아동권리에 관한 제네바 선언에도 영향을 미치는 계기가 되었다.

현대사회에서는 모든 아동을 대상으로 한 복지정책으로 전환되고 있으며, 이러한 과정을 거쳐 모든 아동의 권리와 복지권을 보장받을 수 있도록 하기 위한 노력을 광범위하게 강구하고 있는 점이 오늘날의 추세이다.

2) 한국사회의 아동복지

한국의 아동복지에 관한 역사는 매우 짧지만 아동복지 발전과정은 단순하지 않다. 한국의 아동복지 발달과정을 통해 아동복지 시초가 무엇이고 어떠한 사회적 맥락에서 성립되었는지 혹은 어떻게 변화되었고 어떻게 발전되었는지를 알아보는 것은 한국사회의 미래에 대한 아동복지의 전망을 예측할 수 있어 매우 의미 있다고 본다.

한국의 아동복지 발달과정은 전통사회, 근대사회, 그리고 현대사회로 대별하고 각 시대별 복지 상황을 고찰한다.

(1) 전통사회

전통적으로 우리 사회는 유교사상에 입각한 아동관이 지배적이었다. 아동의 사회적 지위는 미숙한 존재로 인식되었으며 아동의 권리나 인격이 존중되기보다는 가계 계승을 위한 수단의 차원으로서 훈육의 대상이며, 다스려야 할 대상으로 취급되었었다. 그러나 이러한 아동관에도 불구하고 우리나라는 고대부터 아동보호에 대한 장치가 있었고, 왕도정치에 의해 이념적으로 서양보다 앞선 아동보호가 실행되었다는 기록이 있다.

신라시대의 제3대 유리왕 때 삼국사기에 의하면, 환과고독노병(鰥寡孤獨老病: 홀아비, 과부, 고아, 아들 없는 자, 노인, 병자)을 대상으로 복지 차원에서 지원이 있었다는 기록이 있다. 특히 그 중 고(孤)에 해당되는 대상이 고아를 의미하는 것으로 당시에도 요보호 아동에 대한 무료급식과 양육을 행하였던 기록 등이 보고되고 있다.

고려시대는 불교가 국교로 지정되어 있어 사찰이라는 곳이 아동구호 차원에서 많이 활용되었던 시대였다. 즉, 전쟁과 흉년으로 인하여 발생한 고아, 떠돌아다니며 구걸하는 아동이나 빈민가의 아동, 버려진 아동들을 사찰에서 위탁보호하면서 승려나 사역승으로 양성하는 일이 많았다. 한편, 고아를 민간에서 수양하는 일이 성행하기도 하였으나 수양을 빙자하여 인신매매, 유괴, 약탈, 노비로 삼는 등의 폐단도 발생하였다(성영혜, 김연진, 1997).

한편 성종 13년에는 우리나라에서 시설보호사업의 시초라고 할 수 있는 “동서대비원”이라고 하는 관을 설치하여 고아를 대상으로 양육한 기록으로 보아 아동보호의 한 형태가 이루어지고 있었다(주정일, 이소희 2003). 또한 충목왕 3년에는 고아들을 수용하여 보호・양육하는 “해아도감”이 설치되었는데 이는 현대사회의 아동복지시설인 보육원으로 추측되며, 우리나라 최초로 설치된 구빈기관이라는데 그 의미가 크다고 할 수 있다.

조선시대는 엄격한 신분제 사회로서 1561년 현종 2년에 요보호 아동 보호에 관한 법령이 최초 제정되었다. 그 후 1774년 영종 20년에 "수양임시사목"이 편찬되어, 아동보호에 대한 처우 개선이 이루어졌다. 그리고 1783년 정조 22년에는 수양임시사목의 조치를 더욱 확고히 하기 위하여 "자휼전칙"을 편찬하여 친족부양, 수양관계 보호, 집단수용 보호 등의 원칙을 규정하고 부랑아 및 유기아동 보호법령의 체계를 갖추었다(구자헌, 1972).

자휼전칙의 근본정신은 아동의 생명구제를 위한 기본적 법령으로 기능했으며, 영유아의 양육에 대한 부모와 친족의 책임원칙과 수용보호의 제도화 및 집단 수용보호에 대한 국가의 부양책임에 대한 의무를 강조했다는 데 그 의의가 있다.

(2) 근대사회

한국의 근현대사를 시대별로 나누었을 때 근대사회는 조선시대 말 일제강점기(1910년~1945년)를 말한다. 일제강점기 시대의 일본은 조선을 무력으로 장악하기 위한 장기적 계획을 세워 국가개혁을 도모하기 시작하면서 조선총독부의 구호령이 제정되었다. 이는 생활이 빈곤한 임산부와 13세 이하 아동을 대상으로 가택구호가 우선이었으며, 가택구호가 적절치 못한 경우에는 개인가정에 위탁하거나 구호시설에 수용할 수 있도록 조치하였다.

그러나 극심한 재정적 어려움으로 인하여 일본은 아동구호사업을 제대로 수행하지 못했다. 따라서 대부분의 구호 및 육아사업은 외국의 종교단체를 통해 이루어졌으며, 주로 저소득층을 중심으로 어머니들이 일터에 나가면서 그들의 자녀들을 보호하려는 구호적 차원에서 탁아시설들이 자생적으로 생겨나기 시작하였다. 그 일환으로 시행된 고아를 대상으로 한 구제사업이 1855년 프랑스의 메스트로 신부에 의해 시작되었다. 그리고 1905년 이필화 선생이 설립한 경성고아원은 우리나라 최초의 아동복지시설이었다.

그 후에도 종교단체의 선교사나 신부에 의해 설립된 고아원, 구세학당, 고아학원 등을 설립하였다. 그 중 가장 오래된 사회복지관의 모체인 태화사회관은 1921년 서양의 선교사 메리놀스에 의해 설립되었다. 당시 태화사회관은 사회사업보다 교육사업에 치중하고 아동보건과 위생교육, 육아법 등을 보급하였다. 점차적으로 빈곤아동을 위한 탁아사업, 무료 목욕사업, 우유 급식사업 등의 지역사회의 아동보호활동을 전개하였다(한미현 외, 2007 재인용).

한편, 일본에서는 메이지 유신의 영향으로 어린이 문학이 발전하여 어린이 관련 서적들이 많이 출판되었는데 우리나라는 당시 어린이들이 누릴 만한 문화가 없었다. 이에 소파 방정환 선생이 처음으로 '어린이'라는 용어를 사용하기 시작하였으며, 지금의 5월 5일 어린이날의 모체가 되었다. 또한 1957년 "대한민국 어린이헌장"이 제정되고 선포하면서 소파는 어린이 문학에 관심을 가지고 색동회라는 어린이 문제를 연구하는 단체를 창설하였으며, 전국 순회강연을 통해 뛰어난 이야기꾼으로 활약하여 아동문화를 확산시키는데 중요한 역할을 하였다.

그리고 소파 방정환의 뒤를 이은 석호 윤성중은 어린이를 위한 동요인 '봄'과 '오뚜기' 등의 창작동요를 발표하면서 일제강점기의 대한민국의 작가, 아동문학가로 알려지기 시작하였다. 또한 한국 아동문학의 선구자로 활약하면서 어린이들을 위한 문학과 출판활동을 통해 아동의 인격을 존중하자는 메시지를 널리 전파하고 결과적으로 아동애호 사상에 큰 기여를 하게 되었다(재단법인 한국방정환재단 홈페이지).

Plus Tips

대한민국 어린이 헌장

어린이 헌장은 한국동화작가협의회에서 제정, 1957년 5월 5일 보건사회부에서 선포한 헌장으로서 법적 효력은 없지만 어린이를 위해 국가와 사회가 해야 할 일을 항목으로 명시하였다는 것에 큰 의미가 있다. 1988년 개정된 어린이 헌장의 전문과 본문은 다음과 같다.

대한민국 어린이헌장은 어린이날의 참뜻을 바탕으로 하여 모든 어린이가 차별 없이 인간으로서의 존엄성을 지니고 나라의 앞날을 이어나갈 새 사람으로 존중되며 아름답고 씩씩하게 자라도록 함을 길잡이로 삼는다.

1. 어린이는 건전하게 태어나 따뜻한 가정에서 사람 속에 자라야 한다.
2. 어린이는 고른 영양을 취하고, 질병의 예방과 치료를 받으며, 맑고 깨끗한 환경에서 살아야 한다.
3. 어린이는 좋은 교육시설에서 개인의 능력과 소질에 따라 교육을 받아야 한다.
4. 어린이는 빛나는 우리 문화를 이어받아, 새롭게 창조하고 널리 펴나가는 힘을 길러야 한다.
5. 어린이는 즐겁고 유익한 놀이와 오락을 위한 시설과 공간을 제공받아야 한다.
6. 어린이는 예의와 질서를 지키며, 한겨레로서 서로 돕고, 스스로를 이기며 책임을 다하는 민주 시민으로 자라야 한다.
7. 어린이는 자연과 예술을 사랑하고 과학을 탐구하는 마음과 태도를 길러야 한다.
8. 어린이는 학대를 받거나 버림을 당해서는 안 되고, 나쁜 일과 힘겨운 노동에 이용되지 말아야 한다.
9. 어린이는 해로운 환경과 위험으로부터 먼저 보호되어야 한다.
10. 몸이나 마음에 장애를 가진 어린이는 필요한 교육과 치료를 받아야 하고, 빗나간 어린이는 선도되어야 한다.
11. 어린이는 우리의 내일이며 소망이다. 나라의 앞날을 짊어질 한국인으로, 인류의 평화에 이바지 할 수 있는 세계인으로 자라야 한다.

출처: 재단법인 한국방정환재단 홈페이지(http://www.korsofa.org/). 대한민국 어린이헌장.

(3) 현대사회

한국사회는 사회환경뿐 아니라 아동에 대한 사회적 보호와 양육의 책임성에 대한 개념도 빠르게 변화하고 있다. 과거의 아동복지는 요보호 아동에 대한 보호와 양육이라는 잔여적인 개념의 수준인 구호적 차원으로 이루어졌다고 본다면 2000년대 이후의 아동복지는 모든 아동을 대상으로 하는 보편적 수준에서 아동권리의 개념이 강조되고 아동복지에 대한 국가의 책임을 인식하는 시대로 변화하였다.

현대사회의 아동복지는 광복 이후부터 현재까지의 아동복지의 발달과정을 의미하며 구호적, 잔여적, 보편적, 권리적 시대로 구별하여 설명한다.

① 구호적 복지시대

아동구호적 시대는 광복 이후인 1945년부터 1960년대의 시기를 말한다. 이 시기의 아동복지는 아동의 기본적 생존을 보호하는 데에 초점을 맞추었다. 6.25전쟁으로 인한 절대빈곤과 혼란의 시기에 요보호 아동이 급증하면서 자연스럽게 이에 대한 응급구호의 필요성이 대두되었다. 당시 국내의 민간자원만으로는 수많은 요보호 아동문제를 해결할 수 없었고 게다가 정부에 의한 사회적 보호가 미비해 외국 민간 원조에 많이 의존할 수밖에 없는 시대였다.

이 시기에는 전쟁고아의 보호, 수용, 입양 등을 위해 설립된 수용시설 중심의 아동보호사업이 시초가 되어 이재민, 피난민, 고아 등에 관한 응급처리와 임시구호 측면에서 아동보호가 이루어졌으며, 기독교 아동복리회, 선명회 세계본부 등의 기관과 민간 독지가들이 중심이 되었다.

한편으로 아동노동을 규제하기 위하여 「아동노동법규」(1946년)와 「미성년자 노동보호법」(1947년)을 공포 시행하였다. 12세 미만 아동의 노동 절대 금지와 18세 미만 아동의 위험한 직종의 노동금지의 내용을 포함하고 있어 아동보호에 대한 국가의 입법적 기초가 이루어졌다. 한편, 아동보호사업은 구호사업을 중심으로 한 시설수용에 국한되었지만 아동복지사업이 주축이 되면서 영아원, 육아원, 모자원, 부랑아보호시설, 직업보도시설 등의 다양한 수용시설을 설치하게 되었다.

② 잔여적 복지시대

잔여적 복지의 시대는 1961년부터 1970년대까지의 시기를 말한다. 이 시기 전까지는 주로 민간 해외 원조단체의 지원을 받아 저소득층을 위한 원조활동이 주가 되었으나 점차적으로 해외 원조기관이 철수되면서 아동복지시설 운영에 국가의 개입이 불가피해짐에 따라 아동보호정책도 점차 국가중심체제로 전환되어 갔다.

그 중 아동복리법의 제정(1961년)은 아동복지의 이전까지의 사업을 제도화시킨다는 점에서 의미가 있다고 볼 수 있지만 요보호 아동 중심의 선별적 아동복지사업이 주가 되어 잔여적 형태의 서비스가 제공되었다.

그 당시 국가는 절대빈곤으로부터 탈피를 주안점으로 하고 시급한 민생고를 해결하기 위한 「생활보호법」(1961년), 전쟁고아의 문제를 해결하기 위한 「고아입양특례법」(1961년)을 제정하였다. 그리고 「사회복지사업법」(1970년)을 제정하여 법인에 대한 보조와 지도감독을 강화하였다.

1970년대 후반에는 사회적 불평등의 심화, 농촌간의 소득 격차 및 복지에 대한 욕구가 분출되기 시작하면서 대두되는 문제들이 점차적으로 증가하게 되었다. 게다가 1970년대 후반부터 우리나라에서도 아동학대의 문제가 표면화되기 시작하여 국가 차원에서도 아동학대의 인식과 보호조치에 노력을 기울이기 시작하였다. 1979년 "세계 아동의 해"를 기념하여 여러 아동복지단체에서는 아동복지증진에 기여하기 위하여 여러 사업을 활발히 전개해 나갔다.

③ 보편적 복지시대

보편적 복지의 시대는 1980년~1990년대를 말한다. 1980년대에는 요보호 아동으로 제한된 보호대상이 전체 아동으로 확대되면서 보편적 아동복지의 시대를 열고 획기적인 변화를 맞이하게 되었다. 그 결과, 기존의 「아동복리법」(1961년)이 「아동복지법」(1981년)으로 개정되어서 요보호 아동으로 제한된 보호대상이 18세 미만의 전체 아동으로 확대되었다. 「아동복지법」제1조에 의하면 "아동이 건전하게 출생하여 행복하고 건정하게 육성되도록 그 복지를 보장하는 것을 목적으로 한다."고 명시하여 보편적 아동복지 시대를 열었다.

이 시기의 아동복지는 수용보호, 입양 사업 위주의 아동보호로부터 지역사회 중심의 가정위탁, 결연사업, 국내 입양, 재가복지서비스 확대 등 다양한 아동복지서비스를 강조하기 시작하였다. 1982년에는 「생활보호법」, 「유아교육진흥법」이 공포되었으며, 「청소년육성법」(1987년)과 「모자복지법」(1989년)이 단계적으로 공포되었다(박인선, 1994).

특별히 「영유아보육법」의 제정(1991년)은 보육서비스가 전체 일반 아동에게 확대됨으로써 보편적 서비스 시대로 발달하게 되었다. 이것을 계기로 요보호 아동을 대상으로 한 선별주의 단계의 시설수용 보호에서 벗어나 보편주의에 입각하여 가정위탁사업, 국내입양, 아동결연사업, 영유아보육사업 등으로 전문화된 아동복지서비스를 지향하게 되었다.

이 시기의 아동은 분명 과거 세대에 비해 경제적 번영과 물질적 풍요를 누린다고 할 수 있지만 여전히 빈곤, 학대, 비행, 미혼모 문제 등을 겪고 있는 복지 사각지대에 있는 아동들이 도처에 산재해 있다. 또한 이혼율의 증가와 더불어 가족해체 현상이 심화되고 있고, 여성의 경제참여율 증가로 가족의 기능 또한 변화하고 있으며 심각한 실업자 문제와 노숙자 문제, 가속화되는 인구 고령화 문제 등이 심화되고 있다.

④ 권리적 복지시대

2000년 이후를 권리적 차원의 아동복지시기라고 말한다. 2000년대는 산업화 이후에 경험하지 못한 경제위기와 대량실업, 빈곤문제 등에 직면하여 가정해체, 육아에 대한 부담으로 출산율의 저하, 고령화 사회로 진입하는 사회적 문제 외에 이혼과 별거 등으로 인한 가정해체가 증가됨으로써 야기되는 아동보호의 문제를 해결하기 위한 방안 등이 필요하였다. 이에 따라 「생활보호법」과 「의료보호법」을 「국민기초생활보장법」(2000년)과 「의료급여법」(2001년)으로 개정하였다.

이 시기에는 아동권리실현을 위한 보편주의 방법을 채택하고 과거에 소수의 요보호 아동에 대한 제한적인 사회적 개입으로부터 전체 아동에 대한 포괄적 사회적 개입을 지향하는 방향으로 발전해 가고 있다. 한편 요보호 아동 위주의 아동정책에서 지역사회 아동을 위한 복지기능 강화로 전환되면서 많은 아동복지사업이 지방으로 이양되었다. 전반적으로 사회복지는 정부가 국가재정과 규제를 담당하고 민간은 서비스 전달의 책임을 갖는 역할분담의 체계로 나아가고 있다.

그럼에도 불구하고 아동을 둘러싼 가정 및 사회환경은 학대, 학교폭력, 아동 성폭력, 소년범죄, 스마트폰 중독 등의 위험 등이 도처에 산재해 있으며, 건강한 발달을 위협하고 있으며, 아동문제도 점점 저연령화 추세를 보임으로써 아동 발달환경의 위기를 심화시키고 있다. 이러한 환경은 아동의 발달권과 복지권을 보장하지 못하고 있음을 시사한다. OECD 가입국 중 우리나라의 아동행복지수가 하위수준에 머물러 있다고 하는 측면에서 보면 아동복지 정책 및 서비스의 수준이 더욱더 개선되어서 아동으로서의 권리를 향유할 수 있어야 할 것으로 본다.

현대사회는 아동복지의 기본권 보장을 토대로 우리 사회를 이끌어 갈 미래의 인적자원을 개발하는 권리적 복지의 시대로 확대되어가야 한다. 실천적인 측면에서도 아동복지는 시설보호중심에서 재가보호로, 가정보호중심에서 지역사회 보호중심으로 변화를 추구하고 있다(박정란 외, 2001). 더불어 아동복지서비스의 전문화를 강조하기 때문에 아동에 대한 이해와 전문적인 개입방법에 대한 지식의 습득과 훈련이 더욱더 필요한 시기라고 본다.

4 최근의 아동권리와 복지의 동향

현대사회의 아동복지 정책이나 제도는 아동복지대상에 대한 치료적·사후처리적 개입의 차원을 넘어 모든 아동과 그 가족을 위한 적극적·예방적 서비스 체계로 변화해야 한다. 따라서 최근의 아동권리와 복지의 동향으로 아동의 사회적 환경 변화에 따른 아동인구 및 가족형태의 변화와 학교 및 지역사회 환경 변화를 살펴본다. 그리고 아동의 지위 변화에 따른 아동권리와 복지의 과제를 제시한다.

1) 아동의 사회적 환경 변화

현대사회는 급격한 사회 변화 속에서 아동이 건강하고 안전하게 성장하는데 많은 부적합한 환경을 제공함으로써 아동문제가 다양하게 노출되어 있다. 아동 자신이 갖고 있는 신체적, 정신적 장애로 인한 문제도 있지만 특히 아동의 사회적 환경변화의 요인에는 아동인구 및 가족형태의 변화, 그리고 아동의 학교 및 지역사회의 변화 등이 있다.

(1) 아동인구 변화

아동인구 변화는 가장 파급력이 커서 '저출산으로 인한 인구구조'에 매우 커다란 변화를 가져왔다. 이러한 변화는 아동기 그 자체에 대한 영향도 크지만 전체 사회의 생산력과 세대 간 자원분배의 차원에서도 중요한 의미를 가진다.

지난 1981년부터 2010년 동안 합계 출산율 추이를 보고한 아동지수에 의하면 최근 30년 동안의 출산율 감소현상을 보고하였다. 즉, 1985년부터 출산율 감소가 지속적으로 나타나 2005년은 1.08이라는 최저 수준을 기록하였으며, 2015년에 1.24명, 2016년에는 1.17명을 기록하였다(연합뉴스, 2017; 조영태, 2016; 초록우산 어린이재단, 2013, 2014)).

인구학자들 사이에 한해 출생아 수의 심리적 저지선을 30만 명대로 보고 있는데 우리나라는 2016년까지 출생아 수 40만 명 선을 유지하였으나 2017년 출생아 수는 36만 명으로 추정하고 있다. 한국금융연구원에 의하면, 우리나라의 출생아 수가 통계청 전망보다 훨씬 빠르게 줄면서 2040년에는 26만 7천 명, 2060년에는 20만 명으로 줄어들 것으로 보고했다. 결국 우리나라의 저출산 문제가 해결되지 않으면 아동인구는 지속적으로 줄어들고 고령화 요인과 맞물려 아동인구 비중도 10%에 머물 것이라고 전망하고 있다(이왕재, 2017).

총체적으로 아동인구의 감소는 미래 생산 가능 인구 부족에 따라 노인을 부양해야 하는 부담이 증가하는 등 한국사회의 지속 가능성을 심각하게 위협할 것으로 전망하고 있다. 결국 아동인구의 감소는 보육, 교육, 고용, 주거, 국방, 산업 등 각 부문에 직접적 영향을 미칠 것이다. 저출산은 국가존립을 위협하는 문제로서 고령화 속도를 높여 노동시장의 활력을 줄이고 경제성장을 둔화시키는 요인이므로 근본적인 대책마련이 시급하다.

국가적 차원에서 저출산 문제 해결을 위해 저출산·고령사회 기본계획을 1차(2006~2010년), 2차(2011~2015년), 3차(2016~2020년)에 이르기까지 발표하고 추진하고 있다. 특히 3차 기본계획은 "아이와 함께 행복한 사회"를 목표로 삼고 더 많은 예산을 투입하여 추진하고 있다. 향후 미래 정책 여건 변화를 반영한 아동기 사회투자 전략 및 다양한 아동을 위한 정책 수립 등의 필요성은 지속적으로 요구되고 반영되어야 할 것이다.

(2) 가족형태의 변화

현대사회와 아동에 관한 이슈를 다루는 데 있어서 가정환경의 변화는 매우 중요한 시사점을 제공한다. 아동에게 일차적 사회환경은 가정환경으로서, 가족을 배제하고는 아동복지를 언급할 수 없다. 가족은 아동이 태어나서 사회화 과정을 경험할 수 있도록 하는데 매우 중요하며 가족구성원의 발달, 양육, 보호, 사회화 등의 전인교육에 관여하고 있다.

아동복지적 관점에서 가족의 변화는 상당히 많은 중요성이 내포되어 있다. 가족은 아동의 성장과 발달에 가장 많은 영향을 미치는 최초의 사회화 장소로서 자녀들에게 사회생활에 필요한 기본적인 가치를 가르치는 장소이며, 가족구성원들에게는 정서적 유대감을 제공하는 인간조직의 가장 기본적인 단위이다.

그러나 경제체제의 변화와 기술과 의학의 발달, 그리고 가족가치관의 변화 등은 결과적으로 가족 형태의 변화를 가져오게 하였다. 가족형태는 전통적으로 가장 주된 가구유형인 부부와 미혼자녀로 구성된 가구는 줄고, 1인 가구, 한부모가구, 조손가구 등이 증가하여 규모는 작고 다양한 소핵가족으로 변화하고 있다. 다음 [그림 3-1]은 1인에서부터 5인 이상 가구원 규모별 분포를 나타내고 있다(통계청, 2014). 1인 · 부부 · 한부모 · 조손가구 비중은 2000년 34.6%에서 2015년 51.7%로 증가, 2030년에는 60.5%로 증가할 전망이다. 그 중 특히 1인 및 2인 가구 비율은 2000년 33.3%, 2014년에는 50.8%로 증가하였으며, 2030년에는 61.1%로 증가할 전망으로 보고되고 있다.

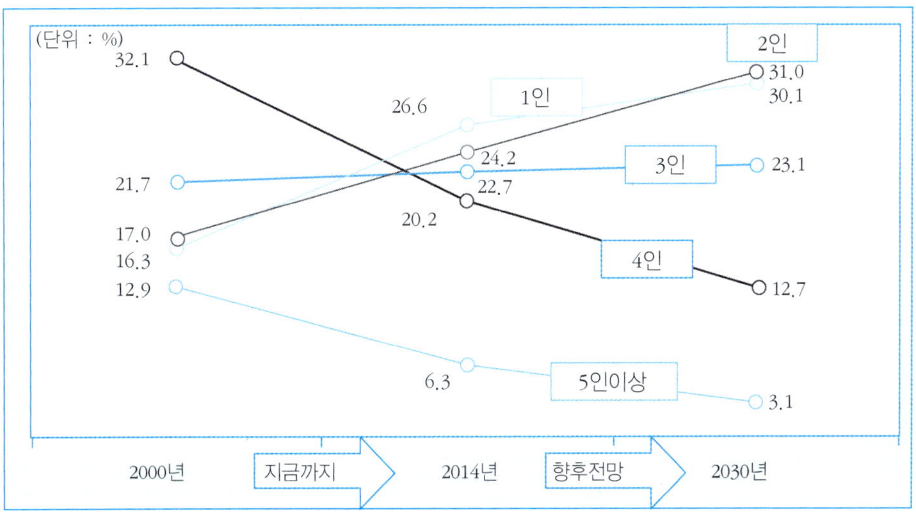

[그림 3-1] 가구원 규모별 분포

현대사회에서 이러한 가족형태의 변화는 가족에 대한 가치관이 변화하고, 인내와 희생정신이 결여되고 이기주의와 물질주의가 만연하고 가족의 연대의식이 약화되며, 개인주의적인 이해관계 등과 결부되기 쉽기 때문에 가족해체의 원인이 되며, 이는 곧 여러 다양한 아동문제와 직결된다고 할 수 있다.

결혼 및 자녀에 대한 가치관의 변화는 자녀출산을 기피하는 경향으로 나타나고 이는 저출산 및 고령화로 인한 사회문제를 야기시키는 결과로 이어진다. 또한 핵가족으로의 변화는 자녀에 대한 모든 책임을 부모가 감당해야 하기 때문에 준비되지 않은 부모의 심리적, 정신적 부담이 증가할 뿐만 아니라 부모역할의 미숙함으로 인한 자녀의 문제는 더욱 증가될 수밖에 없다.

한편 가족의 기능적 변화는 여성의 경제활동 증가, 장시간 근로시간 관행 등으로 부모의 양육참여나 기회가 축소됨으로써 아동 돌봄이나 양육 등의 가족기능이 사회로 이전되는 변화를 가져왔다. 이는 곧 아동에 대한 가족의 보호기능의 약화를 의미한다. 결과적으로 이러한 가족의 구조, 기능상의 문제는 결국 별거 및 이혼, 그리고 가정폭력, 알코올 가족 등의 문제를 심화시키고 가정해체의 원인으로 작용하고 있다.

(3) 학교 및 지역사회 환경 변화

학교 및 지역사회 환경의 변화는 아동에게 교육적인 차원에서 순기능적인 면도 있지만 역기능적이고 부정적인 측면이 부각되면서 아동문제에 심각성을 더하고 있다. 학업중퇴, 학교폭력으로 인한 피해아동과 가해아동의 문제, 가출, 비행, 약물남용 문제 등은 아동 자신이 갖고 있는 문제로 보기보다는 결국 가정과 학교, 그리고 지역사회 환경과의 상호작용에 의한 영향임을 배제할 수는 없다. 게다가 과도한 입시로 인한 공교육의 붕괴, 사교육의 증대 문제, 따돌림, 학대 및 방임, 정서적 결핍, 성폭행, 선정적이고 폭력적인 미디어에의 노출, 인터넷 중독 등도 단순히 아동만의 문제로 간주되어서는 안 된다. 이는 결국 부모나 가정의 보호·양육·교육의 기능을 학교나 사회로 이전시키면서 야기되는 문제로 볼 수 있다.

우리 사회의 이러한 변화는 가족의 고유한 가치보다는 물질만능주의, 퇴폐 향락주의, 도시 밀집화 등의 결과를 가져왔으며, 결국 과거에 중요시 했던 '우리'라는 공동체 의식이 '나'라는 개인주의로 대치되면서 더욱 심각한 아동문제들을 양산하게 되었다. 특히 학력차이나 빈부 간의 격차로 인한 양극화 현상은 더욱 심각한 아동문제에 일조하게 되었다.

그 중 아동빈곤은 그 자체로서 아동의 양육환경상의 박탈이나 결함 등의 치명적인 영향을 미치기 때문에 아동들의 최저 욕구가 충족되지 않은 상태에서 건전한 성장과 발달의 장애요인이 되고 있다. 궁극적으로는 아동기의 빈곤은 성인기의 열악한 사회경제적 지위와 연결되는 것으로 보고되고 있다(McLoyd, 1998; Cocoran, 2000; 구인회, 2003; 보건복지부, 서울대학교 사회복지연구소, 2006; 이봉주 외, 2013; 초록우산 어린이재단, 2013). 결국 빈곤은 부모세대에서 자녀세대로 대물림되는 현상이 나타나기 때문에 빈곤에 의한 대책은 국가적인 차원에서 체계적인 정책수행과 실천적 개입이 요구된다 할 수 있겠다.

2) 아동의 지위 변화와 과제

세1차 세계대전으로 인하여 아동에게 미친 심각한 참상에 대한 반성으로 시작되었던 아동권리에 대한 각성은 아동권리선언 선포, 아동권리협약 채택, 아동권리헌장 제정 등의 커다란 성과를 가져왔다. 아동권리에 대한 국가의 아동보호의무의 강조는 아동에 대한 지위 변화를 가져왔으며, 이에 아동권리와 복지 차원에서 과제가 무엇인지 검토한다.

(1) 아동의 지위 변화

인류의 역사는 동서양을 막론하고 오랫동안 어린이들에게는 미성년이라고 해서 사람의 권리를 부여하지 않았다. 부모들의 소유물처럼 여겼고, 학대와 고역, 중노동에 시달리는 어린이들이 수없이 많았다. 이러한 관행으로 인해 어린 아동이 사망에까지 이르는 참상이 일어났던 것이다.

과거 아동기에 대한 연구를 처음으로 수행한 아리에스(Aries, 1962)는 프랑스 문화와 사회를 대상으로 성인과 다르다는 아동기의 본성에 대한 자각이 언제부터 시작되었는지에 대해 연구하였다. 결과적으로 고대사회에서는 아동의 고유성이나 본성적인 이해가 전혀 없었던 시대였다. 다만 아동을 대를 잇기 위한 수단이나 노동력을 확보하는 수단으로서 아동에 대한 본연의 가치보다는 사회나 국가의 유용성의 도구나 수단으로 간주되었다는 것을 알 수 있다.

중세사회는 교회를 중심으로 한 봉건사회였으므로 인간의 본성이 악하다고 보는 기독교적 인간관에 기초하여 아동에 대한 견해도 고대사회 못지않게 부정적이었다. 출생과 동시에 계급이 정해지는 엄격한 신분제인 봉건사회에서 아동은 부모가 속한 신분에 따라 신분이 정해졌으며, 아동의 처우도 매우 달랐다. 16세기에 들어서서 아동을 성인과 다른 존재로 보기 시작하였다는 것이다. 그러나 그 당시에도 아동은 성인의 즐거움과 오락을 위한 대상으로 여겼을 뿐 성인의 축소판으로 보는 관점에서 벗어난 것은 아니었다.

중세사회는 기독교 문화의 영향으로 종교중심의 세계관에서 인간중심의 세계관으로 변화하면서 모든 인간의 평등사상을 강조하고 아동에 대한 평등사상도 싹트기 시작하였다. 이러한 영향은 출생 이전의 수태기간에 인성이 형성된다는 태아보호사상이 나타나 고대와 달리 태아나 영아살해가 교회법에 의해 금지된 결과를 가져오기도 하였다(이기숙, 장영희, 정미라, 엄정애, 2003).

근대사회는 중세시대의 막을 내리고 르네상스 시대가 되면서 아동들을 성인으로부터 분리시켜 독특한 개인으로 인정하기 시작했으며, 아동기 본연의 고유한 시기에 대한 인식과 함께 아동기에 대한 현대적인 관점이 제시되기 시작하였다. 그 후 아동중심의 19세기, 그리고 20세기의 '과학적인 아동기' 시대에 이르면서 아동의 지위는 점차 변화되고 향상되었다. 과학과 경제의 발달, 그리고 의학의 발달로 영아 사망률이 감소되고 의무교육을 통한 학교 교육이 보편화되면서 '아동기'라는 새로운 개념이 등장하게 된 것이다.

현대사회에 이르러서는 아동기의 중요성이 강조되고 아동의 요구에 대한 사회적 인식의 대 변화를 맞았고 그 일환으로 아동의 권리에 대한 인식이 새롭게 부각되기 시작하였다. 결과적으로 아동을 권리의 주체인 '인간'으로 인식하기 시작하였으며, 오늘날 세계 각국의 헌법이나 아동복지법 및 관련법에서 아동의 권리에 대한 사항을 규정함으로써 아동지위에 대한 향상과 변화가 이루어졌음을 알 수 있다.

(2) 아동권리와 복지의 과제

과거부터 현재에 이르는 동안 아동은 단지 작은 어른, 약자로 보호받아야 한다는 소극적 의미에서 벗어나 한 인간으로서 존엄을 지키며 적극적으로 그들의 삶을 위한 권리가 존중되어야 한다고 강조하면서 아동권리에 대한 의식은 진일보하게 변화하고 성장하였다.

그러나 우리가 공존하는 전 지구상에는 극심한 사회계층 간의 심각한 괴리로 인하여 아직도 심각한 아동문제가 산적해 있다. 보스니아와 구소련 등에서 계속되고 있는 전쟁상태는 아동들의 생존을 위협하고 있으며, 아프리카와 라틴아메리카 그리고 동남아시아의 수많은 거리의 아동들(Street Children)은 가정과 부모로부터 방치되어 노상에서 어려운 생활을 하고 있다. 기아와 질병으로 매일 5세 이하의 약 3만5천 명의 아동들이 그리고 연간 약 1천3백5십만 명의 아동들이 생명을 잃고 있다.

후진국에서는 매 맞고 팔려가며, 굶어죽어 가는 아동들이 산재해 있으며, 가난한 부모들이 열 살 전후의 딸들을 매춘소굴에 팔아넘기는 사례 등이 보도되고 있다. 또한 선진국에서도 상당수의 빈곤계층의 가정과 아동들이 빈곤선 이하의 생활과 폭력, 약물중독 등의 문제가 가중되고 있다. 개발도상국의 빈민촌이나 도시빈민가의 수백만 가정은 적절한 아동보호 기능을 상실함에 따라 아동들의 생존, 보호, 발달에 심각한 영향을 미치고 있다(국가인권위원회, 2002).

그동안 아동에 대한 가치나 권리 등이 많이 개선되었다고는 하지만 아직도 계속되는 세계전쟁과 분쟁으로 인한 참상과 자연재해 등에 노출되어 있는 아동들에게 현대사회는 안전하고 풍요로운 사회라고는 할 수 없다(김옥경, 이선옥, 고태순, 이현아, 2005). 우리나라도 예외는 아니다. 극심한 사회계층 간의 심각한 괴리로 인하여 나타나는 빈곤문제뿐만 아니라 자녀를 동반한 자살 문제, 가출아동의 비행, 범죄, 약물남용, 학교 중퇴 등 아동 문제는 지속적으로 보도되고 있다(우남희, 2015).

특히 아동의 특성상 연령에 따른 서열상의 낮은 지위를 차지함에 따라 인천의 소금밥 사건(2013년)이나 울산계모사건(2014년), 부천 초등생 사망사건(2016년)으로 인한 아동학대 및 방임 및 유기 등의 문제는 끊임없이 사회적 문제로 제기되면서 아동권리의 중요성이 재조명되고 있다. 이는 곧 아동을 독립된 인격체로 보기보다는 부모의 소유물 내지는 축소물로 보는 경향이 있다는 것을 말해 준다.

따라서 아동권리에 대한 사회적 인식 제고와 권리보장을 위한 정책적 지원은 매우 중요하다. 아동이 미래의 주인공이라는 국민적 공감대는 전반적으로 형성되어 있다. 따라서 정부 차원에서는 국민행복을 최우선시하는 정책 아래 아동인권 보호 및 건강한 성장발달 지원을 주요 국정과제로 채택하고 아동의 권리 인식과 권리보장을 위한 실천적 방안에 대해 적극적인 방안과 다각도의 지원이 필요하다고 본다.

CHAPTER

04

아동복지 정책과 행정 및 관계법

1_ 아동복지정책의 이해

2_ 아동복지행정의 이해

3_ 아동복지법 및 관계법

아동에 대한 복지권이 강조되면서 전체 아동을 위한 복지사업 수립 및 수행에 필요한 지침과 원칙, 그리고 행정체계 등을 아동복지 정책과 행정이라고 본다. 그리고 아동복지 사업을 실시하는데 있어 아동복지의 기본 방향을 설정하고 지침을 제시할 경우에는 아동복지법과 관계법을 근거로 하고 있다. 이에 제4장에서는 아동복지정책과 행정, 그리고 아동복지법 및 관계법을 설명한다.

1 아동복지정책의 이해

저출산의 증가추세로 인해 아동인구는 계속해서 감소하고 있음에도 불구하고 가족해체가 심화되면서 보호를 필요로 하는 아동의 수는 더욱 증가하고 있는 추세이다. 특히 최근에는 전통적 가족기능의 약화 및 사회양극화 현상과 여성의 경제활동 참여 증가 등으로 인하여 아동을 둘러싼 주변 양육여건이 급격히 악화됨에 따라 아동복지정책의 중요성은 날로 커지고 있다. 특히 유니세프(UNICEF, 2007)에서 실시한 우리나라 아동의 삶의 질 수준은 객관적인 물질적 복지, 건강과 안전, 교육 복지 등의 영역에서는 양호하지만 주관적인 복지, 즉 삶의 만족도는 최하위 점수를 받은 것으로 보고(김미숙, 2013)된 측면만 보더라도 효과적이고 체계적인 정책수행이 필요한 때라고 보여진다. 이 절에서는 아동복지정책의 개념 및 원칙에 대해 설명하고자 한다.

1) 아동복지정책의 개념

아동복지정책은 아동복지와 정책이라는 합성어로 만들어진 개념으로 사회복지 정책의 하위 영역에 속한다. 정책의 개념이란 특정한 목적을 달성하기 위해서 수반되는 원칙, 지침, 일정한 계획, 조직화된 노력(Gilbertt & Terrell, 1998)을 말하는데 사회복지정책이란 사회복지사업을 실시하기 위한 국가의 방침을 말하며, 사회복지 프로그램이나 제반 문제에 대한 의사결정을 위해 활용되는 지침이라고 할 수 있다. 따라서 아동복지정책은 정부 차원에서 아동복지와 관련된 각종 사업을 추진하기 위한 원칙이나 방침 등을 말한다.

아동복지정책에 대한 다양한 학자들의 의견을 정리하여 보면, 카두신과 마틴(Kadushin of Martin, 1998)은 포괄적 측면에서 아동에게 영향을 미치는 모든 프로그램 및 활동 등으로 보았으며, 주정일과 이소희(2003)는 아동복지정책이 현실적으로 국가의 성격과 복지 이념의 기준에 의해 결정된다고 보았다. 그리고 한성심과 송주미(2015)는 정부 또는 공공기관에 의해 행해지는 아동복지 방침으로 국가 차원의 아동복지서비스 제공을 규정하는 계획과 행동으로 아동복지정책을 정의내린다. 또한 아동복지정책은 아동의 물질적, 비물질적 욕구를 충족시키기 위한 법적, 그리고 법에 기초한 정부의 서비스로 간주하기도 한다(공계순 외, 2003).

결과적으로 현대적 의미의 아동복지정책은 기존의 단기적이고 잔여적인 개념에서 벗어나 제도적이며 보편적인 방향에서 아동에 대한 기본권을 보장하기 위한 법적 장치와 이에 근거한 서비스 지원을 위한 총체적 과정이라 보여진다. 즉, 모든 아동이 건강하고 행복한 삶을 영위할 수 있도록 돕기 위하여 국가와 지방자치단체가 제시한 원칙과 지침에 근거하여 공·사·민간, 그리고 비영리단체 등이 아동복지 관련 제반 서비스를 계획하고 수행하는 것이다.

한편, 아동복지정책에 있어서 궁극적인 관심의 대상은 아동이지만 많은 부분 가족과 관련이 깊기 때문에 가족관련 지원정책을 포함하여 아동 및 가족복지정책(Downs et al., 1996; Pecora et al., 2002)으로 정의내리기도 한다. 아동 및 가족복지 분야에 관한 정책은 사회복지정책의 특수 영역으로 개념화하기도 하고, 아동복지법과 그와 관련된 법 규정에 의해 제공되는 서비스 등으로 정의내려질 수도 있다. 이제는 아동만의 복지를 목표로 하는 전통적인 관점에서 벗어나 아동을 포함하는 가족의 삶의 질까지도 향상시키는 아동 및 가족복지정책으로 개선되어야 할 필요가 있다. 앞으로는 아동복지정책이 가족복지를 위한 제반 정책적 업무들을 고려하고 함께 논의해야 한다는 것을 의미하기도 한다.

2) 아동복지정책의 유형

우리나라에서 시행하고 있는 사회보장제도에서는 아동만을 직접적인 표적으로 시행하는 별도의 아동복지정책은 없다. 여기에서는 보험가입자의 가족 내 소득보장이나 의료보장의 형태를 통해 아동복지를 지원하고 있는 측면과 관련해서 사회보험, 공공부조, 사회서비스 등을 설명한다.

(1) 사회보험

사회보험에 의한 아동복지정책은 아동을 직접 대상으로 하기보다는 가정의 소득을 지원함으로써 아동복지를 보장하는 경우로 볼 수 있다. 이에 속하는 대표적인 사회보험으로는 사회보장연금, 건강보험, 산재보험, 실업보험을 포함하여 일명 4대 보험이라고 한다.

4대 보험 중 건강보험의 경우, 1990년 이후 전체 국민을 대상으로 치료와 처치를 받을 수 있는 보험제도로서 의료비로 인한 경제적 부담이 크지 않게 되고, 우리나라 아동 대부분이 적절한 의료서비스를 받게 됨으로써 건강한 삶을 누릴 수 있게 되었다. 또한 부모의 실업, 장애, 사망 등으로 인한 소득 단절은 아동에게 심각한 경제적 위협이 될 수 있으므로 사회보험은 아동의 간접적 소득지원 효과를 가지고 있다고 할 수 있다.

사회보험제도의 기본원칙에 의하면 전 국민을 대상으로 최저생활을 보장하고 불평등을 완화하며, 재소득분배의 효과를 갖기 위하여 저소득 피보험자에게 유리하도록 설계되어야 한다. 사회보험제도는 가족의 노령, 장애, 사망, 질병, 실업, 산업재해 등으로 인한 소득손실을 보완하여 아동의 삶의 질을 보장하는 측면에서 아동복지정책과 관련지어 설명된다.

(2) 공공부조

사회보장제도의 하나인 공공부조는 모든 국민이 인간다운 삶을 영위하도록 국가 및 지자체의 책임 하에 빈민에 대한 최저생활을 보장하고 지원하는 제도이다. 빈민에 대한 현금급여 및 기타 서비스로 대상은 빈민에게 한정되고 급여 혜택은 그 대상자의 재정상태와 욕구에 따라 결정되고 재정은 정부의 일반 세입에서 충당된다.

국민기초생활보장제도에서 제공하는 기초생활보장 수급자의 자녀를 위한 지원은 생계급여, 의료급여, 교육급여 등이 있다. 생계급여란 가구원의 구성에 따라 의복, 음식물 및 연료비와 기타 일상생활에 필요한 금품을 지급하여 그 생계를 유지하게 하는 것으로 정부의 금전 지급으로 이루어진다. 의료급여는 진찰, 검사, 처치, 수술 등 치료와 예방 및 재활 등의 목적을 위하여 제공되는 급여를 말한다. 교육급여는 수급권 아동의 교육권 보장을 위해 입학금, 수업료, 교재비, 학용품비, 기타 수급품 등을 지급한다.

(3) 사회복지서비스

사회복지서비스는 모든 국민을 대상으로 국가, 지방자치단체 및 민간 차원에서 제공하는 상담, 재활, 직업 소개 및 훈련, 사회복지시설 등을 이용함으로써 정상적인 생활이 가능하도록 제도적으로 지원하는 것을 말한다. 아동관련 사회서비스는 아동복지법, 청소년기본법, 영유아보육법 등을 근간으로 제공되고 있다. 대개 시설아동, 장애아동, 다문화가정 아동, 빈곤 아동, 한부모 가정의 아동 등을 대상으로 아동·청소년 보호서비스, 아동학대 예방 및 방지 서비스, 발달재활 및 상담서비스, 산모신생아 건강관리지원 서비스, 자립지원 서비스, 언어발달 지원 서비스 등이 제공된다.

Plus Tips

아동 관련 사회서비스, 바우처 제도란?

〈사회서비스란?〉

국민의 수요에 부응하는 다양하고 질 좋은 사회서비스 보장을 위해 사회복지(보육, 아동, 장애인, 노인 보호 등) 뿐 아니라 공공행정, 보건의료, 교육, 문화를 포괄하여 대국민에게 서비스를 지원하는 제도를 말한다.

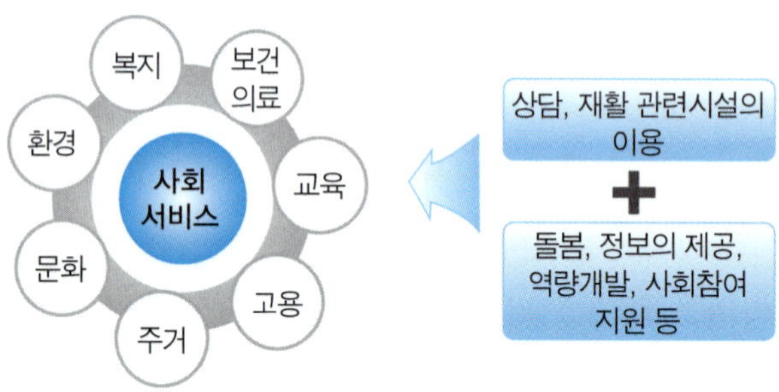

〈바우처 제도란?〉

서비스 이용자에게 현금이 아닌 이용권을 발급하여 서비스를 선택하도록 하고, 일정량의 서비스를 이용할 수 있도록 권한을 부여하는 제도를 말한다. 바우처 금액은 정부지원금과 본인부담금으로 구성되며, 바우처의 형태는 쿠폰형과 포인트형으로 구분된다.

출처: 보건복지부 사회서비스 전자바우처 홈페이지(http://www.socialservice.or.kr) '사회서비스 전자 바우처 제도'.

3) 아동복지정책의 방향

아동권리의 중요성이 인식되면서 아동의 욕구는 이제 단순한 차원을 넘어 빠른 속도로 다양해지고 복잡해짐에 따라 지금까지 문제해결 중심의 사후·치료적 개입방향으로 추진해 오던 아동정책이 이제는 개별화되고 다양한 욕구중심의 맞춤형 서비스 수준으로 전개되고 있다. 이에 여기에서는 우리나라 정부가 추진하고 있는 아동정책의 기본계획 및 저출산 대책의 정책방향, 그리고 아동복지정책의 과제를 기술한다.

(1) 아동정책의 기본계획 수립

아동정책을 수립하기 위해서는 무엇보다도 아동복지의 이념과 원칙들이 적극 반영되어 법적 구속력과 서비스 내용이 실질적으로 구현되도록 계획되어야 한다. 아동정책 수립의 방향은 아동 고유의 욕구를 연령별로 반영한 정책 목표를 수립해야 하며 이를 위해서는 정부의 적극적인 지원과 투자가 수반되어야 한다. 이를 위해서는 아동의 기본적 복지권이 보장되어야 하며, 4대 권리인 생존권, 보호권, 발달권, 참여권을 위한 정책들이 어느 한쪽에 편중되어 있지 않고 골고루 배정되어야 한다. 또한 아동정책 수립 시 지역사회 환경 구축은 매우 중요하다고 할 수 있다.

현재 우리나라는 국가의 전략적 우선순위로서 아동에 대한 사회적 투자를 강화해 나가는 정책을 진행하고 있다. 정부는 기존 아동복지에 대한 법령과 제도의 한계점을 극복하고자 2011년부터 수요자 중심의 정책수립을 위해 5년마다 아동의 양육 및 생활환경, 언어 및 인지발달, 정서 및 신체적 건강, 아동안전, 아동학대 등 아동의 종합실태를 조사하고 그 결과를 아동정책 수립의 기초자료로 활용하도록 하는 등의 내용을 개정하였다. 그 결과, 2015년 정부는 아동정책조정위원회의 심의·의결을 거쳐 "행복한 아동, 존중받는 아동"을 비전으로 하는 '제1차 아동정책기본계획('15~'19)'을 확정·발표했다.

다음 [그림 4-1]은 아동정책 기본계획을 제시하고 있다(관계부처 합동, 2015). 정부는 아동정책 기본계획 추진 영역으로 미래를 준비하는 삶, 건강한 삶, 안전한 삶, 함께하는 삶 등 4개 부문에 대해 정책 실행 과제를 제시했다.

현재 보건복지부에서는 「제2차 아동정책기본계획('20~'24)」과 관련하여 아동업무를 담당하는 현장의 다양한 목소리를 담은 과제를 제안받고 있으며 2차 기본계획을 추진 중에 있다.

아동정책 기본계획이 잘 추진되기 위해서 예산 확충, 아동정책 추진 및 실행체계의 보완과 정비, 아동정책 모니터링 시스템 확보 등의 논의가 활발하게 이루어져야 한다. 그리고 향후 아동정책 시행의 책임주체로서 중앙부처와 지방자치단체의 역할을 구체화하는 것이 필요하다. 거시적 차원의 아동정책 종합계획 뿐만 아니라 아동들의 다양한 이해와 요구를 지역의 특수성에 맞게 반영하기 위해서는 지역사회 차원의 미시적 정책 및 사업추진이 필수적이다(류정희, 2016).

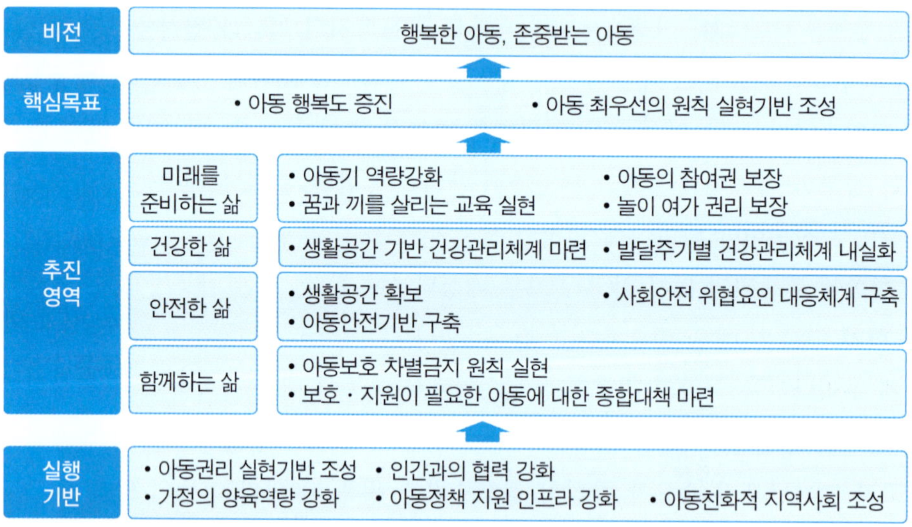

[그림 4-1] 제1차 아동정책 기본계획

(2) 아동복지정책의 과제

지금까지 수행된 우리나라의 아동복지정책은 시설보호, 가정보호 등과 같은 요보호 아동 중심의 소극적인 복지정책에 치중해 왔고 일반아동을 위해서는 학대아동 보호, 아동안전 지킴이 사업 등 매우 제한적인 복지만이 제공되어 왔다. 이에 아동복지정책의 과제에 대한 논의가 필요하다.

무엇보다 유니세프에서 조사한 우리나라 아동 삶의 질 수준에 의하면 객관적인 영역,

즉 물질적 복지, 건강과 안전, 교육복지, 가족 및 친구관계, 행동과 위험, 주관적 복지 등의 영역에서는 상위권이지만 삶의 만족도와 복지감을 나타내는 주관적 복지감 영역은 최하위를 기록한 것으로 보고되었다(한국보건사회연구원, 2013). 한편으로 아동의 삶의 질에 있어서 나타난 지역 간 격차에 대한 연구(이봉주 외, 2013)에 의하면 아동의 전반적인 삶의 질 수준에서 지역별 편차가 현저하게 큰 것으로 나타났다.

이러한 결과는 우리 사회에서 아동을 둘러싼 사회 및 발달환경이 학교폭력, 아동 성폭력, 소년범죄, 스마트폰 중독 등의 위험에 많이 노출되어 있으며, 건강한 아동기의 삶에 저해요소가 되고 있다는 것을 입증하고 있다. 더 이상 아동은 아동으로서의 삶의 질을 누리지 못하고 정서적인 문제와 주관적 행복에 대한 결핍감을 경험하고 있다는 것을 알 수 있다. 이에 국가 차원에서 아동들에게 유해한 환경적 요인을 적극 규제하고, 문화, 체육, 예술, 여가, 놀이 활동 등의 기회를 늘릴 수 있는 아동 친화적 정책들이 고려되어야 할 것이다.

다른 한편, 우리나라에서 시행된 아동정책 1,487개 가운데 만 7~12세 사이의 아동을 위한 정책은 불과 127개(8.6%)로 나타났다. 이는 영유아를 위한 정책 264개(17.8%)에 비해 절반 수준이며, 청소년 정책 207개(13.9%)에 비해 적은 것으로 보고되고 있다(안수찬, 2015). 또한 우리나라 아동복지에 책정되고 소요된 예산은 매우 미흡한 것으로 나타났다. 2014년 우리나라 아동정책 분야 중 총예산(0.2%)은 국내의 노인(2.1%), 장애인(0.6%)에 비해 낮은 수준이다. 절대적으로 낮은 아동복지 예산으로는 아동복지수준의 지역적 편차와 불균등을 해소할 수 없다. 아동 1인당 정부 지원액에 의하면 노인 1인당 약 68만원, 장애인 1인당 약 36만원에 비해 매우 낮은 연 14만원에 불과한 것으로 나타났다(김미숙, 2013).

따라서 영유아를 위한 정책은 있을지언정 아동을 위한 정책은 미흡하다는 것을 보여주고 있으며, 우리나라 아동복지 예산은 노인, 영유아, 장애인 대상에 비해서 매우 낮아서 복지정책이 소극적, 사후 처방적이라는 평가를 받아 왔다. 이러한 결과는 아동관련 정책에 대한 지원수준이 낮은 상태에서는 미래의 건전한 사회구성원으로 살아갈 아동의 삶을 보장할 수 없다. 따라서 정부의 복지예산 책정 시 아동에 대한 적절한 지원은 결국 아동의 문제를 적극적으로 해결하고 프로그램의 양과 질의 향상은 물론 삶의 질 수준을 향상하는데 일조하게 될 것이다.

현대사회에서 아동욕구가 다양화되고 새로운 아동복지 패러다임의 필요성이 더욱더 커지면서 보편적 복지에의 사회적 관심이 증대되고 있다. 결과적으로 범국가적 차원에서 아동에 대한 정책적 의지는 선행되어야 하며 우리 사회는 아동복지 정책 분야에 대한 환경적 변화를 반영하는 정책을 수립해야 할 과제를 안고 있다.

2 아동복지행정의 이해

사회복지행정이란 사회복지정책이 서비스 대상자에게 효과적이고 효율적으로 전환되도록 하는 일련의 활동이라고 본다. 이러한 사회복지행정의 하위개념으로 볼 수 있는 아동복지행정에서는 개념 정의 및 행정조직, 그리고 서비스 전달체계 등을 설명한다.

1) 아동복지행정의 개념

아동복지행정은 광의, 협의의 개념에 따라 약간씩 다르게 정의내려진다. 협의의 개념에서 아동복지행정은 아동복지의 목표달성을 위해서 수행되는 개입과정으로서 아동 및 가족에게 적절한 서비스를 전달하기 위한 하나의 실천방법으로 본다.

광의의 개념에 의하면, 아동복지행정은 아동복지를 실현하기 위한 모든 활동을 조직하고 관리하여 서비스 대상자에게 최적의 서비스를 제공받도록 하는 일련의 행위를 포함한다. 다시 말하면, 아동복지 이념이나 정책적 목표들을 구체적인 서비스로 전환시키는 총체적인 과정을 말한다. 아동복지정책이 구체적인 아동복지서비스 제공으로 이어지기 위해서는 구조화된 행정체계가 요구되며, 이는 아동복지정책의 제반활동을 조직하고 관리하는 기능을 수반해야 한다.

오늘날 아동복지사업은 정부 부처나 지방자치단체 및 각종 아동단체와 관련된 기관들을 통해 아동 및 가족에게 적절한 서비스로 전달되기 때문에 아동복지행정은 이 모든 개념을 포괄하여 받아들이는 것이 보다 바람직하다고 본다. 따라서 아동복지 행정체계는 아동복지 조직의 목표달성을 위해 정책을 서비스로 전환하는 과정에서 조직구성원

의 협력적인 활동을 통해 변화하고 발전해 가는 아동복지실천의 개입방법이라고도 할 수 있다

2) 아동복지행정 조직

아동복지행정은 아동복지 이념이나 정책을 구체적인 아동복지서비스로 전환하는 과정이라 볼 때 이러한 과정에는 인적, 물적 자원, 조직 및 기구 등의 행정 조직이 필요하다. 이러한 행정체계는 일련의 아동복지정책 사업을 통해 아동 또는 가족에게 서비스가 성공적으로 잘 수행되는 체계를 구축해야 한다.

우리나라 아동복지서비스 전달체계의 중추적 역할을 맡고 있는 부처로는 보건복지부를 중심으로 한 중앙정부 부처, 아동복지관련 심의기구, 지방정부, 기타 관련 부처 등이 있으며 그 내용은 다음과 같다.

(1) 중앙정부 부처

아동복지와 관련 중앙정부의 부처로는 보건복지부를 중심으로 여성가족부, 법무부, 교육부, 그리고 고용노동부 등이 있다. 그 중 보건복지부는 사회복지서비스의 주요 전달체계를 관할하는 중요한 정부 부처이다. 보건복지부의 아동복지정책 관련 업무는 주로 아동복지관련 프로그램을 기획하고 시행한다. 주요 아동복지 업무 담당부서로는 보건복지부 인구정책실의 아동복지정책과와 아동권리과가 있으며, 그 외에 보육정책과, 보육사업기획과, 보육기반과 등에서 보육관련 제반 업무를 담당하고 있다.

[그림 4-2]는 보건복지부의 인구정책실의 조직도를 나타내고 있다. 아동복지정책과는 아동복지에 관한 정책을 총괄하고 종합계획의 수립 등을 수행하며, 아동복지법령, 아동정책조정위원회, 아동복지 관련 업무 등의 복지사업을 관할한다. 아동복지사업은 보육아동을 비롯한 학대 및 빈곤아동, 장애아동, 가정위탁, 입양아동, 시설아동 등을 대상으로 시행하고 있으며, 이 외에도 아동관련 법인 및 단체에 관한 사항, 한국아동복지협회, 한국아동 그룹홈 협의회에 관한 제반 사항 등을 담당한다.

인구정책실

인구아동정책관
- 인구정책총괄과
- 분석평가과
- 출산정책과
- 아동복지정책과
- 아동권리과
- 아동학대대응과

노인정책관
- 노인정책과
- 노인지원과
- 요양보험제도과
- 요양보험운영과
- 치매정책과

보육정책관
- 보육정책과
- 보육사업기획과
- 보육기반과

[그림 4-2] 보건복지부 내 아동복지업무 관련 조직도

그 외 여성가족부는 청소년가족정책실에서 청소년과 관련된 제반 업무 및 가족 지원 사업을 관할한다. 법무부는 비행과 범죄소년 등에 관한 업무, 교육부에서는 유아교육 및 특수아동에 관한 업무, 고용노동부는 근로 청소년에 관한 업무 등을 담당한다.

최선의 아동복지정책은 여러 정부 부처 간의 통합적이고 상호 유기적인 협력이 이루어질 때 실현될 수 있다고 본다.

(2) 아동복지관련 심의기구

아동복지관련 심의기구는 2004년 개정된 아동복지법에 의한 아동정책조정위원회와 실무위원회가 신설되었다. 국무총리 소속하에 있는 위원회는 아동의 권리증진과 건강한 출생 및 성장을 위하여 종합적인 아동정책을 수립하고 관계부처의 의견을 조정하며, 정책의 이행을 감독하고 평가하기 위한 심의기구이다(아동복지법 제10조).

아동정책조정위원회 회장은 국무총리가 되며 교육부, 법무부, 행정자치부, 문화관광부, 정통부, 보건복지부, 노동부, 여성가족부, 예산처 장관 9인의 당연직 위원과 아동관련 단체장과 아동전문가 등 15인 이내의 민간위원으로 구성된다. 위원회에서는 아동정책 및 아동의 권리증진의 기본방향에 관한 사항, 아동정책의 개선과 예산지원에 관한 사항, 아동정책에 관한 관련 부처간 협조사항, 아동관련 국제조약의 이행 및 평가 조정에 관한 사항 등을 심의 조정한다.

아동정책 실무위원회는 정책조정위원회의 심의안건에 대한 사전 심사 및 관계부처

의견 등을 조정하기 위하여 25인 이내의 위원으로 구성된다. 이를 효율적으로 운영하기 위하여 아동권리분과, 아동안전분과, 빈곤아동분과 등의 분과위원회를 둘 수 있도록 한다.

(3) 지방정부

지방자치제가 실시됨에 따라 지방정부는 민간 참여를 촉진시키며 행정자치부의 전달체계를 통해 아동복지정책을 실현한다. 대부분의 아동복지서비스는 사회복지전담공무원과 민간 사회복지시설과 기관에 의해 전달되는 체제로서 중앙정부를 통해 지방정부로 전달된다. 즉, 중앙정부, 시·도, 시·군·구의 단계를 거치게 되어 구체적인 서비스는 읍·면·동사무소를 거쳐 제공하게 된다.

아동복지를 담당하는 부서는 각 지방자치단체에 따라 문화복지국 내 복지정책과, 문화환경복지국 내의 사회복지과, 여성국 내의 가정청소년과 등 다양하다. 아동복지관련 서비스 전달을 담당하는 인력은 아동복지지도원, 아동위원, 사회복지 전담공무원인데, 아동복지지도원은 사회복지전담공무원이 담당한다(아동복지법 제7조). 또 시·도 및 시·군·구에 아동복지지도원을 두고, 시·군·구에는 아동위원을 두고, 읍·면·동에는 사회복지전담공무원을 두어 아동복지서비스를 전달하고 있다.

(4) 기타 관련 시설

아동복지법상 아동복지사업을 수행하기 위해서 설치한 기타 관련 시설로는 아동복지시설, 아동보호전문기관, 가정위탁지원센터, 지역아동센터 등이 해당된다.

먼저 아동복지시설은 생활시설과 이용시설로 나누어 운영된다. 생활시설로는 아동양육시설, 일시보호시설, 보호치료시설, 직업훈련시설, 자립지원시설, 단기보호시설, 공동생활가정이 있으며, 이용시설로는 아동상담소, 아동전용시설, 아동복지관, 지역아동센터 등이 있다.

아동보호전문기관은 중앙 및 지역아동보호전문기관으로 설치, 운영되고 있으며, 그 중 중앙아동보호전문기관은 아동학대 예방사업 정책 건의 및 홍보사업, 아동학대 관련 각종 연구 및 프로그램 개발 등의 업무를 수행한다. 지역아동보호전문기관은 아동학대 신고전화 운영에 따른 신고접수 및 현장조사, 응급보호, 서비스제공, 아동학대 피해아동, 학대행위자 상담, 교육 및 서비스 제공 및 연계, 아동학대 사례판정위원회 설치, 운영 및 자체 사례회의 운영, 아동학대 예방교육 및 홍보 등의 업무를 수행한다.

가정위탁지원센터는 가정위탁사업의 홍보 및 위탁가정의 발굴, 가정위탁을 하고자 하는 가정 및 가정위탁 대상 아동의 조사, 가정위탁 부모교육, 가정위탁을 하는 가정의 사후관리 등의 업무를 담당한다.

지역아동센터는 지역사회 아동의 보호, 교육, 건전한 놀이와 오락의 제공, 보호자와 지역사회의 연계 등 아동의 건전육성을 위하여 종합적인 아동복지서비스를 제공하는 시설(아동복지법 제16조 제11항)을 말한다.

3) 아동복지서비스 전달체계

사회복지에 있어서 전달체계란 급여나 서비스를 효율적으로 수혜자에게 전달하기 위하여 어떠한 조직을 통하여 실천할 것인가와 관련된다. 아동복지서비스를 위한 전달조직 체계도 마찬가지로 아동복지서비스의 공급자와 소비자 사이를 연결시키기 위해 만들어진 조직체계를 말한다.

아동복지서비스 전달체계는 아동 및 가족에게 필요한 각종 복지서비스가 중복되거나 누락되지 않고 적절하게 전달되어 아동의 기본 생활을 보장하기 위한 것이다. 실제적으로 아동복지서비스를 수행하기 위한 조직체계는 행정 및 집행체계에 의해서 이루어진다.

다음 [그림 4-3]은 행정 및 집행체계를 나타낸 것이다. 행정체계는 보건복지부와 특별광역시, 시·군·구의 서비스를 기획, 지시, 지원, 관리, 감독하는 기능을 수행하기 때문에 법규와 규정에 의해서 움직이는 관료제이다. 그리고 집행체계는 읍·면·동을 거쳐 수급권자의 가족 및 아동 등 클라이언트와 직접 대면관계를 통해 서비스를 전달하는 기능을 수행하고 있으므로 복합적인 인간문제를 다루는 체계라고 할 수 있다.

보건복지부	특별광역시	시·군·구	읍·면·동	국민기초생활보장 수급자
기획·지시·지원·관리·감독 (행정체계)			서비스 전달 (집행체계)	

[그림 4-3] 행정 및 집행 체계

오늘날의 아동복지사업은 전문적인 지식과 기술을 요하는 전문직이므로 전문기구와 전문인력을 주체로 하는 제반 활동을 전개하는 것이 중요하다. 따라서 아동복지의 주체는 행정 주도적이거나 상명하달식으로 일관하여 내려오는 조직보다는 지역사회 조직원들과 주민이 주체가 되어 주민들의 적극적인 참여활동과 지역의 요구나 문제의 인식을 토대로 지역자원 및 행정의 자원을 공히 활용하는 활동을 활발하게 전개해 나가는 것이 필요하다.

아동복지서비스 전달체계는 운영주체에 따라 크게 공적 전달체계와 사적(민간) 전달체계로 구분될 수 있다.

(1) 공적 전달체계

아동복지의 공적 전달조직 체계는 아동복지정책을 수립하거나 행정업무를 추진하기 위해 국가(정부 및 지방)나 공공기관이 직접 서비스를 제공하기 위하여 아동복지사업을 관리, 운영하는 것을 말한다. 아동을 건전하게 육성할 공적인 책임을 지는 국가의 공적 전달체계에서 대표되는 중앙정부는 보건복지부이다. 이 기구는 법령에 의해서 아동복지관련 정책을 개발하고 전국적인 지침을 만들어 시, 도, 광역자치단체와 시, 군, 구 기초자치단체의 해당업무를 기획, 지원, 관리하며, 일선행정기관인 읍, 면, 동의 사회복지담당자가 복지 대상자에게 직접 서비스를 제공한다.

현재 우리나라의 사회복지서비스의 공적 전달체계의 예를 들면, 사회보험이나 공공부조 및 사회서비스의 경우, 보건복지부를 중심으로 고용노동부와 기타 공공기관 및 지방자치단체의 행정체계를 통해 전달된다. 지방자치단체는 국가의 정책에 호응하면서 지역사회 아동들의 욕구 충족이나 문제해결을 위한 일련의 기능을 담당한다.

(2) 사적 전달체계

사적 전달체계는 국가로부터 재정 지원을 받는 경우 지방자치단체의 감독을 받아 지방조직을 통해 전달되거나 단독기관에서 전달하는 것을 말한다. 공공기관에 의한 서비스가 활발하게 진행됨에도 불구하고 아동복지서비스는 가족을 비롯한 지역사회 공동체를 비롯하여 기업이나 민간사회복지관 등의 민간복지에 의해 운영되어진다.

민간복지는 공공복지에 대한 보충적 역할을 충분히 수행한다고 볼 때 사적기관에 의한 아동복지사업은 정부가 비용을 투입하여 수행하여야 할 일을 대신 해주게 되므로 정부의 사회복지비용을 절약하는 효과를 가져 온다. 다만 기관이나 단체의 고유한 특성이나 가치에 상관없이 일률적인 감독 관리 등의 제약으로 인하여 효율적인 운영에 방해가 되어 소극적인 활동이 될 수도 있는 제약이 따른다.

한편, 민간복지의 전달체계는 한국사회복지협의회가 대표적이지만 영리를 목적으로 하지 않는 주민조직, 그리고 사회복지법인, 재단법인 및 사단법인, 종교단체, 법정단체 및 기타 특수법인 또는 단체 등이 있다. 이러한 사회복지사업을 목적으로 운영하는 시설, 법인, 단체 등은 민간복지에서 중요한 역할을 담당하고 있다. 우리나라의 경우 노인, 아동, 장애인, 정신, 부랑, 노숙아, 지역주민 등으로 구별된 서비스를 제공하는 다양한 민간복지기관이 존재한다.

[그림 4-4]는 공적 및 사적 전달체계를 나타낸 것이다(사회복지행정학회 홈페이지). 우리나라의 아동복지정책을 수행하는 체제는 정부와 민간기관 간 상호 협력관계에 있다고 할 수 있다. 민간기관은 정부의 사회복지서비스 기능의 일부를 보충하면서 정부가 실천하지 못함으로써 생기는 차이를 보완하여서 특수전문화가 필요한 서비스를 실천하고 있다. 또한 민간기관은 연합회나 협의회를 결성하여 서비스 질의 향상과 정부에 대한 집단적 정책 건의 등을 하고 있다.

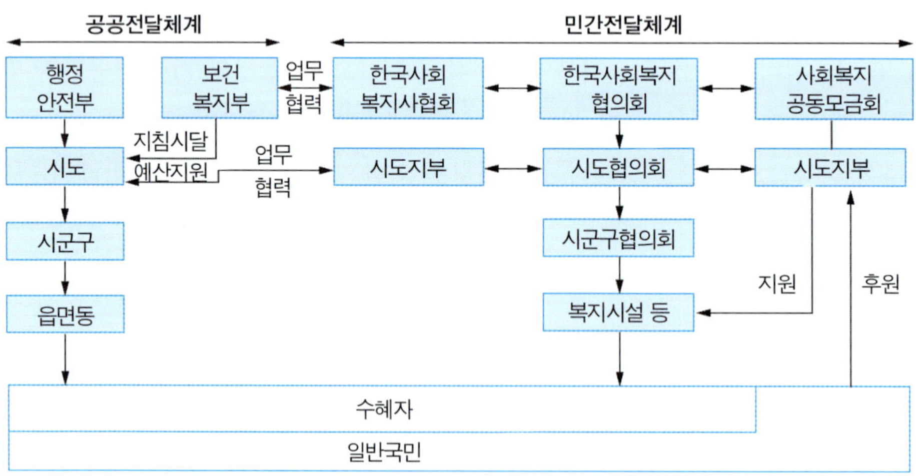

[그림 4-4] 공적 및 사적 전달체계

3 아동복지법 및 관계법

아동복지법 및 관계법은 아동 및 가족의 욕구와 관련된 복지대책을 마련하는데 근거가 되고 아동복지서비스를 제공하는데 필요한 사회적 책임을 규정하고 있는 여러 가지 다양한 법률을 말한다. 아동복지법 및 관계법은 다음 〈표 4-1〉과 같이 아동보호 및 지원, 아동노동, 아동교육, 아동범죄, 아동건강, 아동문화 등으로 분류하여 관련법을 정리하였다(초록어린이재단, 2013).

〈표 4-1〉 아동복지법 및 관련법의 분류

구분		관련법
아동보호 및 지원	일반아동	아동복지법, 영유아보육법, 아동, 청소년 성보호에 관한 법률, 사회복지사업법, 건강가정기본법, 사회보장기본법, 저출산 고령사회기본법, 민법, 청소년 복지지원법, 청소년활동진흥법, 아이돌봄지원법
	시설아동	보호시설에 있는 미성년자의 후견 직무에 관한 법률
	장애아동	장애아동복지지원법
	실종아동	실종아동의 보호 및 지원에 관한 법률
	빈곤아동	국민기초생활보장법, 아동의 빈곤예방 및 지원 등에 관한 법률
	입양아동	입양특례법
	다문화아동	다문화가족 지원법
	한부모아동	한부모가족 지원법
아동노동		근로기준법
아동교육		교육기본법, 초중등교육법, 유아교육법, 장애인 등에 대한 특수교육법
아동범죄		소년법, 성매매방지 및 피해자보호 등에 관한 법률, 성폭력범죄의 처벌 및 피해자보호 등에 관한 법률, 가정폭력방지 및 피해자보호 등에 관한 법률, 학교폭력예방 및 대책에 관한 법률
아동건강		의료급여법, 정신보건법, 청소년보호법, 모자보건법, 학교안전사고예방 및 보상에 관한 법률, 자살예방 및 생명존중문화 조성을 위한 법률, 학교보건법, 학교급식법
아동문화		문화예술교육지원법, 청소년활동진흥법

아동복지법 및 관계법에서는 아동복지법을 먼저 기술하고, 영유아보육법, 청소년 기본법, 장애아동복지지원법, 건강가정기본법 등을 설명한다.

1) 아동복지법

우리나라의 아동복지법은 제네바 선언(1924년)의 영향과 아동의 권리선언(1959년)을 근거로 하여 1961년에 최초로 「아동복리법」을 제정하였다. 이는 사회적 기본권의 실현 및 아동의 보호와 교육을 받을 권리를 보장한다는 차원에서 그 의의가 매우 크다. 그 후 아동복지법으로 개정되었다.

(1) 아동복지법의 주요 내용

아동복리법(1961년)의 제정 배경에는 1960년대 한국전쟁으로 인해 버려진 고아 및 기아, 미아로 인한 아동문제를 해결하고 그들을 보호하기 위하여 국가 차원에서 법률의 필요성이 대두되었던 것이다. 그 당시에는 모든 아동의 전반적 복지를 다룰 수 있는 수준의 재원이나 행정체계가 없었고 이름만 존재하는 정도에 머물렀기 때문에 1차적으로 가정에서 부모의 양육책임을 강조하고 국가의 2차적 개입을 통하여 이루어진 선별주의적 아동복지정책이 주가 되었다. 따라서 아동복리법은 제정 초기부터 구호적 성격의 복지에 중점을 두고 있어 적극적이거나 계획적이지 않았으며, 임시방편적으로 실시되었던 것이다.

아동복리법 제정 이후 우리나라는 점차적으로 사회경제적 발전과 함께 증가하는 사회적 복지 요구에 부응하지 못하게 되면서 아동복리법에 대한 개정이 필요하다는 각성이 일어나기 시작하였다. 특히 아동기의 기본적인 인격 특성의 중요성과 아동의 능력개발 조장 및 아동의 유해환경을 최소화해야 할 필요성이 제기되면서 요보호 아동뿐만 아니라 일반 아동을 포함한 전체 아동의 복지를 보장해야 한다고 강조되었다.

아동복리법은 20년 후인 1981년에 아동복지법으로 확대·개정되었다. 개정된 아동복지법에 의하면, 보호대상 범위를 요보호 아동에서 전체 아동으로 확대하였던 것이 가장 큰 변화였다. 그리고 아동을 보호하고 육성할 책임을 국가, 지방자치단체 및 보호자가 공동책임을 져야 하는 것으로 명시하여 국가의 책임을 강조하였다.

그 후 우리 사회의 증대된 아동복지 수요와 다양한 여건의 변화에 보다 능동적으로 대응하기 위하여 2000년 아동복지법 전문이 개정되었다. 그 배경에는 아동복지시설은 단순 수용위주의 보호에서 보다 전문화된 서비스를 제공할 수 있는 제도적 근거를 필요로 하였으며, 점점 심각해지는 사회문제로 대두되고 있는 아동학대에 대한 보호 및 아동안전에 대한 제도적 지원을 공고히 하기 위한 차원에서 개정이 불가피하여 학대아동을 보호하기 위한 아동보호전문기관을 설치·운영하도록 하는 내용들을 포괄하고 있다.

(2) 아동복지법의 구성

아동복지법은 제1장 총칙, 제2장 아동복지정책의 수립 및 시행, 제3장 아동에 대한 보호서비스 및 아동학대의 예방 및 방지, 제4장 아동에 대한 지원서비스, 제5장 아동복지 전담기관 및 아동복지시설, 제6장 보칙, 제7장 벌칙을 끝으로 총7장으로 구성되어 있다. 그 외 아동복지법 시행령과 아동복지법 시행규칙으로 구성되어 있다. 다음 〈표 4-2〉는 아동복지법의 목적, 기본이념, 정의 등을 제시하고 있다.

〈표 4-2〉 아동복지법의 목적과 기본이념, 정의(제1장 총칙 1조~제3조)

- 제1조(목적) 이 법은 아동이 건강하게 출생하여 행복하고 안전하게 자랄 수 있도록 아동의 복지를 보장하는 것을 목적으로 한다.
- 제2조(기본 이념)
  ① 아동은 자신 또는 부모의 성별, 연령, 종교, 사회적 신분, 재산, 장애유무, 출생지역, 인종 등에 따른 어떠한 종류의 차별도 받지 아니하고 자라나야 한다.
  ② 아동은 완전하고 조화로운 인격발달을 위하여 안정된 가정환경에서 행복하게 자라나야 한다.
  ③ 아동에 관한 모든 활동에 있어서 아동의 이익이 최우선적으로 고려되어야 한다.
  ④ 아동은 아동의 권리보장과 복지증진을 위하여 이 법에 따른 보호와 지원을 받을 권리를 가진다.
- 제3조(정의) 이 법에서 사용하는 용어의 뜻은 다음과 같다.
  1. "아동"이란 18세 미만인 사람을 말한다.
  2. "아동복지"란 아동이 행복한 삶을 누릴 수 있는 기본적인 여건을 조성하고 조화롭게 성장·발달할 수 있도록 하기 위한 경제적·사회적·정서적 지원을 말한다.
  3. "보호자"란 친권자, 후견인, 아동을 보호·양육·교육하거나 그러한 의무가 있는 자 또는 업무·고용 등의 관계로 사실상 아동을 보호·감독하는 자를 말한다.
  4. "보호대상아동"이란 보호자가 없거나 보호자로부터 이탈된 아동 또는 보호자가 아동을 학대하는 경우 등 그 보호자가 아동을 양육하기에 적당하지 아니하거나 양육할 능력이 없는 경우의 아동을 말한다.
  5. "지원대상아동"이란 아동이 조화롭고 건강하게 성장하는 데에 필요한 기초적인 조건이 갖추어지지 아니하여 사회적·경제적·정서적 지원이 필요한 아동을 말한다.

2) 아동복지 관계법

아동복지 관계법은 〈표 4-1〉의 분류표에서 보는 바와 같이 많은 법률이 존재한다. 여기에서는 아동복지와 긴밀한 관계가 있는 4가지, 영유아보육법, 청소년기본법, 장애아동복지지원법 그리고 건강가정지원법을 설명한다.

(1) 영유아보육법

영유아보육법은 1991년에 제정되어 2014년도 일부 개정에 이르기까지 많은 변화와 발전을 가져왔다. 1989년 '아동복지법 시행령'에서는 탁아시설을 아동복지시설에 포함시켰으며, 점차적으로 취업여성의 증가에 따른 보육수요의 확대에 따라 영유아보육법이 공포되고 시행되었다. 이를 계기로 오늘날의 보육서비스가 일반아동에게로 확대됨으로써 보편적 서비스의 확충을 가하였다.

이 법의 목적에 의하면, "영유아(영유아)의 심신을 보호하고 건전하게 교육하여 건강한 사회구성원으로 육성함과 아울러 보호자의 경제적·사회적 활동이 원활하게 이루어지도록 함으로써 영유아 및 가정의 복지 증진에 이바지함"이라고 규정하고 있다.

이 법은 특히 국가와 지방자치단체뿐 아니라 모든 국민이 영유아를 건전하게 보육할 책임이 있으며, 그에 필요한 재원을 안정적으로 확보하도록 노력하여야 한다고 명시함으로써 영유아 보육의 중요성을 부각시키고 있다. 1987년 어린이집의 종류로는 국공립 어린이집, 사회복지법인 어린이집, 법인이나 단체어린이집, 직장어린이집, 가정어린이집, 부모협동 어린이집, 민간 어린이집 등이 있으며, 어린이집이 갖추어야 할 시설기준, 어린이집 원장 및 교사, 종사자의 자격, 어린이집이 운영, 보육에 필요한 비용의 부담과 보조 및 지원 등에 관한 내용을 규정하고 있다.

2004년에는 보육환경의 변화로 인한 보육서비스 질 향상 및 다양화, 그리고 보육에 대한 공적 책임의 강화 차원에서 전면 개정이 이루어졌다. 또한 2006년에는 표준화된 교육과정에 대한 부재로 인하여 영유아보육법 시행규칙 개정을 통해 국가수준의 표준화된 보육과정을 개발하고 보급하였다. 표준보육과정은 영유아가 건강하고 안전하며 바르게 생활하는데 필요한 내용과 신체, 인지·언어, 사회·정서 등 전인적 발달을 위해서 영유아가 갖춰야 할 지식, 기술, 태도를 제시하고 있다.

저출산의 문제가 심화되고 보육의 공공성이 더욱더 강조되면서 2010년 이후에는 보육대상을 모든 영유아로 확대하여 어린이집에 다니는 영유아뿐만 아니라 가정에서 양육하는 영유아의 부모에게도 가정양육수당을 지급하기 시작하여 2012년 0세부터 2세까지 영아에 대한 무상보육을 실시하였으며, 연차적으로 2013년부터는 0세부터 5세까지 연령의 영유아로 확대하여 운영하고 있다. 이러한 적극적인 국가 개입의 보육정책은 향후 미래 세대인 영유아가 건전하게 육성될 수 있도록 하는 데에 그 의미가 크다고 볼 수 있다. 2020년 4월 7일에는 법의 일부를 개정하였는데 국가자격증이 대여·알선 등을 통해 돈벌이 수단으로 악용되는 것을 방지하기 위하여 어린이집 원장이나 보육교사 자격증의 대여·알선 등의 행위를 금지하고, 이를 위반한 경우 처벌할 수 있는 근거를 마련하였다.

(2) 청소년기본법

1987년에 제정되고 1991년에 공포된 청소년기본법은 청소년육성을 위한 대제법이라고 할 수 있다. 2015년에 개정된 청소년기본법의 목적에 의하면, "청소년의 권리 및 책임은 물론 가정·사회·국가 및 지방자치단체의 청소년에 대한 책임을 정하고 청소년육성정책에 관한 기본적인 사항을 규정함"에 있다. 이 법은 "9세 이상 24세 이하"를 청소년으로 규정하고, 이들이 사회구성원으로서 정당한 대우와 권익을 보장받고 건전한 민주시민으로 자랄 수 있도록 장기적·종합적 육성정책을 추진하는 것을 기본이념으로 하고 있다. "청소년의 참여보장, 창의성과 자율성을 바탕으로 한 청소년의 능동적 삶의 실현, 청소년의 성장여건과 사회환경의 개선, 민주, 복지, 통일조국에 대비하는 청소년의 자질향상"의 각 사항을 추진방향으로 명시하고 있다.

2019년에 현행법은 국가 및 지방자치단체는 청소년 관련 정책의 심의·협의·조정 등을 위한 위원회·협의회 등에 청소년을 포함하여 구성·운영할 수 있다고 규정하고 있다. 그러나 이러한 현행법의 취지에도 불구하고 청소년정책에 관한 주요 사항을 심의·조정하는 청소년정책위원회의 위원 구성에 청소년이 포함되어 있지 않아, 청소년정책이 수립·시행되는 과정에서 정책 당사자인 청소년들의 의견이 충분히 반영되지 못하고 있었다. 이에 청소년정책위원회 위원 구성 시 청소년을 일정 비율 이상 반드시 포함하도록 함으로써 청소년들의 권익을 보다 실질적으로 보장하기 위하여 기본법 일부를 개정하였다.

청소년정책은 여성가족부장관이 관계 행정기관의 장과 협의하여 총괄·조정하며, 청소년활동을 지원하고 청소년의 복지를 증진하며 근로 청소년을 보호하는 한편, 사회 여건과 환경을 청소년에게 유익하도록 개선하고 청소년을 보호하여 청소년에 대한 교육을 보완함으로써 청소년의 균형 있는 성장을 돕기 위하여 청소년 시설을 설치, 운영하도록 하였으며, 청소년지도자와 청소년 상담사를 비롯한 청소년 시설, 단체 및 청소년 관련 기관에서 종사하는 종사자 등의 자격에 관한 내용을 규정하고 있다.

(3) 장애아동복지지원법

장애아동복지지원법은 2011년 국가와 지방자치단체가 장애아동의 특별한 복지적 욕구에 적합한 지원을 통합적으로 제공하기 위하여 제정되었다. 이 법을 제정하기 전까지 장애아동의 복지를 위한 사업들은 보육사업을 제외하고는 근본적으로 장애아동에 대한 보편적 복지가 아니라 저소득층 장애아동에 대한 선별적인 복지의 성격이 강하였다. 게다가 복지정책도 주로 성인기 장애인들을 중심으로 수립되었으며, 복지지원 전달체계나 연계협력 체계가 미비하고 분절된 복지서비스의 형태로 이루어지고 있어서 장애아동과 그 가족에 대한 종합적인 지원대책이 필요하였다.

따라서 장애아동복지지원법은 장애아동이 안정된 가정생활 속에서 건강하게 성장하고 사회에 활발하게 참여할 수 있도록 하며, 장애아동 가족의 부담을 줄이는데 이바지하려는 차원에서 제정되어서 2016년에 일부 개정법률을 공포하게 되었다.

장애아동지원을 위한 이 법은 각각의 아동이 가진 발달상의 특수성과 장애의 정도 및 특성을 고려하여, 이들의 발달을 보장하고 사회적 능력을 고양시켜 정상인과 다름없는 사회생활을 영위할 수 있도록 하는데 의의가 있으며, 장애아 가족의 지원을 통해 가족 기능을 회복시켜 주며, 국가 및 사회에 기여하는 인적자원을 양성한다는 데 의의가 있다.

장애아동복지지원법은 총7장 41개 조문의 본칙과 4개 조문의 부칙으로 구성되어 있다. 장애아동을 위한 복지서비스는 제8조 제1항에 따라 중앙 장애아동지원센터와 지역 장애아동지원센터를 설치·운영하도록 되어 있으며, 그 업무를 적절하게 수행할 수 있는 전담 인력을 배치해야 한다고 명시되어 있다.

(4) 건강가정기본법

건강가정기본법은 2004년에 '건강한 가정생활의 영위와 가족의 유지 및 발전을 위한 국민의 권리 · 의무와 국가 및 지방자치단체 등의 책임을 명백히 하고, 가정문제의 적절한 해결방안을 강구하며 가족구성원의 복지증진에 이바지할 수 있는 지원정책을 강화함으로써 건강가정 구현에 기여하는 것'을 목적(제1조)으로 제정되었다.

건강가정기본법은 가정 내에서 개인의 기본적인 욕구를 충족시키고 사회통합을 위하여 기능할 수 있도록 유지 · 발전되어야 한다는 기본 이념 하에 국가 및 지방자치단체가 건강가정을 위하여 필요한 제도와 여건을 조성해야 함을 강조하고 있다. 이러한 정부 시책은 가족구성원의 특성과 가정유형을 고려하여야 하며, 민주적인 가정형성, 가정 친화적 환경조성, 양성평등한 가족가치 실현 및 가사노동의 정당한 가치평가를 고려하여 추진해 왔다.

기본적으로 건강가정기본계획의 수립은 여성가족부장관이 관계 중앙행정기관의 장과 협의하여 건강가정기본계획을 5년마다 수립하여야 한다. 건강가정 기본사업에 의하면, 가정에 대한 지원, 자녀양육지원, 가족단위 복지증진, 가족의 건강증진, 가족부양의 지원, 가족단위의 시민적 역할 증진, 가정생활 문화의 발전, 가정의례, 가정봉사원, 이혼예방 및 이혼가정 지원, 건강가정 교육, 자원봉사 활동의 지원 등의 사업을 운영하고 있다.

최근 2020년에 현행제도의 운영상 나타난 일부 미비점을 개선 · 보완하였는데 주요 내용은 다음과 같다.

가. 국가 및 지방자치단체는 자녀양육, 가족교육 · 상담 등에 관한 정보를 가족구성원에게 제공하도록 함(제11조).
나. 여성가족부장관은 건강가정기본계획을 국회 소관 상임위원회에 보고하도록 함(제15조제4항).
다. 가족실태조사의 실시주기를 5년에서 3년으로 단축함(제20조제1항).
라. 한국건강가정진흥원의 정관 기재사항 및 정관변경 절차를 명시함(제34조의2제4항 및 제5항 신설).
마. 국가 및 지방자치단체는 건강가정지원센터의 설치 · 운영에 필요한 비용을 지원할 수 있음(제35조제6항 신설).

출처: 법제처, 건강가정기본법

CHAPTER

05

보육아동 복지서비스

오늘날 우리나라는 산업구조가 전문화되고 가족구조가 핵가족화 됨에 따라 취업여성이 급증하고 여성들의 자기개발로 인한 사회활동참여가 높아지고 있다. 여성의 노동시장참여가 확대되는 과정에서 무엇보다 요구되는 것은 각종 성차별의 해소 및 자녀양육 문제 해소가 새로운 이슈로 떠오르고 있다.

영유아기는 사람의 가장 기초적인 능력 발달이 이루어지는 결정적인 시기이므로 영유아 보육에 대한 투자는 궁극적으로 국가의 미래를 결정짓는 투자로서 중요한 의미를 갖는다. 양질의 보육서비스를 제공함으로써 영유아의 건전한 발달을 도모하는 것은 영유아 개인에게 유리할 뿐 아니라 향후 양질의 인적자본 형성에 토대가 됨으로써 국가의 성장과 경쟁력 확충에 기여할 수 있다는 점에서 보육아동을 위한 일반아동 복지사업은 그 의미가 매우 크다고 할 수 있다. 제5장에서는 보육의 개념부터 필요성, 보육정책의 변천과정, 보육서비스 및 정책지원 현황, 그리고 향후 보육정책의 추진방향을 설명한다.

1 보육의 개념과 필요성

양질의 보육서비스는 영유아 발달에 중요하다는 연구결과들이 많이 보고되고 있다. 즉, 선진국의 보육관련 조기교육 프로그램은 영유아의 인지능력 발달에 긍정적 영향을 미칠 뿐 아니라 학업성취도 향상, 청년기의 문제행동 감소, 대학입학, 성인기의 고용 및 임금수준에 긍정적인 영향을 미칠 수 있음을 실증적으로 뒷받침하고 있다고 보고하고 있다(Gupta & Simonsen, 2010; Havnes & Mogstad, 2011; Felfe & Lalive, 2012). 현대사회에서 이러한 연구결과들은 보육의 필요성을 더욱 부각시키고 있다. 따라서 이 절에서는 보육의 개념과 필요성을 설명한다.

1) 보육의 개념

보육은 과거 '탁아(day care)'의 개념에서 발전된 용어로서 탁아란 부모가 자녀를 양육하지 못하는 경우 낮 시간 동안 아이를 맡아준다는 의미를 가지고 있다. 과거의 전통적인 탁아개념은 보육을 아동복지사업의 일환으로 사회·경제적 지위가 낮은 가정을 대상으로 부모의 노동시간 동안 음식, 안식처 등과 같은 보호를 제공하거나, 부모가 직업, 질병 또는 그 밖의 사유로 인해 자녀를 돌볼 수 없을 때 하루 중의 일정 시간 동안 가정 밖에서 부모를 보완하는 개념으로 보았다.

그러나 보육에 대한 요구와 관심이 전 세계적으로 높아지면서 보육에 대한 개념도 변화되어 왔다. 현대에서 논의되어지고 있는 보육이란 영유아의 발달적 요구를 위한 교육적인 도구로서 기존의 신체보호를 중심으로 하던 보호의 개념에서 영유아의 전인적 발달을 위한 포괄적인 보호·교육 프로그램으로 전환되어, 최근에는 이것을 발달적 보육, 또는 질적 보육이라고 부르고 있다(이기숙, 1999).

우리나라에서 현재 사용하는 보육이라는 용어는 영어의 Care(보호·양육)와 Education(교육)이라는 용어 두 가지를 모두 통합하는 의미이다. 에듀케어(Educare)란 용어는 영유아기의 보호·양육, 그리고 교육은 서로 분리될 수 없다는 인식에서 출발하였으며, 이러한 양 측면이 영유아에게 제공되는 서비스에 반드시 포함되어야 한다는 것을 전제로 하고 있다. 복지적인 차원에서 보육이란 아동과 가족의 생존에 필수적인 보호에 교육이 포함되는 개념이므로 보육의 사회적 성격을 강조하면서 사회적 개입이 요구되는 보다 폭넓은 개념이라고 할 수 있다.

2) 보육의 필요성

산업혁명의 영향은 전반적인 사회구조와 가치관의 변화를 초래하는데 중요한 요인이 되었다. 특히 현대사회는 아동권리보장, 저출산화 추세, 가족형태 및 구조의 변화, 가치관의 변화 등을 이유로 아동보육에 대한 사회적 욕구와 국가적 책임의 중요성이 더욱 강조되고 있다.

(1) 아동권리 보장

「영유아보육법」 제3조의 보육이념에 의하면 아동권리 측면에서 보육의 필요성이 강조된다. 즉, 보육은 영유아의 이익을 최우선적으로 고려하여야 하며, 영유아가 안전하고 쾌적한 환경에서 건강하게 성장할 수 있도록 하여야 한다. 그리고 영유아는 자신이나 보호자의 성, 연령, 종교, 사회적 신분, 재산, 장애, 인종 및 출생지역 등에 따른 어떠한 종류의 차별도 받지 아니하고 보육되어야 한다.

아동의 기본권 보장 측면에서 신체적으로나 정서적으로 건강하게 성장하는 기틀을 마련하는 것은 매우 중요하다. 이에 아동은 어떠한 환경에 처해 있다고 할지라도 국가와 사회로부터 안전하게 보호와 교육을 받을 권리가 있으며, 국가와 사회는 아동이 최상의 발달을 할 수 있도록 각 아동에게 적합한 보호와 교육시설을 제공할 의무가 있다. 아동의 보호권, 교육권 등을 보장하기 위한 기초 과정 준비에 필요한 보육서비스는 아동성장과 발달 측면에서 매우 강조되고 있다.

(2) 저출산화 추세

우리나라 총인구에 대한 아동인구 비율의 감소는 심각한 사회문제로 대두되고 있다. 혼인건수의 감소와 함께 2016년 출생아는 40만 6,300명으로 전년보다 3만 2,100명이 감소했다(이코노미 톡 뉴스, 2017). 아동인구의 감소는 앞으로 노동력의 부족 및 사회보장 비용부담의 증가로 이어질 것이다. 저출산화 추세의 이면에는 자녀양육의 적절한 지원 시스템이 갖추어져 있지 않아 취업여성이 육아와 일을 양립할 수 없는 상황에 기인하기 때문으로 볼 수 있다.

특히 출산을 장려하는 정책의 일환으로 보육의 필요성은 강조되고 있다. 이러한 차원에서 보육사업에 대한 국가의 적극적 개입과 지원은 필수적이다. 국·공립보육시설의 확충 및 질 높은 민간 보육시설을 대안으로 활용하는 등의 방안이 강구되어야 할 것이다.

한편으로 미래의 일꾼이 되는 아동을 건강하고 건전하게 정서적으로 안정되게 양육하는 것은 미래의 인적 자원을 관리하고 보호한다는 측면에서 또한 취업여성이 아기를 안심하고 맡기고 일함으로써 생산성을 높인다는 차원에서도 보육서비스는 필요하다.

(3) 가족형태 및 구조의 변화

보육의 필요성이 대두된 요인 중 한 가지는 가족형태의 변화이다. 과거에는 결손가정의 원인으로 부모의 사망이 주류를 이루었으나 최근 이혼, 미혼모, 한부모 등의 가족형태가 증가하고 있다. 특히 이혼의 경우, 우리나라는 하루 평균 877쌍이 결혼한데 비해 하루 평균 370쌍이 이혼하며, 이러한 비율은 인구 1000명당 2.8명이 이혼하는 경향으로 나타났다. 이 같은 이혼율은 OECD국가 중에서 미국 4.2쌍, 영국 2.9쌍에 이어 3위를 기록하고 있다(이코노미 톡뉴스, 2017). 이와 같은 가족형태는 어머니 혼자 아이를 양육해야 하며 경제적인 부양역할도 해야 하는 상황을 야기시키는 여건이 보육의 필요성을 증대시키고 있다.

한편 핵가족화 등의 가족구조의 변화는 자녀양육문제로 이어진다. 예전처럼 조부모나 형제자매, 친인척이 자녀를 맡아 주는 관계를 더 이상 기대할 수 없게 되었다. 부부 중심의 핵가족에서는 자녀양육을 전적으로 부부에게만 의존하게 됨으로써 가족의 자녀양육 기능을 약화시키는 결과를 가져왔다. 이러한 결과는 결국 자녀 양육 및 보육에 대한 가정과 사회의 공동 책임의식을 증가시키게 되었다.

(4) 가치관의 변화

한국사회의 여성취업의 특성은 이전의 저소득 가족의 생계유지를 위하여 주로 이루어지던 것이 이제는 중산층 가정의 고학력 여성까지도 자아실현을 위해서 또한 보다 풍요로운 삶을 영위하기 위해서 적극적으로 노동 시장에 진입하는 경향을 띠고 있다. 이러한 자녀양육에 대한 가치관의 변화는 기혼 여성의 경제활동 참가율을 증가시키게 하는 요인이 되고 있으며, 한편으로 여성이 담당해 왔던 가정 내 자녀양육을 더욱 어렵게 하고 있는 요인이 되고 있다.

현대사회의 부모는 전통적인 부모역할에서 벗어나 사회적 존재로서의 의식이 강화되고 자신의 자아실현을 위한 노력에 많이 투자하고 있다. 따라서 전업주부의 경우에도 자녀양육은 전적으로 부모의 책임이라는 생각에서 벗어나 자신의 성장과 발전을 위하여 보육서비스를 이용하고자 하는 경향이 늘어나고 있다. 따라서 여성 인력을 효과적으로 사용하는 데 필요한 선행조건은 육아문제를 사회적으로 해결해 주는 것이다. 이에 국가와 사회의 적극적인 지원이 불가피하게 되었다.

2 보육사업 정책의 변천과정

우리나라의 보육사업은 1921년 태화사회관의 탁아프로그램이 모체가 되었으며, 1991년 영유아보육법이 제정된 이후 본격적으로 활성화되었다. 그 이후 보육수요에 발맞추기 위하여 정부의 보육시설 3개년 계획(1995~1997)에 의하여 보육시설이 양적으로 증가하게 되었다. 그러나 2002년 이후에는 보육시설의 양적 확대뿐만 아니라 질적 개선 등의 보육사업으로 발전시키기 위한 노력의 일환으로 보건복지부와 여성부, 노동부 공동으로 '보육사업 활성화 방안'이 발표되었다.

우리나라 보육사업은 크게 4가지 단계의 변천과정을 보인다. 다음 〈표 5-1〉은 보육사업의 변화과정인 태동기, 준비기, 전개기, 발전기로 구분하여 정리한 것이다(유희정, 2004).

〈표 5-1〉 보육사업의 변천과정

구분	시기	내용
태동기	전기 : 어린이집 시기(1921~1982년) 후기 : 새마을 유아원 시기(1982~1991년)	임시구호(1921~1961년) 보건중심(1961~1982년) 교육강조(1982~1991년)
준비기	영유아보육법 제정(1991~1994년)	사회복지사업으로서의 보육
전개기	전기 : 보육시설확충3개년 계획(1995~1997년) 후기 : 1998~2000년	보육시설 양적 확충 보육의 질 제고 노력
발전기	2001년 ~	보육사업 발전을 위한 노력

1) 보육사업의 태동기

보육사업의 태동기는 1921년부터 1982년까지의 시기로 본다. 서울의 태화기독교사회관에서 탁아프로그램을 최초로 개설하여 운영한 것이 시초가 되었다. 그 이후 1961년 '아동복리법'이 제정되면서 보육시설에 대한 법적 근거가 마련되었다. '탁아시설'이라는 용어와 탁아시설의 설치기준, 직원배치 기준, 탁아기간, 보호내용 등이 구체적으로 규정되어서 이 시기부터 국가 차원의 보육정책이 시작되었다고 할 수 있다.

1968년에는 탁아소의 이름을 '어린이집'으로 변경하여 포괄적 의미의 아동보육기능을 강화하는 계기가 되었다. 그후 여러 차례 탁아시설 운영 개선 방안 등이 발표되면서 1981년도에 '아동복리법'이 '아동복지법'으로 전면 개정되었다. 이는 요보호 아동을 대상으로 하는 선별적 아동복지 차원에서 모든 아동을 대상으로 하는 보편적 아동복지적 개입으로 변화하여 국가의 아동보호에 대한 책임이 보다 강화되었다.

그 후 정부는 1982년 '유아교육진흥법'을 제정하여 모든 탁아시설을 통합하여 '새마을 유아원'으로 명칭을 통일하여 취학전 유아의 교육과 보호를 동시에 충족시키며 특히 저소득층 취업모의 자녀를 위한 탁아기능 목적으로 전국적으로 확대되었다. 그러나 설립 취지와는 달리 종일제 탁아시간 제한, 영아 기피현상, 정부의 재정지원 감소 등으로 인하여 점차적으로 그 기능을 담당하지 못하였다.

한편 산업화가 가속화되고 기혼여성의 취업률이 증가하자 민간에 의한 지역사회 탁아소가 자생적으로 발달하기 시작하였으며 1987년에는 '남녀고용평등법'의 제정에 따라 직장탁아에 대한 법적 근거를 마련하게 되었다.

2) 보육정책 준비기

보육정책 준비기는 1991년부터 1994년까지의 시기로 본다. 이 시기는 탁아문제가 사회문제로 대두되면서 1989년 아동복지법 시행령에 탁아시설의 법적 근거를 부활하는 등의 조치를 취한 결과, 1991년 '영유아보육법'을 제정·공포하였다.

영유아보육법은 영유아의 건전한 보호 및 교육과 보호자의 경제적·사회적 활동 지원을 통하여 가정복지 증진을 도모하고 영유아 양육을 사회적으로 책임진다는 취지로 제정되었다. 이 시기에는 영유아의 보호와 보육을 동시에 강조하여 기존의 '탁아'라는 용어 대신 '보육'이라는 용어로 대치하였으며, 보육시설의 종류를 국공립, 민간, 직장, 가정보육시설 등으로 규정하였다. 이러한 법 규정은 이전에 자생적으로 생겨난 기존의 민간보육시설과 놀이방을 법정 시설에 포함시키는 계기를 마련하였다.

한편으로 1970년에 제정된 '사회복지사업법'이 1992년에 개정되면서 보육사업이 사회복지사업으로 분류되기 시작하여 사회복지사업의 범위를 확대 조정하였다.

3) 보육정책 전개기

보육정책 전개기는 1995년부터 2000년까지를 말한다. 이 시기에는 경제성장과 여성의 경제활동 참가율이 급격히 증가하면서 가정 내의 자녀양육의 어려움이 가중됨에 따라 아동에 대한 조기교육의 필요성이 제기되었다. 따라서 자녀양육의 문제에 대하여 사회적·국가적 차원에서 개입이 필요했다.

영유아보육법 제정 이후 보육수요를 감당하지 못할 정도로 보육시설이 부족하여 정부는 보육시설 확충 3개년 계획을 수립한 결과, 보육시설은 양적으로 팽창하였다. 이와 같은 보육사업은 부족한 보육시설에 대한 양적인 측면을 상당히 보완하였으며 열악한 보육시설을 개선하는데 많이 기여하였던 것으로 평가된다. 한편으로 보육사업의 전담조직 및 인력의 활성화를 위하여 보건복지부 아동복지과가 보육아동과로 명칭을 변경하여 보육의 중요성을 강조하였다.

그러나 보육시설의 양적 확대에만 치중한 결과 정부지원 없는 과도한 민간보육시설에 의존하여 보육의 질 향상은 미흡하였으며, 보육프로그램, 교재·교구의 연구 개발, 보육시설 운영관리 측면에서 더 이상의 발전이 없었다. 또한 영아 및 장애아 전담시설과 같은 특수보육시설에 대한 인식 부족과 다양한 서비스 부재 등의 문제가 드러났다.

정부는 이러한 문제점을 개선하고 보육의 질적 개선을 제고하기 위해 1998년 이후부터 '보육사업의 질 개선 및 보육서비스 향상'이라는 보육사업의 목표를 설정하였다. 1998년에는 장애아 전담 보육시설, 민간보육시설 교재·교구비 지원 등을 강화하였다. 1999년에 영유아보육법을 개정하여 보육시설 설치절차를 간소화하여 신고제로 전환하는 등 일련의 많은 노력에도 불구하고 개선의 필요성이 야기되었다.

특히 2001년 말부터 보육사업은 저출산이라는 사회적인 이슈와 함께 국가경쟁력 측면에서 중요한 보육정책으로 인식되기 시작하여 국가적 책임과 지원을 강화해야 한다는 목소리가 높아졌다.

4) 보육정책 발전기

보육정책 발전기는 2001년부터 현재까지이다. 2001년 보육발전기획단에 이어 2002년도에 보육발전에 대한 논의와 함께 보육의 공공성 확립, 다양한 보육유형별 서비스의 질적 수준 향상을 위한 보육사업 활성화 방안이 발표되었다.

2004년 이후 보육업무는 여성가족부로 이관되었으며, 2005년 영유아보육법과 그 시행규칙이 일부 개정되면서 어린이집 원장의 국가자격증제가 도입되었고, 2006년에는 표준교육과정이 만들어지고 '새싹플랜'과 '새로마지플랜'이 구체화되어 보육사업이 획기적으로 발전할 수 있는 계기가 되었다.

여성가족부에서 주관하던 보육업무는 2008년 보건복지가족부로 이관되었으며, 보육시설 설치주체를 국가, 지방자치단체, 법인, 개인까지 확대하였다. 2008년 이후 양적으로 크게 팽창한 보육의 질적 수준을 향상시키고 수요자의 욕구를 고려한 수요자 중심의 보육정책을 전환하려는 노력의 일환으로 '새싹플랜'을 수정·보완한 '아이사랑플랜(2009~2012)'을 수립하고 영유아보육법을 개정하여 양육수당의 지급 근거를 마련하였다(보건복지부, 2009).

2009년 하반기부터 저소득층 0세와 1세를 대상으로 한 양육수당제도가 도입되었으며, 2011년 법 개정으로 양육수당 지원 대상자가 만 2세 미만에서 만 3세 미만으로 확대 변경되었다. 그리고 보육시설, 보육시설 종사자, 시설장이란 명칭이 어린이집, 보육교직원, 원장으로 변경되었으며, 보육교사 자격 취득을 위한 보육 관련 교과목 및 학점기준이 대폭 강화되었다. 2012년에는 5세 아동을 대상으로 누리과정이 시작되었으며, 2013년부터는 3~4세에게도 누리과정이 제공되며, 부모의 소득수준에 상관없이 만 0~5세 영유아 모두에게 연령대별로 동일 수준의 보육료와 교육비가 제공되고 있다.

그 외에도 전산화 도입에 따른 입소대기 시스템(2014년), 모든 어린이집에 CCTV 설치(2015년), 임신·출산·육아 관련 웹사이트 통합, '아이사랑' 포털(2015년), '맞춤형 보육' 도입 및 시행(2016년), 그리고 제3차 중장기 보육기본계획(2018~2022년)에 따라 보육의 공공성 강화 및 효과적 보육서비스 제공을 위한 보육체계 개편, 보육서비스의 품질 향상, 부모양육 지원 등이 확대되었다.

3 보육서비스 및 정책지원 현황

보육서비스는 여성취업 증가로 일과 가정생활 양립이 보편화되고 바람직한 자녀양육을 국가·사회가 지원해야 한다는 국민의식이 증대되면서 보육정책의 이슈로 부각되어 왔다. 이 절에서는 보육서비스 및 정책지원 현황을 살펴본다.

1) 보육서비스 현황

보육서비스는 단순히 부모에 대한 양육의 부담을 사회적으로 덜어준다는 차원에서 더 나아가 가족복지의 증진을 도모하고 여성인력 활용을 극대화하여 국가 경쟁력을 강화시킬 수 있는 중요한 국가정책으로서 인식되어야 하는 것으로 변화하고 있다. 여기에서는 보육아동 및 보육교사 현황, 설치유형별 어린이집 현황을 살펴본다.

(1) 보육아동 현황

국가의 보육정책 차원에서 추진되고 있는 보육아동 현황 및 보육교사 현황 등에 대해 살펴보기로 한다. 먼저 어린이집을 이용하는 보육아동의 현황(보건복지부, 2020)은 다음 [그림 5-1]과 같다.

[그림 5-1]에 의하면, 어린이집을 이용하는 보육아동은 2019년 말 136만여 명으로 2018년 대비 3.6% 감소율을 보이고 있다. 어린이집 이용하는 보육 아동수를 보면, 국공립 어린이집에서는 17.0%를 보육하고 있는 반면 민간과 가정 어린이집에서 68.6%를 보육하고 있는 것으로 나타났다. 아직도 국공립 이용아동보다는 민간이나 가정 어린이집의 이용아동이 현저히 많다는 것을 알 수 있다. 정부 차원에서 국공립 어린이집의 지속적 확충이 무엇보다 필요하며, 우수 민간어린이집의 적극적인 지원 및 다양한 정책을 통한 보육서비스의 질적 수준을 향상시켜야 할 과제를 안고 있다.

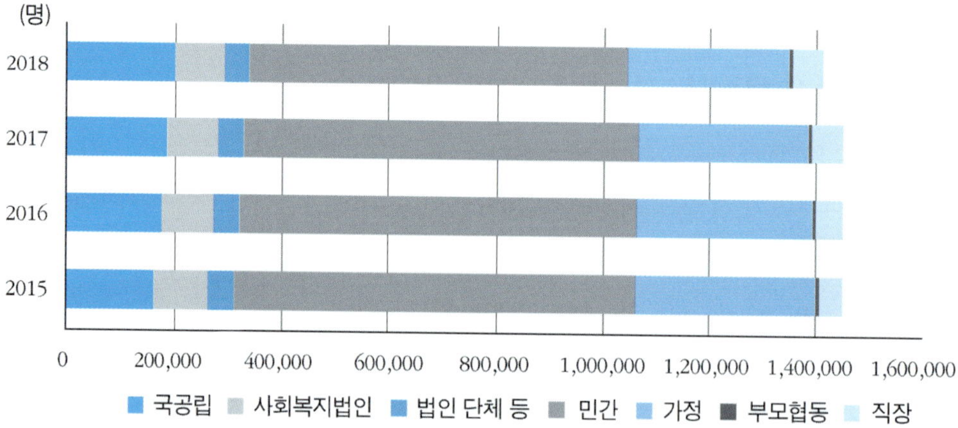

[그림 5-1] 어린이집 유형별 보육아동 현황

(2) 설치 유형별 어린이집 현황

다음 [그림 5-2]는 최근 2015년부터 2018년까지 최근 4개년도 설치유형별 어린이집 현황(보건복지부, 2020)을 표로 제시한 것이다. 전체 어린이집 수는 '19년 말 기준 37,371개소로 '18년 대비 4.6% 감소한 것으로 나타났다.

이는 점차적으로 출산율 저하로 인한 보육아동의 수가 감소됨에 따라 부모들이 선호하지 않는 어린이집들이 폐원함으로써 생기는 현상으로 보인다. 동시에 정부와 지자체의 노력으로 국공립 어린이집 증설을 통한 공공성 확립이 개선되어 가고 있고 우수 민간어린이집 지원 등 다양한 정책을 통한 보육서비스의 질적수준을 향상을 도모하고 있다는 것으로 보인다.

어린이집수 중 국공립어린이집이 차지하는 비율은 11.6%(4,324개소)인 반면 민간과 가정어린이집은 79.4%(29,686개소)를 차지하고 있는 것을 알 수 있다.

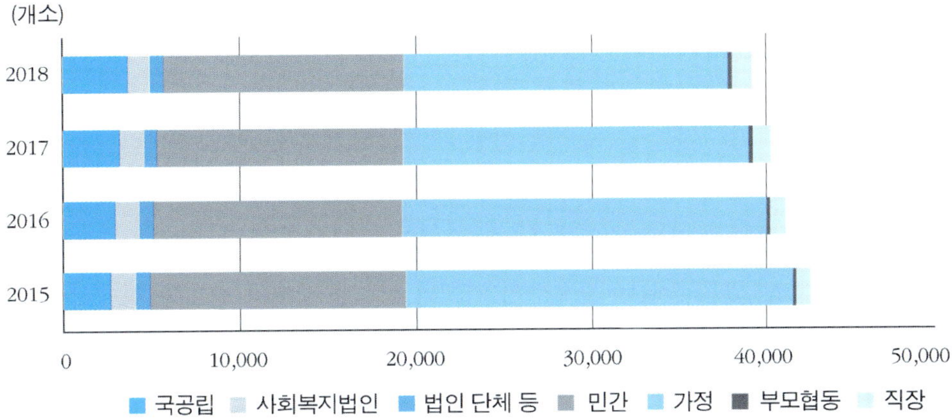

[그림 5-2] 설치 유형별 어린이집 현황

Plus Tips

보육교사, 점심시간 평균 7분에 불과…1인당 20명씩 돌봐

〈어린이집 보육교사 근무시간 현황〉

(단위: 분, 하루 평균 기준)

어린이집 전체	근무시간	점심시간	휴게시간
	8시간 22분	7분	37분
국공립	8시간 23분	5분	44분
사회복지법인	8시간 29분	7분	39분
법인·단체 등	8시간 35분	4분	41분
민간	8시간 23분	6분	37분
가정	8시간 20분	7분	35분
직장	8시간 34분	5분	43분

자료: 육아정책연구소

어린이집 보육교사들이 원아와 분리돼 식사하는 시간이 하루 평균 7분에 불과한 것으로 나타났다. 일각에서는 보육교사의 장시간 보육을 해소하기 위하여 인력배치 개편이 필요하다는 목소리가 나온다.

육아정책연구소의 '육아정책 Brief'에 따르면 전국 3400개 어린이집과 3400명의 보육교사 대상으로 실시한 2018 전국보육실태조사를 분석한 결과 보육교사의 하루 평균 근무시간은 8시간22분이었다. 이번 조사에서 점심시간은 영유아와 엄격하게 분리돼 교사가 식사하는 시간만 조사한 것이다. 같은 기준으로 휴게시간은 37분 사용됐다. 점심시간과 휴게시간을 합한 수치는 44분이다. 법정 의무 휴게시간은 1시간이다.

지난 2018년 근로기준법이 개정돼 보육교사의 휴게시간이 의무화됐다. 정부는 보육교사의 업무경감을 위해 보조교사 인건비 등을 지급하는 등 지원을 확대하고 있다. 보육교사의 장시간 보육 해소와 휴게시간 확보를 위해 단시간 보조교사 지원보다는 단기적으로 8시간을 근무하는 비담임 보육교사를 배치하고 장기적으로 교사대 아동비율을 고려한 어린이집 인력배치 기준 개편이 필요하다.

출처: 아이사랑보육포털 홈페이지(www.childcare.go.kr). 공공형 어린이집

2) 보육사업 정책지원 실태

아동의 건전한 발달 도모, 출산율 제고, 여성의 노동공급 증대와 같은 보육정책의 다차원적 목표를 달성하기 위해서는 뚜렷한 방향성이 존재해야 한다. 우리나라에서 2012년부터 유치원 교육과정과 표준보육과정을 통합한 누리과정을 도입하여 유아교육 및 보육의 내실화를 기하고 양질의 보육서비스를 제공하는 것은 모든 아동에게 동등한 출발선상에서 시작할 수 있게 만들어 줌으로써 기회의 평등을 보장해 준다는 점에서 보육의 중요성은 매우 크다고 할 수 있다. 보육사업을 위한 지원정책으로는 보육료 및 양육수당, 육아휴직 및 시설 보조금 지원 등이 있다.

(1) 보육료 지원

영유아를 위한 보육료 지원정책에 의하면, 영유아 보육료 지원 대상은 어린이집을 이용하는 영유아(0~5세반)로 국적과 주민등록번호를 유효하게 보유하고 있는 자로 소득과 무관하게 전 계층에게 제공되고 있다. 다음 〈표 5-2〉는 연령별 영유아보육료 지원금액을 제시하고 있다(보건복지부, 2020).

〈표 5-2〉 보육료 지원대상 및 지원금액 (월기준, 단위: 천원)

구분	0세반		1세반		2세반		3~5세반
	종일반	맞춤반	종일반	맞춤반	종일반	맞춤반	
계	970	867	686	594	527	452	220
부모 보육료	470	367	414	322	343	268	220
기본 보육료	500	500	272	272	184	184	-
기관 보육료	500		272		184		

* 기본보육료: 정부에서 인건비를 지원받지 않는 민간·가정어린이집에서 만0~2세 및 장애아동 보육 시 지원
* 맞춤반 아동이 맞춤반 보육시간 이외에 어린이집 추가 이용이 필요할 때 사용 시 긴급보육바우처 지원(15시간, 시간당 4,000원)
* 기관보육료: 정부에서 인건비를 지원받지 않는 민간·가정어린이집에서 만0~2세 및 장애아동 보육 시 지원
* 기본보육에 대한 보육료를 지원하고, 추가적 돌봄이 필요한 영유아가 연장보육 이용시 시간당 연장보육료를 추가 지원(영아반 2,000원, 유아반 1,000원, 0세반·장애아 3,000원)

(2) 가정양육수당 지원

정부는 부모의 양육부담 완화를 위해 보육료 지원 대상을 매년 확대함으로써 보육시설 이용에 따른 보육료 부담을 덜어주기 위한 정책을 지속적으로 추진하고 있다. 2009년 7월에 최초로 어린이집이나 유치원을 이용하지 않는 아동에게 지급되는 보육서비스 대체 수당으로 지원하는 양육수당이 도입되었다.

2013년 3월부터 부모의 소득, 재산과 무관하게 보육료가 전 계층 지원으로 확대되면서 어린이집, 유치원, 종일제 돌봄 서비스를 이용하지 않는 취학전 미만 영유아를 둔 가정의 부모에게 양육수당을 지원하고 있다. 가정양육수당 지원은 부모로 하여금 영유아의 양육부담을 경감하고 한편으로 보육료를 지원하는 아동과의 형평성을 제고하기 위한 차원에서 시행되었다.

다음 〈표 5-3〉은 가정양육수당 지원대상 및 지원금액을 제시한 것이다(보건복지부, 2020). 일반양육수당은 20만원에서부터 10만원까지 차등 지원하며, 농어촌 양육수당은 최고 20만원에서부터 10만원까지 지원한다. 장애아동 양육수당은 「장애아동복지지원법」 제22조 2항에 의거하여 부모의 소득수준이나 장애등급에 관계없이 어린이집, 유치원을 이용하지 않는 장애 영유아에게 제공되는 수당을 말한다. 지원금액으로 36개월 미만 아동은 월 20만원, 36~84개월 아동은 월 10만원이다.

〈표 5-3〉 연령별 가정양육수당

<table>
<tr><th>연령(개월)</th><th>양육수당</th><th>연령(개월)</th><th>농어촌 양육수당</th><th>연령(개월)</th><th>장애아동
양육수당</th></tr>
<tr><td>0~11</td><td>200천원</td><td>0~11</td><td>200천원</td><td rowspan="3">0~35</td><td rowspan="3">200천원</td></tr>
<tr><td>12~23</td><td>150천원</td><td>12~23</td><td>177천원</td></tr>
<tr><td>24~35</td><td>100천원</td><td>24~35</td><td>156천원</td></tr>
<tr><td rowspan="4">36개월 이상~
86개월 미만</td><td>100천원</td><td>36~47</td><td>129천원</td><td rowspan="4">36개월 이상~
86개월 미만</td><td rowspan="4">100천원</td></tr>
<tr><td>100천원</td><td rowspan="3">48개월 이상~
86개월 미만</td><td>100천원</td></tr>
<tr><td>100천원</td><td>100천원</td></tr>
<tr><td>100천원</td><td>100천원</td></tr>
</table>

(3) 육아휴직 지원

최근 우리나라는 저출산 및 고령화 추세로 향후 경제활동 인구가 급격히 감소할 것으로 예상되는 상황에서 보육정책의 주요한 목표 중 하나는 육아휴직에 대한 지원이다. 이는 일과 가정의 양립을 가능하게 하고, 여성의 노동공급을 장려하고 확보하기 위한 적극적인 보육정책의 대안이라고 볼 수 있다. 영유아 보육에 대한 정부지원 확대는 국가발전과 성장 측면에서 매우 중요한 의미를 갖는다. 여기에서는 육아휴직제도 및 근로시간 단축 등에 대해 설명한다.

육아휴직제도는 근로자가 피고용자의 신분을 유지하면서, 일정기간 자녀의 양육을 위해 휴직을 할 수 있도록 하는 제도로서, 사업주는 근로자가 만 8세 이하 또는 초등학교 2학년 이하의 자녀(입양한 자녀 포함, 2008. 1. 1. 이후 입양한 경우)를 양육하기 위해 휴직(이하 '육아휴직'이라 함)을 신청하는 경우에 이를 허용해야 한다.

근로시간 단축 등의 지원은 근로자가 출산 또는 육아를 이유로 부여받은 휴가 등이 종료되어 복직하는 경우에는 휴가 등을 부여받기 전보다 불리한 대우를 받지 않도록 법으로 보호되는 것을 말한다.

결혼 및 출산으로 인해 노동시장에서 퇴출된 기혼 여성의 노동시장 복귀와 재진입을 촉진하는 것이 필수적이라고 볼 때 육아휴직제도와 근로시간 단축 등에 대한 지원은 출산을 장려하고 영유아 양육에 국가적인 책임을 강화하고 있다고 할 수 있다. 이와 같은 영유아 보육에 대한 정부지원 확대는 급격한 고령화 추세와 함께 저출산의 문제가 국가성장을 심각하게 위협할 수 있다는 위기의식에 대한 정부의 적극적인 정책적 지원이라고 볼 수 있다.

(4) 시설 보조금 지원

어린이집에 대한 시설 보조금 지원은 종사자 인건비 지원과 프로그램별 지원 및 운영비 지원으로 구분된다. 어린이집의 인건비 지원 (보건복지부, 2017)의 경우, 원장 인건비의 80%, 영아반 교사 인건비의 80%, 유아반 교사 인건비의 30%, 방과후반 교사인건비의 50% 지원을 하고 있다.

특히 농어촌 및 폐광지역, 도서벽지 등 취약지역 어린이집에는 보육교사와 취사부 각 1명씩 추가로 인건비 100%을 지원하며, 2009년부터 중소도시와 대도시에서 평가인증을 받은 시설에 한해 취사부의 인건비를 지원하고 있다.

프로그램별 지원에 의하면, 영아, 장애아, 시간 연장, 24시간, 휴일, 방과후 보육이 해당되지만 시설 유형별로 다소 차이가 있다. 그리고 민간, 가정어린이집에 대해서 영아 기본 보조금과 공공형 어린이집 운영비를 지원해주고 있다.

한편, 장애아 보육지원과 관련하여 원장, 보육교사 및 특수교사, 치료사의 인건비 지원은 다음 〈표 5-4〉와 같다. 원장과 보육교사, 특수교사 인건비의 80%, 치료사는 100%를 지원하고 있다.

〈표 5-4〉 장애아 보육지원 관련 내용

<table>
<tr><th>구분</th><th>원장</th><th>보육교사 · 특수교사</th><th>치료사</th></tr>
<tr><td>지원조건</td><td>장애아동 현원이 12명 이상이고 4개반 이상 편성된 경우
(단, 미취학 장애아 현원이 9명 이상이고 장애아 종일반이 3개반 이상 편성되어야 함)</td><td>소요현원(정원이내)에 대하여 지원(아동 3명당 1인)</td><td>정규인력으로 채용된 경우에 한해, 아동 9명당 1명 지원(교사대 아동비율 및 보육교직원 배치기준 준수시)</td></tr>
<tr><td>지원액</td><td>월 지급액의 80%</td><td>월 지급액의 80%</td><td>월 지급액의 100%</td></tr>
<tr><td rowspan="2">수당
(월 · 인)</td><td rowspan="2">–</td><td>장애영유아 보육교사 및 특수교사에 한해 20만원</td><td>20만원</td></tr>
<tr><td colspan="2">※ 해당 월에 임면 또는 퇴직하는 경우에는 실제 근무일수로 일할 계산하여 지급</td></tr>
</table>

Plus Tips

공공형 어린이집의 사업 지원

공공형 어린이집은 우수한 민간, 가정, 법인·단체 등 어린이집을 선정하여, 운영비를 지원하고 양질의 보육서비스를 영유아에게 제공하는 보육시설을 말한다. 정부에서는 부모들이 믿고 맡길 수 있는 높은 수준의 보육서비스를 제공하는 보육 인프라 구축을 위해 2011년 '공공형 어린이집' 사업을 추진하였다. 공공형 어린이집의 지원 대상은 영유아보육법 제10조의 어린이집이며, 선정기준에 의하면, 평가인증 점수가 90점 이상인 민간, 가정어린이집 중 최근 2년 이내에 행정처분을 받은 이력이 없고, 각종 기본요건을 충족한 어린이집을 대상으로 지역별 공개경쟁을 거쳐 선정하고 있다. 공공형 어린이집이 우수한 보육인프라로서의 기능을 수행할 수 있도록 3년 주기로 재평가를 실시하며, 보육교직원의 전문성 향상을 위해 (재)한국보육진흥원에서 '자율공부모임' 및 '품질관리컨설팅'을 통해 지속적인 품질관리를 지원한다.

〈공공형 어린이집 현판〉

공공형 어린이집의 질적인 서비스를 갖추기 위하여 국공립 어린이집 수준의 추가 보육료지원, 맞춤형 보육 실현을 위하여 평일 19:30분까지 의무적 운영 및 양질의 서비스 제공, 보육교직원의 전문성 강화 등을 지원하고 인증받은 어린이집 입구에 공공형 어린이집 현판을 부착하도록 하고 있다.

출처: 아이사랑보육포털 홈페이지(www.childcare.go.kr). 공공형 어린이집

4 향후 보육정책의 추진방향

보육정책은 여성의 경제활동 증가와 우리나라가 최근 심각하게 겪고 있는 저출산 현상에 대응하기 위한 중요한 정책 중 하나로서, 부모가 자신의 아동을 양육할 수 없을 때 국가 또는 외부 기관에서 이들 기능의 일부를 보충해주는 부모의 아동양육 기능의 보완을 목적으로 보고 있다.

보육은 개인적 차원의 문제만이 아니라 사회와 정부가 미래세대의 건강한 성장과 발

달을 지원하고 양질의 인적 자원을 양성하기 위해 함께 노력해 나가야 하는 분야이다. 그동안 보육사업에 대한 정책은 많은 변화와 수정을 거쳐서 꾸준한 발전이 있어 왔으나 아직 보완하고 시정해야 할 부분이 많다. 무엇보다 부모와 영유아, 사회 모두가 만족하는 보육사업이 이루어지기 위해서는 국가의 보육 책임강화, 수요자 맞춤 보육서비스 보육의 질 관리 체계 마련, 적정 보육시간 및 보육방법, 보육환경 및 지원체계 개선 등의 정책과제를 안고 있다.

1) 국공립 어린이집 확대방안

향후 보육정책의 추진방향 중 국공립 어린이집 확대방안은 지속적으로 검토되고 있는 것 중의 하나이다. 국공립 어린이집 이용 만족도 조사(서울연구원, 2015)에 의하면, 국공립 어린이집에 다니는 자녀를 둔 학부모는 다른 보육시설이나 유치원에 다니는 자녀를 둔 학부모보다 만족도가 훨씬 높은 것으로 나타났다. 국공립 어린이집에 입소하기를 희망하지만 수요보다 공급이 절대적으로 부족한 상태여서 2016년 말 국공립은 전국 2천 859개소로 이용 아동 비율이 12.1%에 불과하다. 민간 어린이집에 다니는 아동이 51.4%로 가장 많고, 다음으로 가정(22.6%), 사회복지법인(6.8%), 직장(3.6%), 법인・단체(3.1%), 협동(0.3%) 순이다(연합뉴스, 2017).

최근 보건복지부는 "어린이집 이용 아동 가운데 국공립 시설 이용 아동의 비율을 2022년까지 40%로 끌어올리기 위하여 보육정책 부서가 연도별 이행 계획 수립에 들어갔다"고 보고하였다(연합뉴스, 2017). 따라서 2035년에 국공립・공공형・직장・법인형 어린이집을 모두 합친 45%의 이용률을 목표로 하는 '제3차 저출산 고령사회 기본계획'의 수정도 불가피해졌다.

국공립 어린이집 확충은 예산뿐 아니라 현실적으로 민간 어린이집 시장 상황 등을 복잡하게 고려해야 하는 문제로 이행계획 수립이 순조롭지 않을 가능성도 있다. 따라서 민간 어린이집이나 가정 어린이집을 국공립 어린이집에 상응하는 수준으로 맞추기 위한 다각도의 지원이 제공되어야 할 필요성이 있다. 보육교사의 근무여건 및 처우 개선을 통한 전반적인 급여수준의 인상, 일일 근무시간 준수, 대체 교사의 확보, 휴가 사용의 보장, 직무 관련 교육 프로그램 참여 등의 적극적인 지원이 검토되어야 할 것이다.

2) 다양한 형태의 보육서비스 확대방안

다양한 보육서비스로 확대되어야 한다. 2016년부터 정부는 맞춤형 보육정책을 시행하고 있다. 맞춤형 보육은 만 0~2세 영아를 대상으로 영아의 발달단계와 부모의 필요에 맞는 보육서비스를 이용할 수 있도록 하는 제도를 말한다. 즉, 전업주부인 경우에는 자신의 자녀를 오전 9시부터 오후 3시까지 1일 7시간 미만으로 운영되는 맞춤반에 다니는 것에 해당된다. 이러한 맞춤형 보육정책은 현대사회에서 특히 한부모 가족, 여성 가장 가족, 조손 가족, 미혼모 가족 등의 다양한 가족형태가 등장하고 있으므로 이들 가족들에게 우선적으로 보육서비스를 제공한다는 측면에서 바람직할 수 있다.

한편으로 이러한 제도는 전업주부의 입장과 어린이집의 운영부분에도 현실적인 고려가 없는 상태라고 하여 갈등요인이 되고 있다. 따라서 영유아를 양육하는 부모의 입장에서는 취업 여부를 떠나서 보육서비스에 대한 다양한 욕구를 충족시킬 수 있는 보육서비스로 확대될 필요가 제기되고 있다. 특히 장애 영유아의 경우는 통합보육을 확대하거나 다문화가정의 자녀들에게는 언어 문제나 문화적인 차이로 인한 어려움 등을 해소할 수 있는 프로그램이나 올바른 자녀양육을 실천할 수 있는 부모교육 프로그램 등을 개발하는 것이 필요하다.

3) 가정-지역사회 연계 보육서비스 강화

보육서비스는 가정 및 지역사회와 연계하여 제공하는 체제로 강화해야 한다. 영유아의 전인적인 성장을 도모하기 위해서는 가정-유아교육기관-지역사회가 유기적인 관계를 맺고 상호적인 협조와 노력이 함께 필요하다. 지역사회 차원에서는 가정과 기관 간의 긍정적이고 지속적인 동반자적 협력관계를 구축하기 위해서 부모와의 유대관계 강화가 필요하고 건전한 영유아 발달을 위한 책무성을 가져야 한다.

지역사회에서는 영유아 발달 육성을 위하여 보다 더 체계적이고 조직적인 아동정책을 마련하고 모든 아동을 대상으로 하는 보편적인 접근성을 추구하는 프로그램을 지원해야 할 것이다.

Plus Tips

어린이집 평가제

어린이집 평가제도는 보육·양육에 대한 사회적 책임강화 실현 및 안심 보육환경 조성을 위해 국가 차원에서 모든 어린이집을 주기적으로 평가하여 상시적인 보육서비스의 질을 확보하고자 하는 제도를 말한다.

어린이집 평가제에 대한 연혁을 정리하면 다음과 같다.

2004.1~ : 어린이집 평가인증 제도 도입근거 마련(영유아보육법 제30조)

2005.1~ : 어린이집 평가인증 시범운영 실시

2006.1~ : 제1차 어린이집 평가인증 실시

2010.2~ : 제2차 어린이집 평가인증 실시

2014.11~ : 제3차 어린이집 평가인증 시범사업 실시

2017.11~ : 제3차 어린이집 평가인증(통합지표) 시행

2019.6~ : 어린이집 평가제 시행

영유아보육법 제30조에 근거하여 모든 어린이집이 지표를 기준으로 질적 수준을 자체적으로 점검·개선하도록 한 후, 평가과정을 수행하여 평가 등급을 A, B, C, D 등급으로 부여한다. 다음 표는 평가등급의 기준 및 평가주기를 나타내고 있다.

등급	등급구분(정의)	등급 부여기준	평가주기
A	국가 평가에서 제시하고 있는 기준을 모든 영역에서 충족함	4개 영역 모두 '우수'인 경우(필수 지표 및 요소 충족)	3년
B	국가 평가에서 제시하고 있는 기준을 대부분 충족함	'우수'영역이 3개 이하이며 '개선 필요'영역이 없는 경우	
C	국가 평가에서 제시하고 있는 기준 대비 부분적으로 개선이 필요함	'개선 필요'영역이 1개 있는 경우	2년
D	국가 평가에서 제시하고 있는 기준 대비 상당한 개선이 필요함	'개선 필요'영역이 2개 이상인 경우	

출처: 보건복지부 홈페이지/정책/보육/보육기반

CHAPTER

06

빈곤아동 복지서비스

1_ 빈곤아동의 개념
2_ 빈곤아동의 실태 및 현황
3_ 빈곤아동의 특성
4_ 빈곤아동을 위한 지원사업
5_ 빈곤아동을 위한 정책 추진방안

아동기의 빈곤이 아동성장과 발달에 부정적인 영향을 미친다는 것은 잘 알려진 사실이다. 빈곤가정에서 자란 아동의 경우, 그렇지 않은 아동보다 신체발달, 정서발달, 인지발달 측면에서 낮은 수준의 성취를 보이는 것으로 보고되고 있다(Duncan & Brooks-Gunn, 1998). 또한 빈곤 가구의 아동은 사회의 구성원으로서 건강하게 성장하기 위한 경제적·사회적 기회의 박탈가능성이 높아, 빈곤의 부정적인 영향이 성인기에도 누적되어 빈곤의 대물림 가능성이 높다(Becker, 1981; Wilson, 1987). 제6장에서는 빈곤아동의 개념을 정의하고 빈곤아동의 특성 및 현황을 살펴보고 빈곤아동을 위한 아동복지 지원사업을 구체적으로 설명한다.

1 빈곤아동의 개념

빈곤아동은 부모로부터 방임되거나 사회적으로 방치된 상태에서 성장하게 되므로 여러 가지 어려움과 문제에 직면하고 있다. 빈곤아동의 개념은 먼저 빈곤에 대한 개념을 정의내리는 것이 우선되어야 할 것이다. 빈곤의 개념은 명확히 정의내리기는 어려우며 각 국가와 사회, 그리고 개인이 갖고 있는 가치와 그 기준에 따라 달라질 수 있다. 여기에서는 먼저 빈곤에 대한 정의를 내린 다음 빈곤아동에 대한 개념정리를 한다.

1) 빈곤의 개념

빈곤(poverty)은 인류의 역사가 시작된 이래로 중요한 사회적 이슈가 되어 왔으며, 국가와 시대에 따라 수많은 학자와 정치가들은 빈곤에 대한 정의를 내리고 다양한 정책과 연구들을 제시해왔다. 빈곤의 사전적 정의에 의하면, "기본 욕구를 충족시킬 수 있는 생활수단이 부족한 상태"를 말하는데, 여기서 말하는 기본 욕구란 협의의 개념으로는 생존을 위해 필수적인 욕구, 광의의 의미로는 공동체 내에서의 일반적인 생활수준을 향유하기 위한 욕구라고 볼 수 있다.

빈곤은 필요한 자원과 기본적인 욕구를 어떻게 설정하느냐에 따라 빈곤을 측정하는 방법이 달라진다고 할 수 있다. 선행연구들에 의하면 빈곤을 절대적 빈곤과 상대적 빈곤, 주관적 빈곤으로 나누어 측정하였는데 그에 관한 내용을 살펴보고자 한다.

(1) 절대적 빈곤

절대적 빈곤은 신체적 생존을 위한 기본적인 욕구로서 흔히 언급되는 의식주상에서의 결핍의 문제에 무게를 둔다. 따라서 생활자원이 절대적인 기준인 빈곤선 혹은 최저생계비에 도달하지 못할 때의 상태이며 빈곤을 객관적으로 측정하고자 하는 의미와 일맥상통한다. 그러나 신체적 생존을 위한 기본적인 욕구를 충족시키기 위한 재화의 종류와 개념은 시대적, 역사적, 공간적 상황에 따라 달라질 수 있으므로, 절대적 빈곤 개념만으로는 빈곤을 명확히 정의내리기가 어렵다.

우리나라의 절대빈곤율은 전 인구의 10% 수준이며, 아동 빈곤율도 8%를 상회하며 줄어들지 않고 있다(보건복지부, 2009). 특히, 이혼 등으로 인한 가족해체 현상의 심화는 경제적 위기와 맞물려 저소득가정 아동으로 하여금 경제적 어려움 뿐 아니라 부모와 사회로부터 방치된 상태에서 성장하게 될 위험을 제공한다(김세원 외, 2012).

절대적 빈곤은 주로 기본적 욕구방법과 음식비 비율방법으로 계측되고 있다. 이에 따라 신체적 생존을 위한 기본적 욕구뿐만 아니라 사회 전체 차원에서의 생활수준과 더불어 비빈곤층과의 상대적인 위치를 염두에 두고 빈곤의 개념을 살펴봐야 한다는 의견이 제시되면서 상대적 빈곤의 개념이 등장하게 되었다.

(2) 상대적 빈곤

상대적 빈곤은 절대적 빈곤과는 달리 한 사회의 전반적인 생활수준에 무게를 두고, 전체 국민의 복지나 소득수준과 비교하여 상대적인 저소득층을 판단함으로써 빈곤을 정의내린다. 즉, 다른 사람들과 비교해 상대적으로 적게 가지고 있는 상태를 의미하며, 상대적으로 낮은 수준의 계층을 빈곤층으로 정의하는 것이다. 대부분의 사회구성원이 누리고 있는 생활수준과 비교해서 박탈의 상태 혹은 사회적 배제상태에 처해있는 경우를 말한다.

우리나라에서는 급속한 경제성장과 공공부조제도로 인해서 절대빈곤은 상당히 완화되었지만, 사회의 양극화로 인한 불평등 심화는 구성원들에게 상대적 박탈감을 느끼게

하고 있다. 현대사회에서는 절대적 빈곤보다는 상대적 빈곤의 개념이 주로 사용되고 있다. 따라서 절대빈곤보다는 상대빈곤에 주목하여 빈곤현상을 파악하는 것이 우리나라의 아동빈곤 문제를 진단하는데 더 적합할 수 있다(김미숙 외, 2007).

(3) 주관적 빈곤

절대적 빈곤과 상대적 빈곤은 어느 정도 객관적인 수준을 갖고 빈곤을 정의내리는 반면, 주관적 빈곤은 빈곤에 처한 당사자가 체감하는 수준에서 빈곤을 의미하고 객관적인 기준이 있는 것이 아닌 주관적인 판단에 의해서 정의되는 개념을 말한다.

빈곤은 상대적 박탈감이나 행복감 등 개개인이 느끼는 욕구에 기반하는 것이며, 이러한 측면에서 각자가 느끼는 빈곤감은 각양각색으로 나타날 수 있다. 따라서 절대적 빈곤선이나 상대적 빈곤선과 같이 일정한 소득수준만을 갖고서 빈곤을 정의내리기는 어렵기 때문에 개인이 느끼는 주관적인 빈곤의 개념도 포괄적으로 다루는 것이 필요하다.

2) 빈곤아동의 개념

빈곤아동(Child Poverty)이란, 아동 자신이 빈곤하기보다는 아동이 속한 가족의 빈곤을 의미한다. 보다 구체적으로 보면, UN과 OECD 주요 국가에서 사용하고 있는 법적 규정에 의하면, 18세 미만의 아동이 속한 가족이 빈곤할 때, 빈곤아동이라 부른다(초록우산어린이재단, 2014). 결과적으로, 빈곤아동이란 아동이 속한 가족 또는 대리가족의 빈곤을 뜻한다(김미숙, 2013).

그러면 어떠한 아동(혹은 아동이 속한 가족)을 빈곤아동으로 규정할 수 있나? '아동'을 정의하기 위한 연령기준에 의하면, 아동복지법은 18세 미만의 아동으로 규정하고 있으므로 우리나라의 빈곤아동이라고 하면, 국민기초생활보장제도 수급 가정의 아동을 의미하며, 이는 곧 최저생계비 이하의 소득으로 살아가는 가정의 아동들을 말한다.

국민기초생활보장법의 최저생계비란 '인간으로서 건강하고 문화적인 생활을 영위하기 위한 최소한의 비용'이라고 규정되어 있고, 국가가 그 이하의 소득을 가진 가구를 기초보장수급자로 선정해 보호하도록 하고 있다. 그러나 현행 국민기초생활보장제도에서는 고등학교 재학생일 경우 이들은 근로능력 없는 것으로 간주되어 생계비를 지원받기 때문에 빈곤아동을 정의할 때 현실적인 복지서비스지원 나이를 고려해 고등학교 재학

생을 포괄하는 만 18세 이하의 자로 규정해야 한다(이순아, 2005).

구체적으로 법률에서 명시한 빈곤아동에 대한 정의를 살펴보면 보면, 「아동의 빈곤예방 및 지원 등에 관한 법률」 제3조 3항과 동법 시행령 제27조에서 규정하고 있는데 다음 〈표 6-1〉과 같다.

〈표 6-1〉 빈곤아동에 대한 법률적 정의

구분	내용
아동의 빈곤예방 및 지원 등에 관한 법률	제3조(정의) 3. '빈곤아동'이란 생활여건과 자원의 결핍으로 인한 복지·교육·문화 등의 격차를 해소하기 위하여 지원이 필요한 아동을 말하며, 그 구체적인 기준은 보건복지부령으로 정한다.
아동의 빈곤예방 및 지원 등에 관한 법률시행령	제2조(빈곤아동의 기준) 「아동의 빈곤예방 및 지원 등에 관한 법률」(이하 법이라 한다). 제3조 제3호에 따른 빈곤아동은 다음 각 호와 어느 하나에 해당하는 아동을 말한다. 1. 「아동복지법」 제3조 제4호 및 제6호에 따른 보호대상 아동 및 지원대상 아동 2. 「국민기초생활보장법」 제2조 제2호에 따른 수급자인 아동 3. 「한부모가족지원법」 제4조 제2호에 따른 한부모가족 및 「다문화가족지원법」 제2조 제1호에 따른 다문화가족의 아동 등 복지·교육·문화 등의 격차를 해소하기 위하여 사회적·경제적·문화적 지원이 필요하고 보건복지부장관이 인정하는 아동

한편으로는 초록우산 어린이재단에서 수행한 연구(허선, 이수진, 2012)에서 밝혀진 바에 의하면, 기초보장수급 아동 수는 37만 명인 반면 복지사각지대에 있는 아동은 41만 명으로 조사된 결과를 비추어 볼 때 나머지 4만여 명의 아동들은 최저생계비 이하의 소득으로 살아가고 있다는 것을 말해준다. 모든 아동의 안녕된 삶을 추구하는 보편적 복지에 대한 접근도 중요하지만 아직 복지 사각지대에 놓여 있는 빈곤아동에 대한 보다 포괄적이고 다차원적 측면의 접근이 절실히 필요할 때라고 여겨진다.

2 빈곤아동의 실태 및 현황

1) 아동빈곤의 추이와 다차원적 특성

우리나라는 전국 규모의 아동가구에 대한 조사가 제한적이어서 아동빈곤에 관한 실태 및 현황에 활용하기가 쉽지 않다. 여기에서는 최근의 2006년에서부터 2016년 기간 동안의 전체인구 빈곤율과 아동빈곤율 추이는 다음 [그림 6-1]과 같다(여유진, 2018).

(단위: %)

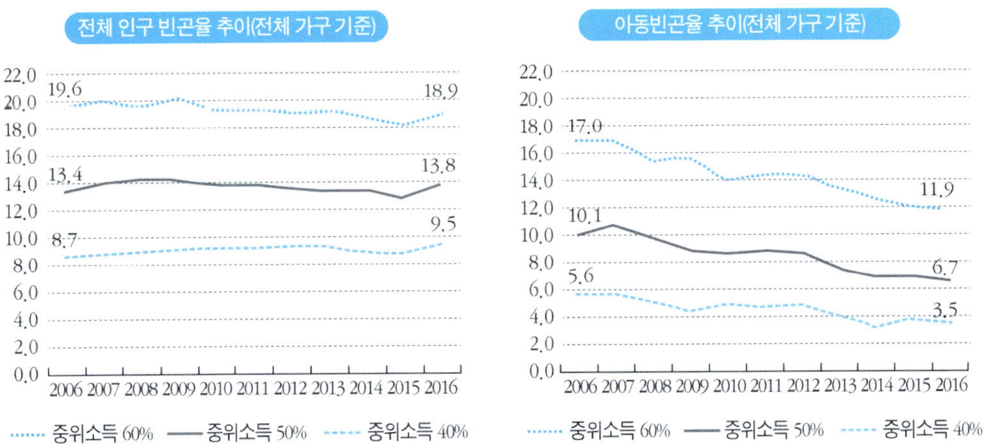

[그림 6-1] 전체 빈곤율과 아동빈곤율 추이

먼저, 2006~16년 기간 동안 아동빈곤율은 지속적으로 하락하는 추세를 보였다. 특히, 2016년의 경우 전체 인구 빈곤율이 2015년보다 상승한 데 비해 아동빈곤율은 2015년에 이어 2016년에도 하락 추세를 유지하고 있다. 2016년 중위소득 40% 기준 아동빈곤율은 3.5%이며, 중위소득 50% 기준 6.7%, 중위소득 60% 기준 11.9%를 기록하고 있다. 이러한 아동의 빈곤율수준은 전체 인구 빈곤율에 비해 6~7.1% 정도 낮은 것이다

통계청 인구추계 결과에 의하면 2016년 기준 18세 미만 아동의 수는 약 867만 명이다. [그림 6-1]에서 산출한 아동빈곤율로 빈곤한 아동의 수를 추계해 보면, 중위소득 40% 기

준으로 약 30만 1000명, 중위소득 50% 기준으로 58만 2000명, 중위소득 60% 기준으로 103만 4000명의 아동이 빈곤 상태에 놓여 있는 것으로 추정된다.

2) 기초수급대상 아동 · 청소년 현황

[그림 6-2]는 연령별 국민기초생활수급자 현황을 그래프로 제시한 것이다(보건복지부, 2019). 수급자 비율을 생애주기별로 보면 중년기(40~64세)가 34.9%로 가장 높고, 노년기(65세 이상) 32.8%, 청소년기(12~19세) 14.4%의 순이며 영유아기(0~5세)는 가장 낮은 1.7%로 나타났다. 결론적으로 총 인구수 대비 수급자 비율은 노년기가 7.1%로 가장 높은 반면 영유아기 · 청년기가 가장 낮은 1.2%이다. 이는 연령이 증가하고 고학년으로 올라갈수록 가정해체와 빈곤의 위협에 더 노출되고 있음을 의미한다.

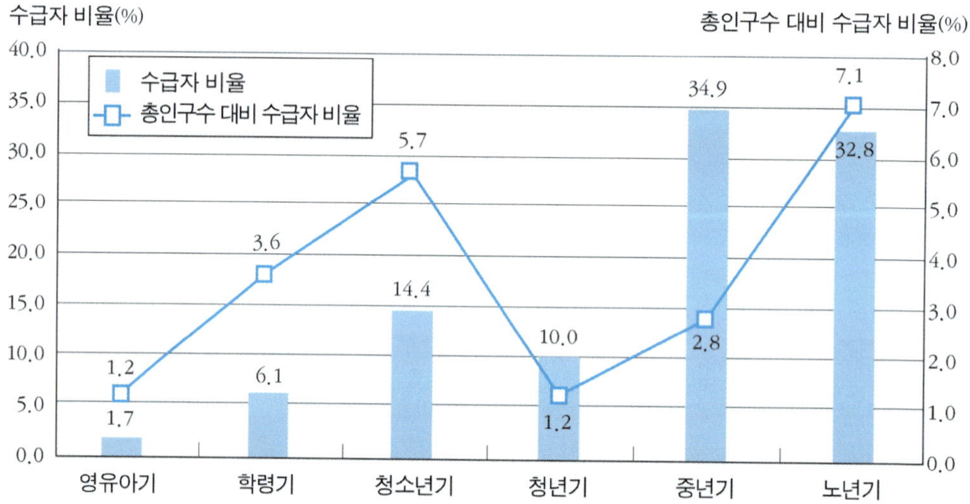

[그림 6-2] 연령별 국민기초생활수급자 현황

3) 아동의 물질적 결핍수준

아동결핍지수란 아동의 성장과정에서 중요하게 고려되어야 할 소유상태, 서비스 및 각종 기회 충족 여부(14항목) 등을 통해 아동이 지각하고 있는 빈곤상태를 측정하는 것을 말한다. OECD 가입국을 대상으로 국가 간 아동결핍지수를 측정한 결과는 [그림 6-3]

과 같다(류정희, 2019).

OECD 가입 국가 간 비교기준에 의하면, 2018년 우리나라 아동의 결핍지수는 0세~8세까지의 아동과 9세~17세까지의 아동 모두 31% 수준으로 나타났다. 이러한 결과는 이들 국가들 중 최하위권에 속한다. 아동의 결핍지수를 통해 포착되는 아동의 다차원적 빈곤은 건강, 발달, 관계. 양육, 여가 및 문화, 안전, 주거 등의 환경전반과 아동발달결과의 모든 차원에서 격차를 심화시키고 있다.

(단위: %)

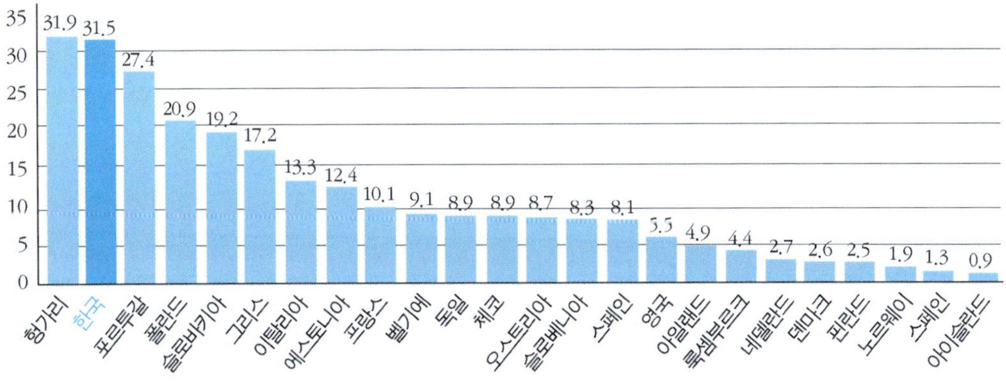

[그림 6-3] 아동결핍수준 국제 비교

4) 아동의 시간 빈곤과 여가활동

2018년 아동종합실태조사 결과(류정희, 2019)는 아동의 시간빈곤과 여가의 부족이라는 문제점을 제기한다. 아동의 시간압력 문항은 2018년 조사에서 신규로 추가되었는데, 만 9~17세 아동의 70% 이상은 평소에 시간이 부족하다고(항상 부족하다/가끔 부족하다)고 응답하였으며, 아동의 연령이 높아질수록(12~17세) 시간압력에 대한 응답비율이 높아졌다(78.8%).

다음 [그림 6-4]는 아동의 시간 압력 이유를 나타낸 것이다(류정희, 2019).

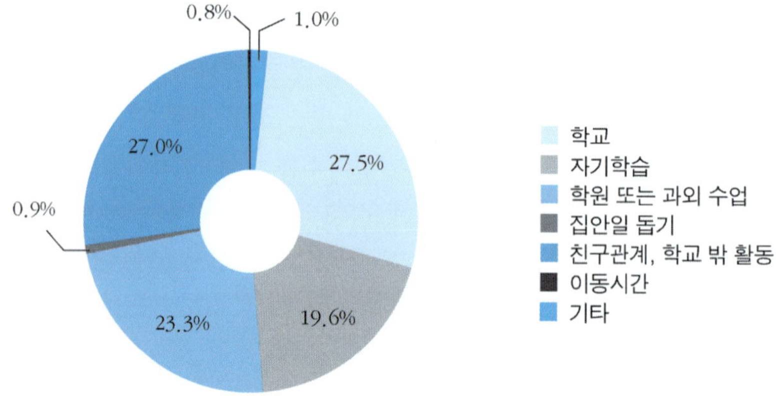

[그림 6-4] 아동의 시간압력 이유

시간압력 사유로는 학교(27.5%), 친구관계 및 학교 밖 활동(27.0%), 학원 또는 과외 수업(23.3%), 자기학습(19.6%) 순으로, 학습관련 활동으로 인한 시간부족이 전체 응답의 70.4%를 차지하고 있다.

3 빈곤아동의 특성

아동기의 빈곤은 단순한 경제적인 차원의 문제를 넘어 아동의 적절한 성장발달과 바람직한 적응은 물론 주도적인 성취를 방해하므로 아동의 전인발달에 부정적인 영향을 미치게 되고 이 부정적인 요소는 성인기의 생산성에 영향을 미쳐 아동의 삶의 질에 총체적으로 영향을 미친다(Geshoff, Aber, Raver, & Lenon, 2007). 또한 빈곤아동은 사망률, 이환율, 병원입원일수 등의 지표를 통해 전반적으로 낮은 신체적 건강수준을 보이고, 인지발달 지체와 학습장애의 비율은 상대적으로 높다. 빈곤아동의 특성으로는 가정환경적, 인지·학업적, 그리고 사회·정서적 측면에서 설명한다.

1) 가정경제적 측면

빈곤가구의 아동은 사회의 구성원으로서 건강하게 성장하기 위한 사회경제적 기회의 박탈가능성이 높기 때문에 빈곤의 부정적인 영향이 성인기에도 누적되어 빈곤의 대물림 가능성이 높다. 빈곤가정에서 자란 아동의 경우, 그렇지 않은 아동보다 전반적으로 부정적 경험을 제공하고, 신체, 인지, 심리, 사회성 전 영역에 걸쳐 취약성을 보이는 것으로 보고되고 있다. 즉, 주 양육자가 근로활동을 하는 빈곤가구의 경우에는 아동의 식생활 및 영양수준은 미흡한 상태로 제공된다. 그리고 양육자의 돌봄 및 관리감독 기회가 줄어들어 아동방임 가능성이 높아진다고 볼 수 있다(정은희, 2015).

또한 빈곤가구의 경제적 어려움은 전체 아동의 1.6%가 식품 빈곤으로 인한 결식률을 경험하였으며, 아동의 8%가 경제적 어려움으로 인하여 결식하는 것으로 나타났다. 그리고 아침식사 결식률은 일반가구(10.1%)에 비해 빈곤가구(26.8%)가 더 높은 것으로 나타났다(보건복지부, 2013).

결과적으로 취약계층의 부모들은 경제적 어려움을 비롯하여 기타 부모의 정서적 불안 및 스트레스 상황으로 인하여 부부관계나 자녀양육 태도에 부정적인 영향을 미쳐 자녀에게 바람직하지 못한 영향을 미치게 되고 이것이 결과적으로 아동발달을 저해하게 된다(Conger et al., 1997; 1992).

2) 인지 · 학업적 측면

빈곤이 아동의 인지발달에 부정적인 영향을 미친다는 것을 확인할 수 있는 연구결과들은 다양하다. 즉, 빈곤가족은 자원의 부족으로 말미암아 인지능력을 향상할 수 있는 책이나 장난감, 컴퓨터 등을 구매하는 데에 어려움을 겪으므로 인지발달에 부정적인 영향을 미칠 수 있다. 인지발달 수준에 관한 연구에 의하면, 인지발달 수준이 '느리다'라는 답변이 일반가구(2.0%)에 비해 빈곤가구의 아동은 11%에 해당되는 것으로 보고되었다(보건복지부, 2014).

또한 아동기 초기의 빈곤 경험이 청소년기의 신체적, 인지적 발달에 큰 영향을 미치며 성인기 이후에도 건강, 교육수준, 노동시장에서의 사회경제적 지위 성취 등 다양한 영역에서 부정적인 영향을 미친다는 사실을 밝히고 있다(Duncan et al., 2012; Duncan et al.,

2010; Duncan et al., 1998). 학업중단의 경우 빈곤가구일수록 높게 나타났으며(보건복지부, 2014), 부모의 빈곤이 중학교 1학년 아동의 국·영·수 성적에 직접적으로 부정적인 영향을 미치는 것으로 나타났다(이경혜, 김정일, 2009), 그리고 초등학교 4학년에서 6학년이 되는 사이에 빈곤아동은 학업성취 수준이 떨어지는 방향의 부정적인 변화를 보고하였다(구인회 외, 2009). 학년 유급이나 학교징계가 많고, 학업성취는 저조하며, 우울, 불안, 의존성과 같은 내재화 문제는 물론 반사회적 행동, 과잉행동, 또래갈등, 고집 센 행동과 같은 외현화 문제를 나타내고, 학대와 방임에도 쉽게 노출되는 것으로 알려져 있다(신인순, 2012).

또한 빈곤가족의 부모들은 경제적으로 지원해주지 못하는 사실에 스트레스가 심하고 자녀의 인지발달에 긍정적인 환경을 제공해주지 못함으로 인하여 자녀들의 인지·학업 측면에서 부정적인 영향을 보고하였다(구인회 외, 2009; 김광혁, 2006, 2008, 2010; 김지혜, 정익중, 2010; 임세희, 2007).

3) 사회·정서적 측면

빈곤이 아동의 사회·정서 발달에 부정적인 영향을 미친다는 것은 널리 알려져 있는 사실이다. 가정 내의 상호작용 이론(Patterson, 1982)에 기초하여 빈곤의 지속기간과 사회·정서 발달과의 연관성을 보고한 연구에 의하면 빈곤과 사회·정서발달 간에 상관관계가 있는 것으로 ㅋ나타났다(이경혜, 김정일, 2009). 즉, 지속적 빈곤에 있었던 아동일수록 우울과 불안의 문제가 많이 나오고, 일시적인 빈곤에 놓인 아동들은 공격성과 같은 외현화의 문제를 더 많이 보이는 것으로 나타났으며 유급률도 더 높은 것으로 나타났다. 그리고 빈곤가정의 아동들이 부모 및 형제자매, 이웃과 친척들과의 정서적 상호작용이 적대적일 가능성이 높게 나타났다. 한편 아동이 자원의 결핍을 느끼고 자신이 빈곤에 처해있다고 인식하는 것은 아동의 긍정적인 사회·정서적 발달에 결정적으로 위협적인 요소가 된다(Duncan et al., 1994).

다른 한편, 한국보건사회연구원에서 수행한 우리나라 아동빈곤의 특성에 관한 연구(정은희 외, 2013)에 의하면, 빈곤이 학령기에는 사회정서발달보다 인지발달에 더 큰 영향을 미치고 있으나, 장기적으로 보았을 때에는 사회정서발달에 더 큰 부정적인 영향을 미칠 가능성이 존재하므로 빈곤의 사회정서발달에 대한 장기적 영향에 대한 연구가 필요하다고 제안하였다. 이는 빈곤으로 인한 요인이 아동의 내재화된 혹은 외현화된 문제행동을 야기할 가능성이 크기 때문에 이를 방치해서는 안 된다는 것을 시사한다.

4 빈곤아동을 위한 지원사업

아동빈곤은 다차원적 측면에서 접근해야 하므로 한 가지 정책만으로는 다양성을 포괄할 수 없다. 아동빈곤정책은 빈곤가구 자체에 대한 지원뿐만이 아니라 박탈된 환경에서 자라는 아동에 대한 다차원적이고 포괄적인 개입전략을 유기적으로 연결시켜야 할 것이다. 아동빈곤을 감소시키기 위한 전략으로 소득지원이 가장 핵심적인 정책이기는 하지만, 각 나라에서는 아동발달 지원, 사회적 배제감소, 조기교육, 보육 등 다양한 방법 등으로 적용하고 있다(김미숙 외, 2007).

아동이 생활하는 가정의 복지 및 교육·문화적 자원의 결핍으로 인해 발생하는 다차원적인 문제와 더불어 아동발달에 부정적 영향을 미치는 빈곤의 영향력을 줄일 수 있는 방안들이 통합적이고 구체적으로 검토되고 있다. 이에 우리나라에서 시행되고 있는 빈곤아동을 위한 아동복지 지원사업으로는 드림스타트 사업, 아동급식지원 사업, 아동발달지원 계좌사업, 교육복지 우선 지원사업, 가정위탁보호사업, 지역아동센터사업, 방과후 아카데미 등이 있다.

1) 스타트 사업

스타트 사업은 빈곤아동 및 가족을 위해서 실시하는 프로그램으로 미국의 헤드스타트(Head start) 프로그램에서 그 유래를 찾을 수 있다. 미국에서는 그 당시 빈곤의 악순환을 끊겠다는 취지로 빈곤가족의 영유아를 대상으로 포괄적인 서비스를 제공하기 위해 조기개입 프로그램을 개발하여 아동 초기의 발달과 사회통합에 주력하였다.

다음 〈표 6-2〉는 각국의 스타트 사업을 정리한 것이다. 미국뿐 아니라 영국, 캐나다, 호주 등 여러 나라에서 스타트 사업을 수행하고 있으며, 우리나라는 빈곤아동과 가족을 위한 위스타트 사업과 드림스타트 사업이 있다.

〈표 6-2〉 세계 각국의 스타트 사업

국가별 유형	스타트 사업의 주요 내용
미국 헤드스타트 (Head Start)	• 1964년 존슨행정부에서 시작 • 빈곤아동 대상: 언어, 보건, 정서 등 포괄적 조기개입 프로그램
호주 베스트스타트 (Best Start)	• 0~7세 아동 대상: 보건, 발달, 인지 등의 적합한 성장을 도모 • 부모-가족-지역사회 지원
영국 슈어스타트 (Sure Start)	• 1997년 시작, 빈곤, 소외지역 아동 대상 • 모든 아이들에게 공정한 출발한 보장
캐나다 페어스타트 (Fair Start)	• 18개월~취학전 아동 대상: 시력, 청력, 사회성, 언어, 체력, 손놀림 등 6종 무료 검사 • 조기발견 및 치료

(1) 위스타트 사업

위스타트(We Start) 사업은 빈곤아동에게 일반아동과 똑같이 공정한 출발선을 제공하여 가난의 대물림을 끊어주기 위한 사업을 말한다. 본래 위스타트 사업은 중앙일보의 탐사기획인 '가난에 갇힌 아이들(2004년 3월)'이라는 타이틀로 빈곤아동들의 절박한 삶을 취재한 내용들이 보도가 되면서 사회복지 공동모금회, 한국복지재단(현, 어린이재단) 등 언론사와 50여개의 민간단체들이 뜻을 모아 시작한 사업이다. 그 당시 전체 아동 중 100만여 명(8.5%)이 빈곤아동으로 추산되었으며, 이들에게 "가난의 대물림"을 끊고, 우리들(We) 모두가 나서서 아이들의 새로운 삶의 출발(Start)을 돕자는 뜻을 담아 "위스타트 운동본부(2004년)"가 출범되었다.

위스타트 사업은 저소득층 아동들이 공정한 기회를 누리고 미래에 대한 희망을 꿈꿀 수 있는 '마을만들기' 사업을 핵심으로 지역사회의 복지, 교육, 건강 공동체를 실현하기 위한 목표를 실천하고 있다. 다음 [그림 6-5]는 위스타 사업의 주요내용을 제시하고 있다(위스타트 홈페이지).

결과적으로 위스타트 사업은 국가 및 지자체, 기업, 시민사회 등 사회 각계각층의 호응으로 이어졌으며, 현재 국내 빈곤아동뿐 아니라 다문화, 청소년 사업으로 위스타트 모델을 발전시켰으며, 국책사업으로 전개되어 드림스타트(보건복지부)로 이어지고 있다.

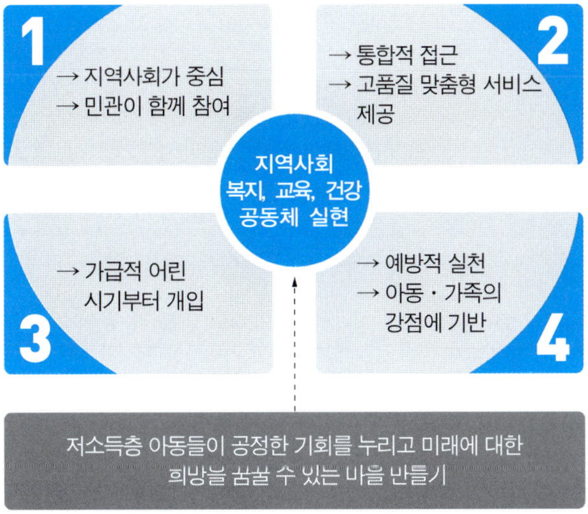

[그림 6-5] 위스타 사업의 주요내용

(2) 드림스타트 사업

드림스타트(Dream Start) 사업은 아동복지법 제37조에 의거, 취약계층 아동에게 맞춤형 통합서비스를 제공하여 아동의 건강한 성장과 발달을 도모하고 공평한 출발기회를 보장함으로써 건강하고 행복한 사회구성원으로 성장할 수 있도록 지원하는 사업을 말한다.

우리나라는 민간에서 최초로 위스타트(We Start) 사업을 실시하였고, 2005년에 정부에 의해 희망스타트 사업을 시작하였는데 2007년 드림스타트 사업으로 명칭을 변경하면서 국정 핵심과제로 선정되어 사업대상과 사업지역을 전국적으로 확대, 추진하게 되었다(보건복지부, 2014).

다음 〈표 6-3〉은 드림스타트 사업의 주요 내용을 정리한 것이다(한국보육진흥원 홈페이지). 드림스타트 사업 대상으로는 0세(임산부 포함)에서부터 만 12세(초등학생 이하) 아동 및 가족을 대상으로 하고 있으며, 특별히 국민기초수급 및 차상위계층 가정, 법정 한부모가정(조손가정 포함), 학대 및 성폭력피해아동 등에 대한 우선지원 원칙을 적용하고 있다.

〈표 6-3〉 드림스타트 사업의 주요 내용

구분	내용
사업대상	저소득층 및 결손가정 등 취약계층 가정의 만 12세 이하 아동, 임산부, 가족
추진방향	• 빈곤아동 개인의 능력 향상 및 기회 평등 보장 • 빈곤아동과 그 가족에게 건강 · 복지 · 보육을 통합한 맞춤형 전문 서비스를 제공하여 문제를 조기 진단 · 개입하는 예방적 서비스 체계 강화 • 시 · 군 · 구 드림스타트 전담팀 구성 등 공적전달체계 중심으로 추진 • 보건소, 사회복지관 등 빈곤가정 지원을 위한 지역사회 자원개발 및 자원 간 협력 · 연계 체계 구축
서비스 내용	• 저소득 가정의 아동과 가족, 임산부를 대상으로 사례관리를 실시하며 문제를 조기 진단하고 보건 · 복지 · 보육 등 통합서비스 연계 지원 • 아동 발달 영역(신체/건강, 인지/언어, 정서/행동) 및 발달연령을 고려한 전문화된 서비스 지원을 통해 전인적 발달 도모 • 서비스 유형을 기본 · 필수 · 선택 서비스로 구분하고 기본 및 필수 서비스 중심으로 운영 • 아동별 · 가족별 욕구와 여건을 진단하여 필요한 서비스를 지역사회자원으로 연계하여 맞춤형 서비스 제공

다음 [그림 6-6]은 드림스타트 사업 추진 체계도를 나타내고 있다. 보건복지부가 사업 총괄 담당부처이며, 드림스타트 사업지원단이 시 · 도 · 군 · 구를 통해 전반적인 드림스타트 사업을 전달하게 되면 각 시 · 군 · 구 드림스타트 기관에서 다양한 프로그램을 운영한다(보건복지부, 2017).

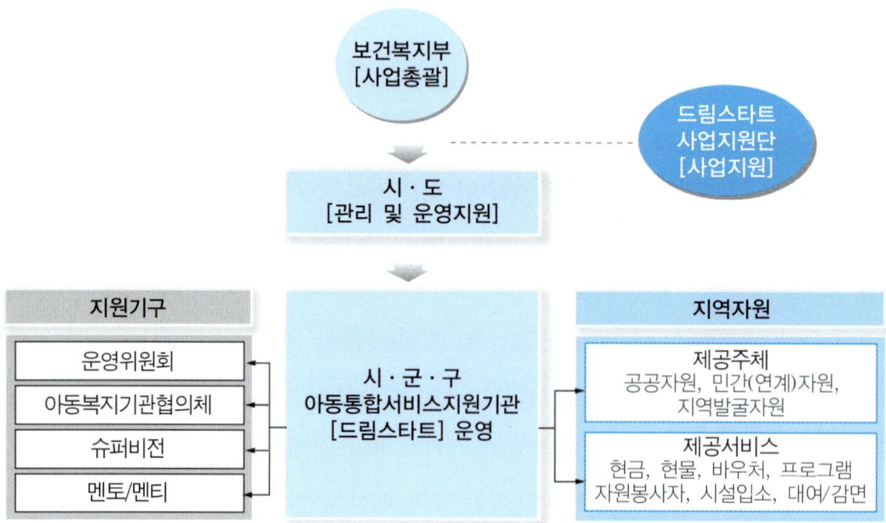

[그림 6-6] 드림스타트 사업 추진체계도

결과적으로 드림스타트 사업은 빈곤아동 및 가족에게 건강·복지·보육·교육 등 맞춤형 통합서비스를 제공함으로써 더 이상 빈곤으로 인해 출발조차 하지 못하는 일이 발생하지 않도록 모든 아동에게 공평하게 스타트 할 수 있는 기회를 보장하였다는 점에서 의의가 있다.

2) 디딤씨앗 통장사업

디딤씨앗 통장사업은 저소득층의 아동들이 만18세가 될 때 경제적으로 안정적인 자립을 돕기 위해 마련된 사업을 말한다. 빈곤층 아동뿐 아니라 아동양육시설이나 가정위탁, 공동생활가정 등의 아동들이 고등학교를 졸업하는 만 18세가 되면 시설에서 퇴소할 때 혼자 힘으로 자립한다는 것이 현실적으로 쉽지 않다.

따라서 빈곤층 자녀의 빈곤의 대물림을 방지하고 아동복지시설의 퇴소 아동이 건전한 사회인으로 성장할 수 있도록 2007년에 아동발달지원 계좌사업으로 시작하였다. 그 후 2009년에 디딤씨앗 통장사업으로 활성화했으며, 2011년에는 기초생활수급가정 아동을 대상에 포함시켰고 2016년에는 기초생활수급가구 아동의 신규가입 자격을 13세까지 확대하였다.

디딤씨앗 통장 사업의 적립방식은 [그림 6-7]과 같다(아동발달지원계좌 디딤씨앗통장 홈페이지). 아동의 보호자나 후원자가 일정금액을 적립하면 국가(지자체)에서도 같은 금액을 1:1 매치 지원하여 적립하도록 한다. 2017년에는 정부 지원 매칭 금액을 3만원에서 4만원으로 증대하였으며, 지원기간은 보호대상 아동 및 기초생활 수급가구 아동 가입 시부터 만 18세 미만까지 지원하며 본인의 적립계좌는 만 24세까지 지속적으로 저축이 가능하다(보건복지부, 2017).

디딤씨앗 통장의 적립금은 오직 아동의 자립을 위한 목적으로만 사용할 수 있으며, 만 18세 이후 학자금, 기술자격취득비용, 취업훈련비용, 창업지원금, 주거마련 등 자립을 위한 용도에 한해 사용가능하다. 이 사업의 원활한 추진을 위한 주요 관련기관으로는 보건복지부, 지자체, 신한은행, 한국복지재단, 한국보건사회연구원 등과 함께 운영하고 있다.

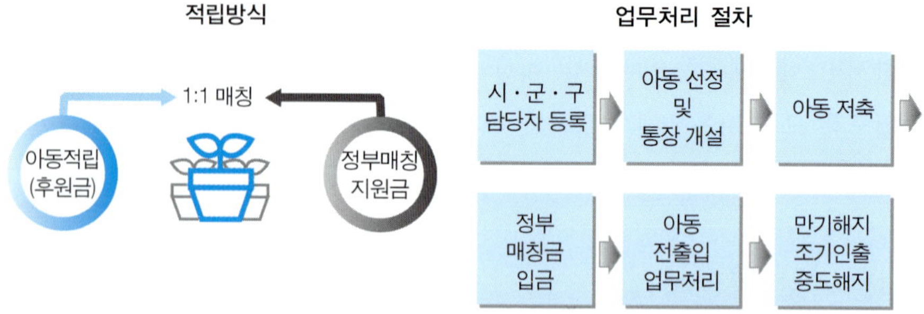

[그림 6-7] 디딤씨앗 통장의 적립방식 및 업무처리 절차

디딤씨앗 통장사업은 저소득층 아동이 보다 준비된 사회인으로 성장할 수 있도록 도움을 주기 위해 마련된 사업이지만 최근 인력과 예산 부족 문제로 어려움을 겪고 있다(경향신문, 2016). 정부 차원에서 빈곤아동을 예방하고 사회·경제적 자립지원을 위해서는 신규 후원자를 더 많이 개발하고 자립지원금 총량을 확대해야 할 필요가 있다. 또한 대국민 홍보 등을 통해 나눔의 문화를 확산하고 사업이 성과를 낼 수 있도록 충분한 지원이 뒷받침되어야 한다.

3) 교육복지 우선지원 사업

교육복지 우선지원 사업은 「초·중등교육법」 시행령 제54조(학습부진아 등에 대한 교육) 교육부 훈령 제106호(2015. 12. 31. 일부개정)에 근거하여 취약계층 학생이 밀집한 학교를 선정하여 집중 지원함으로써 교육·문화·복지수준을 높이고 교육격차를 해소하기 위한 사업을 말한다(교육부, 2016).

이 사업의 지원대상은 교육급여 수급권자, 차상위계층의 자녀, 보호대상자인 한부모가족의 자녀, 다문화가족의 자녀, 특수교육 대상자 등을 지원하며, 가정의 경제적 결핍으로 인한 교육소외 학생의 실질적 교육기회 균등 실현 및 교육격차를 해소하고, 학교가 중심이 되는 지역교육공동체 구축을 통해 학습, 문화, 심리·정서, 보건 등 삶의 전반을 향상시키는 것을 주요 목적으로 하고 있다.

교육복지 우선 지원사업은 2003년부터 시범사업을 거쳐 2005년에는 15개 지역 82개 학교에서 본격적으로 운영되었다. 그 후 전국 100개 지역으로 사업이 확대되었으며,

2019년 기준으로 교육복지우선지원사업을 실시하는 학교는 3,513개교이며, 대상학생 수는 33만여명으로 점차적으로 확대되고 있다.

다음 〈표 6-4〉는 교육복지 우선지원 사업의 주요 내용을 정리하였다(서울특별시 교육청, 2016). 교육 취약 아동·청소년들을 대상으로 개개인의 수준과 역량에 맞는 자기주도적 학습능력을 증진시키고 학습, 문화·체험활동 지원, 심리·정서 발달 지원, 진로 탐색 및 운영 지원을 통해 아동은 물론 지역복지교육 네트워크를 통해 이루어지는 프로그램으로서 교사와 학부모를 위한 복지 프로그램을 활성화하고 있다.

〈표 6-4〉 교육복지우선지원사업의 주요 내용

영역	교육복지우선지원사업 네트워크를 통한 프로그램 내용
학습	• 학습, 학교적응력, 문화·체험, 심리·정서적 지원이 함께 이루어지는 통합프로그램 운영 • 간식비, 학습자료, 재료비, 활동비 지원 등
문화·체험	• 창의적 체험활동(자율활동, 동아리활동, 봉사활동, 진로활동 영역)과 연계하여 다양한 교육·문화적인 활동 계획하고 지원
심리·정서	• 전문적으로 개발된 검사도구 활용 및 진단, 기초상담과정을 통해 선정 • 개별 및 집단 상담, 부적응학생 진단 및 치료, 학교적응활동 지원, 교사 등의 정서 멘토링, 진로, 진학 프로그램 등
보건·복지	• 교육복지실 운영: 가정방문 및 가족상담, 개인성장지원 및 지역자원 발굴 및 협력, 지역네트워크를 위한 협의회 운영 등 • 개별학생 맞춤형 지원(개별 학생 단위의 지원을 원칙으로 함)
지역교육 복지공동체	• 개별학교에서 시행하기 어려운 교육복지 프로그램을 지역교육복지공동체 단위에서 운영 • 위기상황의 학생(가족)에 대한 대응 및 역량강화를 위한 사업 등
운영 지원	학부모·교사 연수, 사업홍보, 운영협의회 지원, 동아리활성화 지원, 교사멘토링, 학습단위 문화체험, 특기적성 및 창의적 체험활동과 교육복지사업 연계 등

4) 아동급식 지원사업

아동급식사업이란 빈곤, 가족해체, 부모(보호자)의 실직·질병·가출 및 직업적 특성, 아동학대·방임·유기·부양기피 및 거부, 가정위탁 아동, 소년소녀가정, 그밖에 여러 가지 사유로 인하여 제대로 보살핌을 받지 못해 끼니를 거르거나 먹는다 해도 필요한 영양을 충분히 공급받지 못하는 경우에 해당되는 아동을 대상으로 건전한 성장을 위하여 식사를 제공하거나 식사를 할 수 있도록 관련 식품 등을 지원하는 것을 말한다.

아동급식 지원사업은 아동복지법 제4조, 제35조를 근거로 18세 미만의 취학 및 미취학 아동을 대상으로 아동별 특성에 따라 급식형태를 선택하여 지원하고 있다. 이 사업의 목적에 의하면, 저소득 가정의 아동들이 건강하고 행복하게 자랄 수 있도록 민·관이 협조체계를 구축하여 지역실정과 아동의 가정환경 및 욕구에 맞는 급식을 효율적으로 제공하는 것에 있다. 또한 아동들은 신체적·정신적으로 성숙하지 않아 스스로의 급식능력이 부족하므로 급식이 필요한 아동에게 적극적으로 급식을 지원하기 위한 것에 있다.

아동급식 지원사업은 서울시에 의해서 겨울방학 중 아동급식(중식)사업을 최초로 실시하였는데 2000년에는 보건복지부에서 전국 단위로 확대하여 기초생활보장대상 1만 5천 명의 아동에게 급식(석식)사업을 실시하였다. 2004년에는 방학·토·공휴일 중 취학아동 중식지원이 교육부에서 복지부로 이관되고, 지원대상 아동을 차상위 아동까지 확대하여 지원아동수가 대폭 증가하였다. 2005년부터는 아동급식 지원사업을 지방으로 이양하여 자치단체에 의해서 지원되고 있다.

다음 [그림 6-8]은 연도별 아동급식 지원현황을 그래프로 제시한 것이다(국가지표 홈페이지). 그래프의 급식지원 아동 수는 2010년부터 소폭으로 감소하다가 2019년에 15만명이 감소한 33만여명에 이르고 있다.

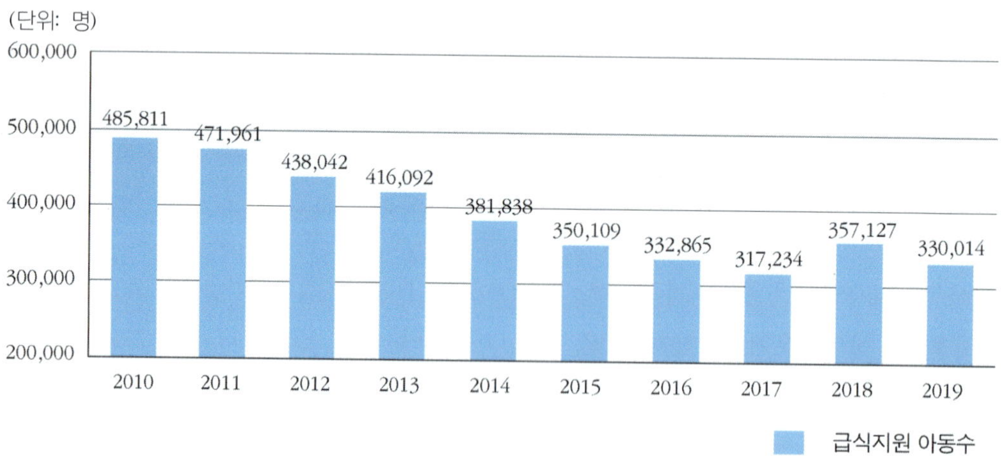

[그림 6-8] 연도별 아동급식 지원현황

아동급식 지원내용에 의하면 방학 중 중식 급식카드 지원, 연중 조·석식 도시락 및 부식 배달지원, 연중 토·공휴일 중식 도시락 및 부식 배달지원 그리고 지역아동센터 이용 아동 평일 석식 지원 등이 있다.

단순한 아동급식 지원사업은 다른 프로그램을 병행해서 실시하지 않는 한 아동의 참여율이 낮고 효과가 미비하여 급식의 효율성제고 방안이 강구되어야 할 필요가 있다고 본다. 따라서 복지단체(기관), 시민사회단체, 종교단체 등의 참여를 유도하여 지역사회 연계를 통한 활발한 급식아동 지원체계를 구축하는 것도 하나의 방안이 될 것이다.

5) 방과 후 돌봄 지원사업

지역사회 방과 후 돌봄 지원사업 중 특히 저소득층 아동을 대상으로 운영하는 지역아동센터가 있다. 지역아동센터는 1980년대 민간 공부방으로 운영되던 것이 2004년 아동복지법 개정에 의하여 명칭이 변경되고 제도화되어 운영되고 있다.

지역사회아동센터는 아동복지법 제52조 8항에 의거하여 지역사회 아동의 보호, 교육, 건전한 놀이와 오락을 제공하고 보호자와 지역사회의 연계 등 아동의 건전육성을 위하여 종합적인 아동복지서비스를 제공하는 목적을 가진 아동복지시설이다. 다음 〈표 6-5〉는 연도별 지역아동센터의 운영주체(2014-2018)를 나타내고 있다.

〈표 6-5〉 연도별 지역아동센터의 운영주체(2014-2018) (단위: 개소(%))

구분		2014	2015	2016	2017	2018
전체		4,059(100.0)	4,102(100.0)	4,107(100.0)	4,189(100.0)	4,211(100.0)
개인		2,669(65.7)	2,796(68.2)	2,860(69.6)	2,934(70.0)	2,951(70.1)
법인	재단	431(10.6)	300(7.3)	300(7.3)	904(21.6)	896(21.3)
	사단	225(5.5)	249(6.1)	241(5.9)		
	사회복지	332(8.2)	331(8.1)	322(7.8)		
일반단체	시민단체	109(2.7)	67(1.6)	68(1.7)	290(6.9)	288(6.8)
	종교단체	231(5.7)	272(6.6)	183(4.5)		
지자체*	직영	-	-	19(0.5)	17(0.4)	25(0.6)
	위탁	-	-	22(0.5)	44(1.1)	51(1.2)
기타**		62(1.6)	87(2.1)	92(2.2)	-	-

* 2016년부터 지자체 직영/위탁 별도 표시함(2015년까지 기타에 지자체 포함됨)

** 기타는 협동조합, 사회적기업, 학교법인, 주민자치위원회 등 임(2017년부터 법인 또는 일반단체에 포함됨)

지역아동센터의 운영 주체는 개인 비중이 ⅔를 넘어 지속적으로 증가하고 있고, 지자체는 여전히 과소한 상태에 있다. 2018년 기준, 운영주체는 개인 2,951개소(70.1%), 법인 896개소(21.3%), 일반단체 288개소(6.8%), 지자체 76개소(1.8%)의 순으로 나타났다. 최근 5년간 개인 운영 센터는 65.7%에서 70.1%로 지속적으로 증가하고 있으며 지자체 운영 공립형 센터는 2016년 1%에서 2018년 1.8%로 증가했으나 직영보다는 위탁의 증가가 많은 것을 알 수 있다. 그러나 법인(재단, 사단, 사회복지)과 일반단체(시민단체, 종교단체)의 비중은 점진적인 감소세를 보이고 있다(보건복지부, 2019).

지역아동센터는 아동들의 눈높이를 맞추어 지도할 아동복지교사 파견 및 지원 그리고 지역아동센터의 통합적인 관리와 지원을 효율적으로 하기 위하여 '지역아동센터지원단'(중앙 1개소, 시도 15개소)을 설치하여 아동 및 그 가족에게 다양한 서비스를 제공하고 있다.

다음 〈표 6-6〉은 지역아동센터의 서비스 영역 및 프로그램의 내용이다(보건복지부, 2019). 지역아동센터는 지역사회 안에서 안전한 보호 및 급식, 교육적・정서적 지원을 제공하며, 문화체험 및 다양한 문화경험의 장을 제공하고 지역사회자원을 발굴하여 아동문제에 대한 사전 예방적 기능 및 사후 연계 등을 수행하고 있다.

〈표 6-6〉 지역아동센터의 서비스 영역 및 프로그램 내용

영역	세부영역	세부프로그램	프로그램 내용
보호	생활	일상생활관리	센터생활적응지도, 일상생활지도, 일상예절교육, 부적응아동지도 등
		위생건강관리	위생지도, 건강지도 등
		급식지도	급식지도, 식사예절교육 등
	안전	생활안전지도	저녁돌봄 등
		안전귀가지도	안전귀가지도, 생활안전지도 등
		5대안전의의무교육	교통안전, 실종유괴예방, 약물오남용예방, 재난대비, 성폭력예방 등
교육	학습	숙제지도	숙제지도, 학교생활관리 등
		교과학습지도	수준별 학습지다, 온라인교육(IPTV 학습 등), 학습부진아 특별지도 등
	특기적성	예체능활동	미술, 음악, 체육지도 등
		적성교육	진로지도, 적성교육(독서, 요리, 과학 등) 등
	성장과 권리	인성・사회성 교육	인성교육, 사회성교육 등
		자치회의 및 동아리 활동	자치회의, 동아리 활동 등
문화	체험활동	관람・견학	공연 및 연극 관람, 박물관 등 견학 등

Plus Tips

부처별 방과 후 돌봄서비스 운영

현재 교육부, 보건복지부, 여성가족부 등 중앙부처와 지방자치단체에서는 소관별로 다양한 돌봄사업을 실시하고 있으나, 부처 간, 중앙-지방-돌봄기관 간 사업이 분절적으로 추진되고 있어 수요자 중심의 통합된 서비스를 제공하는 데 한계가 있었다.

이에 정부에서는 초등학생 돌봄에 대한 국가책임을 강화하기 위하여 온종일 돌봄체계 구축을 국정과제로 선정하고 돌봄서비스 확대와 내실화를 적극 추진하고 있다. 보건복지부의 '다함께 돌봄'과 '지역아동센터', 여성가족부의 '청소년방과후아카데미' 등 3개 서비스를 2020년 6월 시범적으로 통합한다. 교육부의 '초등돌봄교실'은 내년도 2020년 12월부터 통합돼 2021년 1학기부터 함께 제공된다.

이를 위해 정부는 2017년 기준 33만명 수준의 초등돌봄 공급을 학교돌봄과 마을돌봄 확대를 통해 2022년까지 53만명까지 늘릴 계획이다.

〈부처별 방과 후 돌봄서비스 운영현황〉

	교육부	보건복지부		여성가족부
돌봄서비스	초등돌봄교실	지역아동센터	다함계돌봄	청소년방과후 아카데미
시행시기	2004년	2004년	2018년	2005년
지원대상	초 1~6학년	만 18세 미만	만 6~12세	초 4~중 3학년
운영규모	초등 24만명	초등 9만명	총 1000명 예정	초등 5000명
지원형태	무상 (프로그램, 간식비 등 일부 자부담)	무상 (소득별 이용료 5만원 이내)	이용료 자부담(10만원 이내)	무상

출처: 박지영(2020). 온종일 돌봄 체계 구축·운영 현황 및 계획. 육아포럼.

5 빈곤아동을 위한 정책 추진방안

빈곤아동을 위한 정책은 전 세계적으로 영유아 조기투자의 확대방안을 통해 아동빈곤의 발생을 근원적으로 차단하고 빈곤으로 인한 문제를 예방하려는 보편적인 추세로 나아가고 있다. 아동의 문제행동에 대한 사회비용이 일반 아동에게 드는 비용보다 최대 10배가 더 사용된다는 것과 투자대비 산출효과가 훨씬 높다는 보고 등은 아동에 대한 조기개입을 촉진하는 근거가 되고 있다(황옥경 외, 2009 재인용). 따라서 국가는 모든 아동에게 사회적 투자를 확대하며, 빈곤아동에게도 균등한 기회보장으로 양질의 인적자본 형성과 조기개입 인적자본 개발형 빈곤대책을 강구하고 시행하려는 노력은 아동시기에 발생할 수 있는 발달격차를 줄여줌으로써 출발선에서부터 공정한 기회를 제공하는 데 그 의미를 두고 있다.

아동빈곤은 발달의 기회를 엄격하게 차단하고, 사회적 배제와 문화적 소외 등으로 인한 기회박탈과 안정성을 위협하며, 위험한 환경에 아동이 노출될 수 있으므로 빈곤 아동이 신체적, 인지적, 사회적, 정서적으로 건강하게 성장, 발달할 수 있도록 지원하는 총체적 접근이 필요하다(보건복지부, 2013).

우리나라도 아동정책기본계획과 빈곤아동을 위한 복지·교육·문화 등 지원에 관한 기본계획을 통해 아동빈곤과 관련된 선명한 정책목표를 제시하고, 강력한 추진계획의 방향성을 보여줄 필요성이 있다. 첫째, 요보호 아동 지원의 내실화 차원에서 시설보호 아동, 저소득 빈곤층 자녀, 피학대 아동, 입양아동, 가정위탁보호아동 등 요보호 아동에 대한 지원을 확대하고 내실화하는 방안을 마련해야 한다. 예를 들면, 시설보호 아동의 사회적 역량을 강화하기 위하여 시설보호 아동의 특기적성 교육을 지원하고, 사교육 바우처 제도를 확대하고 시설퇴소 아동·청소년을 위한 '중간 처우의 집' 운영 및 저소득층 아동 방과 후 돌봄서비스 지원 등이 확대되어야 한다.

둘째, 드림스타트 사업과 관련하여 사업수행기관의 효율적인 인력배치와 전문적 능력 향상 등의 방안이 모색되어야 한다. 현재 중앙정부 및 지방정부 간의 추진체계가 비일관적이며 비효율적인 인력관리 등의 문제가 제기된다. 또한 선정 대상 중복의 문제나 실제로 지원이 필요함에도 불구하고 사각지대에 놓여 있는 많은 아동들에 대한 문제 가능성이 내포되어 있으므로 지역사회복지협의체, 복지시설, 동 주민센터 등과의 긴밀한 거버넌스 협력이 필요하다.

셋째, 지역사회 위기·취약청소년의 경우 서비스 제공에 대한 필요와 요구가 매우 높음에도 불구하고 개인적 위기 상황과 지역적 한계로 인하여 서비스에의 참여와 접근이 어려운 경우가 많기 때문에 찾아가는 서비스를 활성화하는 방안을 강구해야 한다. 사회적 소외계층 아동·청소년에 대한 특별한 정책적 고려와 지리적으로 열세인 지역의 인프라 확충 등 지역사회의 균형적 발전과 사회통합을 실현하기 위한 방안이 요구된다. 그리고 프로그램 개발 시 아동만을 대상으로 접근하는데 한계가 있으므로 부모의 적극적인 참여가 필요한 가족기능의 강화에 초점을 두어야 한다.

마지막으로, 지역사회의 건강한 성장을 심각하게 위협하는 유해환경으로부터 아동·청소년을 보호하기 위한 시스템을 구축하고 지역사회 안전망을 더욱 공고히 해야 할 필요성이 제기된다. 즉, 아동·청소년의 신체 건강 증진 및 정신건강서비스 확대, 위기청소년을 위한 사회안전망 확충, 치료지원 확대 및 복지서비스 강화 등이 해당된다고 할 수 있다.

CHAPTER

07

한부모 및 조손가정의 아동복지서비스

1_ 한부모가정의 아동복지서비스

2_ 조손가정의 아동복지서비스

현대사회의 급속한 변화에 따라 최근 전통적인 가족구조가 변화하고 다양한 가족 유형이 나타나고 있다. 서구사회에서는 다양한 가족형태가 출현한지 오래되었지만 우리 사회에서는 이러한 변화가 급속한 속도로 진행되고 있다.

특히 이혼과 별거, 미혼모의 증가는 한부모가정 및 조손가정을 등장하게 한 주요 요인이며, 이는 자연스럽게 아동문제로 이어질 가능성이 커지고 있다. 이제는 가족의 다양성을 인정하면서 그들 가정에 대한 최선의 복지를 지원할 수 있는 방안이 연구되어져야 한다. 제7장에서는 한부모가정의 아동과 조손가정의 아동으로 대별하고 각각의 개념 및 현황, 복지서비스 등의 내용을 설명한다.

1 한부모가정의 아동복지서비스

한부모가정이라는 용어는 과거에 사용되어 왔던 편부모가족에 대한 불완전한 가족이나 구조적으로 결손가족이라는 부정적 편견을 없애기 위하여 1999년 한국여성민우회를 통해 한부모가족이라는 용어로 통일하여 사용하고 있다.

한부모가정은 정상적인 가족의 한 형태라는 것을 전제로 해야 하지만 가족의 경제적 어려움이나 자녀양육에 있어 부나 모의 역할부재로 인해 아동문제가 발생되고 있으므로 아동복지적 차원에서 실제적인 개입이 이루어져야 한다. 이에 여기에서는 한부모가정 아동의 개념 및 현황, 발생원인, 복지서비스 등에 관한 내용과 정보를 제공한다.

1) 한부모가정 아동의 개념

「한부모가족지원법」 제4조(정의)에 의하면 "한부모가족"이란 모자가족 또는 부자가족을 말한다. '부자가족'이란 부가 세대주(세대주가 아니더라도 세대원을 사실상 부양하는 자를 포함한다)인 가족을 말한다. '모자가족'이란 모가 세대주(세대주가 아니더라도 세대원을 사실상 부양하는 자를 포함한다)인 가족을 말한다. 여기에서 모 또는 부는 배우자와 사별 또는 이혼하거나 배우자로부터 유기된 자, 정신이나 신체장애로 장기간 노동능력을 상실한 배우자를 둔 자, 미혼자(사실혼 관계에 있는 자는 제외한다)를 말한다.

한부모가정의 아동이란 부모 중 어느 한쪽의 사망, 이혼, 별거 등으로 인해, 한쪽의 아버지 내지 한쪽의 어머니로 이루어진 가정의 18세 미만의 자녀를 말하며, 단 취학중일 경우에는 22세 미만까지를 포함하고 있다. 「한부모가족지원법」에서 지원하는 아동의 범위에 의하면, 만 18세 미만의 자녀를 지원대상으로 하지만 다만 취학중인 경우에는 만 22세 미만을 말하되, 「병역법」에 따른 병역의무를 이행하고 취학 중인 경우에는 병역의무를 이행한 기간을 가산한 연령 미만을 말하고 있다. 그리고 한부모가족 중 연령에 초과한 자녀가 있는 경우에는 그 자녀를 제외한 나머지 자녀를 지원한다.

한부모가정의 아동은 자녀의 자발적 선택에 의해서 이루어진 것이 아니라 부모의 선택에 의해서 이루어진 수동적 상태의 아동을 말한다. 따라서 한부모가정의 아동이라는 개념에는 부모의 부득이한 상황으로 인해 아동에게 부당하거나 불편한 처우를 받게 해서는 안 된다는 전제에서부터 출발하여 이들 아동이 다른 아동과 똑같은 평등의 개념을 갖고 건강하고 행복한 삶을 영위할 수 있도록 긍정적인 인식을 갖고 한부모가정을 위한 개입이 이루어져야 할 것이다.

2) 한부모가정의 발생원인 및 문제점

사회적으로 증가하고 있는 다양한 가족의 출현 중 한부모가정은 발생비율이 점차 늘어나고 있는 실정이다. 여기에서는 한부모가정의 발생원인과 문제점을 다루기로 한다.

(1) 한부모가정의 발생원인

한부모가정은 흔히 배우자의 사망, 별거, 이혼, 유기, 미혼부모로부터 발생한다. 과거의 한부모가정은 주로 배우자 사망이 주요 요인으로 발생하였으나 최근 들어서는 가장의 실직, 부부 갈등 등으로 인하여 이혼이나 별거, 혹은 유기 등으로부터 비롯되는 비중이 증가하고 있다.

한부모가족이 발생하는 가장 많은 원인은 배우자의 사망과 이혼을 들 수 있으며, 최근 국내 한부모가족의 증가는 이혼율의 증가와 크게 맞물려 있다고 할 수 있다. 이혼으로 인한 한부모가정 발생의 경우 1990년대에는 10% 이내의 비중이 2000년대 이후에는 20% 이상을 상회하는 것으로 나타났다. 즉, 2000년 이후부터는 이혼에 의한 한부모가정의 비율이 늘어나고 있고, 미혼모 한부모가족도 최근 증가하는 추세에 있다.

「한부모가족지원법」상의 보호를 받고 있는 한부모가족을 대상으로 그 원인을 살펴보면 이혼(43.7%), 배우자 사망(43.3%), 배우자 가출 및 유기(5.4%), 미혼모(4.7%), 기타(2.9%)의 순으로 나타나고 있다(송정애 외, 2012 재인용).

이혼율의 급격한 증가는 부모의 이혼을 경험해야 하는 아동인구의 증가를 의미하며 이들 중 상당수가 이혼 시 주 양육자를 누구로 결정하는가에 따라 성인이 될 때까지 여성 한부모가족이 되거나 남성 한부모가족이 되는 것이다.

(2) 한부모가정 아동의 문제

한부모가정은 다양한 어려움으로 인한 문제점이나 취약점은 크게 부각되기는 하지만 실제로 한부모가정의 문제는 다양하여 일반화할 수는 없는 특징이 있다. 한부모가정 발생의 원인이 다르고, 한부모가 된 이후의 상황이 변화하고, 그리고 한부모가 취할 수 있는 인적·물적 자원이 다양하기 때문에 그에 따른 문제 또한 매우 다양하게 나타난다(이경희 외, 1995).

실제 사별로 인한 여성 한부모가정은 감소하는 데 비해 이혼으로 인한 여성 한부모가정은 증가하고 있는 추세에서 모자 세대 중심의 한부모가정은 자녀양육 및 교육문제로 인하여 자녀에 대한 빈곤 세습의 문제로 이어질 가능성이 높으며 이는 곧 한부모가정의 기본적인 삶의 질을 저하시키는데 일조한다.

또한 모자 세대 중심의 한부모는 여성이라는 이유로 노동시장에서 취업기회의 제한과 임금차별로 이어지는 경제적 결핍이 결국 자녀의 양육환경에 부정적인 영향을 초래할 수 있다. 따라서 아동들의 발달특성상 부모의 이혼과정에서 겪는 심리·정서적 문제, 이혼 후의 양육관련 문제, 빈곤의 여성화 등 이혼가족과 아동에 대한 사회적 개입이 필요함을 시사한다. 여기에서는 한부모가정 아동의 문제를 심리·정서적 문제, 신체건강상의 문제, 학교 및 사회생활 적응 문제 등으로 설명한다.

첫째, 심리·정서적 문제의 경우, 부모의 이혼을 경험한 아동들은 일반가정 아동들에 비해 낮은 학업성취, 자아존중감의 부족, 가족에 대한 부정적 태도를 보이는 것으로 알려져 왔다(송성자, 2002). 이혼이나 부모의 가출, 사망 등으로 인하여 부모의 부재를 경험한 자녀들은 정서적 불안을 느끼고 불안정한 환경에서 심리적 고통을 받으며 부모의 이혼이나 별거를 자신의 탓으로 돌리면서 혼란과 두려움에 싸이게 된다. 그러므로 건강한 가족관계 형성 및 유지가 어렵게 된다.

둘째, 신체건강상의 문제에 의하면, 아동에게 있어서 기본적인 의식주 제공과 욕구 충족은 정상적인 성장을 위해서 절대적으로 필요한 부분이다. 그러나 한부모가정 중 특히 모자가족의 경우 대부분이 경제적으로 낮은 계층에 분포하고 있어 경제적 어려움과 함께 아동에게는 신체건강상의 취약한 부분이 존재한다. 특히 주거가 불안정하고 비위생적인 환경에서 지내야 할 뿐 아니라 최저한의 보건 및 영양섭취조차 제공받지 못하는 경우가 많아 성장기의 아동에게는 심각한 문제로 이어진다.

셋째, 이혼으로 인한 한부모가정의 자녀는 학교생활에서도 어려움을 겪는다. 교사나 또래들은 이혼가족에 대한 편견 때문이기도 하지만 이혼가족 자녀에 대해 잠재적인 문제아나 비행아로 보는 경우 등 부정적인 인식을 갖고 있다(서영숙, 황은숙, 2004). 이로 인해 이혼가정의 아동은 학급에서 또래들과 상호작용 하지 못하고 심한 경우 따돌림을 당하는 등의 어려움을 겪는다.

이는 결국 사회적응상의 문제로 이어질 가능성이 높다. 사회의 부정적 시각과 그릇된 편견 때문에 한부모가족 자녀들은 자신들의 상황을 알리려고 하지 않기 때문에 다른 전문가나 지역사회의 도움을 받기가 어려운 실정이다(허남순, 1998).

현대사회에서 한부모가정의 미성년 자녀들은 한부모에 의한 자녀부양의 의무와 그에 따른 경제적 어려움이 따르며, 특별히 이혼으로 인한 한부모 자녀들의 경우 더 많은 고통과 피해가 수반되므로 이에 대한 아동복지서비스는 매우 시급하고 중요하다.

3) 한부모가정의 실태

여성가족부의 '한부모가족 실태조사'는 매 3년마다 실시하여 한부모가족에 대한 지원정책 수립 및 기초자료로 활용하고 있다. 여기에서는 한부모가족의 일반특성, 경제활동, 자녀양육, 사회적 지지망, 정부정책 등에 대한 실태를 살펴보기로 한다.

(1) 한부모가정 현황

한부모가정 현황은 통계청(2017)의 장래가구추계(2015~2045)에 의하면 다음 [그림 7-1]과 같다. 그림에서 보는 바와 같이, 전체 가구에서 한부모가 차지하는 수는 2014년 197만 가구(10.5%)에서 2018년 153만 9천 가구(7.5%)로 서서히 감소추세에 있다는 것을 알 수 있다.

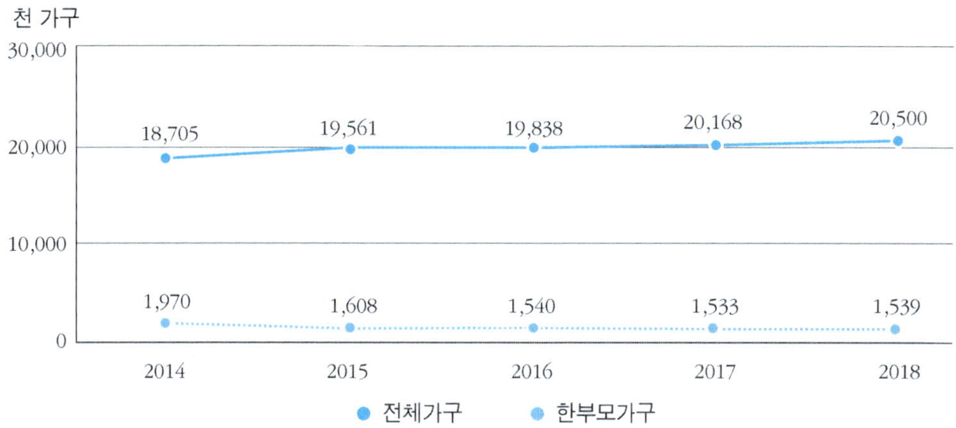

[그림 7-1] 전국 한부모가구 현황

한부모 평균연령은 43.1세이며, 학력은 고졸이 가장 많고, 혼인상태는 대다수가 이혼한 부모이다. 한부모 연령은 30대 이하 29.0%, 40대 54.5%, 50대 이상 16.5%로 나타났다. 학력은 고졸 57.8%, 대학 이상 36.2%, 중졸 이하 6.0%이며, 혼인상태는 이혼 77.6%, 사별 15.4%, 미혼 4.0%, 별거 2.9%, 기타 0.1%로 나타났다.

가구구성 및 자녀연령에 의하면, 모자가구가 51.6%로 가장 많고, 다른 가구원과 함께 살고 있는 가족(모자+기타 가구 13.9%, 부자+기타 가구 13.5%)도 상당수 있는 것으로 나타났다. 자녀는 평균 1.5명으로 가장 어린 자녀가 중학생 이상인 경우가 과반수로, 자녀수는 1명 55.0%, 2명 37.1%로 평균 1.5명으로 나타났다. 그리고 가장 어린 자녀 미취학 15.0%, 초등 35.1%, 중학생 이상 50.0%로 나타났다.

(2) 경제적 수준

한부모가정은 전체 가구평균에 비해 소득은 절반 수준이며 자산은 1/4 수준에 불과하다. 2018년 기준, 2015년에 비해 상대적 수준은 큰 차이를 보이지 않은 것으로 나타났다. 월평균 소득은 모자가구는 전체적으로 부자가구에 비해 소득수준이 낮아 여성 한부모가 더 소득이 낮은 것을 알 수 있다.

한부모의 84.2%는 취업 중이지만, 고용안정성이 낮고 근로·사업소득이 적은 워킹푸어(working poor)의 특성을 보이고 있으며, 한부모의 직업은 서비스종사자가 가장 많고,

산업은 도소매 · 소비자용품 수리업, 숙박 · 음식점업 순으로 나타났다.

취업한 한부모는 장시간 근로와 충분하지 않은 휴일로 인해 일가정양립이 쉽지 않은 것으로 나타났으며 직업훈련을 받는 비율도 낮아 경제적 수준은 전반적으로 어렵고 경제활동에도 제한이 따른다.

(3) 자녀양육

한부모가족은 자녀돌봄에서 기관이용율이 매우 높은 것을 알 수 있다. 다음 [그림 7-2] 한부모가족의 돌봄유형에 의하면, 한부모가족 미취학 자녀의 경우 어린이집, 유치원 등 시설보육 이용률이 86.1% 수준으로 매우 높게 나왔다. 그래프에서 보듯이, 2018년 기준, 어린이집 64.6%, 유치원 21.5%, 한부모가 직접 돌봄 9.1%, 조부모에 이한 돌봄이 3.7%로 나타났다.

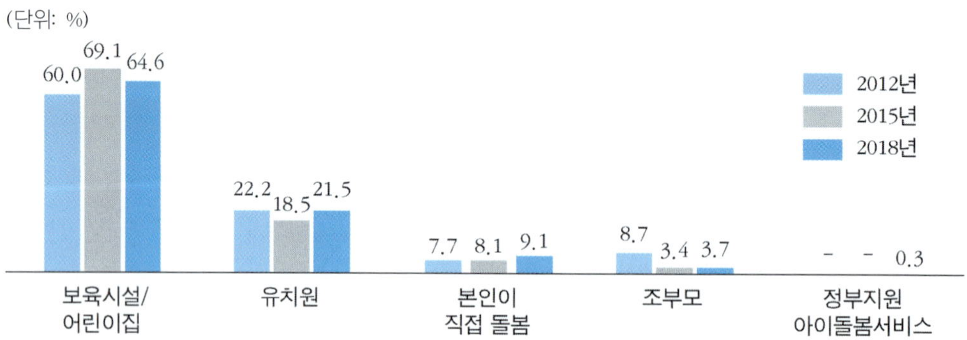

[그림 7-2] 한부모가족의 미취학자녀 돌봄유형

자녀가 일과 후 혼자 보내는 시간에 의하면, 미취학 자녀를 둔 한부모의 11.7%, 초등학생과 중학생 이상 자녀를 둔 한부모의 각각 45.1%와 54.3%가 자녀가 평일 일과 후 돌봐주는 어른 없이 보내는 시간이 있어 돌봄공백이 상당한 것을 알 수 있다. 이 외에도 한부모와 자녀가 함께 하는 여가활동에 의하면, 외식, 운동 및 나들이, 쇼핑 등이 많았고, 박물관 관람, 여행 등의 적극적 여가활동은 상대적으로 적게 나타났다.

전반적으로 한부모가족의 양육의 어려움이 크다는 것을 알 수 있다. 전체 연령대에 걸쳐 한부모들의 가장 큰 어려움은 '양육비 · 교육비용 부담'으로, 미취학부터 중등 이상

자녀까지 모든 연령대에서 80% 이상의 한부모가 어려움을 겪고 있다고 보고하고 있다.

전연령대에 걸쳐 모자가족이 '양육비, 교육비용의 부담'이 높은 수준으로, 미취학자녀의 경우 '양육비, 교육비용 부담'이라는 응답이 82.3%로 가장 많았고, 그 다음으로 '자녀를 돌봐줄 사람을 구하는 어려움' (71.8%), '자녀를 돌볼 시간의 부족'(70.4%) 순으로 나타났다.

초등자녀의 경우에도 한부모들이 경험하는 가장 큰 어려움 역시 '양육비, 교육비용의 부담'(80.8%)이 가장 많았고, 그 다음으로 '양육 스트레스'(58.8%), '양육, 교육관련 정보 부족(58.0%)' 순으로 나타났다.

(4) 사회적 지지망

한부모들이 도움이 필요할 경우 사회적 지지망이 취약한 것으로 나타났다. 한부모들의 과반수가 집안일, 돈이 필요할 때, 본인과 아이가 아플 때, 생활과 관련한 도움이 필요할 때 등 일상생활에서 부모 및 친인척의 도움을 얻고 있었으나, 도움을 구하지 못하는 비율도 적지 않은 것으로 나타났다. 즉, 집안일에서는 28.9%, 돈이 필요할 때는 21.1%, 본인이 아플 때는 14.6%, 아이가 아플 때 14.3%, 생활 관련해서는 11.7%가 도움을 구할 곳이 '없다'고 응답하였다.

현재 한부모들에게 가장 필요한 지원에 대해서는 [그림 7-3]의 한부모가족이 필요하다고 느끼는 지원(1순위)에 의하면, '생계비 · 양육비 등 현금지원'(66.1%)이 압도적으로 많았으며, '시설 · 임대주택 등 주거지원'(10.3%), '아이와 부모 건강을 위한 의료지원'(6.6%), '아이돌봄 관련 지원'(5.7%), '사회적 인식 · 차별 개선'(4.5%), '직업훈련 · 학업지원'(3.4%) 순으로 나타났다.

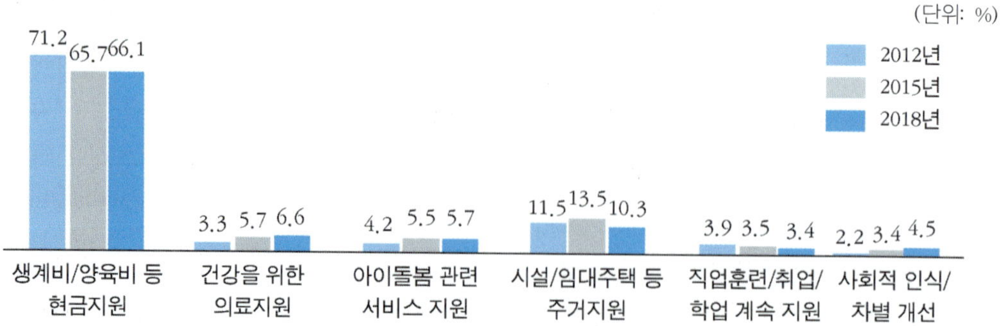

[그림 7-3] 한부모가족이 필요하다고 느끼는 지원(1순위)

(5) 정부정책

전체 한부모가족의 46.0%가 기초생활보장 또는 저소득 한부모로 정부지원을 받고 있는 상태로 나타났다. 다음 [그림 7-4]는 연도별 한부모가족의 정부지원을 그래프로 나타내고 있다. 정부로부터 지원받는 한부모의 비율은 2012년부터 증가 추세로, 2015년 국민기초생활보장제도가 맞춤형 급여로 개편되고 교육급여 대상이 확대되는 등 정부지원제도 개편에 따른 것으로 보인다. 기초보장 및 저소득한부모 등 정부지원은 46.0%가 받고 있으며, 정부지원을 받지 않은 경우도 54.0%에 해당된다.

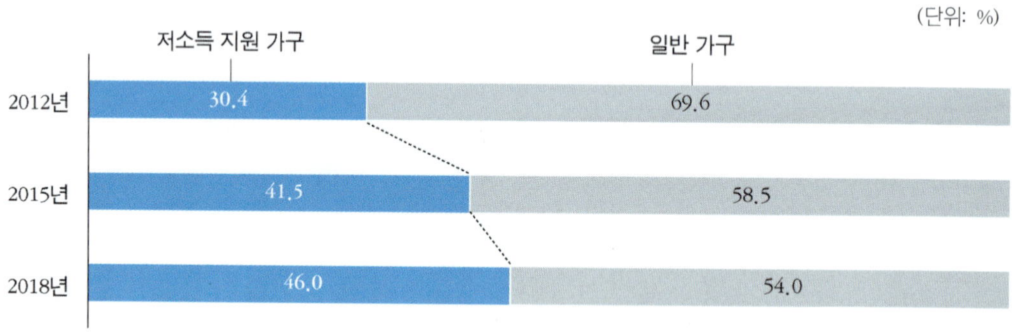

[그림 7-4] 연도별 한부모가족의 정부지원

4) 한부모가정 아동을 위한 복지지원 정책

한부모가정의 생활안정과 자립 기반 조성을 위한 경제적 지원과 건강 및 양육 등에 대한 복지서비스 지원은 매우 중요하다. 한부모인 미혼모·부를 지원하기 위해 전국의 17개 거점기관을 지정하고 자녀양육 및 경제적 자립을 위한 포괄적이고 종합적인 지원 서비스를 제공한다.

저소득 한부모가정의 아동을 위한 복지서비스에서는 출산 및 양육, 병원진료비, 생필품 등의 지원은 물론이고 아동양육비, 교육비, 생계비, 직업교육 등의 지원이 이루어지고 있다. 다음 〈표 7-1〉은 여성가족부(2016)의 한부모가족 지원사업을 요약한 내용이다. 한부모가족 지원사업으로는 자녀 양육비, 청소년 한부모 자립지원 등을 포함하며, 한부모가족복지시설 운영에 따른 지원을 한다.

〈표 7-1〉 한부모가족 지원사업 개요

사업명 및 개요	사업대상	수행기관
〈한부모가족자녀 양육비 등 지원〉 • 아동양육비 : 만 12세 미만 자녀, 월 10만원 • 추가아동양육비 : 조손 및 만 25세 이상 미혼 한부모가족 5세 이하 자녀, 월 5만원 • 학용품비 : 중학생·고등학생 자녀, 연 5만원 • 생활보조금 : 시설 입소가구, 월 5만원	소득인정액 기준 중위소득 52% 이하 한부모 및 조손가족	자치단체
〈청소년한부모 자립지원〉 • 아동양육비, 검정고시학습비, 고등학생교육비, 자립촉진수당 등 지원	소득인정액 기준 중위소득 60% 이하 만 24세 이하 한부모가족	자치단체
• 권역별 미혼모·부자 지원기관 운영 *미혼모·부의 임신·출산·자녀양육을 초기 양육지원, 상담 및 정보제공 등	미혼모·부자 가족	지방자치단체 17개 지원기관
〈한부모가족복지시설 지원〉 • 시설 기능보강 : 시설 신축, 증개축, 개보수, 장비보강 지원 • 한부모가족복지단체 지원 : 시설종사자 역량강화 등 • 한부모가족복지시설 입소자 상담·치료 지원 • 시설배치 사회복무요원 인력경비 지원 • 공동생활가정형(매입임대) 주거 지원	각 시설 시설종사자 시설입소자 사회복무요원 등	자치단체 민간단체 한부모시설/단체

한편 취업훈련 및 취창업 관련 프로그램 운영, 자조모임 운영 등을 통하여 미혼모·부간 자립경험 공유 및 네트워크 구축 등을 지원한다. 그리고 한부모가족 복지시설의 시설 입소자, 종사자, 사회복무요원 등을 대상으로도 각종 사업을 진행한다.

(1) 저소득 한부모가족 자녀양육 지원

저소득 한부모가족(조손가족 포함) 자녀양육 지원정책은 아동의 건강한 성장을 도모하고 아동 양육환경 조성에 기여하기 위함이다. 다음 〈표 7-2〉는 한부모가족 자녀양육비 지원내용을 정리한 것이다(여성가족부, 2016). 저소득 한부모가족의 아동양육비의 경우, 만 12세 미만 자녀에게 월 10만원을 지급하며, 추가 아동양육비로 조손 및 만 25세 이상 미혼 한부모가족의 5세 이하의 자녀에게는 월 5만원 등을 지급한다.

〈표 7-2〉 저소득 한부모가족 자녀양육 지원내용

구분		맞춤형 급여대상				한부모가족 지원대상 (기준 중위소득 52%이하)	청소년한부모 지원대상 (기준 중위소득 53%~60%)
		생계 급여	의료 급여	주거 급여	교육 급여		
한부모 가족 자녀 양육비 등 지원	아동양육비	X	○	○	○	○(10만원)	X
	중고생 학용품비	X	X	X	X	○	X
	생활 보조금	X	○	○	○	○	X
	추가 양육비	X	○	○	○	○	X

(2) 청소년 한부모 자립지원

청소년 한부모 자립지원은 만 24세 이하의 청소년 한부모를 위한 지원사업을 말한다. 청소년 한부모는 어른 한부모보다 빈곤이나 자녀양육·생계·가사부담 등의 어려움이 더 크고 학업중단·취업훈련 부족 등과 같은 어려움이 가중되므로 청소년 한부모 가구의 자녀양육 환경 개선과 자립기반을 지원할 필요성은 더욱 높아진다.

다음 〈표 7-3〉은 청소년 한부모 자립지원 내용을 정리한 것이다(여성가족부, 2016). 청소년 한부모의 자녀 대상으로는 월 15만원의 아동양육비를 지급하며 청소년 한부모가족의 모 또는 부가 검정고시를 치를 경우 연 154만원 이내에서 본인의 학원수강비를 지원받을 수 있으며, 고등학교 재학 중일 경우 교육비로 수업료 및 입학금 등을 지원한다.

그리고 수급 청소년 한부모에게 자립촉진수당으로 생계급여·의료급여 등 월 10만원을 지원한다.

〈표 7-3〉 청소년 한부모 자립지원 내용

구분		맞춤형 급여대상				한부모가족 지원대상 (기준 중위소득 52%이하)	청소년한부모 지원대상 (기준 중위소득 53%~60%)
		생계급여	의료급여	주거급여	교육급여		
청소년 한부모 자립 지원	아동양육비	X	○	○	○	○(5만원)	○(15만원)
	검정고시 학습비	○	○	○	○	○	○
	고교생 교육비	X	X	X	X	X	○
	자립촉진 수당	○	○	X	X	X	X

(3) 한부모가족 복지시설 운영 지원

한부모가족 복지시설은 입소자의 건강한 자녀양육 등 다양한 욕구 충족 및 사회·경제적 자립을 지원하기 위한 서비스를 제공하고 있다. 한부모가가족 복지시설 유형으로는 현재 총127개소(2015년 기준)로 생활시설 123개, 이용시설 4개소가 있다.

먼저 자립생활지원 복지시설은 한부모가족지원법 제4조에 따른 모와 부로서 만 18세 미만의 아동을 양육하는 무주택 저소득 모자, 혹은 부자가족이 대상이 된다. 이 시설은 방과후 아동지도, 아동급식비 지급, 심리·정서적 전문상담 및 심리치료 지원, 직업교육 연계 등 자립준비 지원, 기타 국가 또는 지방자치단계가 정하는 경비 지원 및 연계, 그리고 정보 제공 등을 지원한다.

두 번째, 공동생활지원시설은 독립적인 가정생활이 어려운 모·부자가족으로서 일정기간 공동으로 가정을 이루어 생활하면서 자립을 준비하는 가족들이 대상이 된다. 지원 내용으로는 주거를 제공하며, 직업교육, 양육교육, 인성교육, 상담 지도 등의 자립프로그램을 지원하며, 기타 경비 등을 제공한다.

세 번째, 기본생활지원시설은 미혼의 임산부 및 출산 후(6월 미만) 일정기간 아동의 양육지원이 요구되는 여성으로서 분만혜택과 숙식지원을 필요로 하는 자를 대상으로 운영하는 시설을 말한다. 숙식무료 제공, 임신 및 출산 관련, 분만을 위한 병원 진료 등 분만의료 혜택, 자립지원을 위한 직업교육, 인성교육 및 상담 지도 등을 지원한다.

네 번째, 미혼모자 공동생활지원시설, 미혼모 공동생활지원시설은 출산 후 아이를 양육하지 아니하는 미혼모와 2세 미만의 영유아를 양육하는 미혼모의 숙식 및 아동양육비를 제공한다. 또한 자립을 지원하기 위해 직업, 양육, 인성교육, 상담지도 등의 프로그램이 운영된다.

다섯 번째, 일시지원복지시설은 배우자의 물리적·정신적 학대로 아동의 건전 양육과 모의 건강에 지장을 초래할 우려가 있는 모와 아동을 대상으로 운영한다. 지원내용으로는 숙식 무료제공, 생활보조금 지원, 의료혜택, 법률 및 심리상담 등이 있다. 또한 자녀의 방과 후 지도, 아동급식비 지급, 학령아동이 인근학교에 출석을 원하는 경우에는 관련 교육기관과 협의, 수업에 참가할 수 있도록 조치(시설 입소자 아동의 전·입학 문제 등) 등을 포함한다. 그리고 입소사실에 대한 비밀을 보장하고 퇴소 후 자립을 위한 특별 지원 등이 있다(여성가족부, 2016).

Plus Tips

한부모가족 생활시설의 개요

한부모가족 생활시설의 입소대상 및 기능, 입소기간, 정원 등을 표로 제시하였다(여성가족부, 2016). 모자, 부자, 미혼모자가족 생활시설에는 기본생활, 공동생활, 자립생활 등을 지원하며, 일시지원 복지시설은 배우자의 학대로 인하여 아동의 건전 양육과 모의 건강에 지장을 초래할 우려가 있는 모와 아동을 위해 지원하고 있다. 그리고 상담소는 한부모가족에 대한 위기·자립상담 및 문제해결 등의 지원을 하고 있다.

〈한부모가족 생활시설의 개요〉

시설 유형		시설수	입소대상 및 기능	입소기간 (연장가능기간)	입소 정원
모자가족 복지시설 (48)	기본생활 지원	41	만 18세 미만의 자녀를 양육하는 무주택 저소득 모자 가족	3년(2년)	1,026세대
	공동생활 지원	4	독립적인 가족생활이 어렵고 일정기간 공동으로 가정을 이루어 생활하면서 자립을 준비하고자 하는 모자가족	2년(1년)	52세대
	자립생활 지원	3	만 18세 미만의 자녀를 양육하는 무주택 저소득 모자가족, 기본생활지원형에서 퇴소한 모자세대로서 자립준비가 미흡한 모자가족	3년(2년)	41세대
부자가족 복지시설 (4)	기본생활 지원	2	만 18세 미만의 자녀를 양육하는 무주택 저소득 부자가족	3년(2년)	40세대
	공동생활 지원	2	독립적인 가정생활이 어렵고 일정기간 공동으로 가정을 이루어 생활하면서 자립을 준비하고자 하는 부자가족	2년(1년)	15세대
	자립생활 지원	-	기본생활지원형에서 퇴소한 부자세대로서 자립준비가 미흡한 부자가족	-	-
미혼모자 가족 복지시설 (59)	기본생활 지원	20	미혼의 임신여성 및 출산 후(6월 미만) 지원을 요하는 여성	1년(6월)	520명
	공동생활 지원	38	2세 미만의 영유아를 양육하는 미혼모	2년(1년)	332명
		1	출산후 해당아동을 양육하지 아니하는 미혼모	2년(6월)	10명
임시지원 복지시설(12)		12	배우자의 학대로 인하여 아동의 건전 양육과 모의 건강에 지장을 초래할 우려가 있는 모와 아동	6월(6월)	360명
한부모가족 복지상담소(4)		4	한부모가족에 대한 위기·자립상담 및 문제해결 지원	이용시설	

출처: 박지영(2020). 온종일 돌봄 체계 구축·운영 현황 및 계획. 육아포럼.

5) 한부모가정 지원정책의 개선방안

현대사회의 변화에 따라 한부모가족이 증가하면서 그들이 겪는 어려움과 문제점은 더 이상 개인 가족의 문제가 아니므로 정부 차원에서 실질적인 예방책이나 대안이 심도 있게 다루어져야 할 것이다. 한부모가정 지원정책의 개선방안에 의하면, 첫째, 가족의 해체를 방지하기 위해서는 경제적 자립에 대한 지원이 우선되어야 한다. 현재 우리나라 한부모가정을 위한 경제적 지원은 주로 국민기초생활보장 수급조건을 만족시키는 절대 빈곤층 가정에 거의 제한되어 있다(장혜경 외, 2002; 한국여성복지회, 2005). 이는 국민기초생활보장 수급조건을 충족시키지는 않지만 경제적으로 어려움을 겪고 있는 가정에 대한 지원이 확대되지 않을 경우 빈곤가정으로 전락할 가능성이 크며, 이는 결국 아동빈곤으로 이어지기 때문에 위험성이 매우 높다. 따라서 공공부조를 포함한 사회보장제도 대상자에 대한 양적 및 질적 확대는 결과적으로 한부모가족의 발생을 줄이고 가족을 유지하는데 기여한다고 할 수 있다.

둘째, 가족문제를 해결하기 위한 전문기관이나 프로그램의 확대가 필요하다. 즉, 부부 간의 갈등 및 폭력 등은 별거나 이혼으로 이어질 가능성이 높다. 따라서 부부가 별거나 이혼을 결정하기 이전에 가족문제를 해결하도록 돕는 지원의 일환으로 가족문제에 전문적으로 접근할 수 있는 상담 전문가의 도움을 받을 수 있는 시스템을 구축할 필요성이 있다. 그에 따라 전문적인 가족응집력 향상 프로그램, 자녀양육 훈련 프로그램, 부부상담 프로그램 등을 개발하고 활용하여 가족치료나 상담을 전문적으로 실행할 필요가 있다.

셋째, 현재 한부모가정 아동을 위한 정책은 별도로 마련되어 있지 않고 있어서 한부모가족의 자녀들에 대한 실질적 지원은 취약한 상태이다. 한부모가족 중 부모나 자녀가 겪는 문제에 대한 심리·정서적 지원이 보강되어야 할 필요가 있다. 한부모가정의 부모를 대상으로 스트레스 관리, 부모역할의 재조정, 부모-자녀관계 형성 및 효과적 부모역할 등의 교육 등을 실시하는 것이다. 그리고 한부모가정 아동의 경우에는 이혼이나 사별 후에 자녀의 심리적 충격과 새로운 가족관계에 대한 적응에 있어 연령에 따른 반응이 다르며 또한 폭력, 약물, 가출 등의 비행이나 정신적 질환 등의 문제를 가진 아동이 있는 경우, 이중의 어려움을 경험하게 될 수 있다. 따라서 이들 가정에는 각각의 특수한 욕구에 맞는 맞춤형 프로그램과 가족 구성원 전체를 대상으로 하는 가족치료 프로그램 등의 개발 및 보급이 필요하다.

마지막으로 법적, 제도적 지원이 강화되어야 한다. 호주제의 폐지는 여성 한부모의 불이익을 최소화하고 배우자의 유무에 관계없이 완전한 하나의 인격체로 인정받고 행동할 수 있다는 점에서 매우 의미가 있다. 그러나 아직도 한국사회는 한부모가족에 대한 편견이나 차별에 의해서 취약한 부분이 많다. 즉, 이혼으로 인하여 더 이상 여성이 불이익을 당하지 않고 차별받지 않는 근로환경을 개선하는 사회를 만드는 것이 필요하다.

Plus Tips

한부모가정의 자녀양육비 청구 문제 해결!

미성년 자녀를 양육하고 있는 이혼・미혼 한부모가 자녀를 키우지 않는 비양육부모로부터 양육비를 받지 못하고 있는 경우가 많아 어려움이 가중되고 있다. 이에 한부모 아동이 성년이 될 때까지 안정적으로 성장하도록 하기 위해 비양육부모로 하여금 양육비를 이행하도록 조치하는 제도가 마련되었다. 2015년에 양육비 이행관리원을 설치하고 원스톱 종합지원 서비스를 제공하는데 주요내용은 다음과 같다.

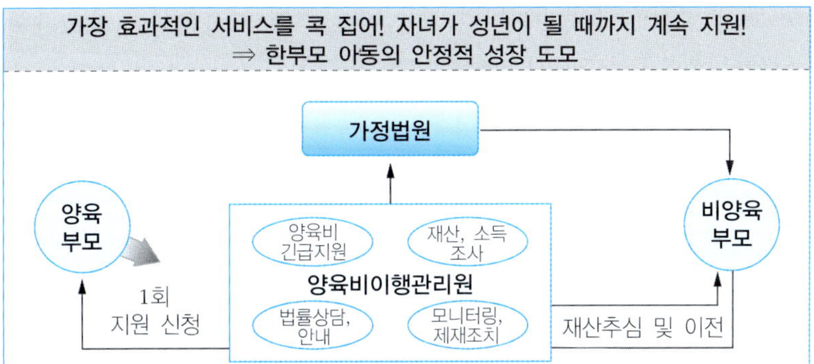

〈원스톱 종합지원 서비스〉

- 양육비 상담
- 양육비 청구 및 이행확보 등을 위한 법률지원 또는 협의성립지원
- 법원의 양육비 확정 판결에 따른 이행지원 및 이행여부 모니터링 확인
- 양육비 채무 불이행자에 대한 제재조치
- 한시적 양육비 긴급지원 및 비양육부모의 양육책임에 대한 인식 개선
- 양육비 이행 지원에 관한 제도 연구, 프로그램 지원 등

출처: 여성가족부(2016). 2016년 한부모가족지원사업 안내.

2 조손가정의 아동복지서비스

조손가정은 조부모가 부모를 대신하여 손자녀를 양육하는 가정의 형태로, 우리 사회가 당면한 고령화와 가정해체, 이 두 가지 문제가 작용해 생겨난 가족형태이다. 우리나라는 90년대 이후 다양한 가족구조의 유형으로 변화하면서 여성의 사회적 진출과 개인주의적 성향 등의 확산으로 독신가족뿐 아니라 이혼에 따른 한부모가족 및 재혼가족이 보편적으로 증가한 것은 물론 노인인구가 많아지면서 조손가정의 수도 급격하게 증가하고 있다.

조손가정의 증가로 인하여 손자녀 돌봄에 대한 심리적 부담과 경제적 부양, 조부모 질병 등의 어려움이 예상된다. 이는 곧 아동의 문제로 연결되기 때문에 이제는 사회와 국가가 개입해야 할 필요성이 대두된다.

그 일환으로 2007년에는 모・부자복지법이 한부모가족지원법으로 개정되면서 조손가족을 보호대상으로 포함시킨 점은 매우 의미가 크다. 이에 여기에서는 조손가정의 아동 개념 및 현황, 문제점, 지원 등을 설명한다.

1) 조손가정 아동의 개념

조손가정이란 부모의 이혼, 가출, 파산 및 죽음 등 다양한 이유로 그들의 성인자녀를 대신하여 조부모가 손자, 손녀를 양육하는 가족의 형태를 일컫는 것으로 조손가정, 조손세대, 조손가구 등의 다양한 용어로 사용하고 있다. 보통 조손가정은 크게 두 가지 '양육보호'와 '조부모동거' 유형으로 구별된다. '양육보호'는 부모의 사망, 가출 등으로 부모역할을 할 수 없을 때 조부모가 유일한 보호자로서 손자녀를 양육하는 형태를 말한다. 반면에 '조부모동거'란 부모의 취업 등으로 인해 조부모가 일시적 혹은 특정시기까지만 손자녀를 양육하는 형태를 말한다.

「한부모가족지원법」의 공적인 지원을 목적으로 하는 개념에 의하면 조손가족이란 그의 손자녀만으로 이루어진 가구를 말한다. 이러한 법적 개념은 조부모가 생계를 꾸려나가면서 18세 이하의 손자녀를 양육하고 부양의 책임을 지는 가구만을 대상으로 한다는 점에서 협의의 개념을 채택하고 있음을 알 수 있다(김혜영, 김은지, 최인희, 김영란 2011).

우리나라는 보통 조손가정에 대한 개념으로 '양육보호'의 형태를 받아들이고 있다. 즉, 부모의 이혼, 별거, 가출, 사망 등의 사유로 부모없이 조부모가 유일한 보호자로서 손자녀와 함께 거주하는 가정형태를 취한다. 따라서 여기에서 조손가정의 아동이란 부모와 함께 살지 않고 조부모와 함께 생활하는 아동까지 포함하는 것이 적당하다.

2) 조손가정의 실태

조손가정은 2000년대까지 가족의 형태로 분류되어 있지 않았으며 2005년 인구주택 총조사를 통해서 비로소 알려졌다. 조손가족의 실태파악이 쉽지 않으나 이들 조손가정에 대한 관심을 가지고 있어야 만이 조손가정 아동의 문제를 최소화하고 그들의 건전 육성을 지원할 수 있다. 이에 여기에서는 조손가정의 실태를 기술함으로서 문제점이 무엇인지 알 수 있다.

(1) 일반 특성

통계청에 따르면 2015년 기준으로 조손가정은 11만 3,100여 가구였으며, 고령인구 추세 등을 감안하면 2030년에는 27만 가구, 2035년에는 32만 가구로 늘어날 것으로 전망된다. 무엇보다 시급한 것은 조손가정 실태조사이다. 조손가정은 급증하고 있지만 2010년 여가부의 실태조사 이후 공식적인 조사는 한 번도 이루어진 적이 없다. 실태조사에 소요되는 예산이나 인력을 확보하지 않는 한 쉽지 않다. 조손가정에 대한 지원제도들도 여기저기 흩어져 있어서 정작 필요한 지원은 부족하다.

조손가정은 경제적 문제뿐 아니라 손자녀들의 돌봄문제로 어려움을 겪고 있다. 2017년 기준으로 월 88만원도 못 버는 조손가정은 전체 조손가정의 82%였으나 다음 해 92%로 증가하였다. 같은 기간 연 7,000만원 이상 버는 고소득 조손가정도 7.2%에서 13%로 크게 증가하였다. 이와 같은 결과는 조손가정의 평균소득이 늘어난 것이 아니라 고소득층에서도 가정해체가 가속화되며 조손가정이 늘었기 때문으로 추정된다(경향신문, 2019).

(2) 손자녀 수 및 조부모 연령

조손가정은 전체 가구의 0.4%에 해당하며 전국에 약 6만 3천여 가구의 조손가정이 생

활하고 있는 것으로 나타났다. 이는 한부모가족(29.6%)이 차지하는 비중과 비교할 경우 매우 적다고 할 수 있다. 그러나 조손가정은 18세 미만 아동이 있는 유자녀가족 중에서는 1.2%을 차지하는 것으로 나타나고 있어 비록 그 수는 작지만 유자녀 가족에서 차지하는 비중은 무시할 수 없는 수준이다.

다음 〈표 7-9〉는 조손가정의 손자녀 수와 조부모 연령대별 실태조사 결과이다(김혜영, 김은지, 최인희, 김영란 2011, 재인용). 조손가족에서는 손자녀가 1명인 경우가 60.7%로 과반수 이상으로 나타났으며, 2명은 34.1%를 차지하고 있어 조손가족의 평균 손자녀수는 1.45명으로 나타났다.

한편 조손가족의 조부모 연령을 살펴보면, 조부 또는 조모의 연령은 평균 69세로 나타났으며, 60대가 53.7%, 70대가 38.6%였으며, 80대 이상인 경우도 4.6%로 나타나 손자녀돌봄에 있어 조부모의 신체적 양육 부담과 이로 인한 질병 발생 가능성이 높은 것으로 예측할 수 있다.

〈표 7-9〉 조손가정의 손자녀 수 및 조부모 연령

조손가족의 손자녀수		조부모 연령	
전체	1,248(100.0)	전체가구수	1,889(100.0)
1명	7,568(60.7)	50대	58(3.1)
2명	425(34.1)	60대	1,015(53.7)
3명	57(4.6)	70대	729(38.6)
4명 이상	8(0.6)	80대 이상	87(4.6)
평균자녀・손자녀수 (표준편차)	1.45(0.61)	평균(표준편차)	69.22(5.3)

(3) 사회경제적 수준 및 생활실태 조사

조손가족 실태조사(여성가족부, 2011)에서 조부모의 경제활동상태에 의하면, 73.5%가 미취업인 상태이며, 취업한 조부모들의 대다수(68.8%)는 농림어업에 종사하고 있으며 단순 노무직에도 12.4%를 차지하고 있어 일정 이상의 숙련도가 필요한 직업의 종사비율은 극히 낮은 것으로 나타났다. 결국 이러한 실태는 조부모의 취업형태가 안정적인 소득원으로 자리 잡을 수 없음을 보여주며, 조손가족 대부분은 개인이나 가구의 소득이 최저생활을 하는데 필요한 최저생계비 이하인 저소득 가정이라는 것을 보여준다.

조손가정 조부모의 생활실태 조사에 의하면, 조부모의 약 3명 가운데 한 명은 장애가 있고 약 5명 중 한 명은 활동의 제약이 있는 것으로 조사되었다. 그리고 조부모들 '스스로가 육체적, 정신적 장애가 하나라도 있다'고 응답한 비율은 29.0%를 차지하고 있다. 이는 일상적 가사노동과 손자녀의 돌봄 및 학습지도 등의 어려움을 초래할 것으로 예상할 수 있다. 또한 옷 입기, 장보기 등의 일상생활을 유지하는데 어려움 뿐만 아니라 취업활동도 불가능한 경우가 대다수로 예상된다.

한편 조손가족 실태조사 결과에 의하면, 조부모의 건강상태에 문제가 있음을 보고하고 있는데 전체응답자 중 40.8%가 6개월 이상 만성질환을 앓고 있으며, 크고 작은 잦은 질병에 시달리는 경우가 33.1%로 나타나 전반적으로 건강하지 못한 상태를 보고한 경우는 전체 응답자의 73.9%에 달하였다(여성가족부, 2011).

(4) 조손가정 손자녀의 돌봄실태

조손가정의 경우 미취학 손자녀돌봄은 주로 조부모에 의해 전담되는 비율이 높아 보육자원이 부족한 것으로 나타났다. 다음 〈표 7-10〉은 조손가정의 아동연령별 보육방법에 관한 것을 나타낸 것이다(여성가족부, 2011). 조손가족의 경우 미취학 손자녀 돌보기(86.2%)와 초등학생 보육방법(79%)이 주로 조부모에 의해 이루어지고 있음을 알 수 있다. 반면 기타 가족이나 가사도우미를 보고한 경우는 거의 없는 것으로 나타난 것으로 보아 조손가정의 경우 조부모가 돌봄의 핵심적인 자원이므로 개별돌봄을 위한 인력자원이 부족하다는 것을 알 수 있다.

〈표 7-10〉 조손가정의 손자녀 보육방법 (단위: 명, %)

조손가정의 미취학자녀(6세 이하) 보육방법				조손가정의 초등학생(7-13세) 보육방법			
전체	325	유치원	57(17.5%)	전체	718	학원	225(31.1)
부모	-	어린이집	55(16.9%)	부모	-	혼자	50(6.9)
조부모	280(86.2)	학원	14(4.3)	조부모	567(79.0)	기타 (보육시설 포함)	18(2.5)
기타가족	3(0.9)	혼자	4(1.2)	기타가족	8(1.1)		
가사 도우미	0(0.0)	기타	2(0.6)	가사 도우미	0(0.0)		

※ 중복응답 처리함

3) 조손가정 관련 지원정책

현재 우리나라에서는 조손가족만을 대상으로 하는 별도의 지원체계는 마련되어 있지 않다. 다만 소득 및 가구구성 형태에 따라 지원받을 수 있는 저소득층 지원 정책과 「한부모가족지원법」, 「건강가정지원법」 등에 근거한 지원정책이 있다. 「한부모가족지원법」에 의하면, 조손가정은 특례 조항으로 규정되어 있어 한부모가족의 선정기준을 그대로 적용받아 지원받게 되어 있다. 그러나 한부모가족지원대상자는 일부의 저소득층 조손가족만을 대상으로 하고 있을 뿐만 아니라 지원규모가 자녀 또는 손자녀 양육지원을 위한 최소한의 지원정책이라는 점에서 대단히 제한적이다.

조손가정과 관련된 지원체계로 조부모가 수혜자인 노인지원정책과 손자녀가 수혜 대상자에 해당하는 아동지원정책이 있는데 여기에서는 아동지원정책인 대리양육 가정위탁, 아이돌보미 지원사업, 지역아동센터 등을 설명한다.

(1) 대리양육 가정위탁 지원사업

가정위탁 지원사업은 「아동복지법」 제2조에 따라 요보호 아동을 보호·양육하기 희망하는 가정에 위탁 양육함으로써 가정적인 분위기에서 건전한 사회인으로 자랄 수 있도록 보건복지부가 지원하고 있다(염동훈, 김혜영, 안치민, 2007).

가정위탁 가운데 대리양육 가정위탁은 친조부모 또는 외조부모에 의한 손자녀 양육이므로 조손가족을 위한 지원서비스로 볼 수 있다. 보건복지부는 지방이양사업으로 대리양육 가정에 대해 아동 1인당 월 10만원의 양육보조금을 지원하며, 아동을 국민기초생활수급자로 책정하여 생계·의료·교육 등의 해당급여를 지원하고 있다

(2) 아이돌보미 지원사업

아이돌보미 지원사업은 일시적이고 긴급한 돌봄이 필요한 가정인 전국가구 월평균 소득의 100% 이하, 0세(3개월 이상)~만 12세 아동이 있는 서비스 이용 희망가정을 대상으로 아이돌보미 서비스를 제공하는 사업을 말한다. 이는 시설보육의 사각지대를 해소하여 아동의 안전한 보호 및 가족의 아동양육 부담을 경감시키기 위한 사업으로, 조손가족의 경우 우선적으로 지원받을 수 있다. 지원내용으로는 양육 돌보미, 학습 돌보미, 기관파견 돌보미, 법정 전염병 간염 아동 지원서비스 등이 해당된다.

(3) 드림스타트 및 지역아동센터 지원사업

드림스타트 사업은 시 · 군 · 구 단위에서 0세~만 12세 저소득 아동과 가정을 대상으로 수요자 중심의 보건 · 복지 · 교육 등 맞춤형 통합서비스를 제공한다. 이에 저소득 조손가족은 드림스타트 사업을 통해 아동의 보건 · 복지 · 교육 및 아동양육에 대한 부모교육, 가족관계 증진을 위한 가족캠프 등 맞춤형 통합서비스를 제공받는다.

지역아동센터는 사회적 돌봄이 필요한 아동 · 청소년들에게 통합교육 및 복지활동을 제공하는 시설이다. 이러한 사업은 지역사회 내 보호를 필요로 하는 만 18세 미만 이용아동에게 생활지원, 사례관리, 지역자원 연계를 통해 아동의 복지를 지원하고 있으며, 저소득층 조손가족 아동에게 실질적인 복지서비스를 제공하는 대표적 지원사업이다.

4) 조손가정 지원정책의 개선방안

한국의 경우 혈연중심적인 가족주의 성향으로 부모가 자녀양육자 역할을 수행할 수 없는 경우, 생존해 있는 조부모들은 손자녀돌봄에 대한 강한 책임의식을 가지고 있다. 그 결과 조손가족에게 손자녀를 양육하면서 경험하는 일상생활의 어려움을 해소할 수 있는 적절한 서비스를 제공하여 조손가정의 기능을 강화 혹은 보완하려는 노력이 요구되고 있다.

현행 조손가족 관련 지원정책은 주로 저소득 조손가족에 대한 경제적 지원에 초점을 두고 있으며, 이 역시 저소득 노인이나 아동을 대상으로 하는 개별지원이라는 점에서 조손가족 구성원이 체감하는 정책의 효과성은 다소 미흡하다.

최근에는 가족매체를 통해 조손가정에 대한 관심이 부각되어 정부 및 지역사회의 지원이 증가하여 조손가정 아동은 의료서비스, 아동급식지원, 학자금지원 등을 받고 있다. 또한 학교나 사회복지관, 지역아동센터 등에서 방과 후 교육활동이나 프로그램 등이 지원되고 있다.

그럼에도 불구하고 손자녀의 교육 및 상담을 지원하는 사업 등은 양적으로 부족할 뿐만 아니라 손자녀의 정서적인 부분을 구체적으로 다루거나 예방하는 상담 프로그램 등도 많지 않다. 또한 손자녀와의 의사소통 증진을 위한 조부모교육, 가족 단합행사 등은 일회성에 그치는 경우가 많으므로 지속적이고 정기적인 개입이 필요하다. 더욱이 인력과 예산의 부족 등으로 인해 보다 많은 조손가족에게 지속적인 서비스를 제공하기 어려운 현실에서 합리적인 방안이 모색되어야 할 것이다.

Plus Tips

조손가정의 희망사다리 사업 사례

조손가정의 희망사다리 사업은 조손가족 통합지원 서비스의 일환으로 2011년 4개 지역의 건강가정지원센터에서 가족역량 강화 사업의 하나로 시작하였다. 사업의 목적은 약화되어 있는 조손가족의 가정기능을 회복, 강화 함으로써 행복하고 건강한 가정생활 영위, 가족 간의 유대감 강화, 삶의 질 향상을 도모하기 위한 것으로 지원사업의 주요 내용은 다음 표와 같다.

프로그램 내용		
손자녀 학습 및 특별활동 지원사업	정서지원 및 상담서비스	상시 개별 및 가족상담
주거환경개선사업	문화체험지원사업	조부모지원사업

이 사업을 통하여 사각지대에 있는 조손가족의 심리 · 정서적 지원과 가족의 응집성 및 손자녀의 사회성 강화 등의 효과를 보고하였다. 특히 부모의 상실 및 이혼 등으로 인해 상처받는 손자녀들을 위해 개별, 집단, 가족상담을 진행하고 상담의 효과를 높이기 위하여 미술, 음악, 놀이치료 등 치료기법을 활용한 활동과 아동을 위한 멘토링 사업을 연계하여 조손가정의 손자녀로 하여금 안정적 정서 함양에 도움을 주었다.
한편으로 주거환경개선사업의 경우에는 1차적으로 위생관리 및 청결한 가정환경 개선을 통해 신체적 건강뿐 아니라 정서적 안정감을 도모하였는데 이는 부수적으로 손자녀의 정서적 불안으로 오는 이상행동 완화, 부산한 학습태도 개선 및 가사활동의 애착 형성 등 바람직한 개선 효과를 가져왔다.

출처: 송정애(2012). 가족복지론. 양서원. 재정리

CHAPTER

08

다문화 및 북한이탈주민 가족의 아동복지서비스

현대사회에는 다양한 가족형태가 존재한다. 이혼 및 재혼으로 인한 한부모가정과 조손가정의 형태는 물론 다문화가정과 북한이탈주민가정도 증가하고 있다. 최근 우리 사회에서 이러한 다양한 가족형태의 변화가 급속하게 진행되고 있다는 것을 인식하고 가족구성원들의 생존과 성장을 위해 그들의 복지와 안녕에 관심을 가져야 한다.

특히 국가와 사회는 다양한 가족의 아동복지 차원에서 아동을 보호하고 양육하고 지원할 수 있도록 제도적 뒷받침을 제공할 의무가 있다. 제8장에서는 다문화가정 및 북한이탈주민가정의 아동을 위한 복지서비스를 설명한다.

1 다문화가정의 아동복지서비스

우리 사회에서 일반적으로 알고 있는 다문화가정의 개념은 외국인노동자, 결혼이민자, 북한이탈주민을 포괄하는 넓은 의미로 사용되고 있다. 다문화가족지원법이 제정·시행되기 이전까지 다문화가족은 법률적으로 국제결혼가정이라는 용어를 많이 사용하였지만 이는 단순히 결혼 당사자만을 지칭할 뿐 결혼으로 인하여 형성된 가족구성원을 포함하고 있지 않으므로 적절하지 않았었다. 그러나 「다문화가족지원법」이 제정되면서 다문화가족은 국민의 배우자 혹은 대한민국 국적을 취득한 이주민을 가족의 구성원으로 포함하여 규정하고 있다.

1) 다문화가정 아동의 개념

다문화가족 및 아동에 대한 개념은 「다문화다문족지원법」 제2조에 명시되어 있으며 다음 〈표 8-1〉과 같다. 2008년에 제정된 「다문화가족지원법」은 다문화가족 구성원이 안정적인 가정생활을 영위하고 사회구성원으로서의 역할과 책임을 다할 수 있도록 함으로써 이들의 삶의 질 향상과 사회통합에 이바지함을 목적으로 한다.

「다문화가족지원법」에 의한 다문화가정의 아동은 24세 이하인 자로서 우리와 다른 문화적 배경을 가진 외국국적의 배우자와 한국인 사이에서 출생한 자녀를 말한다. 그동안 다문화가족의 아동은 '혼혈아', '코시안', '아메리시안', '코메리칸' '코피노', '라이따이한' 등 다양하게 불러짐에 따라 사회적 편견이나 낙인 등의 문제가 발생하게 되었다.

〈표 8-1〉 「다문화가족지원법」에 의한 다문화가정 아동의 개념

제2조(정의) 이 법에서 사용하는 용어의 뜻은 다음과 같다. 1. "다문화가족"이란 다음 각 목의 어느 하나에 해당하는 가족을 말한다. 가. 「재한외국인 처우 기본법」 제2조 제3호의 결혼이민자와 「국적법」 제2조부터 제4조까지의 규정에 따라 대한민국 국적을 취득한 자로 이루어진 가족 나. 「국적법」 제3조 및 제4조에 따라 대한민국 국적을 취득한 자와 같은 법 제2조부터 제4조까지의 규정에 따라 대한민국 국적을 취득한 자로 이루어진 가족 2. "결혼이민자"등이란 다문화가족의 구성원으로 다음 각 목의 어느 하나에 해당하는 자를 말한다. 가. 「재한외국인 처우 기본법」 제2조 제3호의 결혼이민자 나. 「국적법」 제4조에 따라 귀화허가를 받은 자 3. "아동·청소년"이란 24세 이하인 사람을 말한다.

그동안 다문화가정의 자녀에게 '혼혈'이라는 용어 자체가 가지는 상징적 차별성과 특수성으로 말미암아 거부반응을 일으켜 왔던 것이 사실이다. 이러한 차별적인 문제를 해소하기 위한 차원에서 가치중립적인 용어를 사용해야 한다는 인식과 함께 다문화가족, 또는 결혼이민자 자녀 등의 이름으로 바꾸어 사용되고 있다. 이는 다문화가정의 자녀들에게 부정적 느낌을 주지 않고, 한 가정 내 두 개 이상의 서로 다른 문화가 만난다는 특성을 포함하고 있어 더 적절하다.

2) 다문화가정의 현황 및 실태

우리나라는 세계화에 따른 시장개방, 혼인시장의 불균형과 저출산 및 농촌지역의 여성인구수 감소, 결혼이주산업의 활성화, 노동인구의 감소 등으로 국제결혼이 지속적으로 증가하고 있다. 다문화가족 및 이민자녀의 지속적 증가 및 전망(김유경, 2012)에 대하여 구체적으로 살펴보고자 한다.

(1) 결혼이민자 가족의 장래 인구추계

국내 총인구 대비 결혼이민인구의 비중은 2009년 기준 0.56%에서 2050년 5.11%로 증가할 것이라고 전망되어 향후 40년 후에는 전체 인구 100명 중 5명이 다문화가족으로 구성될 것으로 추정된다. 결혼이민자 가족의 장래 인구 추계는 다음 [그림 8-1]과 같다(설동훈 외, 2009, 재구성).

(단위: 명)

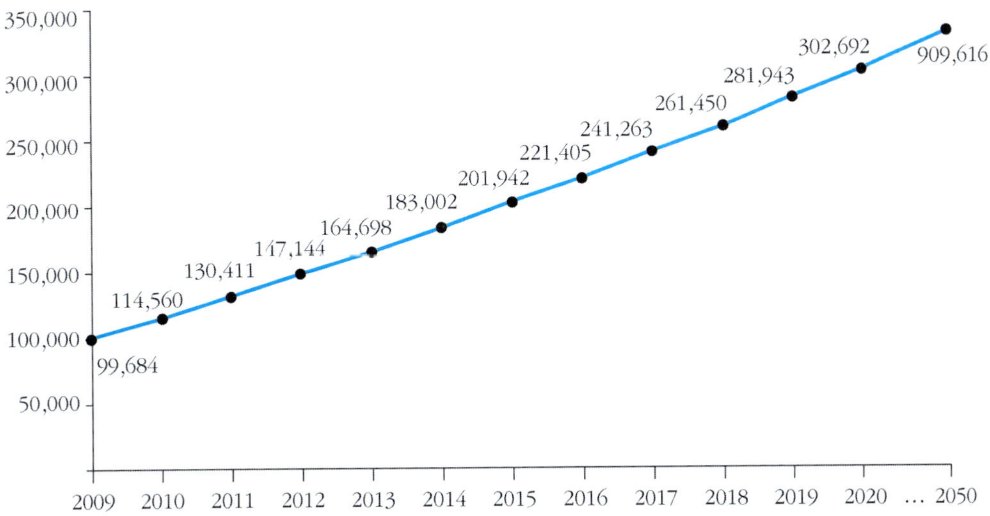

[그림 8-1] 결혼이민자 가족의 장래 인구 추계(2009~2050년)

(2) 다문화가구의 구성 현황

다문화가구의 가구 구성은 다음 [그림 8-2]와 같다(여성가족부, 2019). 전체 가구 중에서 가장 큰 비중을 차지하는 것은 부부와 자녀로 이루어진 가구로 전체의 34.0%가 여기에 속한다. 다음으로는 부부만으로 이루어진 가구로 전체의 17.0%에 해당되어 전형적인 핵가족 형태가 51%를 차지하고 있다. 그 다음으로 본인(결혼이민자, 귀화자) 1인 가구가 14.4%, 그 외 대가족의 비중이 10.6%를 차지하는 것으로 나타났다.

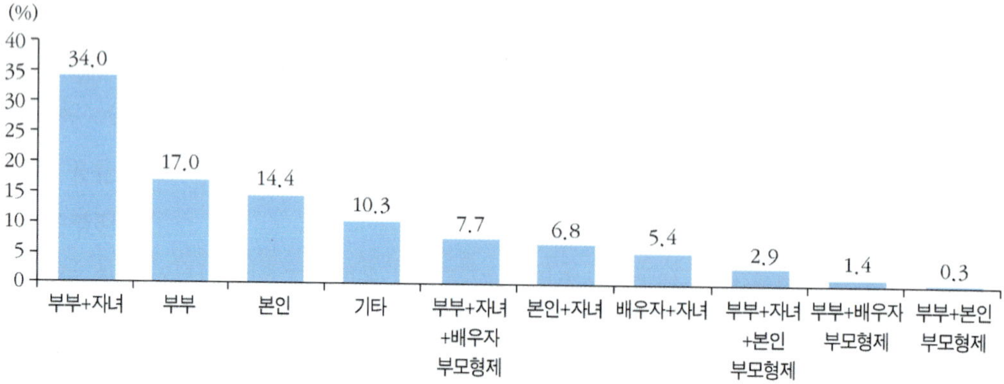

[그림 8-2] 다문화가구의 가구 구성

(3) 다문화가족의 아동 현황

다문화가족의 지속적인 증가로 다문화가족의 아동 인구는 지속적으로 늘어날 전망이다. 다음 〈표 8-2〉는 다문화가족 아동의 연령별 현황을 제시한 것이다(여성가족부, 2020). 표에 의하면 다문화가족 아동은 2018년 기준, 237,506명으로 2010년 대비 51% 증가되었다. 연령대별로는 만 6세 이하, 만 7~12세, 만 13~15세, 만 16~18세는 2010년 대비 꾸준한 증가추세로 나타나고 있다.

〈표 8-2〉 다문화가족 아동의 연령별 현황

연도	연령별 현황				
	계	만6세이하	만7~12세	만13~15세	만16~18세
2018	237,506	114,125	92,368	19,164	11,849
2017	222,455	115,085	81,826	15,753	9,791
2016	201,333	113,506	56,768	17,453	13,606
2015	197,550	116,068	61,625	12,567	7,290
2014	204,204	121,310	49,929	19,499	13,466
2013	191,328	116,696	45,156	18,395	11,081
2012	168,583	104,694	40,235	15,038	8,616
2011	151,154	93,537	37,590	12,392	7,635
2010	121,935	75,776	30,587	8,688	6,884

초·중학교 내 다문화 학생이 많이 늘어나는 추세는 2000년대 초중반 결혼이주여성과 한국인 배우자 간 국제결혼이 급증했기 때문이다. 현재 학령 중에서 가장 낮은 비율을 보이는 고등학생과 대학생은 2050년에는 각각 10.1%, 7.9%로 높은 비율을 보일 것으로 전망된다(연합뉴스, 2019).

(4) 다문화가족의 사회경제적 실태

가구소득별로는 가구소득이 높을수록 가구원 수가 많아 가구소득과 가구원 수 간에 정적 상관이 있다는 것을 알 수 있다. 다음 〈표 8-3〉의 다문화가구의 가구소득(여성가족부, 2019)을 보면, 특히 가구소득이 100만원 미만인 경우에는 1인 가구 비중이 39.2%에 달하는 반면, 가구소득이 600만 원 이상인 경우에는 가구원 수 5명 이상의 비율이 18.5%로 나타난다. 한 가지 눈에 띄는 부분은 가구소득 100만원 미만 가구 중 5인 이상 가구가 3.4%, 4인 가구가 7.5%, 3인 가구가 13.0%라는 점이다.

〈표 8-3〉 다문화가구의 가구소득

(단위: %, 가구)

		1명	2명	3명	4명	5명 이상	합계	평균
전체		14.5 (44,551)	27.7 (84,999)	25.8 (79,284)	19.7 (60,468)	12.3 (37,693)	100.0 (306,995)	2.92
다문화가구 유형	결혼이민자	11.3	28.2	26.6	20.8	13.2	100.0	3.02
	기타귀화자	33.9	24.8	21.4	13.3	6.5	100.0	2.36
가구소득	100만원 미만	39.2	36.9	13.0	7.5	3.4	100.0	2.00
	100~200만원 미만	28.5	31.0	20.3	12.4	7.8	100.0	2.43
	200~300만원 미만	12.3	25.9	27.0	21.3	13.4	100.0	3.03
	300~400만원 미만	3.3	25.4	31.4	24.6	15.4	100.0	3.29
	400~500만원 미만	2.4	25.3	29.9	26.6	15.8	100.0	3.34
	500~600만원 미만	1.4	22.7	32.1	27.2	16.6	100.0	3.41
	600만원 이상	1.4	24.2	31.4	24.5	18.5	100.0	3.45

2018년도 기초생활수급 최저 생계비용이 3인 가족 1,104,945원, 4인 가족 1,355,761원, 5인 가족 1,606,576원임을 고려하면(보건복지부, 2018), 적어도 3인 다문화가구의 13.0%, 4인 다문화가구의 7.5%, 5인 다문화가구의 11.2% 이상이 생계급여 이하의 소득수준에 해당한다는 것을 알 수 있다.

(5) 다문화 가정 자녀의 취학률

2018년 전국다문화가족실태조사에 나타난 다문화 가족 자녀의 초등학교 취학률은 [그림 8-3]과 같다. 그래프에서 보는 바와 같이 초등학교 98.1%, 중학교 92.8%, 고등학교 87.9%, 고등교육기관 49.6%로 나타났다. 이를 2018년 교육통계연보에 나타난 전체 국민의 취학률과 비교해 보면, 초등학교의 경우 전체 국민의 취학률은 97.4%로 다문화가족 자녀의 취학률이 0.7%p 더 높게 나타났다. 그러나 중학교부터는 다문화가족의 취학률이 전체 국민에 비해 눈에 띄게 낮은데, 중학교에서는 5.1%p, 고등학교에서는 4.5%p 낮고, 이러한 격차는 고등교육에서 극대화 되어 고등교육의 경우, 국민 전체(67.6%)에 비해 다문화가족의 취학률은 18.0%p가 낮은 것으로 나타났다(여성가족부, 2019).

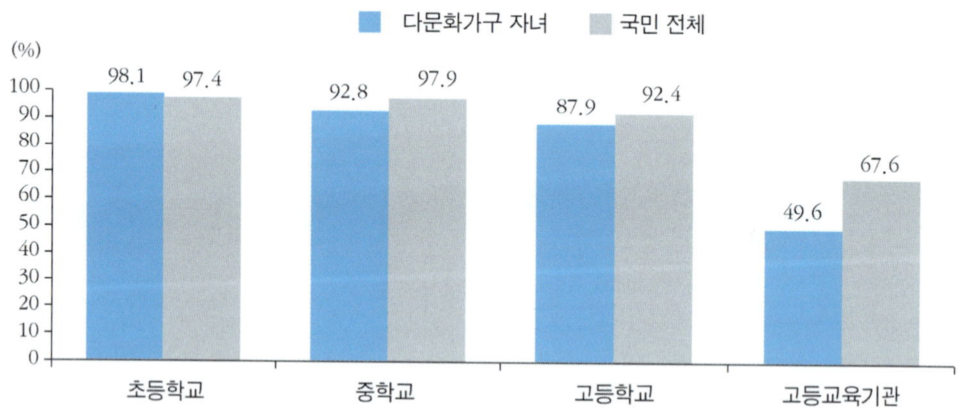

[그림 8-3] 다문화가구 자녀의 학교급별 취학율

이러한 결과는 비록 초등교육에서의 교육접근성은 많이 향상되어 오히려 전체 국민보다도 0.7%p 높은 수준이나, 대학진학률이 70%를 넘는 우리나라에서 고등교육에 대한 낮은 취학률에 주의를 기울일 필요가 있다. 이는 결과적으로 노동시장에서의 취약함으로 이어질 가능성이 높으므로 다문화가족 자녀의 중등 및 고등교육에서의 낮은 취학률과 그 원인을 면밀하게 분석하고, 이에 대한 적절한 대안을 강구할 필요가 있다.

3) 다문화가정 아동의 문제점

다문화가족의 특성상 가족 및 아동이 겪는 문제점은 매우 다양하다. 특히 경제적 어려움, 학교생활 문제, 사회적 편견 및 차별의 문제 등으로 나누어 설명한다.

(1) 경제적 어려움

여성결혼이민자의 거주지는 도시와 농촌 비율이 3:1 정도로서 가구의 절반 이상이 최저생계비 이하의 소득으로 살아가고 있는 것으로 알려졌다. 2009년 여성가족부 조사에 따르면 결혼이주민 가족의 월평균 가구소득은 100~200만원 미만이 38.4%이고, 200~300만원이 18.7%이다(보건복지부, 2010).

특히 외국근로자의 경우 전문지식이나 기술적인 측면에서 고소득 직업에 종사하기 어렵고 단순 노무직이나 임시 비정규직에 종사하기 때문에 저임금으로 살아갈 수밖에 없으므로 경제적으로 어려운 형편이다.

이러한 경제적 어려움은 자녀양육상의 어려움을 호소하는데 그 중 방과 후 자녀 맡길 곳의 부재, 양육비와 교육비 부담 등이 많은 편으로 보고되었다. 경제적 어려움은 자녀의 학습부진을 위한 보충수업에 대한 사교육비 부담이 있으며, 게다가 재능있는 자녀들의 특별활동을 위한 개별과외 등을 지원해주기 어려운 문제등으로 나타난다. 결과적으로 자녀들의 학습부진은 상위학교 진학을 어렵게 하고 '탈학교화'를 가속화시킬 가능성이 제기되고 있다.

(2) 학교생활 문제

다문화가정의 자녀는 태어나면서부터 어머니로부터 많은 영향을 받게 되는데, 외국인 출신의 어머니는 한국어 능력의 부족으로 자녀와의 대화에서 많은 어려움을 겪게 된다. 특히 어린이집, 유치원, 학교 등에 입학을 하는 자녀가 있는 경우에 "알림장" 등을 잘 이해하지 못하기 때문에 매번 어려움을 겪게 된다. 한국어가 어느 정도 능통하다고 생각하는 대다수의 결혼이주여성들도 자녀가 취학연령에 가까워지면 어려움을 겪는다고 말하고 있다. 대부분 자녀양육 및 교육, 학교생활 전반은 전업주부가 담당하게 되는데 대다수의 결혼이주 여성은 의사소통이 능숙하지 못하고 읽기가 어려운 상태이므로 자녀의 학습에 도움을 주지 못한다(박주현, 최덕경, 2011). 이러한 어려움은 학업과 관련하여 학습부진의 결과를 초래하게 된다. 결국 다문화가정의 자녀들은 한국말이 서투른 어머니의 교육 때문에 언어발달의 지체를 겪게 되고, 독해, 어휘력, 작문 능력이 현저하게 떨어지는 것으로 나타났다(오성배, 강태중, 이기범, 2008).

다문화가정 아동이 학업 외에 학교에서 경험하는 또 다른 어려움으로는 학교폭력을 비롯한 또래관계의 어려움으로 나타났다. 다문화가정 아동의 학교폭력 피해경험에 관한 실태조사(김순옥 외, 2014, 재인용)에 의하면, 말로 하는 협박이나 욕설(66.5%), 맞거나 갇힘(16.4%), 돈 또는 물건을 빼앗김(15.3%) 등의 순서로 나타났다. 게다가 학교폭력 피해 아동의 연령별로 보면, 초등학생이 중・고등학생에 비해 2배 이상 높게 나타나 연령이 어릴수록 피해 경험이 많은 것으로 보고되었다.

다문화가정 아동이 경험하는 집단 따돌림 이유는 단순히 다문화가정 자녀이기 때문에(34.1%), 의사소통이 잘 안되어서(20.7%), 태도와 행동, 외모 등이 달라서(18.3%) 등의 순서로 나타났다(설동훈, 2005). 특히 다문화가정 아동이라는 이유로 겪게 되는 집단따돌림은 아동 스스로의 노력으로는 해결이 불가능하므로 학교와 지역사회의 도움이 절실하다.

(3) 사회적 편견과 차별의 문제

다문화가정의 아동은 사회적 편견과 차별로 인해 대인관계의 어려움을 겪는다. 다른 외모와 말투, 미숙한 언어와 학습부진은 집단 따돌림의 원인이 될 수 있으며 한국친구들과의 의사소통을 어렵게 해 친구를 사귀거나 교사와의 돈독한 관계를 맺는데 어려움을 야기한다. 새로운 언어와 문화를 접해야 하는 다문화가정 부모의 소극적인 태도는 자녀의 성장과정에 영향을 미치는데 이러한 태도는 결국 다문화가정 아동으로 하여금 자신감 결여 및 대인관계의 폐쇄적 형성과 학업성취도의 저하로 이어질 수 있다(오성배, 강태중, 이기범, 2008).

또한 다문화가정의 가장 중요한 구성원인 부부가 문화와 언어의 차이로 인해 갈등을 겪음으로써 다문화가정 자녀가 우울증을 일으킬 위험성도 높아진다. 특히 초등학교 시기는 타인에 의해 형성되는 자기의 모습을 그대로 인식하는 경우가 많은데 타인의 차별과 무시로 생긴 부정적인 자아상은 다문화가정 아동에게 근원적인 어려움이 된다. 한편 자녀가 사춘기에 접어들면서 사회문화적인 차이가 잘 수용되지 않는 어머니와의 관계에서 어려움을 호소하는 경우도 많다(전봉자, 2009).

결과적으로 부모의 대인관계 패턴 및 불안은 어린 자녀에게 전달되고 언어와 외모의 이질성 등으로 인해 발생하는 여러 문제들은 불안 증상으로 나타나는 경우가 많다. 현재 초등학교에 재학 중인 국제결혼가정 자녀들(87%)이 정서적으로 민감한 시기인 중·고교 연령대로 진입할 경우, 또래 학생들의 편견과 차별을 견디지 못하고 학교를 포기하는 사례가 늘어나 사회문제가 될 우려가 있다고 보고되고 있다(교육인적자원부, 2006). 따라서 다문화가정 아동의 정체감 혼란, 부정적 자아개념, 언어문제 및 학습부진, 대인관계의 어려움 등은 사회적 차별과 편견에 의해 더욱 더 촉발된다.

Plus Tips

다문화가족 자녀와 일반 청소년의 고민 비교

다문화가족 자녀 중 13세 이상 자녀만을 대상으로 그들이 갖고 있는 고민과 청소년 일반이 갖고 있는 고민을 비교해보면, 다문화가족 자녀 중 고민이 없다는 응답이 21.9%로 청소년 일반의 6.4%보다 3배 이상 많다. 13세 이상 다문화가족 자녀가 갖고 있는 가장 큰 고민은 진로와 관련한 것으로 48.2%이며, 그 다음으로는 공부(성적, 적성 등) 39.4%, 외모(17.3%), 용돈부족(14.3%), 친구(우정)(11.8%)의 순을 보인다. 이는 다문화가족 자녀와 청소년 일반이 갖고 있는 고민의 유형이 크게 다르지 않음을 보여주는 것이라 할 수 있다.

한편, 아래 그림에서 보는 바와 같이 다문화가족 자녀 중 13세 이상 자녀만을 대상으로 고민이 있을 때 주로 누구와 상담하거나 대화하는지를 살펴보면, 다문화가족 자녀의 경우 친구와 대화한다는 비율이 33.2%로 가장 높고, 그 다음은 어머니 30.1%, 스스로 해결 15.0%, 아버지 8.2%의 순을 보인다. 그러나 청소년 일반은 고민이 있을 때 주로 대화하는 상대가 친구라는 응답이 절반에 가까운 49.1%에 달하는데 비해, 다문화가족 자녀는 이보다 16%p 가까이 낮은 33.2%에 불과한 반면, 어머니나 아버지와의 대화 응답은 각각 약간씩 높게 나타난다는 점에 주목할 필요가 있다.

이 같은 양상은 청소년기 발달과업 중의 하나가 부모로부터의 심리적 이유와 또래관계 형성이라는 점에 비춰볼 때 다문화가족 자녀가 겪을 수 있는 또래관계 문제 가능성을 내포하고 있다고 볼 수 있겠다.

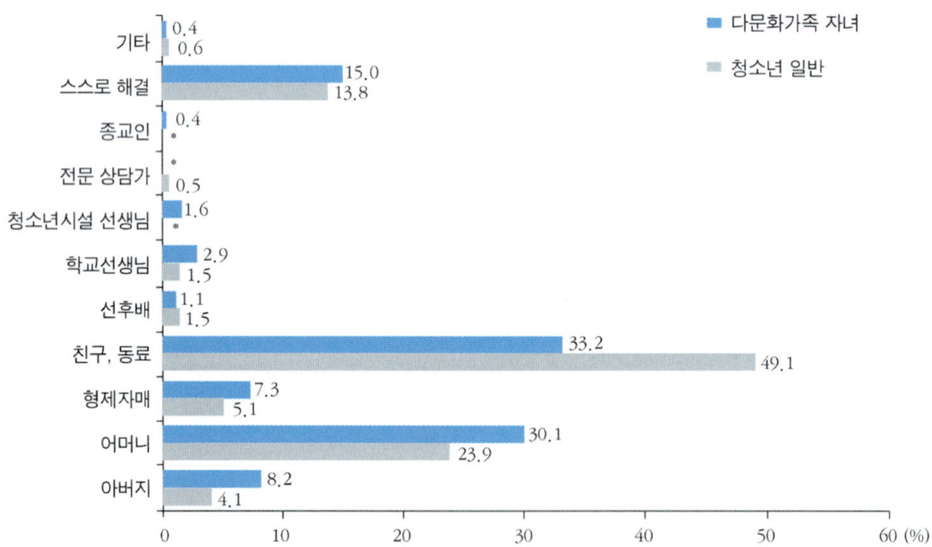

[다문화가족 자녀와 일반 청소년의 고민 시 대화(상담) 상대]

출처: 통계청(2018). 사회조사 원자료 분석(청소년 일반 부분)

4) 다문화가족 지원사업 및 향후 개선방안

여성가족부는 다문화가족의 안정적인 정착과 가족생활을 지원하기 위해 가족교육, 상담, 한국어 문화 프로그램, 자녀지원, 직업교육 서비스 제공등을 통해 결혼 이민자의 한국사회 조기 적응 및 다문화가족의 안정적인 가족생활을 지원하고 있다. 이 절에서는 지원사업과 향후 개선방안을 설명한다.

(1) 다문화가족 지원사업

다문화가족 지원사업은 「다문화가족지원법」에 명시한 다문화가족을 대상으로 한국어 교육, 다문화가족 대상 교육, 상담, 다문화가족 취업연계 및 교육지원, 다문화가족 나눔 봉사단 등의 운영을 지원하고 있다.

다문화가족 지원사업을 추진하기 위하여 국가나 지방자치단체에서 다문화가족지원센터를 설치·운영하고 있다. 다문화가족 지원센터에는 센터장과 직원, 방문교육지도사(한국어교육지도사와 생활지도사), 다문화가족 자녀 언어발달 지도사, 전문통번역지원사, 통번역지원사, 통번역지원사(보), 그리고 다문화가족 사례관리사, 그리고 이중 언어코치 등의 전문인력이 활동한다(여성가족부, 2017). 다문화가족 지원사업에는 크게 3가지로 요약할 수 있다. 즉, 다문화가족 지원센터의 기본 프로그램, 다문화가족 자녀를 위한 특성화 사업, 다문화가족 생애주기별 맞춤형 지원사업이다.

우선적으로 다문화가족지원센터의 기본 프로그램은 6개 영역으로 구분하여 공통필수와 선택 프로그램으로 나누어 제공하고 있다. 〈표 8-4〉는 다문화가족지원센터의 6개 영역의 프로그램을 제시하고 있다(여성가족부, 2017). 다문화가족지원센터의 기본 사업은 최근 「다문화가족지원법」 일부 개정(15년 12월 개정, 16년 6월 시행)에 의해 가족, 성평등, 인권, 사회통합, 상담, 홍보 및 자원연계 등으로 분류되어 사업이 시행되고 있으며, 특히 다문화가족에 대한 성평등, 인권교육이 강화되었다.

〈표 8-4〉 다문화가족지원센터 기본 프로그램

영역	공통필수	선택(예시)
가족	• 다문화가족 이중언어 환경조성 프로그램(연간 20시간) • 다문화가족 학령기 자녀입학 및 입시정보 제공(부모대상, 연간 4시간)	• 가족의사소통 및 가족관계향상 프로그램 • 결혼과 가족의 이해 및 가족의 역할 • 아버지교육 · 자녀교육 프로그램 • 부모-자녀관계 및 자긍심향상 프로그램 • 부모역할교육, 자녀건강지도 • 자녀생활지도 등
성평등	• 배우자 · 부부교육	• 이주여성 대상 프로그램 • 이주여성과 한국인 배우자 대상 프로그램 등
인권	• 다문화이해교육 • 인권감수성 향상 교육	• 다문화가족 관련법과 제도 • 이주민과 인권 등
사회통합	• 취업기초소양교육 • 취업연계 및 새일센터의 결혼이민자 대상 직업교육훈련 개설 시 적극협조 • 다문화가족 나눔봉사단소양교육 • 다문화가족 나눔봉사단 활동	• 한국사회적응교육 • 소비자 · 경제교육 • 학업지원반 운영 및 연계 • 다문화가족 자조모임 • 다문화인식개선 • 결혼이민자 멘토링프로그램 • 결혼이민자 정착단계별 지원 패키지 프로그램(결혼이민자자립지원 패키지 프로그램) 등
상담	가족상담	• 개인/집단상담 · 사례관리 • 위기가족 긴급지원 • 외부상담기관 연계 등
홍보 및 자원연계	-	• 지역사회홍보 및 네트워크 • 홈페이지 운영 등

둘째, 다문화가족지원센터의 특성화사업으로는 다문화가족 방문교육사업, 다문화가족 자녀 언어발달 지원사업, 결혼이민자 통번역서비스 사업, 다문화가족 사례관리사업, 결혼이민자 멘토링 사업, 다문화가족 자녀성장 지원사업 등이다. 〈표 8-5〉는 다문화가족 자녀를 위한 특성화 사업에 관한 내용을 정리한 것이다(여성가족부, 2017).

〈표 8-5〉 다문화가족 자녀를 위한 특성화사업

영역	대상	서비스 내용
다문화가족 방문교육사업	입국 5년 이하 결혼이민자, 중도 입국자녀	한국어교육서비스, 부모교육서비스, 자녀생활서비스
다문화가족 자녀 언어발달지원사업	다문화가족 자녀(만 12세 이하)	다문화가족 자녀 언어평가(초기) 및 언어교육(개별교육 및 모둠교육), 부모상담 및 교육
결혼이민자통번역 서비스	다문화가족 및 다문화가족을 직·간접적으로 지원하는 개인 또는 기관	• 가족생활 및 국가 간 문화차이 등 입국 초기 상담 통번역, 가족 간 의사소통 통역, 결혼이민자 정착 지원, 국적·체류 관련정보 제공 및 사업안내 통번역, 행정 및 사법기관 등 이용 시 통번역 • 국적 및 체류 관련 정보 제공, 임신 및 출산과 양육 등 생활정보 안내 및 상담 내용 통번역 등
다문화가족 사례관리사업	사례관리 대상(다문화가족 지원센터 회원의 가족)	• 위기관리가구(가족폭력, 이혼, 자살, 재난 등을 경험한 개인 및 가족 등) • 일반형 관리가구(정보 및 소득부족 등으로 다양한 사회서비스를 이용하지 못하는 가족) • 통합형관리가구(다문화가족의 문제 및 요구의 심각성, 복합성이 높은 개인 및 가족)
결혼이민자 멘토링 사업	센터별 멘토-멘티 10쌍 이상	초기 정착단계의 결혼이민자에게 정서적 지지와 돌봄 등 1;1 멘토링 서비스 제공
다문화가족 자녀성장 지원 사업	다문화가족 학령기 자녀 및 부모, 중도입국청소년 등	부모자녀관계 향상 프로그램(교육), 사회성발달 프로그램(역량강화), 미래설계, 위기사례지원 프로그램 등

셋째, 다문화가족 생애주기별 맞춤형 서비스는 가족의 생애주기 전반에 걸쳐 가족 전체를 대상으로 하는 사업을 체계화하고 다문화가족 자녀의 건강한 성장을 지원하기 위한 자녀 양육·보육·성장 지원 정책에 비중을 두었다는데 특징이 있다. 또한 결혼이민자가 겪는 가장 큰 어려움인 의사소통 문제를 해소하기 위한 통·번역 지원사업을 본격적으로 실시하고 있다. 생애주기별 맞춤형 서비스 내용은 다음 〈표 8-6〉과 같다(보건복지가족부, 2009).

다문화가족 생애주기별 맞춤형 지원정책은 2009년 당시 주관부서인 보건복지가족부(현재, 보건복지부와 여성가족부로 이관)에 의해 다문화가족의 "결혼준비기"부터 "가족해체시"에 이르는 생애주기별 정책과제를 추출하여 다문화가족의 다양한 요구에 부합하는 정책을 추진하였다(보건복지가족부, 2009).

〈표 8-6〉 생애주기별 맞춤형 서비스 내용

단계	서비스 내용
1단계: 입국 전 결혼준비기	• 국제결혼 중개업체 관리 및 윤리의식 향상교육 • 결혼이민여성에게 한국생활에 대한 정보제공 및 상담 • 다문화가족지원센터에서 한국인 배우자를 대상으로 결혼 준비교육 실시
2단계: 입국 초 가족관계 형성기	• 다양한 매체를 통한 한국어교육(집합교육, 방문교육, 온라인교육, 방송교육) • 출산 예정 결혼이민자를 대상으로 찾아가는 임신·출산 지원 • 종합 생활정보 제공 및 통·번역 서비스 제공(다국어 잡지 발간, 통·번역 지원체계 구축) • 이주여성긴급전화(1577-1366), 이주여성 쉼터 운영 등을 통해 다문화가족의 위기 상황에 적극 대처
3단계: 자녀양육 및 정착기	• 다문화가족의 아동양육을 지원함(다문화가족 아동 보육지원 프로그램 개발 등) • 취업역량 강화교육(영농기술교육, 취업교육, 정보화교육 등)
4단계: 역량 강화기	• 결혼이민자에게 적합한 직종의 인력을 양성(다문화강사, 원어민 외국어강사, 통·번역사 등) • 취업 연계지역 내 보육시설 및 초등학교, 지역교육청과 연계 시스템 구축을 검토함
전체단계: 다문화역량강화	• 다문화정책 추진기반 마련(다문화가족지원법 시행, 다문화가족지원센터 확대) • 다문화가족지원센터를 중심으로 지역사회 협력네트워크 강화 • 국민의 다문화에 대한 인식 개선을 위한 교육·홍보 강화

(2) 다문화가족의 아동을 위한 향후 개선방안

다문화가족의 문제는 결혼이민자들에게만 국한된 것이 아니라 그들 자녀를 비롯한 다문화가족 전체의 삶과 관련이 있으므로 다문화가족에 대한 관심과 지원이 무엇보다 필요하다. 여기에서는 다문화가족 및 자녀의 삶의 질을 향상시키기 위한 개선방안 세 가지를 설명한다(권신영 외, 2017).

첫째, 경제적 지원의 확대가 필요하다. 다문화가족의 경제적 취약성은 지속적인 생계곤란과 자녀양육의 문제로 나타나고, 결국 가족 전체의 해체문제로 이어질 수 있다고 보기 때문에 정책적 차원에서 대안이 시급하다. 즉, 결혼이민여성들의 개인적 여건이 열악하기 때문에 안정적으로 취업하기가 힘든 상황이므로 지역사회나 정부 차원에서 결혼이민여성들이 경제활동에 참여할 수 있는 정책적 방안을 구체적으로 마련할 필요가 있다.

둘째, 다문화가족의 자녀양육 및 학교생활 적응 지원방안이 필요하다. 다문화가족이 겪고 있는 자녀양육의 어려움 및 심리적 문제는 전문가들의 관심과 지원이 필요한 중대한 과제가 되고 있다. 결혼이민여성의 경우 우리말이 서툰데다 연령적으로 우리말이 능숙해진 자녀들과는 기본적인 의사소통의 문제가 발생하고 또한 복잡한 학교숙제를 도와주는데 한계가 있어 부모와 자녀 단위의 언어교육 프로그램 개발 보급 및 자녀양육 프로그램을 제공하는 것이 중요하다. 다문화가정의 부모에게 다국어로 된 보육·양육 관련 자료 제공 및 부모 중심의 자조모임을 구성하여 자녀양육 정보 교환 등이 방안이 될 수 있다. 또한 자녀들이 성장함에 따라 상급학교 진학 및 군입대, 사회 진출 관련의 문제 등이 지속적으로 발생할 가능성이 예측되고 있는 상황에서 학교, 군대, 사회진출 등 다문화사회에 적합한 맞춤형 지원시스템을 개발할 필요가 있다.

셋째, 다문화가족을 위한 사회적 지원과 적절한 상담서비스가 요청된다. 결혼이민여성은 문화적 이질감이나 생활습관의 차이로 가족관계 및 일상생활에 어려움을 겪게 되므로 이러한 차이를 해소하고 자국민과 차등없는 사회·문화적 권리를 향유하며 그에 따른 사회복지서비스 시스템을 구축하여 적절한 교육이나 정보를 제공할 수 있어야 한다. 특히 농어촌 보육 사각지대에 놓여있는 다문화가정의 학생 수는 해마다 증가하고 있다. 그런데 농어촌 돌봄 인프라는 턱없이 부족한 상태로 보고되고 있다. 정부와 민간 차원에서 돌봄센터 등 농어촌 보육시설과 서비스에 대한 투자를 적극 확대해야 한다. 특히 다문화가정을 위해 주야간과 주말에 보육서비스를 제공하고 맞춤형 교육을 실시하고 일반가정과 소통할 기회를 제공하기 위한 부모교육 등을 실시해야 할 것이다.

2 북한이탈주민가족의 아동복지서비스

북한주민들은 1990년대 이후, 북한의 경제난과 생활고로 인하여 북한을 벗어나 국내 입국을 하고 있는데 이 수치는 꾸준히 증가하고 있다. 특히 2000년대 이후에는 북한이탈주민의 국내유입이 계속적으로 증가하고 있어 그들이 국내에서 안정적으로 생활할 수 있도록 통일부를 중심으로 보건복지부, 고용노동부, 교육등 정부의 여러 부처들이 북한이탈주민들의 정착을 위한 정책들을 시행하였다. 그럼에도 북한이탈주민들의 삶은 개선되지 않고 특히 북한이탈주민가족의 아동들이 한국사회에 적응하는데 어려움을 겪고 있는 것으로 나타나고 있다(노대명 외, 2010). 이에 여기에서는 북한이탈주민가족의 아동을 위한 복지 전반에 관한 내용을 기술한다.

1) 북한이탈주민가족 및 아동의 개념

북한이탈주민을 표현하는 용어로는 “귀순자”, “귀순용사”, “탈북자”, “탈북주민”, “새터민” 등으로 시기와 목적에 따라 다양하게 사용되어 왔다. 그러나 1997년 북한이탈주민에 대한 법률이 제정되면서 주로 “북한이탈주민”이라는 용어를 사용하였는데 이후 딱딱한 법률적 용어와 “탈북자”라는 부정적인 이미지 등에 의해 개선이 필요하다는 인식하에 공모를 통해 2005년 “새터민”이라는 용어를 사용하게 되었다(최성일, 2008).

새로운 곳에 터전을 일구는 사람이라는 뜻을 지니고 있는 “새터민”이란 용어는 객관적이고 비정치적인 의미에서 사용되었으나 정작 북한이탈주민들이 부정적으로 인식함에 따라 2008년부터 새터민이라는 용어사용을 권장하지 않았다. 결국 북한을 벗어나 국내에 들어오는 사람들에 대한 명칭에서도 이념과 목적에 따라 서로 의견이 다르게 나타났다.

결과적으로 ‘북한이탈주민’이라는 법률적 용어를 보편적으로 사용하게 되었으며, 「북한이탈주민의 보호 및 정착지원에 관한 법률」 제2조(정의)에 의하면, 북한이탈주민이란 “군사분계선 이북지역(이하 “북한”이라 한다)에 주소, 직계가족, 배우자, 직장 등 생활의 근거지를 두고 있는 사람으로서 북한을 벗어난 후 외국 국적을 취득하지 아니한 사람”을 말한다. 한편 제5조의 보호 및 정착 기준에 의하면 개인을 단위로 하되, 필요하다고 인정되는 경우에는 세대를 단위로 할 수 있다고 규정하고 있다.

따라서 법조항에 북한이탈주민 가족에 대한 법적 개념은 명시되어 있지 않지만 국내 입국한 북한이탈주민에 의해 구성된 가정의 세대를 북한이탈주민가족이라고 보고, 그 가족에 포함된 18세 미만의 아동을 북한이탈주민가족의 아동으로 본다.

2) 북한이탈주민가족의 실태 및 현황

북한이탈주민가족을 중심으로 입국현황, 가구유형 및 아동분포, 경제활동 실태, 자녀의 국내 재학생 추이 등을 살펴본다.

(1) 북한이탈주민의 입국현황

국내로 들어온 북한이탈주민의 규모는 1990년대 중반까지는 약 600여 명에 불과하였으나 1990년 후반과 2000년대 들어서면서 급격하게 증가하고 있다. 다음 〈표 8-7〉은 북한이탈주민 입국현황(17년 03월 말 기준)을 나타낸 것이다(통일부 홈페이지). 이 표에 의하면, 입국자가 2005년 이후 지속적으로 증가추세를 유지하고 있으며, 2012년 이후부터는 연간 1,500여 명대로 입국 인원이 감소하여 최근 2016년도에는 1,418명이 입국한 것으로 나타났다.

우리 사회에서 북한이탈주민은 3만 명이 넘게 거주하고 있으며 추후 점차 증가할 것으로 보인다. 한편 1990년대 전후 20~40대 젊은 남성이 중심이었던 북한이탈주민은 최근 노인, 여성, 아동 및 청소년 등으로 확대되어 1~19세 아동의 비율이 북한 이탈주민의 16%를 차지한다(Korea National Statistical Office, 2008).

〈표 8-7〉 북한이탈주민의 입국현황(17년 03월 말 기준)

구분	~'98	~'01	'02	'03	'04	'05	'06	'07	'08	'09	'10	'11	'12	'13	'14	'15	'16	'17.3 (잠정)	합계
남 (명)	831	565	510	474	626	424	515	573	608	662	591	795	404	369	305	251	299	46	8,848
여 (명)	116	478	632	811	1,272	960	1,513	1,981	2,195	2,252	1,811	1,911	1,098	1,145	1,092	1,024	1,119	232	21,642
합계 (명)	947	1,043	1,142	1,285	1,898	1,384	2,028	2,554	2,803	2,914	2,402	2,706	1,502	1,514	1,397	1,275	1,418	278	30,490

(2) 북한이탈주민의 성별과 연령별 현황

북한이탈주민의 성별 및 연령대를 보면 다음 [그림 8-4]와 같다(남북하나재단, 2020). 성별의 경우, 남성(24.6%)에 비해 여성이 75.4%로 더 많은 비중을 차지하고 있다. 연령대로는 40대가 30.1%로 가장 많은 것으로 나타났으며, 그 다음으로 30대(25.2%), 50대(17.9%) 등의 순으로 나타났다. 10대 이하의 아동분포율은 2.8%로 나타났으며, 그 중에서도 남한에서 출생했을 것으로 추정되는 5세 미만 아동의 비중은 향후 계속해서 증가할 것으로 보인다. 이는 국내의 저출산율과 비교할 때 상대적으로 높은 출산율을 보이며, 향후 제2세대의 교육과 사회통합 문제가 제기될 개연성이 높다는 것을 시사하기도 한다.

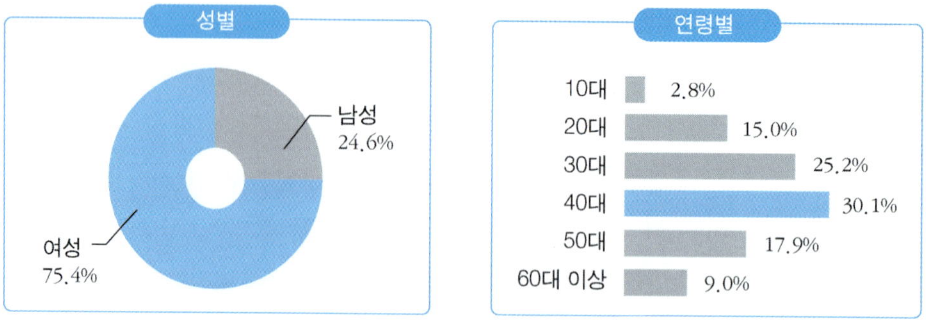

[그림 8-4] 북한이탈주민의 성별(좌) 및 연령대(우)

(3) 북한이탈주민 경제활동 실태

북한이탈주민의 경제적 활동 실태는 다음 [그림 8-5]와 같다(남북하나재단, 2020). 2019년 기준으로 경제활동 참가율은 62.1%, 고용률은 58.2%, 실업율은 6.3%에 해당되는 것으로 나타났다. 직업유형별 분포에 의하면, 단순 노무 종사자(24.3%)가 가장 많은 비중을 차지하는 것으로 나타났으며, 그 다음으로 서비스 종사자(19.6%), 장치, 기계 조작 및 조립 종사자(11,0%), 기능원(10.5%), 그리고 판매 종사자(9.6%)로 나타났다.

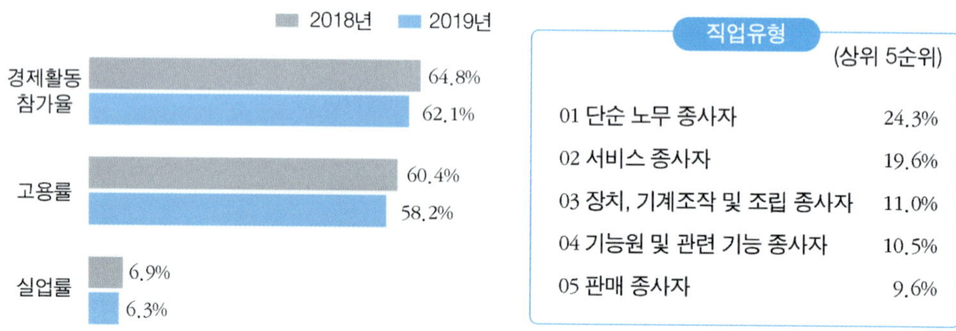

[그림 8-5] 북한이탈주민의 경제활동 실태(좌) 및 직업 유형(우)

(4) 북한이탈주민 자녀의 국내 재학생 추이

다음 [그림 8-6]은 북한이탈주민 자녀의 국내 재학 현황을 나타낸 것이다(남북하나재단, 2019). 2018년 기준, 일반 정규학교에 재학하고 있는 비중은 86.7%, 대안학교는 10.7%, 그 외 2.6%로 나타났다. 그 중 초등학교(18.1%), 중학교 38.6%, 고등학교 43.3%로 나타났다.

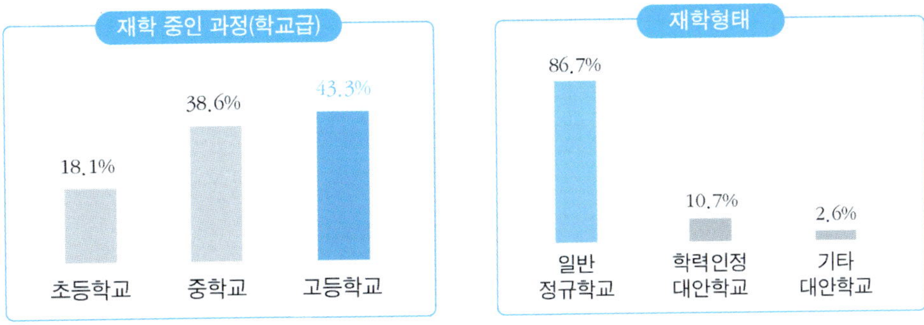

[그림 8-6] 북한이탈주민 자녀의 국내 재학 현황

다음 [그림 8-7]은 북한이탈주민 청소년의 기대 교육수준을 나타낸 것이다. 그래프에서 보는 바와 같이, 앞으로의 기대 교육수준은 대학교(4년제 이상)이 61.2%로 가장 높고, 대학교(4년제 미만)은 15.6%, 고등학교 이하 8.2% 순으로 나타났다.

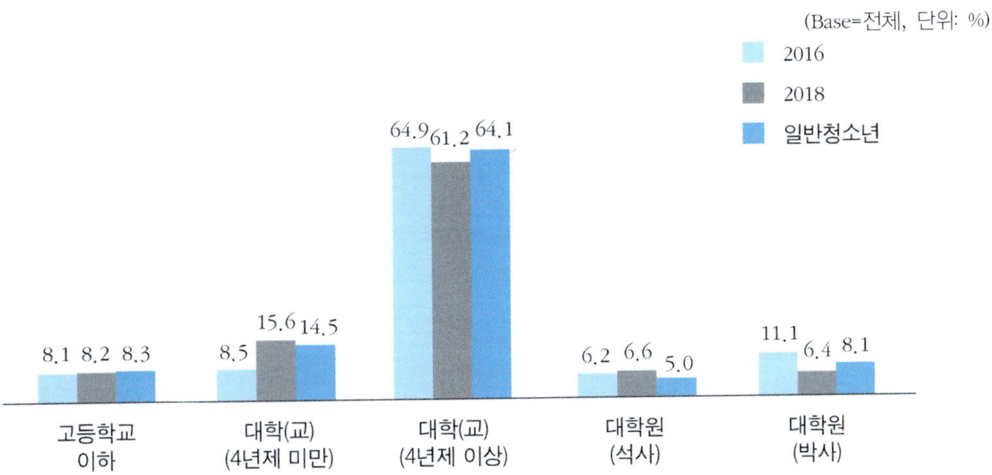

[그림 8-7] 북한이탈주민 청소년의 기대 교육수준

3) 북한아동 · 청소년의 문제점

국내에서는 북한이탈주민의 보호 및 정착지원에 관한 법이 마련되고 시행되면서 이들의 정착을 돕고 있으나 어른은 물론 아동 · 청소년의 경우에도 새로운 환경에 쉽게 적응을 하지 못하고 방황을 하며 우리 사회로의 적응이 큰 문제로 대두되고 있다. 여기에서는 북한이탈주민가족의 아동 · 청소년을 중심으로 문제점 및 방안을 살펴본다.

(1) 신체 · 심리적 건강 측면

북한 아동의 신체적 특징은 북한의 식량난과 관련되며 이는 곧 영유아와 아동의 건강 상태에 많은 영향을 미친 것이라 할 수 있다. 2004년도 7세 미만 영유아 중 급성 영양장애아가 7%, 체중 미달아가 23%, 만성영양 장애아가 37%로 보고되어 북한은 영양불량 위험 국가에 속해 있는 것으로 보고되었다(이인숙 외, 2011).

또한 북한 청소년의 신장과 체중이 남한 청소년의 비해 적은 것으로 조사되었으며, 중국체류 북한 어린이의 성장발육상태 연구에서 북한 어린이와 청소년은 국제적 준거에 비추어 키에서 성장부진이 심각하고 특히 사춘기를 전후하여 남북한의 차이가 심화된다고 보고하였다(Kim, 2007). 이와 같이 성장 발육기에 심각한 영양 결핍을 경험한 어린이가 성인이 되었을 때에는 면역력 저하, 체력 저하, 인지적 · 정서적 발달장애와 같은 광범위한 기능적 장애를 보일 가능성이 크며 결과적으로 장기적인 사회적 악영향이 초래될 것으로 예측된다.

북한이탈주민가족의 아동 · 청소년은 정서적인 측면에서도 많은 어려움이 보고되고 있다. 한국형 소아우울 척도를 사용하여 아동의 우울 정도를 측정한 결과 북한이탈 아동의 우울 점수가 남한 아동보다 월등히 높다고 보고하였다. 이렇듯 북한이탈 아동의 우울, 불안과 같은 외상 후 스트레스 장애 증상은 북한에서 겪은 고통과 중국 및 제3국 체류의 탈북 입국과정에서 겪은 극심한 공포와 생존노력이 야기한 결과로 본다.

특히 아동기는 건강한 생활습관을 익혀야 하는 적절하고 중요한 시기에도 불구하고 외상 후 스트레스에 대처할 수 있는 능력이 부족하여 여러 가지 문제들이 복합적으로 발생한다. 따라서 잠재적인 건강문제를 지닌 북한이탈 아동의 건강에 대한 각별한 방안이 필요하다고 본다. 전반적인 건강증진을 위한 의료 혜택 확대 및 정기 건강검진서비스 제공, 아동 · 청소년 건강증진사업 등의 추진방안 등이 해당될 수 있겠다.

(2) 학교 적응 및 진학 문제

북한이탈주민 자녀 중 특히 대안학교에서 교육을 받고 있는 학생의 수가 지속적으로 증가하고 있는 것으로 보아 일반학교에서의 적응이 어렵다는 것을 알 수 있다. 한편으로 청소년들의 학업중도 탈락률이 높게 나타나고 있다는 것도 학교적응 상의 어려움을 대변하고 있다. 북한이탈 아동 · 청소년들의 경우 초 · 중 · 고 교육과정 중 중도에서 탈락하는 비율은 전반적으로 감소 추세에 있지만, 특히 중·고등학생의 중도 탈락률(중학교 8.5%, 고등학교 9.1%)은 국내 일반 학생의 탈락률(중학교 1.2%, 고등학교 2.2%)에 비해 높은 수준으로 나타나고 있다.

이러한 북한이탈 아동·청소년들의 중도 탈락의 원인은 취학 연령의 차이, 남북 교과과정의 차이, 언어 차이, 친구 교제의 어려움, 정체성 결여 등 다양하다. 대학생의 경우에도 학위과정에서의 중도탈락률이 15%에 이르는 것으로 추정되어, 북한이탈 아동·청소년들의 국내 학업에 대한 적응도가 크게 떨어지는 것으로 나타난다.

북한이탈 아동·청소년들의 교육여건은 현재 매우 열악한 수준에 있는 것으로 보인다. 북한이탈주민 자녀들의 2/3 이상이 국내에서 학업을 지속하거나, 학력을 개선하기 위해 상급학교에 진학하는 등의 학력개선 활동이 이뤄지지 못하고 있는 것으로 나타났다. 이는 국내에 입국한 북한이탈주민들은 생계유지가 가장 절박하여 자녀의 상급학교 진학 등의 교육기회를 갖는 것이 현실적으로 매우 어렵다. 따라서 북한이탈 아동·청소년들의 대부분은 한겨레 중·고등학교와 대안학교로 진학하고 있으며 대안학교의 경우에는 졸업 후 검정고시를 치러야 한다. 2010년 기준 한겨레 중·고등학교에는 총175명의 학생이 재학 중이며 중학교 4학급 고등학교 6학급 총10학급이 운영 중에 있다.

19세 이하 북한이탈 아동 및 청소년에 대한 지원은 향후 제2세대의 교육과 사회통합 문제가 제기될 개연성이 높다는 점에서 특성화된 교육지원이 강구될 필요성이 대두되고 있다. 아동 및 청소년을 대상을 하는 교육은 장기적인 측면에서 볼 때 통일 이후에 북한주민들을 대상으로 한 교육과 통합을 위한 교본이 될 수 있다는 점에서 특히 중요하다고 할 수 있다.

이에 북한이탈 아동·청소년의 성공적인 진학과 취업 케이스를 선별하고 일종의 멘토링 시스템을 구축하여 학습의 노하우와 다양한 경험 및 정보를 전달하도록 하는 것이 필요하다. 대안학교 교육프로그램을 강화하여 국내 정규 교육과정과 동일한 학력을 부여하고 우수학생 및 상급학교지원 시 장학금을 지원·확대하는 방안도 강구해야 한다. 이와 함께 교육과정에서의 중도탈락률을 최소화하기 위해 탈북청소년에 맞는 맞춤형 교육과정 개발 및 탈북청소년 전문교사 양성 등을 추진해야 할 것이다(최성근, 2011).

4) 북한이탈주민을 위한 지원정책 및 향후 개선방안

북한이탈주민을 위한 지원제도는 1960년대 귀순용사 차원의 지원에서 1990년대 후반 자립·자활에 중점을 두는 방향으로 전환되었으며, 2010년까지 관련 지원제도가 정착·확립되었다. 이에 북한이탈주민을 위한 지원정책을 알아보고 향후 방향을 설명한다.

(1) 북한이탈주민의 정착지원

북한이탈주민들을 지원하기 위하여 중앙정부와 자방자치단체 및 민간단체 등은 종합적인 계획수립과 부처 간 조정, 민간단체와 상호연계 지원 등을 통해 북한이탈주민들의 안정적 정착을 돕고 있다(노대명 외, 2010). 중앙부처에서의 북한이탈주민에 대한 지원 중 대표적인 것은 보건복지부의 국민기초생활보장제도(생계 및 의료급여 등), 고용 노동부의 취업알선 및 직업훈련 등 교육부의 학력 인정, 초·중·고등 취학 및 진학 지원, 대학생 학비 지원 등을 들 수 있다. 이외에 행정안전부 및 경찰청에서는 주민등록 등재, 신변보호, 공무원 임용 지원 등을 하고 있으며, 기타 부처들에서도 관련된 업무를 통해 북한이탈주민을 돕고 있다. 여기에서는 북한이탈주민 정착지원의 주요 내용을 포함하여 정착장려금과 생활안정을 위한 지원제도를 설명한다.

첫째, 북한이탈주민 정착지원에 의하면, 직접적인 아동관련 정책은 없다. 단지 북한이탈주민이 성공적으로 정착할 수 있도록 지원하는 것이 아동복지를 담보할 수 있기 때문에 간접적인 측면에서 지원정책을 설명한다. 북한이탈주민의 성공적 정착을 위해 현행 지원내용으로는 정착금을 비롯해 주거, 취업, 사회복지, 교육, 정착도우미, 보호담당관 배치 등의 지원내용을 포함한다. 그와 관련한 구체적 내용은 다음 〈표 8-8〉과 같다(강종석, 2011).

〈표 8-8〉 북한이탈주민 정착지원 주요 내용

구분	항목	내용	정착지원법 근거
정착금	기본금	1인 세대 기준 600만원 지급	제21조
	장려금	직업훈련 장려금 최대 200만원, 1년 과정 우선선정 직종 추가 장려금 200만원	
		자격취득 장려금 1회 200만원	
		취업 장려금 최대 650만원	
		지방 거주 장려금 최대 260만원	
	가산금	노령, 장애, 장기치료 등 최대 1,540만원	
주거	주택알선	임대 아파트 알선	제20조
	주거지원금	1인 세대 기준 1,300만원	
취업	직업훈련	훈련기간 중 훈련수당 월 최소 15만원 지급	제17조
	고용지원금	급여의 1/2(50~70만원 한도)을 최대 3년 지급	
	취업보호담당관	전국 55개 고용지원센터에서 취업상담 및 알선	
	기타	취업 보호, 영농정착지원, 특별임용	
사회 복지	생계 급여	국민기초생활보장 수급권자	제26조
	의료 보호	의료급여 1종	제26조
	연금 특례	50~60세 국민연금 가입특례	제26조 2
교육	특례 편입학	대학 특례 입학	제24조 1
	학비 지원	중·고·국립대 등록금 면제, 사립대 50%보조	제24조 2
정착 도우미		1세대당 1~2명의 정착도우미를 지정 초기 정착지원(전국 2,000여명)	
보호 담당관		거주지보호담당관(200여명), 취업보호담당관(55명), 신변보호담당관(800여명)	

둘째, 정착장려금 지급제도는 북한이탈주민이 사회생활 초기에 기초적인 생계를 해결할 수 있도록 북한이탈주민 모두에게 일정 금액을 지급한다. 직업훈련 및 자격취득, 그리고 취업장려 등을 위한 비용이 해당된다. 최근 북한이탈주민의 입국자수가 늘어남에 따라 북한이탈주민의 자립과 자활을 촉진하기 위한 기본금을 축소하고 정착 장려금 제도를 폭넓게 도입하는 방향으로 변화하고 있다. 정착장려금 지급기준은 〈표 8-9〉와 같다(김연희 외, 2010).

〈표 8-9〉 정착장려금 지급기준

구분	지급기준		금액
직업훈련 장려금	500시간 미만		미지급
	500시간		120만원
	500~1220 시간		120시간당 20만원(총 120만원)
직업훈련 추가 장려금	1년 과정, 우선 선정 직종		200만원
자격취득 장려금	1회 한		200만원
취업장려금	1년차	6개월 이상 1년 이상 신청시 250만원 지급	550만원
	2년차		600만원
	3년차		650만원
총액(직업훈련 추가 장려금 제외)			2,240만원

셋째, 생활안정 지원은 민간 차원에서 북한이탈주민들의 초기 정착 및 국내 적응에 필요한 비용을 지급하고 있다. 이는 북한이탈주민 지원재단에 의해 운영되는데 북한이탈 아동·청소년지원을 위한 사업으로는 장학금 사업과 청소년미래리더육성사업을 운영하고 있다. 〈표 8-10〉은 북한이탈주민재원재단의 생활안정 지원의 지침을 제시하고 있다(통일부, 2011, 재인용). 경조사비 지원에서부터 영유아 보육지원 및 장학사업 등을 지원하고 있다.

〈표 8-10〉 북한이탈주민재원재단의 생활안정 지원 지침

세부사업명	지원 지침
경조사비 지원	본인 결혼 10만원 및 조의금 20만원, 직계존비속의 장례시 50만원 한도 내에서 1회에 한하여 지원
장제비 지원	무연고 사망자의 경우 예산의 범위 내에서 납골당 안치
출산지원금	아이를 출산하였을 경우 30만원 연 1회 지원
긴급의료비 지원	비급여 항목 등 본인부담액의 40% 내에서 지원하되, 연1회 200만원 한도(중증질환은 연4회, 500만원 한도)
장기이식 지원	장기이식 환자(간, 심장, 췌장, 신장)의 경우 1회에 한해 본인 부담액의 50% 한도 내에서 최고 10,000천원 한도
문신제거비 지원	얼굴, 팔, 다리 등 노출된 부위에 한정하며, 치료비 본인부담액 중 70%를 지원하되 최고 70만원 한도 내에서 1인 1회 지원
영유아 보육지원	• 영아가 있는 가정에 산모·가사도우미 지원 • 아동이 있는 가정에 학습지원

세부사업명	지원 지침
장학사업	• 장학금 신청기준 및 지급지원 - 대학원생 : C학점 이상, 지급액 최대 300만원 - 대학생 : C학점 이상, 최대 200만원 - 중·고생 최대 90만원

(2) 향후 개선방안

북한이탈주민가족의 아동문제는 북한이탈주민가족의 삶의 전반과 관련이 있으므로 이들 가족에 대한 문제를 개선하는 것이 결과적으로 아동문제를 해결하는 기초가 될 수 있다. 여기에서는 북한이탈주민의 아동복지 측면에서 향후 개선되고자 하는 방안들을 설명한다.

첫째, 북한이탈주민가족의 아동·청소년은 신체·정서적인 측면에서 많은 어려움이 보고되고 있는 바와 같이 전반적인 건강증진을 위한 의료혜택 확대 및 정기 건강검진서비스, 청소년 건강증진사업 등의 추진이 필요하다. 탈북 아동·청소년들을 위한 건강캠프 개최, 심층면접을 통한 불안심리 치료, 백신접종 서비스 제공 등을 추진할 필요가 있다(최성근, 2011).

둘째, 북한이탈주민의 가족 중 특히 취약계층인 한부모가족의 생활의 안정적 국내정착은 매우 중요하다. 한부모가구에 대한 영유아의 안정적 보호 및 24시간 보육서비스를 지원하기 위한 바우처 제공, 아동·청소년의 교육지원제도 확대 및 맞춤형 교육 프로그램 개발 등의 정책 마련이 시급하다. 한부모가구들이 자녀양육 및 자녀교육의 부담에서 벗어나 일을 할 수 있도록 보장해주고 사회적 기업과 같은 지원을 통한 일자리를 확충하는 체계도 마련되어야 할 것이다.

셋째, 북한이탈주민 자녀들의 교육에 대한 지원도 매우 필요하다. 현대사회의 청소년들은 미래 통일을 대비하고 남북한 사회가 통합으로 나아가는데 있어 매우 중요한 역할을 수행하게 되는 주체들이다. 따라서 북한이탈주민 청소년들의 학교교육과 한국사회에 잘 적응할 수 있도록 지원하여야 할 것이며 어려운 과정 속에서 고등교육을 마치고 취업을 준비하는 학생들에 대한 사회적 관심과 배려가 함께 마련되어야 할 필요가 있다(노대명 외, 2010). 한편 북한이탈주민의 낮은 학력을 개선하도록 진학 및 장학 프로그램 지원을 확대하고 성공사례를 적극 활용하는 등의 시스템이 정착되어야 할 것이다.

Plus Tips

북한이탈주민 정착 지원체계

북한이탈주민 정착을 지원체계에 의하면 크게 중앙정부, 지방자치단체, 민간기관 등 3가지 축을 중심으로 이루어진다. 북한이탈주민 정착지원은 선진화와 복지의 문제와 연결하여 이들이 우리 사회에서 안정적으로 정착하도록 정부-지방-민간이 협력하여 지원하는 체계를 구축하고 있다.

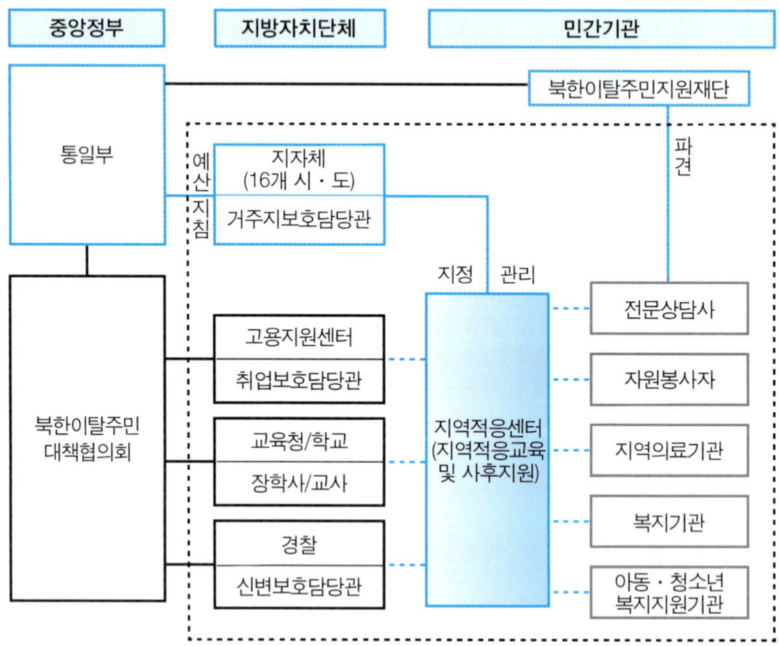

[북한이탈주민 정착지원체계도]

그 외 북한이탈주민대책협의회(탈대협)는 청와대, 총리실 등을 포함하여 19개 부처 고위공무원으로 구성되어 있으며, 지역적응센터(하나센터)는 전국에 30곳이 설치되어 있으며, 추가 집중 교육 및 1년간 사후 지원을 담당한다. 그리고 북한이탈주민지원재단은 북한이탈주민에 대한 종합적 정착지원 서비스를 제공하기 위해 전문상담사, 자원봉사자, 지역의료기관, 복지기관, 아동 · 청소년 복지지원기관 등을 총괄한다.

출처: 강종석(2011). 북한이탈주민 정착지원 제도의 주요내용과 현안. 국회 입법조사처 주최 전문가 간담회 자료.

CHAPTER

09

장애아동 복지서비스

1_ 장애아동의 정의 및 범주
2_ 장애아동 및 가족의 특성
3_ 장애아동 및 특수교육 현황
4_ 장애아동 및 가족을 위한 지원정책
5_ 장애아동 복지를 위한 향후과제

장애아동은 선천적 혹은 후천적인 장애로 인해 특별한 보호를 필요로 하는 아동을 말한다. 따라서 장애아동에게는 신체, 정서, 인지, 언어, 학습능력 등의 보호와 양육, 교육과 재활 및 사회적응 등의 아동복지서비스가 제공되어야 한다. 제9장에서는 장애아동의 개념을 다루고 장애아동 및 가족의 특성, 장애아동 및 특수교육 현황, 그리고 장애아동 복지서비스의 향후 과제를 설명한다.

1 장애아동의 정의 및 범주

1) 장애아동의 정의

장애아동이란 0세 이상부터 18세 미만 중 법령에 따른 장애를 갖는 인구연령을 지칭하고 있다(장애인 백서, 2015). 국내 관련 법령이나 정책 등에서도 법적 정의가 모호한 상태이다. 「장애인복지법」(제2조 제1항)에서는 장애인을 "신체적, 정신적 장애로 오랫동안 일상생활이나 사회생활에서 상당한 제약을 받는 자"로 정의하고 있을 뿐 장애아동에 대한 정의는 없다.

그러나 2011년에 제정된 「장애아동복지지원법」에 의하면 "장애아동이란 18세 미만의 사람 중 「장애인복지법」 제32조에 따라 등록한 장애인을 말하며, 다만 6세 미만의 아동으로서 장애가 있다고 보건복지부 장관이 별도로 인정하는 사람을 포함한다"고 명시되어 있다.

2) 장애아동의 분류

장애아동 및 청소년에 대한 장애유형은 장애부위, 장애정도, 발생원인 등 장애에 부수된 신체적, 정신적 조건에 따라 나라마다 분류가 다양하고 차이를 나타내고 있다.

우리나라는 「장애인복지법」과 「장애인 등에 대한 특수교육법」 등에서 장애인을 여러 다양한 유형으로 분류하고 있다. 먼저, 「장애인복지법」(제2조 제2항)에서는 장애유형을 신체적 장애와 정신적 장애로 분류하고 있고 세부적으로 총15개 유형으로 분류하고 있다. 장애유형은 〈표 9-1〉과 같다.

〈표 9-1〉 장애인복지법에 따른 장애유형 분류

대분류	중분류	소분류	세분류	확대예상 장애범주
신체적 장애	외부신체 기능의 장애	지체장애	절단장애, 관절장애, 지체기능자애, 변형 등의 장애	소화기장애, 비뇨기장애, 만성통증, 기타 암
		뇌병변장애	중추 신경의 손상으로 인한 복합적인 장애	
		시각장애	시력장애, 시야결손장애	
		청각장애	청력장애, 평형기능장애	
		언어장애	언어장애, 음성장애, 구어장애	
		안면장애	안면부의 추상, 함몰, 비후 등 변형으로 인한 장애	
	내부 기관의 장애	신장장애	투석치료 중이거나 신장을 이식받은 경우	
		심장장애	일상생활이 현저히 제한되는 심장기능 이상	
		간장애	일상생활이 현저히 제한되는 만성 중증의 간기능 이상	
		호흡기장애	일상생활이 현저히 제한되는 만성 중증의 호흡기 기능 이상	
		장루 요루장애	일상생활이 현저히 제한되는 장루, 요루	
		간질장애	일상생활이 현저히 제한되는 만성·중증의 간질	
정신적 장애	지적장애		지능지수가 70 이하인 경우	만성알코올, 약물중독, 기질성뇌증후군, 치매 기타 정신발달장애
	정신장애		정신분열병, 분열형 정동장애, 양극성 정동장애, 반복성 우울장애	
	자폐성장애		소아자폐 등 자폐성장애	

그리고 「장애인 등에 대한 특수교육법」(약칭: 특수교육법, 개정 2016.2.3.)에서는 장애아동의 유형으로 명시되어 있지 않고 장애영역별로 구분하고 있다. 다음 〈표 9-2〉는 특수교육법 시행령 10조에 명시된 특수교육대상자 및 선정기준을 제시하고 있다.

〈표 9-2〉 특수교육 대상자 및 선정기준

특수교육 대상자	선정기준
시각장애	시각계의 손상이 심하여 시각기능을 전혀 이용하지 못하거나 시각에 의한 학습이 곤란한 사람
청각장애	청력 손실이 심하여 보청기를 착용해도 청각을 통한 의사소통이 불가능 또는 청각에 의한 교육적 성취가 어려운 사람
지적장애	지적 기능과 적응행동상의 어려움이 함께 존재하여 교육적 성취에 어려움이 있는 사람
지체장애	기능·형태상 장애를 가지고 있거나 어려움을 겪는 신체적 조건이나 상태로 인해 교육적 성취에 어려움이 있는 사람
정서·행동장애	장기간에 걸쳐 정서, 행동상의 장애로 인하여 특별한 교육적 조치가 필요한 사람
자폐성장애	사회적 상호작용과 의사소통에 결함이 있고, 교육적 성취 및 일상생활 적응에 도움이 필요한 사람
의사소통장애	수용언어, 표현언어, 조음능력 등이 부족하여 의사소통이 어려워 특별한 교육적 조치가 필요한 사람
학습장애	개인의 내적 요인으로 인하여 학습기능이나 읽기, 쓰기, 수학 등 학업 성취 영역에서 현저하게 어려움이 있는 사람
건강장애	만성질환으로 인하여 3개월 이상 장기입원 또는 통원치료 등으로 학교생활 및 학업수행에 어려움이 있는 사람
발달지체	신체, 인지, 의사소통, 사회·정서, 적응행동 중 하나 이상의 발달이 현저하게 지체되어 특별한 교육적 조치가 필요한 아동

2 장애아동 및 가족의 특성

장애아동의 문제는 비단 장애아동만의 문제가 아니라 장애아동의 가족 전체의 문제로 받아들여야 한다. 장애아 가족의 심리적인 불안정과 경제적인 측면에서의 어려움, 부모의 장애아동에 대한 관심 집중으로 인하여 다른 형제자매들이 경험하는 소외감 등의 여러 다양한 어려움들이 발생하고 있다(오혜경, 정소영, 2003). 따라서 이 절에서는 장애아동 및 가족의 특성을 중심으로 그들이 겪는 어려움이 무엇인지 살펴본다.

1) 장애아동의 특성

장애아동은 일반아동에 비해 어느 특정 영역에서 평균에서 벗어난 행동이나 결핍현상을 보인다. 즉, 대부분의 보통 아동과는 다른 특성을 보이게 되며 가정 내의 일상생활에서부터 가정 밖의 지역사회로 나아가는데 신체적 · 심리적 · 사회적 장애를 경험하게 된다. 아동기는 인간 발달 과정 중 가장 빠른 성장과 변화가 이루어지는 시기이므로 장애아동의 잠재능력과 잔존능력을 최대한 개발하고 장애로 인한 결핍이나 손상을 최소화하는 것은 매우 중요하다.

장애아동이 갖는 특성에 의하면 첫째, 장애아동에게 있어 낮은 자아개념은 주로 심신의 장애로 인한 열등감과 과제 수행에서의 잦은 실패 등에 의해 형성될 가능성이 높다. 자아개념이 긍정적일수록 사회성숙도 점수에서 높은 점수를 보였으며, 장애학생들의 자기능력과 상황에 대한 긍정적인 자기 지각이 학교생활에서의 성취와 지적 적응에 영향을 미치는 것으로 나타났다. 반면, 주변사람들의 장애아동에 대한 과소평가는 장애아동 스스로 심리적으로 위축되게 하며, 자신의 능력보다 낮은 성취도를 보이는 악순환을 초래하게 된다(오혜경, 2003).

둘째, 대인관계의 어려움이다. 장애아동은 일반아동보다는 집단활동에 참여하는 능력이나 문제 상황에서 적절하게 대처하고 해결하는 능력이 미흡하며 타인의 입장을 이해하는 능력 등이 결여되어 또래들과 상호작용에 많은 제한이 따른다. 따라서 장애아동의 대부분은 학교에서 보내는 시간동안만 또래들과 어울릴 수 있으며 주말이나 방학 기간 동안에는 고립되어 또래들보다 오히려 보호자나 가족들과 함께 보내는 시간이 더 많으므로 친구관계를 형성하고 유지하는데 어려움이 예상된다.

셋째, 학교생활 적응상의 어려움이다. 보육시설, 유치원, 초 · 중 · 고등학교에 재학 중인 장애아동 및 학생들을 대상으로 조사한 결과, 학교생활에 잘 적응하지 못한다(23.1%)로 나타났다. 장애유형별로는 자폐성장애아동(40.2%), 지적장애아동(34.9%), 언어장애아동(27.8%), 안면장애아동(100.0%)의 다수가 적응하는데 어렵다고 응답했다. 또한 장애아동 및 장애학생이 학교생활에 적응하는데 어려움이 무엇인지 알아본 결과, '친구들의 이해 부족과 놀림(25.0%)', '수업내용의 이해(24.6%)', '특수교사의 부족(10.5%)', '등하교 불편(8.5%)' 등의 순으로 나타났다(보건복지부, 한국보건사회연구원, 2012). 장애아동의 이러한 학교생활 적응의 어려움은 또래들과 사회적 관계를 발전시키는데 어려움을 가중시키는 것으로 보인다. 따라서 장애아동의 학교생활의 적응을 위한 인적·물적 지원 등의 교육환경 조성 및 장애인식 개선교육 등의 노력이 필요하다.

2) 장애아동 부모의 특성

장애자녀를 둔 가족은 돌봄을 책임져야 하고, 취학연령에 맞추어 교육기관을 선택해야 하며, 성장과 함께 직업선택, 주거문제, 성인기 이후의 삶에 대한 준비 등을 책임져야 한다. 이로 인해 장애자녀를 둔 부모와 가족구성원은 심리·사회적 부담과 스트레스를 경험하게 된다(박지연 외, 2006; 백은령 외 2010; Dunst et al., 1998).

장애아동 가족 중 부모가 겪는 심리적 어려움에 대한 심층면접 보고(김수희, 2007)에 의하면, 장애자녀를 양육하는데 있어서 육체적으로 힘들고, 부부관계에서의 갈등 및 경제문제로 생활고를 경험하고 있음을 알 수 있다. 또한 장애자녀의 요구와 다른 자녀의 요구를 동시에 충족시켜야 하는 책임에 대한 갈등, 장애자녀의 독특한 행동발달 특성에 대한 적절한 상호작용, 장애자녀의 특수한 문제에 어떻게 대처해야 하는지 등에 대해 어려움이 많다고 보고 한다.

장애아동을 둔 부모의 입장에서 그들이 가지고 있는 현실적인 문제점에 의하면, 첫째, 부모는 장애아동에 대한 죄책감을 기본적으로 가지고 있으며 가정불화, 무력감, 아동에 대한 과잉보호, 혹은 무관심과 학대 등의 부정적인 반응은 가족 간의 갈등을 초래할 수 있고, 가족의 기능을 저해하며, 부부의 이혼으로 인하여 가정이 해체되는 결과를 초래할 수도 있다.

둘째, 장애아동의 주양육자인 어머니는 대부분 양육과 보호 책임에 시달려 육체적으로 피로한 상태이다. 중증장애아동의 경우에는 특히 양육자의 도움을 많이 필요로 하기 때문에 양육으로 인한 심리적, 신체적, 경제적 부담과 함께 자녀를 돌보는데 많은 시간을 소비하게 되므로 신체적으로 만성적인 피로상태에 있게 된다. 또한 부모 자신을 위한 개인적 시간을 갖지 못함으로 인해 가족 외의 외부와의 대인관계가 단절되는 경향이 있고 가족 외출 등에 상당한 제약을 받고 있다.

셋째, 장애아동은 의사소통에 있어서 반응성이 부족하며 집중력과 활동성이 부족하

여 장애아동과의 상호작용에 어려움을 갖고 있다. 또한 장애아동의 장래에 대한 많은 문제(취학, 취업, 결혼, 주거 등) 및 부모 사후 시 그들을 누가 보호해 주어야 할지 등에 대한 부모 혼자만이 해결할 수 없는 요인들로 인하여 걱정과 불안이 많다. 또한 그로 인한 우울증을 경험하고, 정서적 고갈상태를 경험하는 등의 심리적 어려움이 있다.

결과적으로 장애아동을 양육하면서 처하게 되는 부정적 사회인식과 장애아동의 성장에 따라 경험하게 되는 다양한 어려움 등이 부모의 어려움을 가중시키게 되기 때문에 이에 대해 적절하게 대처할 수 있도록 돕는 것이 가족지원에서 선행되어야 할 것이다.

3) 장애아동 형제자매의 특성

장애아를 형제·자매로 둔 비장애인 자녀들은 부모와 마찬가지로 여러 가지 심리적인 어려움을 겪고 있다. 대부분의 부모들이 장애아동에게 모든 관심과 보살핌을 집중하다 보니 장애아의 형제·자매는 방치되고 무관심하게 되어 심한 스트레스를 받을 수 있다. 장애아를 돌보는 일에서 부모와 분담을 하게 되어 장애아동과 함께 놀거나 돌봐주기를 바라는 상황에서 장애아의 형제·자매는 부모와 같은 육체적 고통을 느낄 수 있다. 또한 부모님 사망 후에 장애아를 돌봐야 한다는 과도한 책임의식을 가짐으로써 중압감에 시달려서 정서적으로 행동장애, 우울증, 공격성 등의 문제를 일으킬 수도 있다(최민숙, 2002).

따라서 장애아동을 형제·자매로 둔 비장애인 자녀의 심리·정서적 어려움에 대한 고려가 필요하며, 비장애형제·자매들이 생애주기별로 경험하는 어려움이 상이하므로 생애주기별로 특성을 반영한 지원 프로그램이 필요하다고 본다(오혜경, 2003). 따라서 형제·자매의 심리·정서적 어려움을 덜어주기 위해서는 장애를 이해하고 대처할 수 있도록 교육과 상담, 지지집단 등이 필요한데, 이때 형제·자매들에게 장애에 대한 정확한 정보를 제공하는 것이 필요하다고 할 수 있다(한국장애인개발원, 2013). 형제·자매들 간의 상호작용을 통해서 강력하고도 장기적으로 지속되는 관계의 기초를 쌓게 되고 단순히 가족간의 유대를 넘어서서 일생동안의 친구관계를 가질 수 있다는 긍정적인 시각을 극대화하는 노력들이 이루어져야 할 것이다.

3 장애아동 및 특수교육 현황

장애아동 복지서비스 현황은 보건복지부(2014)의 전국 장애인 등록 현황을 통해서 장애아동의 분포를 알 수 있으며, 생애주기별 특성을 반영하여 연령별 장애아동의 수를 파악할 수 있다. 또한 교육부(2016)의 특수교육연차 보고서를 통해 장애아동의 특수교육 실태를 파악할 수 있다.

1) 장애아동 분포현황

장애인 대비 장애유형별 특성에 따른 장애아동의 분포현황을 살펴보면 〈표 9-3〉 연도별 장애아동 현황과 같다(조윤화 외, 2019, 재인용). 2018년 기준에 의하면, 전체 아동인구 817만 6천여명으로 이 중 장애아동 인구는 72,618명(0.89%)에 해당되는 것으로 나타났다. 전체 아동 수는 지속적으로 감소하는 추세이지만 장애아동은 꾸준히 소폭 증가하는 추세임을 알 수 있다.

〈표 9-3〉 장애아동 현황

(단위: 명, %)

구분	전체 아동 인구	장애아동 인구	비율
2008	10,655,575	77,594	0.73
2009	10,396,743	81,687	0.79
2010	10,156,455	80,075	0.79
2011	9,921,012	78,186	0.79
2012	9,691,876	76,191	0.79
2013	9,431,699	74,617	0.79
2014	9,186,805	73,195	0.80
2015	8,961,805	72,583	0.81
2016	8,736,051	72,139	0.83
2017	8,480,447	72,260	0.85
2018	8,176,335	72,618	0.89

2) 장애유형별 장애아동 현황

장애유형별 장애아동 현황은 다음 〈표 9-4〉와 같다(조윤화 외, 2019 재인용). 표에서 보는 바와 같이 1~13세 아동과 14~17세 아동의 두 가지 연령대로 세분화하여 각 장애유형별 장애아동 수를 제시하고 있다. 학령기에는 뇌병변(74.7%)과 자폐성(73.6%)장애가 가장 많이 나타난 반면, 청소년기에는 지체장애(47.4%), 시각장애(42,7%), 그리고 지적장애(39.6%) 순으로 나타났다.

〈표 9-4〉 장애유형별 장애아동 현황

(단위: 명, %)

구분	전체	지체	뇌병변	시각	청각	언어	지적	자폐성	정신	신장	심장	호흡기	간	안면	장루·요루	뇌전증
계	72,618 (100.0)	3,142 (4.3)	10,635 (14.6)	2,370 (3.3)	4,025 (5.5)	3,309 (4.6)	34,557 (47.6)	13,331 (18.4)	24 (0.0)	183 (0.3)	295 (0.4)	40 (0.1)	409 (0.6)	46 (0.1)	79 (0.1)	173 (0.2)
남	47,681 (65.7)	1,863 (59.3)	6,008 (56.5)	1,364 (57.6)	2,170 (53.9)	2,315 (70.0)	22,213 (64.3)	11,073 (83.1)	13 (54.2)	112 (61.2)	178 (60.3)	27 (67.5)	179 (43.8)	20 (43.5)	45 (57.0)	101 (58.4)
여	24,937 (34.3)	1,279 (40.7)	4,627 (43.5)	1,006 (42.4)	1,855 (46.1)	994 (30.3)	12,344 (35.7)	2,258 (16.9)	11 (45.8)	71 (38.8)	117 (39.7)	13 (32.5)	230 (56.2)	26 (56.5)	34 (43.0)	72 (41.6)
0~13세	48,247 (66.4)	1,654 (52.6)	7,945 (74.7)	1,357 (57.3)	2,849 (70.8)	3,022 (91.3)	20,875 (60.4)	9,809 (73.6)	2 (8.3)	92 (50.3)	165 (55.9)	25 (62.5)	285 (69.7)	15 (32.6)	49 (62.0)	103 (59.5)
14~17세	24,371 (33.6)	1,488 (47.4)	2,690 (25.3)	1,013 (42.7)	1,176 (29.2)	287 (8.7)	13,682 (39.6)	3,522 (26.4)	22 (91.7)	91 (49.7)	130 (44.1)	15 (37.5)	124 (30.3)	31 (67.4)	30 (38.0)	70 (40.5)

3) 장애아동의 보육시설 이용 현황

다음 〈표 9-5〉는 장애아동이 이용하고 있는 보육시설 현황을 나타내고 있다(보건복지부, 2014). 보육시설을 이용하지 않는다(69.6%)가 가장 많이 나타났으며, 보육시설을 이용하는 시설 중에는 일반보육시설(14.1%), 통합보육시설(9.8%), 장애아전담보육시설(6.5%) 순으로 나타났다.

장애유형별로 볼 때 일반보육시설에는 뇌병변장애(23.4%)와 청각장애(14.9%)가 상대적으로 많이 다니고 있고 장애아 통합보육시설에는 자폐성장애(22.4%), 지적장애(16.3%)가 주로 다니고 있는 것으로 조사되었다. 장애아 전담보육시설에는 뇌병변장애(19.8%)와 자폐성장애(8.0%)의 비중이 높은 것으로 나타났다.

〈표 9-5〉 장애아동의 보육시설 이용현황

(단위: %, 명)

구분	지체장애	뇌병변장애	시각장애	청각장애	언어장애	지적장애	자폐성장애	정신장애	신장장애	심장장애	호흡기장애	간장애	안면장애	장루요루장애	뇌전증장애	전체
일반보육시설	0.0	23.4	0.0	14.9	51.1	10.7	5.7	-	-	0.0	-	-	-	-	0.0	14.1
장애아 통합보육시설	0.0	3.0	0.0	0.0	0.0	16.3	22.4	-	-	0.0	-	-	-	-	0.0	9.8
장애아 전담보육시설	0.0	19.8	0.0	0.0	0.0	0.0	8.0	-	-	0.0	-	-	-	-	0.0	6.5
다니지 않음	100.0	53.9	100.0	85.1	48.9	73.1	63.8	-	-	100.0	-	-	-	-	100.0	69.6
계	100.0	100.0	100.0	100.0	100.0	100.0	100.0	-	-	100.0	-	-	-	-	100.0	100.0
전국 추정수	963	7,701	990	3,200	918	9,972	4,340	-	-	336	-	-	-	-	387	28,807

다음 〈표 9-6〉은 장애아동이 이용하는 유치원 이용 현황을 나타내고 있다(보건복지부, 2014). '다니지 않음(87.6%)'을 제외하면 일반유치원(5.5%), 일반유치원 내 특수학급(4.7%), 특수학교 유치원(2.2%) 등의 순으로 조사되었다. 장애유형별로는 뇌병변장애의 경우 일반유치원(9.5%), 일반유치원 내 특수학급(6.7%), 특수학교 유치원(5.0%)의 순으로 나타났다.

〈표 9-6〉 장애아동의 유치원 이용현황

(단위: %, 명)

구분	지체장애	뇌병변장애	시각장애	청각장애	언어장애	지적장애	자폐성장애	정신장애	신장장애	심장장애	호흡기장애	간장애	안면장애	장루요루장애	뇌전증장애	전체
일반유치원	-	9.5	-	11.5	18.0	3.2	0.0	-	-	-	-	-	-	-	0.0	5.5
일반유치원 내 특수학급	-	6.7	-	5.2	0.0	3.8	6.5	-	-	-	-	-	-	-	0.0	4.7
특수학교 유치원(부)	-	5.0	-	0.0	0.0	0.0	0.0	-	-	-	-	-	-	-	67.2	2.2
기타	-	-	-	-	-	-	-	-	-	-	-	-	-	-	-	-
다니지 않음	100.0	78.8	100.0	83.3	82.0	93.0	93.5	-	-	100.0	-	-	-	-	32.8	87.6
계	100.0	100.0	100.0	100.0	100.0	100.0	100.0	-	-	100.0	-	-	-	-	100.0	100.0
전국 추정수	963	7,702	990	3,201	917	9,973	4,340	-	-	336	-	-	-	-	387	28,809

4) 향후 보육·교육 시 필요한 지원 현황

다음 [그림 9-1] 은 향후 보육·교육 시 필요한 지원 현황을 그래프로 나타낸 것이다(보건복지부, 2018). '2017년 장애인 실태조사' 결과에 따르면, 향후 보육·교육 시 가장 필요한 것으로 장애아 전담보육시설 확대를 꼽았고(20.8%), 장애아동 발달재활사업 확대

(19.9%), 특수교육 보조인력 증원(12.4%), 교사의 전문성 확보(9.4%), 교육비 부담 감소(8.4%)인 것으로 조사되었다. 이러한 결과는 특수교육 환경 개선과 교육비부담 감소를 위한 재정적 지원 확대에 대한 기대가 높은 것임을 알 수 있다.

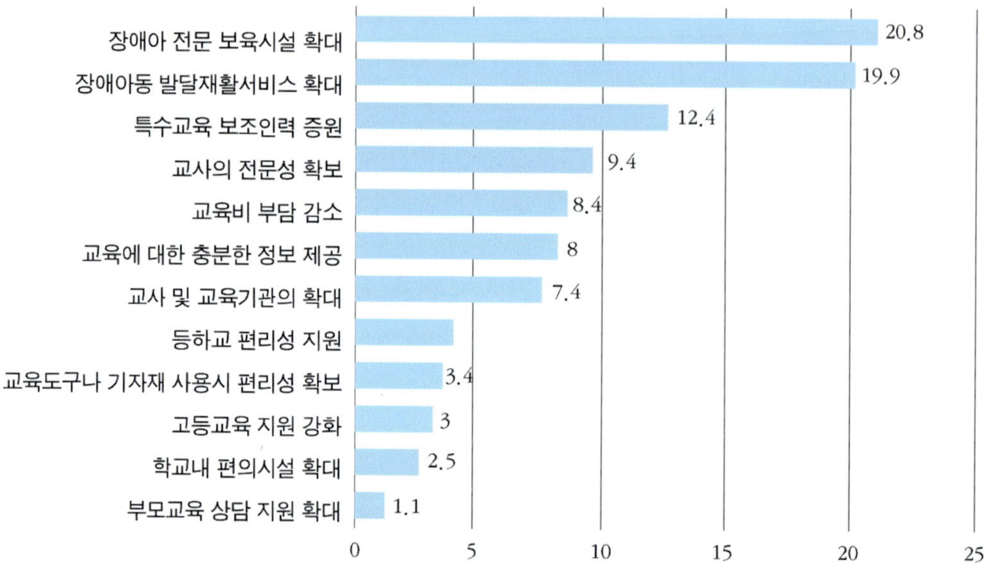

[그림 9-1] 향후 보육·교육 시 필요한 지원 현황

5) 특수교육 현황

다음 [그림 9-2]는 교육환경별 특수교육의 학교 수 및 학생 수(2005~2018)를 나타낸 것이다(교육부(2005~2018), 특수교육 통계, 각 연도별 재구성). 그림에서 보는 바와 같이 연도별 특수학교 수와 학생 수, 특수교육지원센터, 일반학교 특수학급 등을 보여주고 있다. 특수학교의 학생 수는 2005년 23,449명에서 2018년 25,919명, 일반학교 특수학급 학생 수는 2005년 29,803명에서 2018년 48,848명으로 꾸준히 증가하고 있다는 것을 알 수 있다(교육부, 2018).

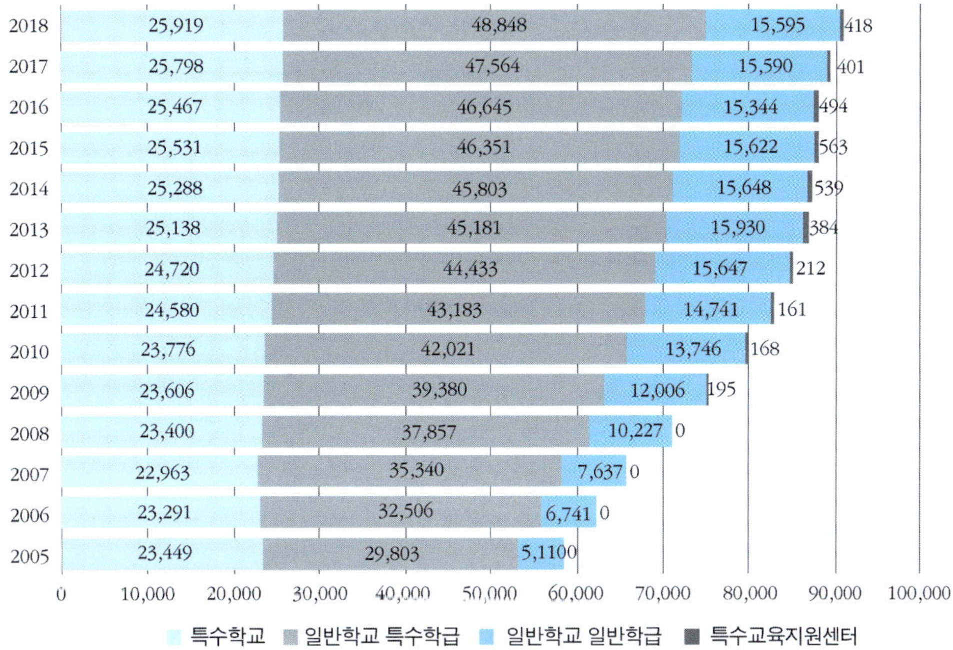

[그림 9-2] 교육환경별 특수교육의 학교 수 및 학생 수(2005~2018)

우리나라 특수교육의 현황에 의하면, 특수교육 대상자들에 대한 교육기회는 꾸준히 증가하여 왔다. 특히, 특수교육에 있어서의 통합교육의 영향으로 최근에는 일반학교 특수학급 및 일반학급의 특수교육 대상자가 뚜렷한 증가를 보였다. 특수교육 대상자의 실질적 수요를 감안할 때, 향후에도 특수교육대상 학생들이 일반 학생들과 경계를 갖지 않고 교육을 받되, 개별적 요구를 수용할 수 있는 방향의 교육정책이 추진되어야 할 것이며, 특히, 영유아시기의 특수교육의 중요성이 강조되어야 할 것으로 본다(황정원, 2015).

4 장애아동 및 가족을 위한 지원정책

장애아동의 적응은 학교, 사회사업기관, 치료 및 의료기관의 전문기관과 전문가 등 공적 관계에서 받는 공식적 지원 여부에 따라 달라진다. 한편 가족이나 친구, 이웃 등 사적 관계에서 받는 비공식적 지원도 장애아동 및 가족의 성공적인 적응에 중요한 요인이 된다. 여기에서는 장애아동과 장애아동의 가족으로 나누어 각 지원 정책을 설명한다.

1) 장애아동 관련 지원

장애아동을 위한 지원정책은 장애아동의 양육환경을 개선하고 최소한의 자녀 교육기회를 보장하며, 의료지원을 통해 건강한 삶을 살아갈 수 있도록 도움을 주고자 하는 목적을 가지고 있다. 장애아동 관련 지원으로는 장애아동 수당, 무상보육료 지원, 자녀교육비 지원, 그리고 의료 지원 등이 있다.

(1) 장애아동수당

장애아동수당은 「장애인복지법」 제50조, 제51조에 근거를 두고 있으며, 국민기초생활보장 수급자 및 차상위계층(120%)의 만 18세 미만의 장애아동을 대상으로 하고 있다. 장애아동수당의 목적은 장애아동에게 보호자의 경제적 생활수준 및 장애아동의 장애 정도를 고려하여 장애로 인한 추가적 비용을 지원하기 위함이다.

급여수준은 장애의 정도(중증과 경증)와 수급자 여부에 따라 달리 적용된다. 다음 〈표 9-11〉은 장애아동수당 급여수준(2015년 기준)을 나타낸 것이다(보건복지부, 2015). 표에 의하면, 기초수급 중증장애인 1인당 월 20만원, 차상위 중증장애인 1인당 월 15만원, 보장시설 수급 중증장애인 1인당 월 7만원, 기초 및 차상위 경증장애인 1인당 월 10만원, 보장시설 수급 경증장애인 월 2만원이 지급되고 있다.

〈표 9-11〉 장애아동수당 급여수준

지급대상	지급액	
국민기초생활수급자구	중증장애인	월 20만원
	경증장애인	월 10만원
차상위계층	중증장애인	월 15만원
	경증장애인	월 10만원
보장시설 수급자	중증장애인	월 7만원
	경증장애인	월 2만원

(2) 장애아동 무상보육료 지원

장애아 무상보육사업은 2005년 개정된 「영유아보육법」 제28조 보육의 우선제공 대상으로 장애아동이 포함되면서 시행계기가 마련되었으며 이는 가족의 장애아동 보육 부담을 경감시키는 실질적인 계기를 마련하였다는데 의의가 있다.

장애아 무상보육사업의 지원내용과 기준은 다음 〈표 9-12〉와 같다(보건복지부, 2014). 장애아 무상보육사업에는 장애아 무상보육료, 방과후 보육료, 시간연장형 보육료 지원 등이 있다. 장애아 무상보육료 지원은 만 0세~만 12세 미취학 장애아동을 대상으로 한다. 취학연령이 되었음에도 부득이하게 질병 등의 사유로 일반 초등학교 및 특수학교에 취학하지 못한 장애아동은 무상보육 대상에 포함된다.

한편 어린이집 · 유치원 · 종일제 아이돌봄서비스를 이용하지 않는 가정양육 아동에게 지급되는 가정양육수당이 있다. 만 5세 이하의 소득수준과 무관한 전 계층의 아동이 지급대상에 해당한다. 장애아동 양육수당은 36개월 미만은 월 20만원, 36개월~84개월 미만은 월 10만원의 수당이 지급된다. 장애아동이 정부지원을 받는 특수학교(유치부 또는 초등학교 과정)를 이용할 경우에는 장애아 보육료 지원이 불가하며, 초등학교 과정 아동은 방과후 보육료 지원이 가능하다.

〈표 9-12〉 장애아 무상보육사업의 지원내용

<table>
<tr><th colspan="2">구분</th><th>대상 및 자격</th><th>지원수준</th></tr>
<tr><td colspan="2">무상보육료지원</td><td>대상 만 0세~만 12세 미취학 장애아</td><td>교사 대 아동비율을 1:3으로 반편성하고, 장애아 전담보육교사 또는 특수교사를 별도로 배치하여 보육할 경우 394,000원 지원</td></tr>
<tr><td colspan="2">방과후 보육료지원</td><td>차상위 이하(법정저소득층 포함) 및 장애아동에 해당하는 만 12세 이하 취학아동이 방과후에 어린이집을 일일 4시간 이상 이용하는 경우</td><td>• 교사 대 아동비율을 1:3으로 반편성하고, 방과후 및 장애아보육보수 교육과정을 이수한 교사를 별도로 배치하여 보육할 경우, 장애아 무상보육료 50%(197,000원) 지원(국비+지방비)
• 방학기간 종일제 보육을 실시한 경우 장애아동은 장애아보육료 100% 지원(국비+지방비)</td></tr>
<tr><td rowspan="2">시간 연장형 보육료 지원</td><td>시간연장 보육료</td><td>기준시간을 초과하여 보육을 받고 있는 만 0~2세 보육료, 만 3~5세 누리과정 보육료, 다문화보육료 및 장애아무상보육료(취학전) 지원아동</td><td>• 시간당 3,700원 지원
• 매월 60시간 지원한도액</td></tr>
<tr><td>시간제 보육료</td><td>종일제 보육을 이용하지 않는 아동이 부득이한 경우에 비정기적으로 보육을 받는 미취학 영유아 중 법정저소득층 및 장애아동</td><td>• 시간당 법정저소득층 아동 3,000원
• 장애아동 3,900원 지원</td></tr>
</table>

(3) 장애인 자녀교육비 지원

장애인 자녀교육비 지원은 「장애인복지법」 제38조에 근거를 두고 있다. 장애인 자녀교육비 지원의 목적은 저소득 장애인 가구의 자녀에 대한 교육비를 지원하여 경제적 부담을 줄여주고 최소한의 교육기회 보장을 통한 건전육성과 장애아동 가구의 생활안정을 도모하기 위함이다. 장애인 가족은 비장애인 가족에 비하여 소득활동에 제한을 받기 때문에 의료비, 교통비, 보장구 구입비 등 교육 간접비용이 지원되어야 한다(보건복지부, 2015).

장애인 자녀교육비는 소득인정액이 최저생계비 130% 이하인 장애인 가구의 1~3급 초·중·고등학생 장애인 및 1~3급 장애인의 초·중·고등학교 자녀를 대상으로 한다. 다음 〈표 9-13〉은 2015년 장애인 자녀교육비 지원내용을 나타낸 것이다(보건복지부, 2015b). 특수교육 대상 장애학생은 고등학생까지 의무교육 대상으로 입학금, 수업료, 교과서대가 면제된다.

〈표 9-13〉 장애인 자녀교육비 지원(2015년 기준)

구분	입학금 · 수업료	교과서대	학용품비	부교재비	비고
초등학교	X	X	X	○	의무교육
중학교	X	X	○	○	의무교육 (특수교육대상 고등학생포함)
고등학교	○	○	○	X (교과서대 포함)	

(4) 의료 지원

장애아동을 위한 의료 지원으로는 발달재활서비스와 언어발달 지원을 포함하고 있다. 먼저, 발달재활서비스는 2007년 지역사회서비스 혁신 사업의 일환으로 도입된 이후 2012년 8월 「장애아동복지지원법」이 시행됨에 따라 '발달재활서비스'라는 새로운 용어로 법석 근서를 마련하게 되었다.

발달재활서비스는 장애아동의 기능향상과 행동발달을 목적으로 실시하고 있으며, 한편으로는 장애아동을 양육하는 가정의 경제적인 부담을 경감시키기 위한 목적으로도 운영되고 있다. 장애 조기 발견 및 발달진단서비스, 중재를 위한 부모상담서비스 등이 있다. 본 사업의 대상자 선정 시 '장애유형', '소득' 및 만 18세 미만을 기준으로 하며, 장애유형은 뇌병변장애, 지적장애, 자폐성장애, 청각장애, 언어장애, 시각장애아동을 대상으로 언어 · 청능, 미술 · 음악 · 행동 · 놀이 · 심리운동 · 재활심리, 감각 · 운동 등을 제공하고 있다.

언어발달 지원은 감각적 장애를 지닌 부모의 자녀에게 필요한 언어발달지원서비스를 제공하여 아동의 건강한 성장 및 장애가족의 자체 역량을 강화하는데 목적이 있다. 서비스 대상자는 만 10세 미만 비장애아동(한쪽 부모가 시각, 청각, 언어, 지적, 자폐성, 뇌병변 등록 장애인)으로, 대상자는 언어발달진단서비스, 언어 · 청능발달 등 언어재활서비스 및 독서지도, 수화지도를 받을 수 있다(한국장애인개발원, 2015).

Plus Tips

1 전체 인구대비 장애인 수

대한민국 전체 인구대비 5.6%(252만 명)가 장애인

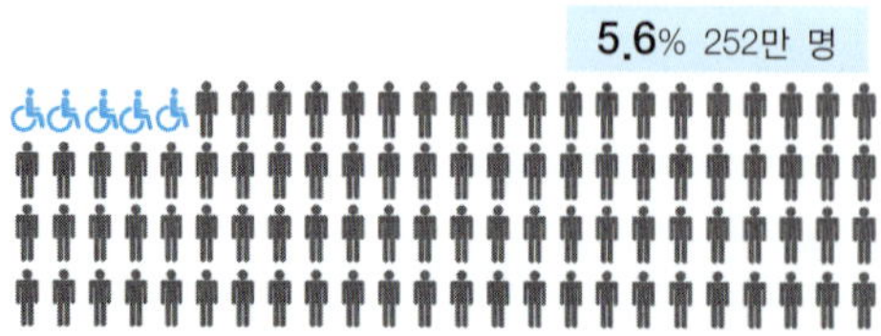

2 전체 가구수 대비 장애인 거주가구 수

3 선천성 장애 VS 후천성장애

252만 명의 장애인 중 90.5%가 후천성 장애인

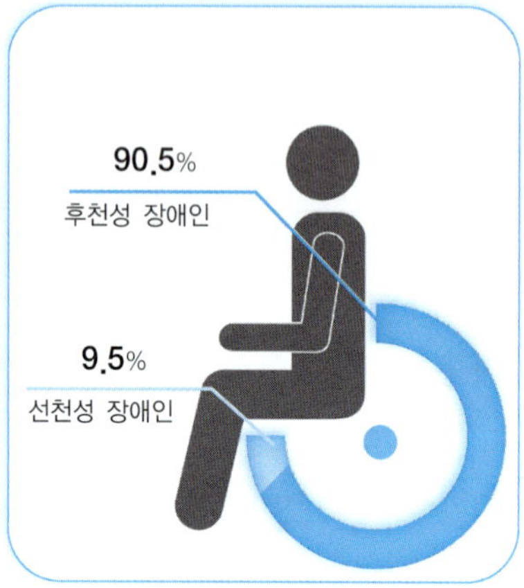

출처: 보건복지부(2015). 제35회 장애인의 날 교육자료 - 장애인의 삶과 사회적 인식.

2) 장애아동의 가족지원

장애아동 가족의 적응은 학교, 사회사업기관, 치료 및 의료기관의 전문기관의 공식적 지원이나 가족과 친구, 이웃 등 사적 관계에서 받는 비공식적 지원 등이 중요한 요인이 된다. 장애아동의 가족지원에는 양육지원 및 부모심리상담 지원 등이 있다.

(1) 장애아가족 양육지원

장애아가족 양육지원사업은 장애아동 가족의 일상적인 양육부담을 경감하고 보호자의 정상적인 사회활동을 돕기 위하여 돌봄 및 일시적 휴식지원 서비스를 제공하는 것을 목적으로 한다. 「장애아동복지지원법」 제24조(돌봄 및 일시적 휴식지원 서비스지원) 제1항에도 "국가와 지방자치단체는 장애아동 가족의 일상적인 양육부담을 경감하고 보호자의 정상적인 사회활동을 돕기 위하여 돌봄 및 일시적 휴식지원 서비스를 제공할 수 있다"라고 명시하고 있다.

장애아가족 양육지원사업은 '돌봄서비스'와 '휴식지원 프로그램'으로 구분하여 지원

한다(한국장애인개발원, 2015). 먼저 돌봄서비스의 지원대상은 만18세 미만의 「장애인복지법」 상 등록된 1~3급 장애아와 생계·주거를 같이하는 전국가구평균소득 100% 이하 가정으로, 양육자의 질병, 사회활동 등 일시적 돌봄서비스 필요시 일정한 교육과정을 수료한 돌보미를 파견하여 장애아동 보호 및 휴식을 지원한다.

휴식지원 프로그램은 소득기준 상관없이 만 18세 미만의 모든 장애아 가족으로 돌봄서비스를 받지 않는 가정도 참여 가능하지만, 돌봄서비스를 받는 가정을 우선 지원한다. 지원내용은 가족관계 회복 및 돌봄 노동 분담을 위해 장애아가족 문화교육 프로그램, 휴식박람회, 가족캠프 등의 프로그램들을 운영한다. 그리고 장애아동의 양육상의 어려움을 경감시키기 위하여 돌보미를 통한 장애아가족 상담서비스와 생활지도 및 자조모임 등을 지원한다. 또한 장애아동의 가정 간의 다양한 정보를 공유하며, 가족휴식 및 가족역량강화 프로그램 확대를 위한 가족상담(치료) 프로그램, 가족교육 프로그램(부모교육, 비장애 형제자매교육, 가족관계개선) 등의 프로그램을 운영한다.

(2) 부모심리상담 지원

부모심리상담 지원사업은 '발달장애인지원계획' 및 「발달장애인 권리보장 및 지원에 관한 법률」 제31조에 의거하여, 과중한 돌봄 부담을 가지고 있는 발달장애인 부모에게 집중적인 심리·정서적 상담서비스를 제공하여 우울감 등 부정적 심리상태를 완화시켜 궁극적으로 발달장애인 가족의 기능 향상을 도모하는 것을 목적으로 한다. 대상자는 발달장애인 자녀의 부모로 전국가구평균 소득 150% 이하의 가정이 해당된다.

발달장애인은 일상생활에도 도움이 필요한 중증장애인이 많아 이들을 돌보아야 할 부모 입장에서 여가, 경제적·사회적 활동이 사실상 곤란하다. 발달장애인 부모교육 및 장애인가족지원센터의 가족역량강화사업인 힐링 스타트 사업 등을 통해 장애인가족이 겪는 스트레스 및 정서적 어려움에 대하여 심리적 치유서비스를 제공함으로써 가족의 기능이 강화될 수 있도록 지원하고 있다.

Plus Tips

장애아동을 위한 3가지 중점 사업

장애인복지는 지금까지 성인 장애인, 신체장애인 중심으로 지원되었기 때문에 장애아동과 발달장애인에 대한 지원은 상대적으로 소외되어 왔다. 또한 복지서비스가 각 분야별로 분산적으로 제공됨에 따라 장애아동과 발달장애인을 위한 맞춤형 복지지원의 요구는 계속적으로 증대되어 왔다.

이에 정부는 「장애아동 복지지원법」과 발달장애인지원계획에 의거해 중앙 장애아동·발달장애인 지원센터를 설립하여 보건복지부에서 위탁하여 한국장애인개발원에서 운영하고 있다. 중앙 장애아동·발달장애인지원센터의 중점사업은 다음과 같이 크게 3가지이다.

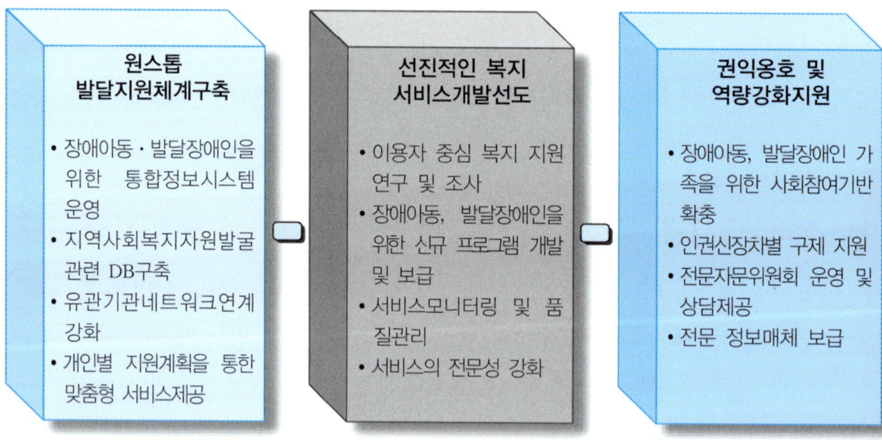

5 장애아동 복지를 위한 향후과제

장애아동 복지서비스의 궁극적 목적은 '건전한 보호육성'인데 이를 위하여 국가 차원에서 장애아동을 위한 보호, 교육, 의료, 치료 및 재활 등에 대한 적절한 지원을 제공하는 구체적인 추진 실적은 부족한 편이다. 이에 장애아동뿐만 아니라 장애가족이 겪고 있는 문제해결에 대한 방안을 설명한다.

1) 장애아동 교육권 보장

특수교육법과 장애인차별금지법에 의하면 모든 장애인은 차별 없이 교육받을 권리가 있음에도 불구하고 장애아동의 교육권 보장은 미흡한 실정이다. 일반학교 내의 특수학급 설치 비율은 초·중·고등학교의 상급학교로 올라갈수록 현격히 감소하고 있다.

모든 장애아동이 자신의 장애유형과 장애 정도에 따라 특수교육을 받을 수 있도록 특수교육기관의 수를 확대하여 장애아동의 의무교육이 현실화되는 것이 필요하다. 이때 특수교육기관의 직접적인 설립과 더불어 현재 어린이집이나 유치원, 각급 학교에 특수교사의 배치인원을 확대하여 특수교육기관으로서의 역할도 겸하게 하는 것도 논의될 수 있다. 이를 위해 장기적으로 보건복지부나 교육부에서 특수교육기관 수를 확대하기 위한 구체적인 계획과 예산안을 마련할 수 있도록 하는 중장기 발전계획을 수립할 필요가 있다(김영지, 김희진, 2015).

한편으로 장애아동의 통합교육 내실화를 위해 특수학교·특수학급별 우수사례를 개발·확산하고 이를 기초로 한 교수·학습자료와 매뉴얼 등의 개발·보급에 다각도의 지원이 필요하다. 정규학교의 통합교육은 물론 장애아를 위한 통합보육이 세계적인 추세라는 점에서 장애아동을 위한 통합교육기관 설치·운영에 대한 지원도 제공하여야 할 필요가 있다(한국장애인 개발원, 2013).

또한 통합교육 방식 및 내용에 있어 부모와 아동의 관점을 우선적으로 반영하여야 하며, 이를 선택할 수 있는 권리가 주어져야 한다. 현재 운영되고 있는 특성화 특수교육지원센터에 대한 장애아동 및 가족의 지역별 접근성과 지자체 및 장애아동 인구 규모를 고려하여 확대·설치하여야 한다. 더불어 만 3세 미만의 장애 영유아를 포함한 장애아동의 조기발견 및 교육과 발달지원서비스에 더욱 집중함으로써 개별 장애아동이 이후 제도권 통합교육에 잘 적응할 수 있도록 지원이 필요하다(한국청소년 정책연구원, 2009).

Plus Tips

장애인 활동가 박옥순씨의 장애아동의 교육권 확보

1977년 '특수교육진흥법'이 제정됐지만 장애인의 교육은 의무가 아니었다. 특수교육 대상자인 장애인이 학교에 입학하려 할 경우 특수교육 대상자라는 이유로 입학을 거부하면 안 된다는 정도에 머물렀다. 1994년에 와서야 초등학교와 중학교 과정을 의무교육으로 한다는 개정안이 나왔다. 유치원과 고등학교 과정을 무상교육으로 해야 한다는 규정도 생겼다.

헌법은 교육이 모든 국민이 누려야할 기본권이라 했지만 장애인은 예외였다. 초등학교 의무교육이 교육법 조항에 처음 설치된 것이 1949년이었다. 본격적으로 의무교육 정책이 추진된 해가 1952년이다. 장애인은 42년이 걸렸다. 중학교 의무교육 역시 1984년 규정됐다.

옥순씨는 전국장애인차별철폐연대 사무총장으로 집회와 농성을 하다 벌금 300만원을 선고받았다. 그러면서까지 장애인에게 의무교육이 왜 필요한지 알려야 했으며, 차별과 편견에 맞서야 했고 장애인차별금지법(장차법)이 절실했다. 옥순씨를 비롯한 장애인권활동가들 사이에서 2001년 본격적으로 장차법에 대한 논의를 시작했다. 헌법과 법률은 모든 사람의 인권을 보장한다 했지만, 모든 사람에서 배제된 채 당연하듯 차별받아온 장애인. 장애인 차별을 금지하는 법률적 장치가 필요했다. 장차법을 요구하며 장애인들의 이동권 보장을 함께 요구하였다. 그 사이 저상버스가 생기고 장애인콜택시가 등장하였으며 활동보조인 제도가 생겼으며 장애를 이유로 차별없도록 법이 만들어졌다. 이제는 장애등급제 폐지, 부양의무제 폐지 등을 위하여 아직 그녀의 외침은 끝나지 않았다.

출처: 신나리(2017). 기자명함 떼고, 벌금 300만원 택한 이유?. 오마이뉴스 2017/08/05.

2) 가족의 영역별 지원방안

장애아동을 둔 부모들은 재활치료서비스 비용 부담이 크므로 정부의 지원확대가 절실하며, 스트레스 완화 및 정서 안정 프로그램 등의 필요성이 요청되고 있다. 이는 결국 장애자녀를 두고 있는 가족에 대한 적극적인 정책적 지원의 필요성을 의미한다(한국장애인 개발원, 2013).

우선적으로, 경제적 지원 측면에서, 장애아 가족의 경제적 부담을 경감하기 위해서는 장애아동 수당지급 대상 확대, 무상·의무교육 지원범위 확대, 의료비 지원 대상 범위 확대, 장애인등록 진단비 지원 등과 같은 제도적 개선이 이루어져야 할 필요가 있다.

둘째, 양육 및 돌봄 지원 측면에서, 장애 특성으로 인해 야기되는 어려움을 완화할 수 있는 다양한 장치들이 필요하고, 가족들의 돌봄부담을 경감하기 위한 돌봄지원의 강화가 더욱 요구된다. 즉, 장애인가족의 휴식지원 확대 및 구체화, 지역별 특화사업 운영, 주간보호 및 그룹홈 확대, 장애아를 위한 통합 보육시설 지원 강화 등이 이루어질 필요가 있다.

셋째, 재활 및 의료적 지원측면에서, 장애아동 재활치료 바우처 사업의 소득기준 제한 완화, 장애아동 전문 치과진료 사업 확대, 재활병원 확충, 재활보조기구의 건강보험 적용품목 확대, 장애아동·청소년의 문제행동에 대한 전문치료시스템 구축 등이 이루어져야 할 것이다.

넷째, 교육적 지원 측면에서, 교육기관 내 정규 특수교사 확대 배치, 실제적인 개별화 교육지원 팀 운영 및 부모참여 보장, 학교 치료지원 내실화 제고, 통학비 관련 명확한 기준 마련, 방과 후 프로그램 질 제고, 장애 영·유아를 위한 조기중재센터 설치·운영 등이 필요하다.

다섯째, 사회·정서적 지원 측면에서, 장애아 가족을 위한 종합 정보서비스 지원체계를 구축해야 하며, 양육과정에서 침여기 미비한 아버지를 위한 프로그램 개발, 장애자녀 형제·자매를 위한 모임, 캠프, 교육지원 프로그램 매뉴얼 제작 및 보급, 부모단체 육성 및 자조집단 활성화, 체계적인 부모교육 및 훈련 지원을 위한 부모자원센터 운영, 장애아동가족을 위한 가족변호인 서비스 실시 등의 지원을 강화해야 한다.

3) 서비스 질 관리 개선 방안

장애아동 및 가족을 위한 재활치료서비스 제공기관의 서비스 종류로는 언어, 미술, 놀이, 작업, 음악치료 등으로 다양하고, 재활치료서비스에 대한 장애아동·청소년의 일반적인 인식과 수요가 많아짐으로써 전문 인력의 안정적 확보와 서비스 질 향상을 위한 적극적인 방안들이 지자체 차원에서 강구될 필요가 있다.

현재와 같은 체제에서는 재활치료서비스를 제공하는 기관에서는 치료전문가의 자질을 객관적으로 검증하기 어려우므로 사회복지사 제도와 같이 국가자격의 도입 필요성이 높은 것으로 나타났으며, 특히 장애아동·청소년에게 제공하고 있는 치료는 매우 전문적이므로 재활치료 전문가의 보수교육 및 훈련 그리고 수퍼비전(supervision) 제도의 필요성이 시급하다. 치료사에 대한 처우부분에서는 4대 보험은 대부분 가입하고 있으나 규모가 작은 사설치료기관일 경우는 보험에 가입하지 않는 경우도 있으며, 임금수준은 서비스 대상자 수에 따라 편차가 큰 것으로 나타나, 이들의 고용 불안정은 서비스의 질과 직접적으로 관련이 있으므로 치료사는 개선이 될 필요가 있는 것으로 지적되고 있다(한국청소년 정책연구원, 2009).

따라서 서비스 제공인력의 자격 및 관리를 담당할 수 있는 관리체계를 구성하는 것이 필요하며, 또한 서비스 질 관리 차원에서는 지방자치단체, 대학, 민간단체들이 대표성을 가지고 함께 참여하는 '서비스 질 관리 위원회'를 구성하고, 서비스에 대한 체계적인 관리, 감독을 수행하는 '통합적 모니터링 체계'를 지방정부 차원에서 구축해야 한다. 또한 서비스 확대 과정에서 발생할 수 있는 도덕적 해이 등을 방지하고, 이용자의 입장에서 양질의 서비스가 투명하게 제공될 수 있도록 장애관련 서비스의 공공성 확보를 위한 방안을 적극적으로 모색할 필요가 있다.

Plus Tips

"님비 · 핌피에 의한 특수학교 설립 반대 사례"

님비(NIMBY)는 Not In My Back Yard라는 영어 알파벳의 각 단어 머리글자를 따서 만든 용어이다. 쓰레기 매립장이나 소각장, 산업폐기물 처리장 등 혐오시설들이 자신이 거주하는 지역에 설치되어서는 안 된다는 지역이기주의를 지칭한다. 이런 현상은 공공정신이 약화됨에 따라 나타난 현상으로 볼 수 있다. 이와 반대로 지역 발전을 꾀할 수 있는 체육경기장 시설이나 각종 대형사업을 적극 유치하려 하는 현상은 핌피(PIMFY: Please In My Front Yard)라고 불린다. 지방자치제 실시 이후 우리나라에서도 님비와 핌피 현상이 극도로 심화되어 공공사업 추진에 걸림돌이 되는 등 큰 사회 문제가 되고 있다. 최근 님비 현상으로 인한 지역 이기주의가 사회적 문제로 대두되며 행정당국은 골머리를 앓고 있다. 양로원, 고아원, 장애인 복지시설 등이 설치되는 것을 극구 반대하는 사례가 여기 있다. 2017년 강서구에서 특수학교 설립을 호소하는 주민들과 이를 반대하는 주민들 간의 갈등으로 사회적 논란이 일었던 것은 대표적인 님비 사례라고 할 수 있다. 반면에 특수학교 부지에 당초에 국회의원이 공약했던 국립 한방의원을 설립해야 한다고 주장하는 주민들의 주장은 핌피 현상이라고 볼 수 있다.

결과적으로 국가인권위원회에는 특수학교 설립을 반대하는 행위는 헌법의 평등정신에 위배되며, 인권위 장애차별시정위원회는 장애학생의 원거리 통학으로 인한 불편함에 대한 교육권과 건강 및 안전권을 보장해야 한다고 판단했다. 그러면서 "모든 국민은 헌법의 평등정신이 실현될 수 있도록 장애인 특수학교 설립에 협력해야 하고, 특히 지역사회 주민들은 지역 내 특수학교가 설립되는 것에 대해 국가 및 지방자치단체와 함께 논의하고 바람직한 교육환경 조성을 위해 노력하는 성숙된 인식을 가져야 할 것"이라고 밝혔다.

출처: 경북매일(2019). 한국NGO 신문(2017) 보도자료 재구성.

CHAPTER

10

학대아동 복지서비스

아동학대는 우리 사회에서 약자로서 아동이 겪게 되는 대표적인 권리침해이다. 그동안 아동에 대한 인식이나 권리적 측면에서 많은 발전이 있었음에도 불구하고 아동학대는 여전히 지속적으로 일어나고 있는 문제이다. 아동학대는 대부분 가정 내에서 발생하므로 쉽게 노출되지 않았고, 사적 차원에서 비공식적인 접근으로 이루어졌기 때문에 공식적이고 사회적인 개입이 더욱 어려웠다. 그러나 2000년도에 아동복지법의 개정으로 아동학대에 관한 법적 근거를 마련하면서 전국적으로 아동보호서비스가 제도화되어 체계적인 개입이 시도되었다. 제10장에서는 아동학대에 대한 개념 정의에서부터 아동학대의 유형 및 현황, 아동보호사업과 개선방향 등을 설명한다.

1 아동학대의 이해

아동학대는 아동의 권리를 해치고 성장과 발달을 저해하는 행위를 말한다. 유엔아동권리협약 제19조에 의하면 당사국은 모든 형태의 신체적, 정신적 폭력, 상해, 학대, 유기, 방임적 대우, 성적 학대를 포함한 혹사나 착취로부터 아동을 보호하기 위하여 모든 적절한 입법적, 행정적, 사회적, 교육적 조치를 취하여야 한다고 명시하고 있다.

1) 아동학대의 개념

아동학대는 켐페(Henry Kempe)의 「피학대 아동증후군(Battered-child Syndrome)」이라는 고전적 논문에 의해서 처음으로 논의되었다. 아동학대는 "부모나 돌보는 사람에 의해 어린 아동에게 가해지는 심각한 손상"을 의미하며 그 상처가 우연한 사고에 의한 것이 아니라 부모나 양육자의 의도적인 행위 및 태만의 결과라고 보았다(Kempe, et al, 1962). 그의 논문 발표 이후 아동학대에 관한 인식은 뚜렷이 증가하게 되었고, 그 개념의 폭도 계속해서 확산되었다(이배근, 2004).

우선적으로 아동학대의 협의적 개념에 의하면, 아동학대는 주로 신체적 학대에 국한하여 관찰 가능한 상처를 의도적으로 초래한 행위를 말한다. 반면 포괄적인 아동학대에 관한 정의에 의하면, 아동의 발달과 욕구를 충족시켜 주지 못하는 환경까지를 포함하며, 아동의 평등한 권리와 자유의 박탈 및 건강한 발달을 저해하는 행위나 방임 그리고 개인뿐 아니라 사회 모든 제도적인 측면에서의 행위나 태만 등을 학대라고 보았다.

법적인 측면에서 아동학대의 개념을 살펴보면, 「아동복지법」 제3조 7항에 의하면, "아동학대"란 보호자를 포함한 성인이 아동의 건강 또는 복지를 해치거나 정상적 발달을 저해할 수 있는 신체적·정신적·성적 폭력이나 가혹행위를 하는 것과 아동의 보호자가 아동을 유기하거나 방임하는 것을 말한다. 즉, 아동에 대한 적극적인 가해행동뿐만 아니라 소극적 의미의 방임행위까지 아동학대로 명확히 규정하고 있으며. 이는 아동의 신체적, 심리적 잠재력을 발휘하지 못하도록 막는 모든 행위를 포괄하고 있다.

2) 아동학대의 유형 및 징후

「아동복지법」 제22조부터 29조에 이르기까지 아동학대의 예방 및 방지 행위에 대해 명시하고 있다. 아동복지법에 의한 아동학대의 유형으로는 신체학대, 정서학대, 성학대, 방임 등으로 분류하고 있다. 여기에서는 4가지 아동학대의 유형과 각 유형에 따른 징후를 구체적으로 설명한다. 아동학대의 사실을 감지하기 위해서는 학대받은 아동에게서 흔히 나타나는 증후들에게 대해서 잘 알고 있어야 하고 학대가 의심이 되는 아동을 발견한 경우에는 아동과의 긴밀한 신뢰관계를 형성하고 지속적인 애정과 관심을 가지고 대화를 하면서 학대사실을 확인하기 위하여 가능한 한 많은 정보를 아동에게서 얻도록 노력해야 한다. 평소와 다른 모습을 보일 때, 즉 의기소침해 있거나 성인을 두려워하거나, 새로운 행동문제 등을 나타내면 학대의 가능성을 고려해야 한다.

(1) 신체학대

신체학대란 보호자를 포함한 성인이 아동에게 우발적인 사고가 아닌 상황에서 신체적 손상을 입히거나 또는 신체손상을 입도록 한 모든 행위를 말한다. 신체학대는 부모가 자녀를 훈육하기 위해 사용하는 체벌과 명확히 구분이 안돼 논쟁의 여지가 되어 왔지만 아동의 권리보장 측면에 볼 때 훈육차원에서의 어떠한 신체적 체벌도 용납되어서는 안 된다. 다음 〈표 10-1〉은 신체적 학대로 인해 나타나는 신체·정서·행동적 징후를 요약한 것이다.

〈표 10-1〉 신체학대의 행위 및 징후

신체 학대	신체적 징후	정서 · 행동적 징후
• 뺨을 때리는 행위 • 발로 차고 물어뜯고 떠밀고 움켜잡는 행위 • 물건을 던져 위협하거나 때리는 행위 • 마구 두들겨 패는 행위 • 칼, 도끼, 망치 등으로 위협하거나 사용하는 행위	• 도구의 모양이 그대로 나타나는 상처 • 담뱃불 자국, 뜨거운 물에 데인 화상 • 골절, 설명하기 어려운 상처, 화상 등 • 입, 입술, 눈, 외음부 상처	• 어른과의 접촉 회피 • 공격적, 위축적인 행동 • 부모에 대한 두려움 • 집에 가는 것을 싫어하거나 두려워 함 • 위험에 대해 지속적인 경계심을 보임

(2) 정서학대

정서학대는 신체적 학대에 비해 정의하기가 어렵지만 직접적인 신체 손상을 초래하지는 않으나 아동의 인격이나 존재를 말과 행동으로 멸시하거나 부당한 대우를 하는 행위를 말하는 것으로 다른 학대 유형과 동반해서 나타난다. 정서학대의 경우, 아동에게 정서적으로 불안감을 초래해 아동발달과 성장에 해로운 영향을 미친다. 다음 〈표 10-2〉는 정서적 학대에 해당되는 행위 및 정서학대로 인해 나타나는 신체 · 정서 · 행동적 징후를 요약한 것이다.

〈표 10-2〉 정서학대의 행위 및 징후

정서 학대	신체적 징후	정서 · 행동적 징후
• 아동의 인격, 존재, 감정, 기분을 심하게 무시하거나 모욕하는 행위 • 고의적으로 의식주를 제공하지 않는 행위 • 좁은 공간에 장기간 혼자 가두어 놓는 행위 • 아동이 보는 앞에서 심하게 부부싸움 하는 행위	• 성장장애 • 신체발달 저하 • 언어장애	• 특정물건을 계속 빨고 있거나 물어뜯음 • 행동장애(반사회적, 파괴적 행동장애) • 신경적 기질(수면장애 등)) • 히스테리, 강박, 공포 등 • 극단행동, 과잉행동, 발달지연, 자살시도

(3) 성학대

성 학대는 성인이 성적인 충족을 위해 미성숙한 아동과 함께 하는 모든 성적행위를 말한다. 자기보호능력과 성적 결정 능력이 없는 아동의 성적인 신체부위를 강제적으로 손상시키는 등의 행위를 포함한다. 성 학대는 부적절한 신체적 접촉에서부터 강간에 이르기까지 범주가 다양하다. 다음 〈표 10-3〉은 성 학대에 해당되는 행위 및 성학대로 인해 나타나는 신체·정서·행동적 징후를 요약한 것이다.

〈표 10-3〉 성학대의 행위 및 징후

성학대	신체적 징후	정서·행동적 징후
• 아동의 몸을 강제로 만지는 행위 • 아동의 옷을 벗기는 행동 • 어른의 성기를 보여 주는 행동 • 아동에게 야한 그림이나 동영상을 보여주는 행동	• 성기 부위 통증, 가려움 • 걷기나 앉기의 어려움 • 소변 시 통증 • 성병	• 또래관계의 어려움 • 수면장애 및 식습관 변화 • 목욕에 대한 두려움 • 공격적 행동 표출 • 우울, 불안, 잦은 울음 • 민감하고 예민함 • 자살에 대한 언급, 자해 등

(4) 방임

방임이란 보호자가 아동에게 고의적, 반복적으로 아동양육과 보호를 소홀히 함으로써 아동의 정상적인 발달을 저해할 수 있는 모든 행위를 말한다. 또한 성인의 보호감독을 받아야하는 아동을 버리는 행위(유기)까지도 포함한다. 방임에는 물리적, 정서적, 교육적, 의료적 방임 등 4가지로 구분한다. 다음 〈표 10-4〉는 방임에 해당되는 행위 및 방임으로 인해 나타나는 행동적 징후를 요약한 것이다.

〈표 10-4〉 방임의 행위 및 징후

방임	신체적 징후	행동적 징후
물리적 방임	• 기본적인 의식주를 제공하지 않는 행위 • 불결한 환경 및 위험한 상태에 아동을 방치하는 행위 • 아동의 출생신고를 하지 않는 행위	• 음식을 구걸하거나 훔침 • 비행 또는 도벽행동 • 학교에 일찍 등교하고 집에 늦게 하교함
정서적 방임	• 아동에게 필요한 심리적 보호를 하지 않고 거절하거나 아동의 마음에 상처를 입히는 행위	
교육적 방임	• 학교(의무교육)에 보내지 않는 행위 • 특수교육이 필요한 아동에게 특수교육을 제공하지 않는 행위	
의료적 방임	• 아동에게 필요한 의료적 처치를 하지 않는 행위 • 예방접종이 필요한 아동에게 예방접종을 실시하지 않는 행위 • 장애아동에 대한 치료적 개입을 거부하는 행위	

Plus Tips

아동학대가 의심되는 상황은?

학대받는 아동이 항상 외현적으로 드러난 신체적 손상만 있는 것은 아니다. 아동학대는 항상 은밀히 일어나기 때문에 잘 관찰하지 않으면 발견하기가 쉽지 않을 수도 있다. 일상적인 모습과는 달리 부모와 아이가 뭔가 이해되지 않은 감정상태나 행동을 보인다면 아동학대를 의심하여야 한다. 다음은 신체적 상처가 없지만 아동학대가 의심되는 상황을 정리한 것이다.

- 아동의 위생상태가 불량하고 영양실조 등으로 수척하다.
- 부모의 부부관계의 문제가 많고 결혼상태가 불안정하다.
- 아동의 언어 및 사회성 발달이 지체되어 있다.
- 아동이 대인관계에서 쉽게 위축되고 불안해 한다.
- 아동이 지나치게 공격적이고 파괴적인 행동을 보인다.
- 아동이 극도로 순종적인 태도를 보이거나 수치심을 표현한다.
- 아이의 상태에 대한 부모의 설명이 일치되지 않고 모순된다
- 부모가 너무 늦게 병원에 데려와서 치료시기를 지연시킨다든지, 입원 및 치료를 거부한다.
- 아동이 대인관계에서 피해의식이 많으며 뭔가 숨기는 태도를 보인다.

출처: 대한의사협회 기획정책국(2006). 아동학대 예방 치료지침서.

3) 아동학대의 발생원인

아동학대의 발생원인을 정신병리학적 관점, 발달론적 관점, 사회심리학적 관점 그리고 생태학적 관점 등 4가지 관점에서 설명한다.

(1) 발달론적 관점

발달론적 관점은 아동학대의 주요원인을 아동의 신체·정신적 장애 및 기질적으로 까다로운 특성 등에 의해 학대가 유발된다고 보는 관점이다. 대부분의 방임·학대 대상의 아동은 미숙아, 정신지체 아동, 장기질환 아동, 기형아, 미혼모 아동, 입양아, 자녀가 많은 가정의 아동, 원하지 않는 자녀, 부부관계나 가정 여건이 좋지 않은 상태에서 태어난 자녀, 출산전후 가족 여건이 나빠진 상태의 자녀, 원하지 않았는데 태어난 여아, 고집스럽게 울거나 밤에 잠을 잘 자지 않고 보채는 아이 등으로 보고되고 있다. 특히 장애

아동에 대한 사회적 소외와 사회적 차별 등은 장애아 부모의 스트레스를 가중시켜서 아동학대를 발생시키는 요인이 된다.

(2) 정신병리학적 관점

정신병리학적 관점은 아동학대의 주요 발생 원인을 부모의 특별한 성격적 요인에 의한 것이라고 강조한다. 가해 부모의 심리적 및 병리적 특성은 주로 자신의 어린시절 학대 경험이 주요하게 작용함으로서 학대를 유발하게 된다고 본다. 즉 부모의 심리적 특성에 의하면, 자녀에 대한 부정적 편견, 자녀양육 문제해결 능력 부재, 부모역할에 따른 스트레스 등이 있으며, 가해 부모의 병리적 특성은 불안, 히스테리, 강박신경증, 우울증, 정신분열적 문제 등을 보인다. 결국 이러한 특성이 정서적 혼란을 초래하고, 우울증, 무력감, 무반응 등이 고착된 결과로 아동을 학대하고 방임하게 된다(표갑수, 2002; 박혜신, 1995).

(3) 사회심리 · 문화적 관점

사회심리 · 문화적 관점은 가정 및 사회 구조적 특성과 문화적인 측면이 아동학대와 관련되어 있다는 것으로 설명된다. 먼저 가정 환경적 특성에 의하면, 아동학대를 유발시키는데 가족의 역동성은 매우 중요한 역할을 한다고 본다. 부모의 양육태도가 적대적인 경우, 자녀의 존재를 무시하거나 경멸하고 부인하는 태도를 보이며, 통제적 양육태도의 경우, 자녀를 통제하기 위해 권위적이며, 지나치게 간섭하거나 금지, 강요로 인하여 아동학대의 발생빈도가 높은 것으로 보고되고 있다(정혜원, 1992).

그리고 사회 구조적 측면에 의하면, 사회경제적으로 낮은 집단의 가족은 높은 집단의 가족에 비해 더 큰 환경적 스트레스를 경험하며, 이는 결과적으로 학대나 방임을 유발시킨다. 또한 빈곤선 이하의 저소득 계층의 부모가 방임 · 학대를 더 많이 한다고 보고하고 있다.

또한 사회문화적 상황에 따라 폭력을 묵인하는 분위기나 사회의 체벌을 허용하는 분위기, 사회 내 권력 또는 계층의 차이 등을 인정하는 상황에서 학대 등이 유발될 가능성이 있다고 본다.

(4) 생태학적 관점

생태학적 관점은 여러 다양한 아동학대의 발생요인들을 하나의 이론적 모델로 통합하여 설명한다. 생태학적 관점에 따른 아동학대는 부모 개인의 특성, 가족 요인, 가정이 속해 있는 지역사회 요인 그리고 사회문화 요인 등 여러 특성이 서로 상호작용함으로써 유발된다고 본다(Belsky, 1993).

첫째, 부모의 그릇된 아동관 및 양육관, 부모의 미성숙, 아동양육에 대한 지식부족, 자녀에 대한 지나친 기대 등은 아동학대 유발과 밀접한 관련이 있는 것으로 보고되고 있으며, 아동기에 부모로부터 학대받은 아동의 30%는 성인기에 자신의 자녀를 학대하는 것으로 나타났다(Kaufman & Zigler, 1987).

둘째, 실직이나 빈곤, 가정불화 등의 가족 요인은 학대와 관련이 있으며, 특히 상위 소득층의 가정에 비해 하위 소득층의 가정에서 아동학대 발생율이 7배나 높아 더욱 심각한 것으로 나타났다(Downs, Costin, & McFadden, 1996). 또한 가족관계의 역동성이 아동학대와 관련이 있는 것으로, 기질이 까다로운 아동과 부모와의 교류과정에서 학대가 유발될 가능성이 높다(Belsky, 1980; 1993).

셋째, 부모의 직장, 이웃, 사회적 지지망 등 지역사회 요인이 아동학대와 연관된다. 아동양육의 부담을 도와줄 수 있는 친척이나 친구, 이웃이 주위에 아무도 없는 경우, 그리고 가정이 지리적으로 멀리 떨어져서 지역사회와의 교류가 없는 가정의 경우에 아동학대 발생 가능성이 높은 것으로 알려져 있다.

넷째, 사회문화적 가치와 부모의 신념체계 등은 아동학대와 관련된다. 아동을 부모의 소유물, 종속물로 생각하며, 아동에 대해 권리주체로 인식하지 않고 체벌과 훈육을 혼동하며 신체적인 체벌을 많이 사용하고 함으로써 아동학대가 발생된다.

2 아동학대의 현황 및 실태

피해아동에 대한 신속한 응급조치, 학대행위자에 대한 즉각적인 법적 조치가 가능하게 되면서 아동학대 보호 사업이 보다 선진화되어 가고 있다. 그럼에도 불구하고 아동학대는 지속적으로 발생하고 있다. 아동학대는 개인과 가정의 문제를 넘어서 점차 사회문제로 인식되어 가고 있는 차원에서 보다 아동학대 예방 및 치료 대책은 매우 중요하다. 여기에서는 보건복지부와 아동보호전문기관(2020)이 발표한 "2018 아동학대 주요통계"를 토대로 아동학대 실태를 설명한다.

1) 아동학대 발생 추이

우리나라의 아동학대 발생 건수는 신고 건수보다 더 많을 것으로 추정된다. 다음 [그림 10-1]은 연도별 아동학대 신고 접수 현황을 그래프로 나타낸 것이다(보건복지부 · 아동보호전문기관, 2020). 아동학대 신고 중 아동학대 의심사례가 차지하는 비중은 지속적으로 증가하고 있으며 2014년부터 80% 이상을 차지하며 높은 수치를 보이고 있다. 2018년의 경우 지난 해 대비 신고접수 건수가 6.6% 증가하였고 전체 아동학대 신고건수 92.1%가 아동학대 의심사례로 나타났다. 이는 국민들의 아동학대에 대한 인식 수준이 높아져 아동학대 의심사례 신고 수가 증가함에 따른 결과라고 볼 수 있다.

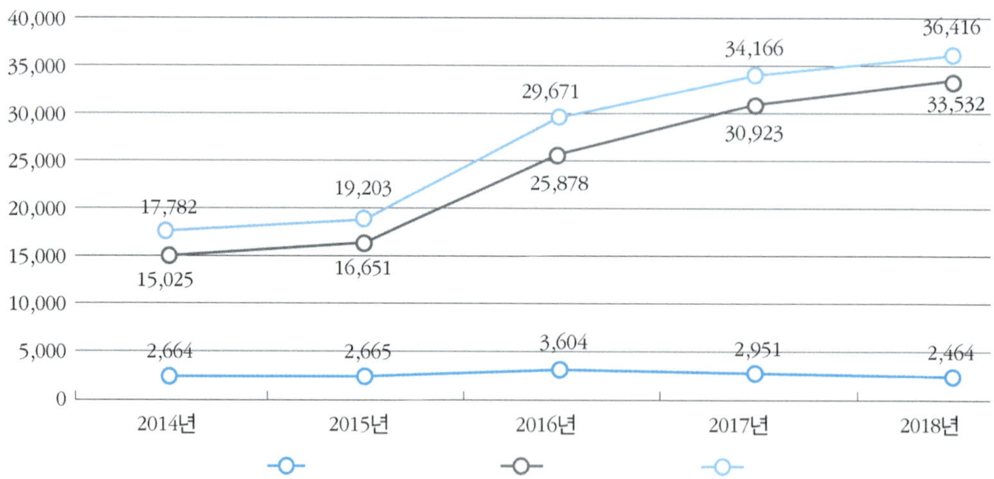

[그림 10-1] 연도별 아동학대 신고접수 현화(2014-2018)

2) 아동학대 사례 유형

중복학대를 별도로 분류하여 [그림 10-2] 아동학대 유형(2018년 기준)을 도표로 나타내고 있다(보건복지부 · 아동보호전문기관, 2020). 그림에서 보는 바와 같이, 중복학대가 11,792건(47.9%)으로 가장 높았으며 정서학대 5,862건(23.8%), 신체학대 3,436건(14.0%), 방임 2,604건(10.6%), 성학대 910건(3.7%) 순으로 높게 나타났다.

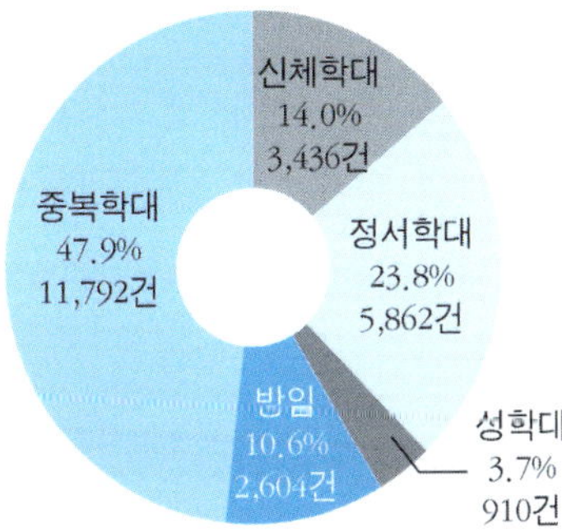

[그림 10-2] 아동학대사례 유형

3) 학대행위자와 피해아동과의 관계

[그림 10-3]은 학대행위자와 피해아동과의 관계를 연도별로 나타냈다(보건복지부 · 아동보호전문기관, 2020). 그림에서 보는 바와 같이 2014년부터 2018년까지 학대행위자가 부모인 경우가 매년 70% 이상으로 나타났다. 대리양육자에 의한 학대는 2014년 990건(9.9%)에서 2018년 3,906건(15.9%)로 지속적으로 증가하고 있다. 2018년 대리양육자에 의한 학대 중 초 · 중 · 고교직원(6.0%)이 가장 높게 나타났다.

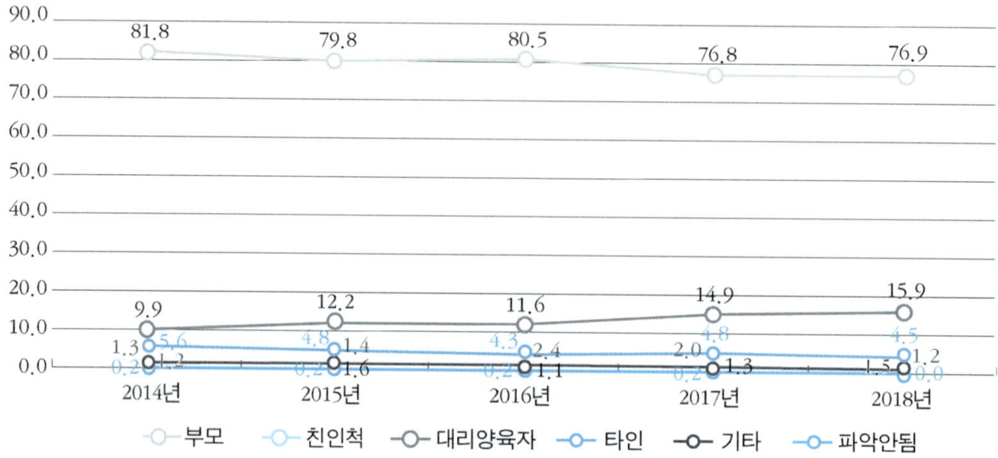

[그림 10-3] 연도별 학대행위자와 피해아동과의 관계

4) 피해아동 연령

다음 〈표 10-5〉는 아동학대 유형별 피해아동의 연령을 나타내고 있다(보건복지부·아동보호전문기관, 2020). 표에서 보는 바와 같이 피해아동의 연령별 분포는 1세 미만부터 16~17세까지 총 7단계로 구성되어 있다. 연령별 분포에 의하면, 만 13~15세의 아동이 전체의 25.8%로 가장 많은 비중을 차지하였고, 다음으로는 만 10~12세가 22.3%, 그리고 만 7~9세가 17.3%인 것으로 나타났다. 이들은 모두 학령기에 해당하며, 전체 피해아동의 65.4%를 차지하고 있다. 이는 학령기 아동이 학교 및 학원 등 외부 환경에 상대적으로 많은 시간 노출되어 학대 사실이 발견될 가능성이 높기 때문인 것으로 보인다.

한편, 영유아기에 해당되는 만 6세 미만은 전체 21.35%를 차지하고 있다. 영유아기는 아동 발달에 있어 결정적인 시기이며, 부모와의 애착을 형성하는 중요한 시기로서 만약 부모에 의해 학대가 이루어질 경우 아동의 발달에 치명적인 영향을 미칠 수 있다.

〈표 10-5〉 아동학대 유형별 피해아동의 연령

(단위: 건, %)

학대유형 연령(만)	신체학대		정서학대		성학대		방임		계	
1세 미만	133	(0.9)	177	(1.0)	2	0.1	313	7.2	625	(1.7)
1~3세	930	(6.6)	1,433	(8.3)	8	0.5	770	17.8	3,141	(8.4)
4~6세	1,400	(10.0)	1,938	(11.2)	42	2.6	807	18.6	4,187	(11.2)
7~9세	2,430	(17.3)	3,052	(17.6)	134	8.3	847	19.5	6,463	(17.3)
10~12세	3,067	(21.9)	4,035	(23.3)	452	28.1	782	18.0	8,336	(22.3)
13~15세	4,042	(28.8)	4,408	(25.4)	575	35.7	581	13.4	9,606	(25.8)
16~17세	2,021	(14.4)	2,291	(13.2)	397	24.7	236	5.4	4,945	(13.3)
계	14,023	(100.0)	17,334	(100.0)	1,610	100	4,336	100.0	37,303	(100.0)

※ 중복 포함

5) 학대 행위자 연령

다음 〈표 10-6〉의 학대행위자 연령을 나타내고 있다(보건복지부·아동보호전문기관, 2020). 표에서 보는 바와 같이 40대가 11,065건(45.0%)으로 가장 많았으며, 다음으로는 30대가 6,520건(26.5%), 50대 3,926건(16.0%), 20대 1,866건(7.6%), 60대 577건(2.3%), 70세 이상 245건(1.0%), 19세 이하 86건(0.3%)의 순으로 나타났다.

〈표 10-6〉 학대행위자 연령

(단위: 건, %)

연령(만)	건수(비율)		명수(비율)	
19세 이하	86	(0.3)	78	(0.5)
20대(20~29세)	1,866	(7.6)	1,147	(7.4)
30대(30~39세)	6,520	(26.5)	3,935	(25.2)
40대(40~49세)	11,065	(45.0)	7,368	(47.2)
50대(50~59세)	3,926	(16.0)	2,320	(14.9)
60대(60~60세)	577	(2.3)	395	(2.5)
70세 이상	245	(1.0)	179	(1.1)
파악불가	319	(1.3)	186	(1.1)
계	24,604	(100.0)	15,598	(100.0)

이러한 결과는 미취학 및 학령기 자녀를 둔 부모의 입장에서 자녀양육에 대한 지식이나 기술이 부족하고 아동권리 측면에 대한 인식 자체가 부족해서 아동학대를 유발하였을 것으로 본다.

3 학대아동을 위한 보호사업

학대아동을 위한 보호사업은 2000년에 아동복지법 개정을 통해 아동학대 관련 사항과 보호체계를 상세하게 포함하고 아동보호전문기관의 설치를 시작으로 학대로부터 고통받는 아동들을 보호하고 아동학대 예방에 대한 사회적 분위기를 고취시키기 위해 수행되었다.

2012년 아동학대 신고의무자 직군 확대 및 신고 불이행시 과태료 부과 등의 규정을 마련한데 이어 2014년 신고의무자 신고 불이행 시 과태료 상향 조정 등을 포함한 아동학대 범죄의 처벌 등에 관한 특례법과 아동학대 관련 범죄자에 대한 취업제한 등을 포함한 아동복지법이 개정되어 공포, 시행되고 있다.

2018년에는 아동학대 예방교육 실시 및 학대의 조기발견과 신속한 보호조치를 위한 기관 간 연계 체계를 구축하고 학대피해아동에 대한 법률상담 지원 및 아동학대 전담의료기관 지정 근거를 마련하여 학대피해아동에 대한 지원을 강화하려고 일부 개정되었다. 이 절에서는 아동보호사업의 이해 및 아동보호협력체계를 설명하고, 다음으로 아동학대 신고와 처리과정에 대한 내용을 설명한다.

1) 보호사업의 이해

산업화가 급속히 진행되면서 가족구조 및 가족관의 변화, 기혼여성의 취업, 조혼과 미혼모의 증가, 이혼과 기타 여러 가지 사회경제적 원인으로 인하여 아동의 방임과 학대가 증가되었다. 또한, 개인의 향락적인 생활추구와 물질만능, 사회연대감의 결여 등으로 인한 사회적 학대도 가중되고 있다.

이에 학대아동 보호사업이란 학대아동의 발견, 보호, 치료 및 예방 등을 전문적으로 실시하기 위한 사업으로 「아동복지법」에 법으로 명시하고 있다. 또한 유기아동, 착취당한 아동, 거부된 아동을 보호하기 위해 마련된 사업이기도 하다. 학대아동 보호사업은 크게 아동학대에 대한 신고체계 확립, 신고의무제도의 정착, 아동학대의 신속한 신고 접수, 아동학대에 대한 시민 의식 전환 등을 운영목표로 삼고 있다.

Plus Tips

아동학대 신고 의무 안내

현재 개정된 아동복지법상 누구든지 신고할 수 있고, 교사·의료인·사회복지시설종사자 등은 신고 의무자로 지정되어 있다.

구분	내용
의료인 직군	의료인(보건복지부장관의 면허를 받은 의사·치과의사·한의사·조산사 및 간호사), 의료기사(보건복지부장관의 면허를 받은 임상병리사, 방사선사, 물리치료사, 작업치료사, 치과기공사 및 치과위생사), 응급구조사, 구급대원, 정신의료 기관·정신질환자사회복귀시설·정신요양시설·정신보건센터 및 정신건강복지센터의 종사자
교사 직군	보육 교직원, 유치원 교직원 및 강사, 초·중·고 교직원, 전문상담교사 및 산학겸임교사, 학원 및 교습소 종사자
시설종사자 및 공무원직군	가정위탁지원센터, 아동복지시설, 사회복지시설, 장애인복지시설, 가정폭력 관련 상담소, 가정폭력 피해자보호시설, 건강가정지원센터, 다문화가족지원센터, 한부모가족 복지시설, 성매매 피해자 지원시설, 성매매피해상담소, 성폭력피해자통합 지원센터, 성폭력피해상담소, 성폭력피해자보호 시설, 육아종합지원센터, 입양기관, 청소년시설, 청소년단체, 청소년 보호·재활센터 종사자, 취약계층 아동에 대한 통합서비스지원 수행인력, 아이돌보미, 아동복지전담공무원, 사회복지전담공무원

신고의무자가 정당한 사유없이 아동학대를 신고하지 않으면 500만원 이하의 과태료가 부과된다.

과태료 금액		
1차 위반	2차 위반	3차 위반
150만원	300만원	500만원

출처: 법무부(2020). 아동학대 신고의무제도 안내 자료.

2) 아동보호 협력체계

학대아동 보호사업을 추진하기 위한 아동보호 협력체계로는 아동보호전문기관 및 기타 협력체계로 구분하여 설명한다. 다음 [그림 10-4]는 아동보호협력체계도를 나타낸 것이다(중앙아동보호전문기관 홈페이지).

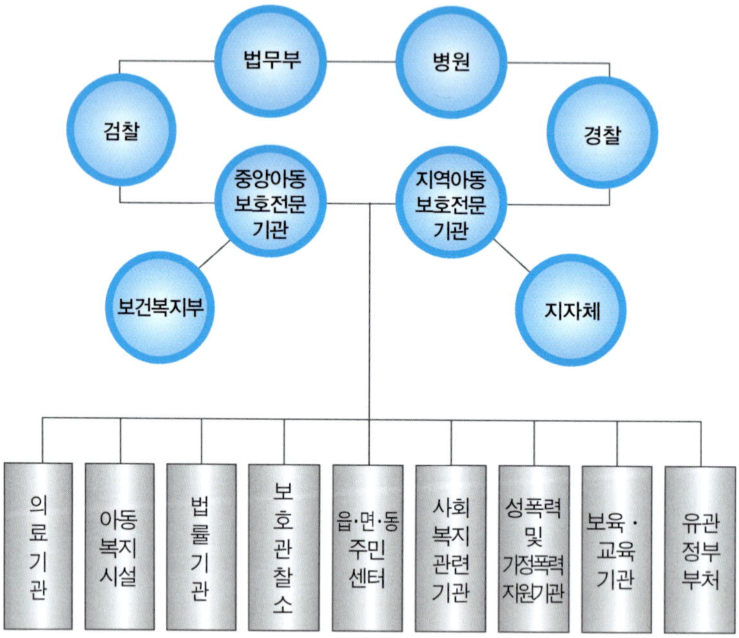

[그림 10-4] 아동보호협력체계도

(1) 아동보호전문기관

국가와 지방자치단체는 아동학대를 예방하기 위하여 수시로 신고를 받을 수 있도록 아동복지법 제22조에 의거하여 긴급전화를 설치하고 제45조에 의거하여 학대아동의 발견, 보호, 치료에 대한 신속한 처리 및 아동학대예방을 전담하는 기관을 설치하도록 하고 있다.

이에 전국 54개소에 아동보호전문기관을 설치하고 상담사업, 치료보호사업, 예방 및 교육사업, 홍보사업 등을 수행하고 있다. 다음 〈표 10-7〉은 각 주요사업의 내용을 정리하였다.

〈표 10-7〉 아동보호전문기관의 주요 사업내용

주요사업	사업 내용
상담사업	• 아동학대 신고 접수, 현장조사(긴급 사례, 12시간 이내, 경미한 단순아동학대 사례, 48시간 이내 등 조사) 실시 및 내용 작성 • 보호 조치 및 아동 · 부모 · 가족상담 등 진행
치료보호사업	• 학대피해아동 및 학대행위자 상담 치료 • 보호사업(가정위탁보호 의뢰, 사회복지시설 및 공동생활가정에 입소 등으로 아동분리 보호 등 담당)
예방 및 교육사업	• 학대예방을 위한 학생들 대상의 권리교육 실시 • 신고의무자 및 일반인 대상의 교육 세미나와 홍보활동 • 학부모들을 위한 부모교육프로그램 실시
홍보사업	• 홈페이지 운영을 통해 예방캠페인 실시 • 리플렛 제작, 지역사회의 자원개발 및 연계활동 추진 등

(2) 기타 협력체계

아동보호전문기관 외 기타 협력체계로는 사법경찰, 의료기관, 교육 및 법률기관, 사회복지기관 등이 있다. 각 기관의 주요 업무는 다음 〈표 10-8〉과 같다.

〈표 10-8〉 각 기관의 주요 역할

협력체계 기관	주요 역할
사법경찰	• 112에 접수된 아동학대 신고사례에 대해 현장조사 • 아동보호전문기관에 아동학대 사례에 대한 개입을 의뢰 • 아동학대사례는 일시보호시설이나 의료기관에서 조치하도록 의뢰 • 학대행위자의 처벌을 요하는 사례에 대한 수사를 전담하는 업무
의료기관	• 아동학대 증상에 대한 전문 분야의 소견 피력 및 학대여부 판정 • 소아과, 소아정신과, 정형외과, 내과, 의료사회사업가로 구성된 학대아동 보호팀 운영 • 학대 판정을 위한 의학적 진단 및 소견 제출 • 피학대 아동에 대한 의료적 처지 등 종합적인 치료를 제공하는 역할
교육기관	• 학대의심 사례 신고, 피해아동과 부모에 대한 치료적 개입 및 협조업무 담당 • 학대예방 교육과 홍보활동 및 부모교육프로그램 실시 • 2일 이상 무단결석 시 보호자에게 출석 독촉 및 해당 학생의 안전 여부를 확인, 경찰의 협조를 받아 가정방문 실시(2017년 5월 「초 · 중등교육법 」 개정안
법률기관	• '아동의 최선의 이익 우선 원칙'에 입각하여 사법적 소송 진행 • 피해아동의 법률적 보호 및 학대행위자에 대한 보호처분 등의 협조
사회복지기관	• 피해아동과 학대행위자를 위한 전문치료프로그램을 제공 • 아동학대가 발생한 가정에 필요한 서비스 제공 및 재발방지 노력 • 지역사회에서 아동학대예방캠페인 실시 등

3) 학대아동 보호서비스 절차

현재 아동학대예방센터에서 실행되고 있는 아동보호서비스 업무진행과정에 의하면, 신고, 현장조사 및 사정, 서비스 계획 및 제공, 사례평가 및 종결의 과정 등의 절차를 거치고 있다.

(1) 신고

피학대아동은 가능한 신속하게 발견되어야 하고 필요한 경우 가해 부모로부터 분리되어야 한다. 아동학대 신고전화는 112로 통합되었으며, 신고전화에 의해 발견되는 경우가 가장 많다. 다음으로 학교나 병원, 경찰서, 아동복지기관, 부 또는 모, 친척, 이웃 등으로부터의 전화신고, 직접 방문 상담 등을 통해 발견되기도 한다.

(2) 현장 조사 및 위기사정

아동학대 신고를 접수받은 아동보호전문가의 상담원은 아동복지법상 학대가 일어난 현장을 반드시 방문해서 조사할 권한을 가지고 있다. 현장조사 및 위기사정의 목적은 충분한 자료와 정보를 수집하고 분석하여 학대 사실 및 위험성 여부를 확인하고 사례개입 계획을 수립하기 위한 것이다.

신고된 사례가 학대로 판단되면 '아동에게 해를 입히게 될 가능성이 있는가?' '해를 입힐 심각성 정도는 어떠한가?' '아동학대가 계속 일어날 것인가?' 등에 대한 위급성을 우선적으로 판단하게 된다. 긴급한 사례는 12시간 이내에, 경미한 단순아동학대 사례인 경우에는 48시간 내에 현장 조사를 통해 서면으로 조사내용을 작성하여야 한다.

(3) 개입

위급상황 아동학대 사례가 발생한 경우에 아동과 가족의 욕구를 확인하고, 그에 맞는 가장 바람직한 개입 전략 및 서비스를 제공해야 한다. 위급상황에 대한 사정에 따라 24시간 이내의 조속한 개입이 필요하며, 위급한 사례의 경우, 4~6주 이내의 집중적인 개입이 중요하다. 개입에는 의료기관 의뢰, 격리보호, 법원 개입, 상담치료, 가정지원 서비스, 지역자원 연계프로그램 등이 있다.

(4) 사례 평가 및 종결

상담 및 지원 프로그램의 종결을 위해 아동의 안전성, 사례 개입의 목표달성, 학대 위험성의 감소, 아동과 그 가족의 욕구충족여부 등을 평가하게 된다. 아동이 일시 격리된 상태에서 또는 가정에 머물면서 아동 및 부모에 대한 상담과 교육 프로그램을 진행하다가 학대 상황이 더 이상 일어나지 않는다는 평가를 하게 되면 사례를 종결하고 격리된 아동은 가정으로 복귀하게 된다.

아동 및 부모상담이 진행되는 과정에도 학대가 지속되고 부모가 아동을 양육할 능력이나 의지가 없다고 판단이 되면, 아동을 장기 격리할 수 있는 절차를 진행해야 하며, 이때 아동복지 담당 공무원의 도움을 받아 필요한 행정절차를 밟게 된다. 종결된 사례는 필요에 따라 1~2개월에 1회 정도 전화접촉을 통한 사후관리를 하게 된다.

Plus Tips

아동학대사례 업무진행도

아동학대 예방 및 상담기관이나 경찰에 신고된 학대아동은 다음 흐름도에 따라 필요한 도움을 받게 된다.

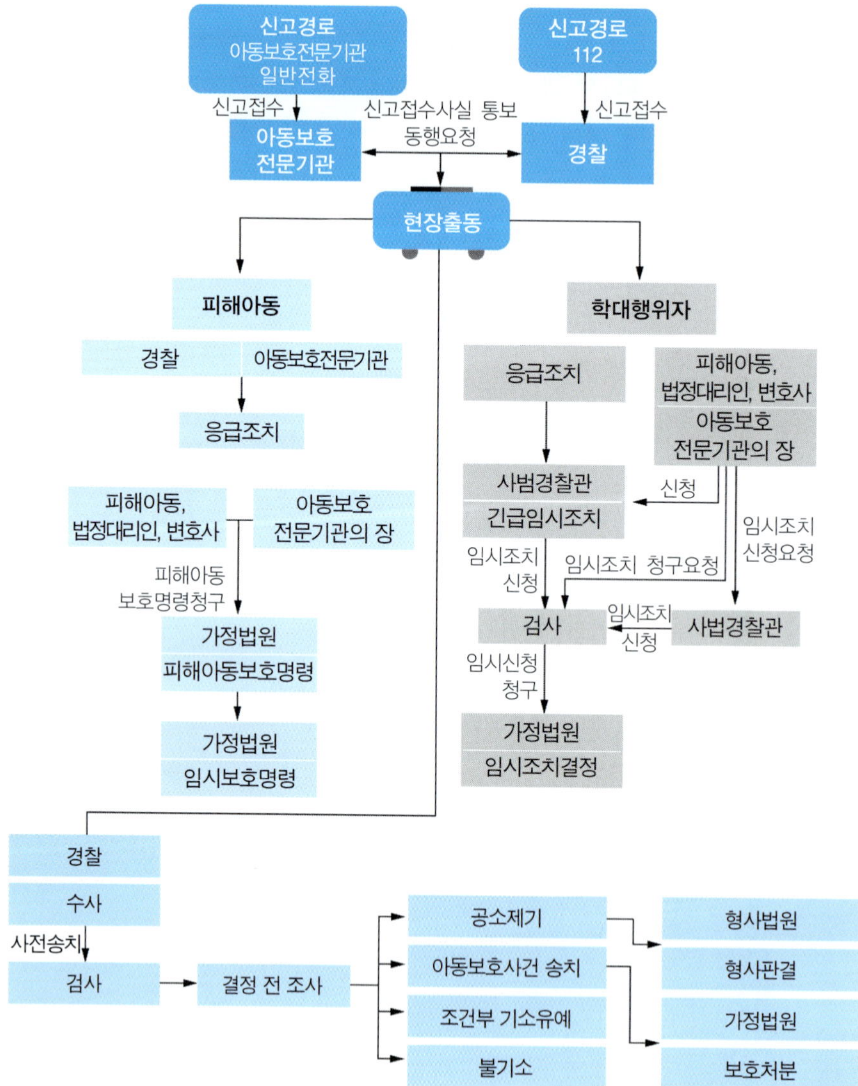

출처: 중앙아동보호전문기관 홈페이지(http://korea1391.go.kr). 아동학대사례 업무진행도.

4 학대아동 보호사업의 향후 과제

학대아동 보호사업은 우선적으로 아동학대 예방 및 조기 발굴을 위한 체계 구축이 필요하다. 예방접종, 건강검진, 출생신고 등을 실시하지 않은 영유아 가정에 대한 상시적 양육환경을 점검하고 아동의 안전을 확보하며, 양육방법 및 아동학대 예방교육 등을 제공할 필요가 있다. 뿐만 아니라 미취학·장기결석 등 아동학대 우려가 있는 학생을 적극 발굴하여 신속히 대응하는 체계가 마련되어야 할 것이다.

1) 학대 발생 시 개입에 대한 개선

최근 아동학대 의심사례를 조기 발견하고 방지하지는 취지의 「초·중등교육법」 개정안이 2017년 5월에 발표되었다. 지금까지 초·중학교는 무단결석이 7일 이상이어야 출석을 독촉하도록 했고, 가정방문에 대한 규정은 별도로 없었다. 그러나 법 개정 이후 2일 이상 무단결석 시 보호자에게 출석을 독촉하고 해당 학생의 안전 여부를 확인하기 위하여 경찰의 협조를 받아 가정방문을 실시하도록 하였다. 이와 같은 조치는 학대 우려가 있는 아동을 적극 발굴하여 신속히 대응하는 체계를 마련하였다는데 의미가 있다.

이와 같이 아동학대 문제에 대한 개입 및 예방은 아동보호전문기관인 아동학대예방센터에서 주도적이며 중추적인 역할을 하고 있지만 각 관련 기관과의 유기적인 협조가 있어야만 효율적인 사업을 수행할 수 있다. 왜냐하면 아동학대 문제부모나 보호자의 개인적 요인과 사회적 요인뿐만 아니라 빈곤 실직 등으로 인한 생활상의 스트레스와 정신건강이나 약물 남용 요인들이 복합적으로 작용하기 때문이다. 아동학대와 방임에 대한 개입에는 발견자부터 어린이집이나 유치원의 보육교사, 소아청소년과 의사, 응급실의 의료진, 학교 교사, 사회복지사 등 다양한 영역의 전문가들에게 개입의 책임이 있다.

한편으로 아동학대 예방사업의 궁극적인 목적은 가족 보존이라는 가치에 초점을 두고 있다. 그러나 아동이 가정 안에서 계속 보호되는 것이 아동의 안전을 위협할 상황에 처해 있다고 판단될 경우에는 아동의 안전 확보가 우선시 되어야 한다. 따라서 이 경우 학대재발 위험도에 대한 정확한 사정을 바탕으로 격리보호 조치가 고려되어야 하며, 실행될 수 있도록 제도가 보완되어야 할 필요가 있다.

2) 아동학대보호 전문인력의 확충

아동복지법 제45조에 의거하여 설치된 아동보호전문기관은 2017년 기준, 총 61개소가 설치 · 운영되고 있다. 이는 2014년 기준 중앙아동보호전문기관 1개소와 지역아동 보호전문기관 50개소가 설치된 것에 비하면 많이 강화되었다. 아동보호전문기관의 설치 및 확대는 아동을 보호할 수 있는 안전망이 촘촘하게 세워진다는 측면에서 바람직한 변화라고 할 수 있다.

다만 아동학대 예방 및 치료 등의 보다 장기적인 측면에서 볼 때 아동보호 전문인력을 보다 더 많이 확보하는 것은 매우 필요하다. 아동학대 신고접수, 현장조사 및 응급보호, 피해아동 및 아동학대 행위자를 위한 상담 및 교육, 아동학대예방 교육 및 홍보, 피해아동 가정의 사후관리 등의 업무를 담당해야 한다. 게다가 아동발달을 모니터링하고 가정을 방문하여 재학대 여부 확인 및 재학대 예방을 위한 방안을 실행해야 하는 등의 업무를 담당하므로 이에 대한 추가적인 인력증원은 필수적일 수밖에 없다.

더불어 지속적인 모니터링이 수행되기 위해서는 각 기관별로 상담원의 수를 확충하여 1인당 상담하는 사례 수가 일정 한도를 넘어서는 안 되며, 신분 및 안전보장과 같은 처우문제도 개선되어야 할 필요가 있다.

최근 2020년에 아동복지법의 내용 중 아동보호전문기관의 업무에 관한 개정이 이루어졌다. 즉, 아동학대로 인한 중상해, 사망 등 심각한 사건이 지속적으로 발생 · 증가하고 있는데 아동학대 조사업무를 비영리법인인 아동보호전문기관이 담당함에 따라 조사거부와 조사자 위협이 빈번하게 발생하는 등 효과적인 조사업무를 수행하기에 한계가 있어 왔다. 따라서 아동복지법 개정을 통해서 아동학대 전담 공무원을 두어 아동보호전문기관의 효과적인 조사 업무를 지원하고 조사 후에는 피해아동 보호계획을 수립하는 등 아동학대 조사 체계를 공공 주심으로 개편하여 조사의 내실을 기하고 아동보호를 강화하는 등 일부 미비점을 개선 · 보완해 가고 있다는 것을 알 수 있다.

3) 다양한 서비스 지원 강화

아동보호 전문기관은 피해아동의 학대 후유증을 극복하고 학대 행위자의 재학대를 방지하며 가족기능을 강화하기 위한 제반 업무를 담당하고 있다. 또한 피해아동, 학대 행위자 그리고 피해아동의 가족을 대상으로 상담서비스, 의료서비스, 심리치료서비스, 가정지원서비스, 가족기능강화 서비스, 일시보호서비스, 학대행위자를 고소·고발한 이후 수사 또는 재판진행과정에서 피해아동을 보호·지원하기 위한 목적으로 제공되는 고소고발 지원서비스 등을 제공하고 있다.

그 중 피해아동을 위한 상담서비스가 가장 높고 다음으로 일시보호서비스의 지원이 높은 것으로 나타났다. 반면, 의료서비스와 심리치료 서비스, 가족기능 강화서비스 등은 비교적 낮은 비중으로 지원되고 있는 것으로 나타났다.

따라서 학대후유증 극복 및 학대유발요인을 감소시키기 위해서는 다양한 서비스 지원이 편중되지 않고 균형적으로 제공되어야 할 필요성이 제기된다. 이러한 측면은 피해아동의 재학대 발생을 예방하기 위한 차원에서도 개선되어야 할 문제로서 학대 행위자가 상담 및 치료를 강제적으로 받도록 제도화하는 것도 하나의 방안이 될 수 있다. 그렇게 하기 위해서는 아동학대 예방 및 치료와 관련된 전문가와 전문기관의 연계를 활성화하고 효과적인 사업 수행을 위한 인프라 구축이 필요할 것으로 본다. 또한 아동학대가 발생됨으로써 야기된 가족의 역기능을 회복하고 아동이 안전하게 보호받을 수 있도록 지역사회 내 자원을 확보하는 것도 중요하다.

Plus Tips

'부모의 징계권' 삭제 ... 아동체벌 금지 명확히

부모 등의 학대를 받아 숨진 아동 숫자는 꾸준히 늘고 있다. 학대 사망자는 2014년부터 2019년까지 6년간 총 175명이 학대로 목숨을 잃었다. 아동 학대 가해자 가운데 부모가 가장 많았고 교직원, 아동시설 종사자 등 대리양육자 등의 순으로 나타났다.

아동학대 사건이 다시는 발생하지 않도록 하려면, 각 지방자치단체에 전담공무원을 확충하도록 하고 관련 예산을 확보할 필요가 있다고 지적했다. 또한 아동학대 관련 전문가는 아동학대 사건 10건 중 7~8건은 부모가 가해자라는 점을 언급하면서 "아동학대를 사전에 막고 재학대를 방지하기 위해서는 부모 교육을 활성화하고, 심층 사례 관리에 대한 효과성을 제고하는 것이 필요하다"고 덧붙였다(연합뉴스, 2020).

〈통계로 본 아동학대 실태〉

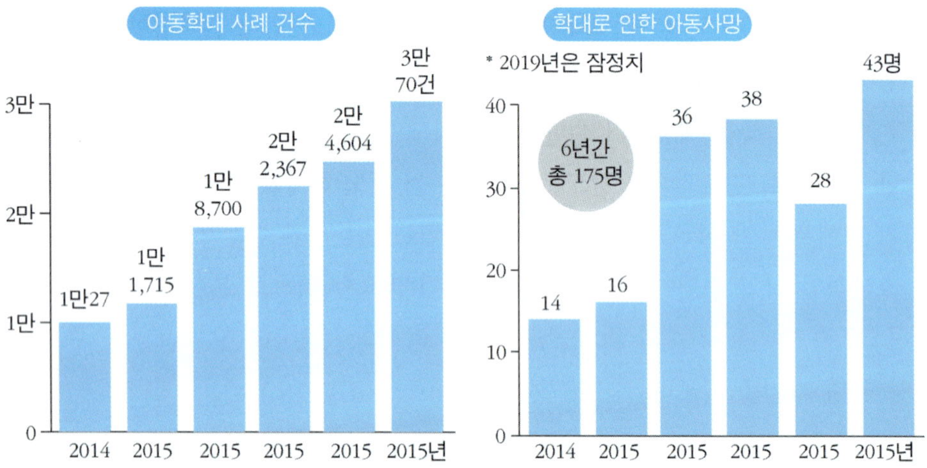

자료: 보건복지부, 중앙아동보호전문기관

그리고 『민법』 915조는 '친권자는 그 자를 보호 또는 교양하기 위해 필요한 징계를 할 수 있다'고 규정한다. 이 조항 때문에 부모가 훈육 등을 이유로 하는 체벌을 법에서 허용하는 것으로 오인할 수 있다는 지적이 제기돼 왔다. 이에 정부는 '포용국가 아동정책'을 발표하면서 부모의 징계권 범위에서 체벌을 제외하는 방안을 검토하겠다고 밝혔다. 최근 법무부가 아동을 상대로 한 부모의 징계권을 삭제하는 내용이 담긴 민법 개정안을 입법 예고했다. 부모의 아동 체벌 금지를 명확히 하려는 취지이다(경향신문, 2020).

출처: 연합뉴스(2020). 지난해 아동학대로 43명 사망..학대건수 3만건 넘어. 2020/6/25
경향신문(2020). '부모의 징계권' 삭제 민법 개정안 입법예고.."아동체벌 금지 명확히". 2020.08/04

CHAPTER

11

가정위탁보호 서비스

1_ 가정위탁보호 사업의 이해
2_ 가정위탁보호 사업의 개요
3_ 가정위탁보호 현황
4_ 가정위탁보호 사업 지원정책
5_ 가정위탁보호 사업의 향후 과제

모든 아동이 안정된 가정에서 부모의 보호를 받으며 자라는 것이 아동복지의 최선의 원칙이다. 그러나 부모가 없거나 부모가 있더라도 안전하게 보호받을 수 없는 아동은 건강하게 성장하는 것이 어렵다. 이러한 요보호아동을 위한 지원정책으로는 가정위탁보호제도와 입양제도가 있다.

이 장에서는 아동을 원가정에서 돌볼 수 없을 경우 일시적으로 대리가정에서 보호하는 가정위탁보호제도에 관한 것을 구체적으로 살펴본다.

1 가정위탁보호 사업의 이해

가정위탁보호(foster family care)란 자기가정에서는 돌볼 수 없는 아동을 일정 기간 동안 대리 가정에서 일시 보호하는 형태의 서비스를 말한다(구현아 외, 2010). 가정위탁사업이 시행되기 전까지는 보호가 필요한 아동이 발생하였을 경우에는 시설로 보내거나 소년소녀가장이라고 책정하여 보호하였으나 이러한 경우 아동에 대한 개별적인 서비스가 이루어지지 않아 아동의 욕구를 충족시킬 수가 없었다.

또한 소년소녀가장의 경우에는 미성년자가 세대주가 되는 전 세계적으로 유례없는 상황으로 인해 엄밀한 의미의 아동학대라고 할 수 있었기에 UN 등에서도 폐지를 권고하였다. 따라서 소년소녀가정에게는 대리양육, 친·인척, 일반 가정위탁 등 위탁가정을 발굴하여 가정 위탁보호로 전환이 필요했다.

시설이나 입양보다는 아동이 가정에서 개별적인 보호를 받으며 밝고 건강하게 자라날 수 있는 것이 바람직하다는 주장이 제기되면서 정부차원에서 가정위탁보호 사업을 전개하게 되었다. 보건복지부에서는 아동에게 개별적으로 가정과 같은 환경에서 보호, 양육할 수 있도록 2003년에 전국 16개 시, 도에 가정위탁지원센터를 설치하여 가정위탁사업을 운영하게 되었다.

1) 개념 및 목적

'가정위탁'이란 「아동복지법」 제3조에 의하면, 보호대상아동의 보호를 위하여 성범죄, 가정폭력, 아동학대, 정신질환 등의 전력이 없으며 아동복지법이 정하는 기준에 적합한 가정에 보호대상 아동을 일정 기간 위탁하는 것을 말한다. 즉, 친부모가 사정상 직접 양육이 불가능할 때 만 18세 미만의 아동을 위탁가정에 맡겨 보호·양육하도록 하는 제도를 말한다.

가정위탁사업이란 부모의 경제적 이유, 부모의 학대, 방임, 질병, 수감 등 가정 내·외의 여러 가지 요인으로 인하여 아동이 친가정 내에서 더 이상 양육될 수 없을 때, 일정 기간 위탁가정을 제공하여 아동을 보호·양육함으로써 적합한 가정 안에서 건전하게 성장할 수 있도록 도와주고, 친가정이 가족기능을 회복할 수 있도록 지원하는 것을 목적으로 하고 있다.

가정위탁보호 사업은 기본적으로 다음과 같은 전제가 수반된다. 첫째, 아동에게 가장 큰 영향을 미치는 곳은 안정된 가정이지만 아동이 자신의 원가정에서 자랄 수 없다면 시설이 아닌 위탁가정을 제공하여 안전하게 보호받고 자랄 권리를 존중해주어야 한다.

둘째, 일정기간 동안의 가정위탁 보호라는 의미는 영구 보호가 아니며, 일시적인 보호를 말한다. 즉, 위탁기간은 위탁아동의 가족 사정에 따라 달라지며, 짧게는 몇 개월이 될 수도 있고, 장기적으로는 아동이 자립할 수 있을 때까지 될 수도 있다.

셋째, 위탁 부모는 친부모나 법적 후견인 내지 보호자에 의해서 아동의 양육을 일정 기간 위임받은 사람으로서, 위탁 기간 동안만 위탁아동의 삶에 대한 총체적 책임을 지며, 위탁 기간이 종료되면 모든 권한은 소멸된다.

넷째, 가정위탁사업은 개인적으로 이루어지는 일이 아니라, 가정위탁센터의 계획 하에 개입과 보호 등의 지원이 이루어진다. 또한 위탁모는 소정의 교육을 받고 아동의 실제적인 양육에 있어서도 가정위탁센터와 긴밀한 관계를 갖는 등 전반적인 과정을 지원한다.

궁극적으로 가정위탁보호는 원가정으로의 복귀를 전제로 하고 있기 때문에 가정 해체를 방지할 수 있는 기능을 모색할 수 있다. 한편 보호가 필요한 아동을 타가정에서 보호함으로써 아동이 누릴 수 있는 가정생활의 기본 권리를 보장해 주고 더불어 시설입소를 지양한다는 점에서 가정위탁보호의 의미는 매우 크다.

2) 연혁

가정위탁사업은 1990년에 시범적으로 실시하고 2000년 이후 소년소녀 가정의 가정위탁 전환을 시작하였으며, 2002년까지 가정위탁지원센터를 시범적으로 운영하였다. 2004년에는 중앙가정위탁지원센터를 설치하고, 2005년 아동복지법 개정에 따라 가정위탁 보호의 법적 근거 규정을 마련하고 2006년 가정위탁 아동 대상 상해보험료를 지원하였다.

2010년에는 입양 및 가정위탁 아동의 심리치료비를 지원하였으며, 2012년 아동복지법 개정에 따라 시·군·구 가정위탁지원센터 설치 근거 규정 및 가정위탁보호 아동 자립지원 근거 규정 등을 만들었다. 2016년 아동복지법 개정에 따라 가정위탁지원센터를 아동복지시설에 포함시켰다. 2020년 중앙가정위탁지원센터를 아동권리보장원(2019. 07월 출범)으로 업무를 이관하였다. 가정위탁지원센터는 전국에 확대하여 2020년 기준 16개 시·도, 총 17개소를 운영하고 있다. 다음 〈표 11-1〉은 가정위탁보호의 연혁을 요약, 정리한 것이다(보건복지부, 2016; 2020).

〈표 11-1〉 가정위탁보호사업의 연혁

연도	내용
1990년	가정위탁사업 시범실시
2000년	가정위탁 양육보조금 지원
2000~2002년	가정위탁지원센터 시범운영(강원도)
2003년	가정위탁지원센터 전국 확대(16개 시, 도, 총17개소)
2004년 7월	중앙가정위탁지원센터 설치
2005년 7월	아동복지법 개정(가정위탁보호의 법적 근거 규정)
2006년 1월	가정위탁아동 상해보험료 지원
2010년 1월	입양 및 가정위탁 아동 심리치료비 지원
2012년 8월	아동복지법 개정(시·군·구 가정위탁지원센터 설치 근거 규정, 가정위탁보호 아동 자립지원근거 규정)
2016년 3월	아동복지법 개정(가정위탁지원센터를 아동복지시설에 포함)
2020년 1월	중앙가정위탁지원센터를 아동권리보장원으로 업무 이관

3) 가정위탁 대상 아동 및 유형

가정위탁 대상 아동은 아동복지법 제3조에 근거하여 18세 미만(18세 이상인 경우에도 고등학교 재학 중인 아동은 포함)의 아동으로서 보호자가 없거나 보호자로부터 이탈된 아동, 혹은 아동을 학대하는 경우 등 그 보호자가 아동을 양육하기에 적당하지 아니하거나 능력이 없는 경우의 아동이 해당된다. 보호 대상 아동 발생 시 2세 미만의 아동은 가정위탁으로 우선 배치되며 보호조치 중인 18세 이상 아동 중 일정요건에 해당되면 위탁보호 기간을 연장할 수 있다.

우리나라의 가정위탁은 세 개의 유형으로 구분하는데 대리양육 가정위탁, 친인척 가정위탁, 그리고 일반가정위탁으로 구분된다.

첫째, 대리양육 가정위탁은 주로 친조부모, 외조부모가 부양의무자가 되는 가정을 말한다. 대리양육은 요보호아동에게 1차적으로 고려되는 유형이며, 친권이 있는 혈연관계이므로 기타 자격제한은 없고, 정부의 도움으로 아동을 보호・양육하는 제도이다.

둘째, 친・인척 가정위탁은 조부모를 제외한 친・인척에 의한 양육가정을 의미한다. 민법에 의한 8촌 이내의 혈족 등에 의한 양육을 말한다.

셋째, 일반가정 위탁은 혈연관계가 없는 일반인에 의한 양육의 형태를 말한다.

국내 가정위탁은 요보호 아동을 보호・양육하기를 희망하는 가정에 위탁 양육함으로써 가정적인 분위기에서 건전한 사회인으로 성장하는 것을 목적으로 하며, 아동복지법・국민기초생활보장법・의료급여법 등에 그 근거를 두고 있다.

2 가정위탁보호 사업의 개요

가정위탁보호 사업은 아동복지법 제3조를 근거로 보호대상아동의 양육을 위해 성범죄, 가정폭력, 아동학대, 정신질환 등의 전력이 없으며, 법령이 정하는 기준에 적합한 가정에 일정 기간 위탁하는 것을 말한다.

가정위탁보호 사업의 목적으로는 보호대상 아동(만18세 미만의 아동 중 그 보호자가 아동을 양육하기에 적당하지 않거나 양육능력이 없는 경우의 아동)이 조속하게 친가정으로 복귀할 수 있도록 위탁가정의 가정적 분위기에서 보호·양육함으로써 건강한 사회인으로 성장할 수 있도록 지원하는 것에 있다.

1) 가정위탁보호 사업의 주체

가정위탁보호사업을 위한 주체로는 위탁아동, 친가정(부모), 위탁가정(부모), 가정위탁지원센터 등이 있다.

(1) 위탁 아동

가정위탁 대상아동은 부모의 질병, 가출, 실직, 수감, 사망으로 보호가 필요한 아동, 아동학대 및 방임 등 분리보호가 필요한 아동, 독립적인 가구를 구성하면서 생활하고 있는 미성년의 소년소녀가정세대로서 0세의 영유아부터 고등학교 재학 중인 아동에 이르기까지 연령의 범위는 매우 넓다. 다만, 만 2세 미만의 요보호 아동은 가정위탁으로 우선 배치될 수 있다.

「아동복지법」 제3조에 근거하면, 보호아동이란 만 18세 미만의 아동으로서 보호자가 없거나 보호자로부터 이탈된 아동, 보호자가 아동을 학대하거나 양육하기에 적당하지 아니하거나 능력이 없는 경우의 아동을 의미한다.

다만 보호조치 중인 18세 이상 아동 중 위탁보호기간을 연장 가능하도록 아동복지법 제16조에 규정하고 있다. 보호연장 가능 아동은 직업관련 교육·훈련을 받고 있는 경우, 장애질병 등을 이유로 보호기간 연장을 요청하는 경우를 포함한다. 또한 25세 미만이고 낮은 지능지수로 인해 자립능력이 부족한 경우, 취업이나 취업 준비 등 그 밖의 사유를 이유로 보호기간 연장을 요청하여 1년 이내의 범위에서 보호기간을 연장하는 경우에 해당된다.

(2) 친가정(부모)

친부모는 위탁아동의 친권을 가지고 있으면서 아동의 정상적인 보호, 양육이 어려워 일정기간 가정위탁보호를 요청한 부모를 말한다. 보통 위탁보호를 요청한 친부모의 사유로는 개인적인 문제를 포함한 부양자의 사망, 실종 및 실직, 구금 등이 있다. 또한 가정폭력 및 이혼과 별거, 적절치 못한 부모 양육기술 문제, 직업 여건, 건강상의 문제 등 많은 요인이 작용한다.

(3) 위탁가정(부모)

위탁가정은 일정기간동안 친부모의 역할을 대신해 위탁아동을 보호, 양육하는 가정을 말하며, 위탁부모는 일정기간 동안 친부모의 역할을 대신해 위탁아동을 보호 양육하여 친가정으로 복귀하는 것을 돕는다.

한편 일반 위탁가정이 되기 위한 조건으로는 그 자격요건을 강화하여 아동복지법 시행규칙 제2조(위탁가정의 기준)에서 보건복지부령으로 정하고 있다. 첫째, 위탁된 보호대상아동을 양육하기에 적합한 수준의 소득이 있어야 한다.

둘째, 위탁아동에 대하여 종교의 자유를 인정하고 건전한 사회 구성원으로 자랄 수 있도록 양육과 교육을 할 수 있어야 한다.

셋째, 가정위탁보호를 하려는 사람은 25세 이상(부부인 경우에는 부부 모두 25세 이상)으로서 위탁아동과의 나이 차이가 60세 미만이어야 한다. 다만 시장, 군수, 구청장 및 가정위탁지원센터에서 가정환경이 위탁아동을 건전하게 양육하기에 특별히 적합하다고 인정하는 경우는 예외로 한다.

넷째, 자녀가 없거나 자녀(18세 이상인 자녀는 제외한다)의 수가 위탁아동을 포함하여 4명 이내이어야 한다.

다섯째, 가정에 성범죄, 가정폭력, 아동학대, 정신질환 등의 전력이 있는 사람이 없어야 한다.

한편, 위탁가정 선정 시 추가적으로 검토할 사항이 있는데 다음 〈표 11-2〉와 같다(보건복지부, 2020).

〈표 11-2〉 위탁가정 선정 시 추가 사항

• 위탁아동을 친자녀처럼 양육하기에 필요한 성품 경험 지식을 갖춘 자를 위탁부모로 선정 - 혼인관계를 유지하고 자신의 아이를 키워 본 경험이 있는 자를 우선하되, 시장 군수 구청장 가정위탁지원센터의 장이 위탁아동을 건강하게 양육하기에 적합하다고 인정하는 경우에는 혼인을 하지 않았거나 양육 경험이 없는 자도 선정 가능 • 가정이 화목하고 정신적 신체적으로 위탁아동을 양육함에 현저한 장애가 없을 것 • 위탁아동과 동거할 것(위탁부모의 주소지에서 동거할 것) • 위탁아동을 건강하게 부양하기에 어려움이 없을 정도의 재산이 있을 것 - 경제적인 목적이 아닌 선의의 동기로 위탁아동 양육을 결정한 것에 대한 확인이 필요함 - 기초생활보장수급자(생계급여 의료급여수급자)는 적합한 수준의 소득이 있다고 볼 수 없음 • 위탁가정으로 적합한지 여부를 가정조사 시 이웃 등을 통해 확인 - 드림스타트 등 지역사회복지기관 또는 이웃주민의 추천 등 • 위탁부모가 될 자가 대한민국 국민이 아닌 경우, 아동복지법 시행규칙 제2조(위탁가정의 신정기준)에 따라 위탁부모가 될 자격이 있을 것

(4) 가정위탁지원센터

가정위탁지원센터는 시・도(시・군・구)의 가정위탁보호 업무를 지원, 협력하며, 위탁아동이 건전하고 인정적인 가정 내에서 보호, 양육되도록 지원하는 기관이다. 가정위탁지원센터의 장은 조직, 인사, 급여, 회계, 물품 및 그 밖에 운영에 필요한 규정을 제정・시행하여야 한다. 다만, 가정위탁지원센터로 지정된 법인이 별도의 관련 규정이 있는 경우에는 그 규정을 따르되, 아동복지법령 또는 관련 지침에서 정하고 있는 사항에 관하여는 해당 법령 또는 지침을 우선 적용하여야 한다.

2) 가정위탁보호 사업의 내용

(1) 가정위탁보호 사업의 실천원칙

가정위탁지원센터에서는 위탁아동을 대상으로 가정위탁보호 사업을 실천하는데 필요한 6가지 원칙을 제시하고 있다(중앙가정위탁지원센터 홈페이지).

첫째, 아동중심의 원칙으로서 아동의 건전한 인격형성을 최우선으로 고려해야 한다.

둘째, 가족보존의 원칙은 친가정의 가족기능을 회복시켜 아동이 친가정으로 복귀하는 것을 돕고, 친가정 유지가 어려운 경우에는 대리가정을 발굴하여 건강한 위탁가정을 유지하는 것이다.

셋째, 친인척 가정 우선 배치의 원칙으로서 이는 친인척 가정에 특별한 결격사유가 없는 한 아동의 문화적, 정서적 충격을 최소화하고자 아동 본인의 의사를 고려하여 친인척 가정에 우선 배치한다.

넷째, 연계성의 원칙은 아동의 건강한 성장과 친가정의 가족기능 회복을 위해 지역사회 협력기관과 네트워크 체계를 구축하여 맞춤 서비스를 제공한다.

다섯째, 적절성의 원칙은 아동 및 위탁가정의 특성이 고려된 적합한 위탁가정에 아동을 배치하고 사례 개입에 요구되는 적절한 서비스를 제공한다.

여섯째, 전문성의 원칙은 위탁보호 과정에서 발생되는 다양한 문제에 효과적으로 대처하기 위해 각 분야별 전문적인 서비스를 제공하고 지속적인 교육을 통한 전문성을 향상한다.

(2) 가정위탁 보호사업의 추진

가정위탁지원센터는 「아동복지법」 제49조, 「아동복지법 시행령」 제50조에 근거하여 가정위탁보호사업을 추진하며 다음과 같은 역할을 담당한다.

- 가정위탁사업의 홍보 및 가정위탁을 하고자 하는 가정의 발굴
- 가정위탁을 하고자 하는 가정에 대한 조사 및 가정위탁 대상 아동에 대한 상담
- 가정위탁을 하고자 하는 사람과 위탁가정 부모에 대한 교육
- 위탁가정의 사례관리
- 친부모 가정으로의 복귀 지원
- 가정위탁 아동의 자립계획 및 사례관리
- 관할 구역 내 가정위탁 관련 정보 제공
- 관할 구역의 가정위탁 아동에 대한 지역사회의 후원 장려 및 연계

가정위탁지원센터를 지원하는 아동권리보장원은 「아동복지법」 제10조의 2, 제48조 제6항, 「아동복지법 시행령」 제50조에 근거하여 다음과 같은 기능을 한다.

- 가정위탁지원센터에 대한 지원

- 효과적인 가정위탁사업을 위한 연계체계 구축
- 가정위탁사업과 관련된 연구 및 자료발간
- 가정위탁사업을 위한 프로그램의 개발 및 평가
- 상담원에 대한 교육 등 가정위탁에 관한 교육 및 홍보
- 가정위탁사업을 위한 정보기반 구축 및 정보제공
- 가정위탁지원센터에 대한 평가
- 가정위탁통합전산시스템의 운영
- 가정위탁아동에 대한 기업·단체 등의 후원 장려 및 연계

가정위탁보호사업 추진체계는 다음 〈표 11-3〉과 같다(보건복지부, 2020). 가정위탁보호 결정 통보를 받은 가정위탁지원센터는 아동을 위탁가정으로 배치하고, 관할 행정기관과 협조하여 위탁아동 및 위탁가정에 대한 사례관리를 수행한다. 신규 책정된 일반위탁 및 대리양육, 친·인척위탁가정에 대하여 위탁보호 조기(3개월 이내)에 위탁가정을 방문하고, 이후 분기별 1회 이상 방문 또는 전화연결 등을 통하여 아동의 적응상태 및 양육실태 등을 파악해야 한다. 그리고 위탁가정 방문 및 아동양육상황 등을 파악하여 별도의 조치사항이 필요한 때에는 관할 시·군·구(읍·면·동)와 협조해야 한다.

가정위탁지원센터는 위탁아동의 아동학대 사실을 알게 된 즉시 시·군·구에 통보하여야 하며, 협조를 통해 사례관리를 수행하고 위탁부모 양성교육 및 보수교육 실시, 위탁아동·부모 지원서비스 연계, 친가정 지원서비스 제공 등의 위탁가정 관리 업무를 수행한다.

〈표 11-3〉 가정위탁보호사업 추진체계

①가정위탁보호신청	②아동 및 위탁가정 환경조사	③가정위탁보호 결정 통보	④사례관리	⑤가정위탁 보호 종결
시·군·구 (읍·면·동)	지자체	지자체	지자체/ 가정위탁지원센터	지자체/ 가정위탁지원센터
(가정위탁보호신청) 친권자, 후견인 등 보호자 → 아동거주지 시·군·구 또는 읍·면·동	• 초기상담 • 욕구조사 • 건강검진, 심리검사, 친가정 및 아동상황 점검 • 지역가정위탁센터에 위탁가정 연계 의뢰 • 센터 추천 위탁가정에 대한 범죄경력 등 조회	(가정위탁 보호 결정) 아동복지심의위원회를 통해 보호 결정 (보호 결정 통보 및 관련서류 발송) 관할 가정위탁지원센터 및 위탁가정 소재 지자체에 통보	(상담 및 관리) 위탁아동, 위탁가정, 친가정에 상담 정례화 (복지서비스 제공) 자립지원, 심리치료, 결연후원서비스 등 제공 연계 (교육) 위탁부모·친가정, 종사자, 공무원 등 일반 국민 대상	시·군·구에 아동 보호조치의 종료(퇴소) 신청서/아동가정복귀 신청서 제출 (종결 또는 연장) 시·군·구는 종결 또는 보호기간 연장 (사후관리) 사례관리 또는 자립지원서비스 제공
가정위탁보호 희망자	지역가정위탁지원센터			
신청서를 지자체 또는 가정위탁지원센터에 제출	(위탁부모 선정) 시·군·구에서 의뢰된 아동에 맞는 위탁부모를 찾아 선정			

(3) 가정위탁보호 종결

가정위탁보호 종결 사유로는 궁극적인 목적인 친가정 복귀이거나 보호 중인 아동이 18세가 도래하여 보호조치 변경 등이 있다.

먼저 보호아동의 보호자가 직접 아동을 양육(친가정 복귀)하려는 경우 아동의 친권자 및 후견인, 가정위탁지원센터장은 시·도지사 또는 시·군·구청장에게 아동 가정복귀 신청서를 제출한 후 양육 상황 점검표를 활용하여 부모의 문제(경제적·건강 문제 등)가 해결되었는지 확인한 후 아동복지심의위원회 심의를 거쳐 아동의 귀가 조치 여부를 결정하게 된다.

친가정 복귀 시 사례관리 담당자(가정위탁지원센터, 시·군·구 및 읍·면·동)는 친가정에 대한 충분한 점검 및 준비시간을 확보해야 하며, 귀가에 대한 상담을 거쳐 구체적인 계획을 수립한 후 귀가에 대한 적합성을 파악하며, 복귀 전, 위탁아동, 친가정, 위탁가정, 사례관리 담당자 간 만남을 필요로 한다.

두 번째, 보호대상아동이 18세 이상이 되면 해당 아동의 보호조치를 종료하게 된다. 가정위탁지원센터는 보호종료 아동으로부터 보호종료 후 사후관리 동의서를 받아야 한다. 그리고 보호대상아동을 보호 중인 사람은 아동보호조치의 종료(퇴소) 신청서를 제출하는 절차를 밟는다. 형제·자매가 한 가정에서 위탁보호를 받다가, 형제·자매 중 1인이 18세 이상 등의 사유로 가정위탁보호가 종료되더라도 동생(나머지 형제·자매)은 계속해서 가정위탁보호는 유지된다.

한편, 가정위탁보호아동은 「2020 국민기초생활보장안내」의 급여위탁 별도가구 보장대상이 되며, 「국민기초생활보장법」 제8조의2제3항에 의해 가정위탁아동은 부양의무자의 부양을 받을 수 없는 대상으로 처리된다.

마지막으로 가정위탁보호기간이 연장되는 경우에는 보호조치 중인 보호대상 아동이 18세 이상이 되면 보호조치를 종료하여야 하나, 「아동복지법」 제16조 제4항에 따라 보호기간 연장이 가능하다. 나만 18세 이상이지만 고등학교에 재학 중인 아동은 연장보호대상이 아님(18세 미만)과 동일하게 위탁보호대상으로 간주하게 된다. 위탁가정 소재지 외 지역으로 대학입학 한 경우에도 보호기간 연장이 가능하다(보건복지부, 2020).

Plus Tips

"가정위탁" 너무 너무 궁금해요

- 위탁가정이 되려면?
  - 적합한 소득
  - 종교 자유 인정
  - 25세 이상 아동과 나이차 60세 미만
  - 범죄전력 및 정신질환 No
  - 자녀수 4명 이하(위탁아동 포함

- 위탁가정이 되고 싶어요!

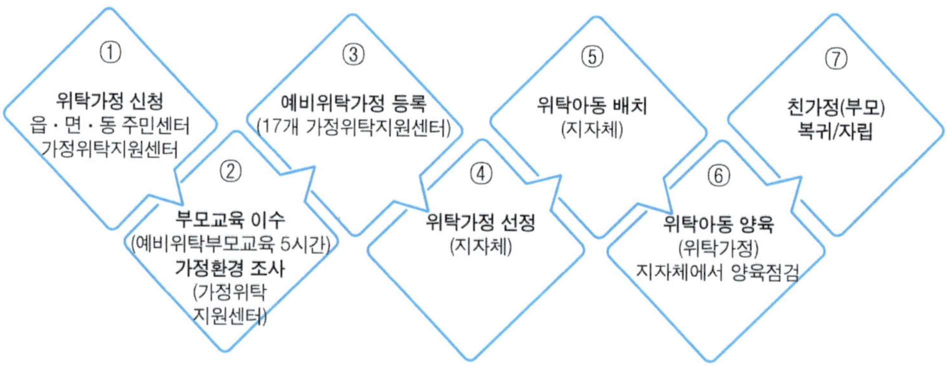

가정위탁, 우리가 함께 합니다.
가정위탁지원센터/읍・면・동 주민센터
☎ 문의: 1577-1406

출처: 보건복지부(2020). 가정위탁 보호율 높이기 위해 ... 홍보자료.

3 가정위탁보호 현황

1) 위탁가정 유형별 현황

〈표 11-4〉는 2017년부터 2019년까지 위탁가정 유형별 가정위탁보호 아동 현황을 나타내고 있다(보건복지부, 2020). 가정위탁 보호 아동과 유형별 위탁가정의 수는 꾸준히 감소 추세를 보이고 있으며, 2019년 기준으로 친·외조부모에 의한 대리양육이 6,871명(66.5%)으로 가장 많은 비중을 차지하였고, 8촌 이내의 혈족에 해당되는 친인척 2,558명(24.7%), 그리고 일반가정위탁 905명(8.8%)의 순으로 나타났다.

〈표 11-4〉 위탁가정 유형별 가정위탁보호 아동현황

년도	계(명)	일반가정	대리양육	친인척	비고
2017	11,975	937	7,942	3,096	
2018	11,111	913	7,412	2,786	
2019	10,334	905	6,871	2,558	

2) 가정위탁 성별 및 연령별 현황

〈표 11-5〉는 성별 및 연령별 가정위탁 아동 현황(2019년 기준)을 제시한 것이다(보건복지부, 2020). 남녀 성별 가정위탁아동의 경우, 남자 5,300명(51%)가 여자 5,084명(49%)보다 약간 더 많은 것으로 나타났다.

〈표 11-5〉 가정위탁 성별 및 연령별 현황 (단위: 명)

성별			연령별						
계 (D)	남	여	1~3세 (2017~2019년생)	4~7세 (2013~2016년생)	8~10세 (2010~2012년생)	11~13세 (2007~2009년생)	14~16세 (2004~2006년생)	17~19세 (2001~2003년생)	20세 이상 (2000년생 이상)
10,384	5,300	5,084	98	573	893	1,378	1,955	3,236	2,251

한편, 연령별 현황에 의하면, 17-19세에 해당되는 연령대가 31.2%로 가장 높게 나타났으며, 20세 이상(21.7%), 14-16세(18.8%), 11-13세(13.3%) 등의 순으로 나타났다. 이는 가정위탁 보호 사유 중 부모의 이혼, 별거 및 가출 등이 대부분 아동기와 청소년기에 가장 많이 발생하기 때문에 나타난 결과라고 유추해볼 수 있다.

3) 가정위탁보호 조치 및 종결사유

연도별 요보호아동 발생에 따른 조치 현황은 〈표 11-6〉과 같다(보건복지부, 2017). 조치 내용으로는 시설입소와 가정보호로 구분하였다. 그 중 가정보호에는 소년소녀가장, 입양, 가정위탁, 입양 전 위탁 등으로 나누어져 있다. 2016년 기준, 전체 4,592명의 요보호아동 중 1,024명의 아동에 대한 가정위탁 보호 조치가 이루어졌다. 이는 전체 아동의 22.2%에 해당되는 비율이다.

〈표 11-6〉 가정위탁보호 조치 현황(2010~2016년)

구분 / 연도	조치내용										
	계	시설 입소					가정보호				
		소계	양육시설 등	일시보호시설	장애아동시설	공동생활가정	소계	소년소녀가정	입양	가정위탁	입양 전 위탁
2016	4,592	2,894	1,736	541	12	605	1,698	6	243	1,024	425
2015	4,503	2,682	1,412	799	13	458	1,821	-	239	1,206	376
2014	4,994	2,900	1,818	566	10	506	2,094	13	393	1,300	388
2013	6,020	3,257	1,731	801	39	686	2,763	20	478	1,749	516
2012	6,926	3,748	2,272	676	25	775	3,178	117	772	2,289	
2011	7,483	3,752	2,246	862	32	612	3,731	128	1,253	2,350	
2010	8,590	4,842	2,445	1,751	23	623	3,748	231	1,393	2,124	

한편, 가정위탁 종결에 따른 대표적 사유는 〈표 11-7〉과 같다. 표에서 보듯이 만18세 이상으로 종결조치(51.6%), 친가정 복귀(18.3%), 위탁가정의 환경 변화(7.2%), 사례이관(6.4%) 등의 순으로 나타났다.

〈표 11-7〉 가정위탁 종결사유

계	친가정 복귀	위탁 가정의 환경변화	아동과 위탁가정의 부적응	아동의 문제행동	만 18세 이상으로 종결	입양	사례 이관	기타
2,145	392	155	16	37	1,106	13	138	288
100.0	18.2	7.2	0.7	1.7	51.6	0.6	6.4	13.4

4 가정위탁보호 사업 지원정책

1) 보호 중인 가정위탁아동의 지원

다음 〈표 11-8〉은 보호 중인 가정위탁 아동을 위한 지원내용을 나타내고 있다(보건복지부, 2020). 표에서 보는 바와 같이 상해 보험료에서부터 대학등록금, 연말정산 시 인적공제에 이르기까지 국비와 지방비로 지원하고 있다. 가정위탁보호 아동은 국민기초생활보장법에 의한 수급자로 선정되기 때문에 법이 보장하는 범위 내에서 생계비, 의료비, 교육비 등의 급여를 지원하고 있다. 양육보조금으로 위탁아동 1인당 연령별 월 30~50만원 이상을 지급하고 있으며, 아동수당도 만 7세 미만의 경우 월 10만원씩 지급한다.

〈표 11-8〉 보호 중인 가정위탁 아동을 위한 지원내용

구분	지원내용	지원대상	지원금액	지원예산	비고
보호중	상해보험료	가정위탁보호아동	연 6만8천5백원	국비 지방비	
	심리검사 치료비	국내입양가정위탁보호아동 중 과잉행동장애, 정서불안장애 등 상담치료가 필요한 아동	검사비 최대 30만원(1회) 치료비 월 20만원 이내(12개월)	국비 지방비	
	양육보조금	가정위탁보호아동	연령별 월 30~50만원 이상(권고)	지방비	지방이양사업
	전문 아동보호비	전문위탁부모(영아, 경계선지능, 학대피해 아동)	월 100만원 이상(권고)	지방비	지방이양사업
	아동용품 구입비	가정위탁 초기 배치 아동	1인당 월 100만원 이상(권고)	지방비	지방이양사업

구분	지원내용	지원대상	지원금액	지원예산	비고
	생계의료교육급여	가정위탁보호아동	생계급여 월 512천원 의료교육급여는 개인별 상이	국비 지방비	위탁아동 별도 가구간주
	아동수당	만 7세 미만 아동	월 10만원	국비 지방비	
	가정양육수당	만 0~6세 아동(보육료, 유아학비, 종일제 아이돌봄서비스 미지원 아동)	만 0세 월 20만원 만 1세 월 15만원 만 2~6세 월 10만원	국비 지방비	
	디딤씨앗통장	가정위탁보호아동	월 5만원 내에서 아동적립(후원)금액과 동일금액 매칭지원	국비 지방비	
	전세자금	월평균소득 일정수준 이하의 무주택인 대리, 친인척위탁가정, 보호종료 5년 이내 가정위탁종결아동)	전세자금 또는 임대보증금 지원(대출)	-	국토교통부
	대학등록금	가정위탁보호아동	500만원 이상(권고)	지방비	지방이양사업
	연말정산 시 인적공지	과세기간에 6개월 이상 직접 양육한 만 18세 미만의 위탁아동	1인당 150만원 기본공제 및 특별세액공제(교육비 등)		

2) 보호 종료된 가정위탁 아동의 지원

다음 〈표 11-9〉는 가정위탁의 보호를 종료한 18세 이상의 보호종료 아동을 위한 지원 내용이다(보건복지부, 2020). 표에서 보는 바와 같이 보호종료 아동의 자립을 위한 자립수당(월 30만원)을 포함하여 자립정착금을 제공하며, 주거지원, 진로·취업지원 등을 지원하고 있다.

〈표 11-9〉 18세 이상의 보호종료 아동을 위한 지원 내용

보호종료	자립수당	18세 이상 보호종료아동	월 30만원	국비지방비	
	자립정착금	18세 이상 보호종료아동	500만원 이상(권고)	지방비	지방이양사업
		18세 이상 보호종료아동	LH청년매입임대 주택(월세 보증금 무료, 관리비만 부담) 및 사례관리(월 20만원)서비스 통합 제공	국비지방비	
	주거지원 및 맞춤형 사례관리 서비스	18세 이상 보호종료아동에 대한 공공임대주택 입주자격 개선(동 순위 내 경합 시 우선순위 부여, 상시 신청입주, 최대 20년 거주 등)		-	국토교통부
	진로 취업 지원	18세 이상 보호종료아동 대상 자립교육, 대학생 교육비(아름다운재단) 및 어학교육(YBM)지원, 고용노동부의 청년구직활동지원금, 취업성공패키지, 내일배움카드 등 취업지원 프로그램 연계 등		-	
	자립 관련 심리지원	18세 이상 보호종료아동 대상 바람개비서포터즈 운영(자립강의, 봉사활동, 멘토링 등 자립선배모임 지원), 숲속힐링교실 운영(심리정서 안정 지원)		-	

3) 6대 과제 중점 사업

보건복지부는 아동권리 관련 국제규범과 국내 법령 · 정책에 따른 선(先) 가정 보호정책 강화를 위해 2018년 기준 24%인 가정위탁 보호율을 2024년까지 37%로 끌어올리기 위해 전문가정위탁제 도입 및 후견인 제도 활성화 등 6대 과제를 중점 추진하기로 발표하였다(보건복지부, 2020). 구체적 내용은 다음 〈표 11-10〉과 같다.

〈표 11-10〉 가정위탁보호사업의 6대 주요과제

6대 주요 과제	주요 내용
예비위탁부모 발굴 · 홍보 강화	기존 친족위탁 탈피를 위해 일반위탁부모를 늘리고, 민 · 관 합동 공공캠페인 전개 및 지방자치단체 공무원 교육 신설 추진
위탁가정의 지원 현실화	아동용품구입비 지급 기준 신설(100만 원, 1회), 일괄적으로 지원하는 양육보조금을 연령별 차등 지급 기준으로 변경(20만 원('19년) → 연령별 30~50만 원('20년))
전문가정위탁제도 본격 도입 · 위탁유형 다양화	학대피해아동 등 특성을 고려한 보호를 위해 전문가정위탁제도 법제화, '전문가정위탁위원회' 구성 · 운영, 선진국 수준 예산지원 기준 권고 및 일시위탁 도입 추진
후견인제도 활성화	친권자 친권상실 사유 구체화, 후견인 선임 신청에 대한 지방자치단체 역할 강화, 한국가정법률상담소 연계 법률구조지원 활성화
원가정 조기복귀 지원	아동의 원가정 복귀 지원을 위해 부모의 면접교섭권을 형제자매 등 가족까지 확대하는 근거 마련
가정위탁 기반(인프라) 확대	서비스 이용의 접근성 등을 고려하여 전국 17개 가정위탁지원센터 인력 충원 및 분소 설치 등 추진

5 가정위탁보호사업의 향후 과제

가정위탁보호사업은 아동의 친가정에서 자라는 것이 최선이지만 그렇지 못할 경우에 위탁가정에서 보호하는 것이 차선이라고 여기기 때문에 최근 많이 활성화되어 가고 있다. 시설에서 생활하는 아동의 여러 가지 부정적인 영향력을 배제한다는 차원에서도 바람직한 접근이 아닐 수 없다.

해외선진국의 사례를 통해서도 요보호아동은 시설보호보다는 가정중심으로 보호하는 측면에서 이점이 많다. 아동들은 가정의 기능 및 구성원으로서 역할을 습득하며 안정적인 생활환경 내에서 밝고 건강하게 자라날 가능성이 크며, 또한 이들이 성장하여서도 새롭고 건강한 가정을 형성하고 유지할 수 있는 잠정적인 기능을 경험할 수 있게 된다. 가정위탁보호 사업은 다음과 같은 내용으로 적극적이며 능동적인 대응을 해야 할 것으로 보인다.

1) 아동중심의 위탁보호

현재 가정위탁보호제도의 운영은 아동중심의 위탁보호보다는 편의상 위탁부모중심으로 운영되고 있다. 즉, 일반인보다는 친인척에게 우선권이 주어지다 보니 아동의 발달특성이나 권익 등을 고려한 배치가 이루어지지 않고 성인중심의 가정위탁보호가 이루어지고 있다.

위탁유형도 위탁부모의 특성에 따라 구분되고 있으며, 위탁의 의지는 그들의 위탁부모에 따라 결정된다. 즉 친인척보다는 조부모에게 우선권이 있고, 일반인보다는 친인척에게 우선권이 있다는 것이다. 사실 이러한 접근은 아동중심의 보호라기보다는 성인 중심의 위탁이 책정되고 있는 것이다.

해외에서는 우리나라와 같이 혈연관계인 조부모에 의한 대리양육과 같은 위탁형태는 찾아보기 어렵고, 위탁기간이나 아동의 상태 등을 고려한 다양한 위탁제도를 운영하고 있어 아동의 특성과 의견을 중시하여 적절한 배치가 이루어진다.

그러므로 아동중심으로 운영되기 위해서는 아동의 권익 등을 고려한 객관적인 근거

즉, 친인척의 가족양육능력과 일반위탁의 객관적인 양육능력지수 등의 점수를 산출해서 높은 점수를 받은 경우라고 한다면 최종적으로 아동을 위한 아동 중심의 위탁유형이 결정되도록 하는 것이 보다 바람직하다.

2) 가정위탁 배정기준 마련

현재 가정위탁 배정기준은 조부모에 의한 대리양육이 우선이며, 아동을 양육할 친인척이 있을 경우는 친인척위탁으로 되며, 조부모 및 친인척이 존재하지 않을 경우 일반위탁으로 양육하도록 되어 있다. 따라서 지침으로는 대리양육-친인척-일반위탁 순서로 위탁의 자격 서열이 결정되지만, 조부모나 친인척의 위탁보호자가 80세 이상 및 20세 이하일 경우에는 우선권을 보완할 필요가 있다. 고령 및 저연령의 위탁보호자가 아동보호 역할을 수행할 수 있을지에 대해서는 논의의 여지가 있다. 가정위탁 배정은 현재 시·군 공무원에 의해 책정되는 경우가 많은데, 가정위탁 배정을 시·군 공무원이 아닌 아동 관련전문가가 협의하여 책정할 수 있는 방향전환이 필요하다.

3) 가정위탁의 지도감독 강화

대리양육 및 친인척위탁이 높은 비율을 차지하고 있는 우리나라의 경우 위탁가정에 대한 지도감독 및 사례관리 등의 지원체계가 강화되어야 할 필요가 있다. 특히 대리양육이나 친인척 위탁양육을 통한 아동배치 후 사례관리가 매우 미흡한 실정이다. 아동의 안전과 양육실태를 지속적으로 살피고 부족한 부분에 대한 적절한 지원과 조치를 신속하게 취할 필요가 있다. 따라서 정기적인 가정 방문을 통해 위탁모에 대한 체계적인 관리를 실시하여 위탁모의 자질과 만족도를 높여 줌으로써 결과적으로 위탁아동에게 보다 좋은 환경이 제공될 수 있도록 노력해야 할 것이다. 또한 지역사회복지관, 지역아동센터 및 건강지원센터 등의 네트워크를 활용해서 가정위탁 보호자의 심리·정서적인 지원을 강화할 필요가 있을 것이다.

Plus Tips

가정위탁 보호종료 아동의 현실

"보호종료 아동이요? 보호자인가요?" 자립수당 등 신청받는 공공기관의 담당자조차 관련법이나 용어를 잘 몰라 가정위탁보호 종료 아동의 현실을 참담하게 만들고 있다.

부모의 이혼으로 고모 손에서 자란 김진아(24・가명)씨는 만 18세 이전에는 정부의 지원을 받는 '가정위탁 보호아동'이었다. 대학 진학 후 '보호연장아동'이었다. 졸업 후 '보호종료아동'이 된 김씨는 자립수당을 신청하기 위해 동사무소를 찾았다 진땀을 뺐다.

김씨는 '보호종료아동'이라고 말하자 아동을 찾으며 보호자냐고 물었다. 그래서 내가 가정위탁된 보호아동이었고, 이제 보호종료가 됐다는 것, 아동복지법상 '아동'으로 명칭이 돼 있다는 설명을 공무원에게 구구절절해야 했다.

부모의 사망으로 할머니와 함께 살았던 박희철(25・가명)씨는 군대에 있는 동안 중단된 기초생활수급비를 제대 후 재신청하기 위해 구청을 갔다. 대학 복학을 위해 아르바이트를 하며 월세와 생활비 등을 벌었지만 혼자 감당하기 어려웠기 때문이다. 그런데 "장애인이냐, 사지가 멀쩡한데 왜 수급을 신청하느냐"는 공무원의 비아냥을 들었다. 박씨는 "보호아동이었고, 지금은 연장아동이라는 걸 계속 설명하는데 자괴감을 느꼈다"고 씁쓸해 했다.

이들은 휴학도 마음대로 하지 못한다. 사회복지학을 전공한 김진아씨는 공무원 시험을 준비하기 위해 1년 휴학을 신청하려다 포기했다. 기초생활수급비를 받고 있는데, 휴학을 하면 3개월 후부터는 '보호중지'가 돼 수급비가 끊긴다고 했다. "수급비를 계속 받으려면 고용노동부 취업성공패키지 등 취업준비를 하며 자활 의지를 증명해야 한다"며 "졸업 후 사회복지사가 되고 싶었다. 꿈도 마음대로 꿀 수 없는 것이 슬프다"고 한숨지었다.

출처: 경인일보(2020). 가정위탁 보호 종료 아동의 현실- 주홍글씨 새기는 정부의 보호. , 2020/07/20.

CHAPTER

12

입양아동 복지서비스

입양제도는 부모가 없는 아동들에게 건전한 가정을 영구적으로 제공하고, 가정이라는 틀에서 신체적, 정서적, 사회적으로 건강하게 성장할 수 있도록 지원하기 위한 제도를 말한다. 우리나라의 입양제도는 국내입양보다는 국외입양에 많이 치중되었기 때문에 한국의 위상을 염려에 두며 국내 입양의 활성화에 주력하여 2012년 입양특례법을 개정하게 되었다. 게다가 우리나라는 2013년 해외로 입양되는 아동의 안전과 권리를 보호하기 위해 해외 입양의 절차와 요건을 규정한 국제 조약인 헤이그 국제 아동입양 협약에 서명을 했다(오마이뉴스, 2020). 결과적으로 입양 절차와 조건을 까다롭게 변경한 입양특례법이 시행된 후 친부모가 출생신고를 하고 7일간 숙려기간을 거쳐야만 입양을 보낼 수 있게 되었다.

입양 아동복지 서비스는 보호가 필요한 아동에 대한 국가 및 지역사회의 책무이자 의무라 할 수 있는 측면에서 새로운 대응이 필요하다고 본다. 이에 이 장에서는 '아동 최선의 이익'과 '아동 욕구 중심'의 입양이 우신되어야 한다는 시각을 기초로 입양에 대한 정의, 유형, 입양의 구성요소와 절차 등에 관한 내용 등을 알아보고자 한다.

1 입양 사업의 이해

입양 사업은 보호자가 없거나 보호자로부터 이탈된 아동 등의 권익과 복지를 증진하기 위한 가정을 영구적으로 제공하여 신체적 · 정서적 · 사회적으로 건강하게 성장할 수 있도록 지원하는 것을 목적으로 한다. 이 절에서는 입양의 개념을 비롯하여 입양사업의 기본방향, 입양사업의 요건, 법적 근거 등에 대해 설명한다.

1) 입양의 개념 및 기본 방향

입양이란 혈연적으로 친자관계가 없는 사람 사이에 법률적으로 친자관계를 맺는 신분행위를 의미한다. 즉, 양부모가 되려는 사람과 양자가 될 사람 사이에 합의가 있거나, 가정법원의 허가를 얻은 후에 입양신고를 함으로써 그 효력이 발생하며, 입양신고로 양부모와 양자 사이에는 법적 친자관계가 생기고, 부양이나 상속 등에서 자연혈족의 경우와 동일한 권리가 인정된다.

입양대상아동이란 가정을 기반으로 부모의 보살핌 속에서 건전하게 성장·발달해야 할 아동이 양육의 기반인 가정을 상실했거나 양육을 충분히 받지 못하는 경우로서 양육환경상 문제가 있는 빈곤가정, 결손가정, 부모부재아동, 신체적·지적·정서적 장애아동, 사회적 법적 보호를 요하는 가출아동, 비행아동, 특별보호를 요하는 학대아동, 유기아동, 미혼모 아동 등을 포함한다(김유경 외, 2011).

입양사업은 「입얍특례법」을 근거로 추진하고 있으며, 기본방향은 다음과 같다(보건복지부, 2020).

- 원가정에서 양육하기 어려운 경우 아동의 최상의 이익을 위해 입양·가정위탁 등의 가정보호 지원을 한다.
- 보호가 필요한 아동에 대해 시설보호보다는 가정보호(입양 등) 조치가 우선될 수 있도록 지자체 협조를 필요로 한다.
- 국내입양을 우선으로 하며 국외입양을 차선책으로 추진한다.
- 입양가정 및 아동에 대한 사후관리를 강화한다.
- 입양가정에 대한 경제적·제도적 지원을 통한 국내입양을 활성화한다.
- 혈연중심의 가족문화, 비밀입양위주 입양문화 개선을 위한 대국민 홍보를 강화해야 한다

2) 입양사업의 요건

입양사업은 「입양특례법」 제15조 제1항 제6호에 의한 국내 입양을 우선적으로 추진하며 입양기관에 의뢰된 아동 및 가정위탁, 아동복지시설 입소 아동 등 모든 보호대상 아동의 입양절차는 반드시 「입양특례법」 제21조에 따른 입양기관을 통하여 진행해야 한다고 명시되어 있다.

입양사업의 요건에는 '입양아동', 자녀를 입양하여 양육·보호하는 '입양부모', 그리고 아동에 대한 친권을 포기한 '친생부모', 그리고 입양이 성사되는데 중요한 역할을 담당하는 입양기관 등이 해당된다.

(1) 입양아동

양자될 '입양아동'의 자격이란 18세 미만의 요보호아동으로서 보호자로부터 적정수준의 양육과 보호를 받기 어려운 아동이 해당된다. 「아동복지법」에 의하면, '보호자가 없거나 보호자로부터 이탈된 아동, 또는 보호자가 아동을 학대하는 경우 등 그 보호자가 아동을 양육하기에 부적당하거나 양육할 능력이 없는 경우의 아동을 말한다. 그리고 부모 또는 후견인이 입양에 동의하여 입양기관에 보호 의뢰한 아동, 법원에 의하여 친권상실의 선고를 받은 사람의 자녀, 그 밖에 부양 의무자를 알 수 없는 경우로서 시설에 보호 의뢰한 자가 해당된다.

한편, 「입양 특례법」 제9조의 '양자가 될 자격'에 의하면, 입양대상 아동은 친생부모의 동의가 있어야 하며, 13세 이상인 아동을 입양하고자 할 때에는 입양된 아동의 동의를 받아야 한다.

(2) 입양부모

'입양부모'란 「입양 특례법」 제10조 '양친이 될 자격'에 의하면, 다음의 요건을 모두 갖춘 자가 해당된다.

- 양자를 부양함에 충분한 재산이 있어야 한다.
- 양자에 대하여 종교의 자유를 인정하고 사회의 구성원으로서 그에 상응한 양육과 교육을 할 수 있어야 한다.
- 양친이 될 사람이 아동학대 · 가정폭력 · 성폭력 · 마약 등의 범죄나 알코올 등 약물중독의 경력이 없어야 한다.
- 양친이 될 사람이 대한민국 국민이 아닌 경우 해당 국가의 법에 의하여 양친이 될 수 있는 자격이 있어야 한다.
- 양친이 될 사람이 양자가 될 아동의 복리에 반하는 직업이나 그 밖에 인권침해의 우려가 있는 직업에 종사하지 아니하여야 한다.
- 그 밖의 양부모의 연령은 '25세 이상으로서 양자될 자와의 연령차이가 60세 내외인 자'여야 한다.

(3) 친생부모

'친생부모'란 혈연적 관계인 출생에 의해 친자관계가 성립되는 부모를 말한다. 친생부모는 출생한 아동에 대한 친권을 가지게 되기 때문에 아동을 양자로 하려면 친생부모의 동의가 필요하다. 13세 이상인 아동을 양자로 할 경우는 양자될 사람의 동의도 필요하다. 다만 예외규정으로서, 친생부모가 친권에 대한 상실 선고를 받거나 친생부모의 소재 불명의 사유 시 동의는 불필요하다.

(4) 입양기관

'입양기관'이란 사회복지사업법에 따른 사회복지법인으로서 보건복지부장관의 허가를 받은 기관을 말한다. 입양을 진행하기 위해서는 양자될 자의 친생부모의 동의가 있어야 하며, 입양동의는 입양숙려제를 따르도록 되어 있다. 즉, 입양숙려제란 아동 출생일로부터 1주일이 지난 후에 입양이 이루어져야 하며, 숙려기간 동안에는 친생부모가 아동을 보호하는 것을 원칙으로 한다.

입양을 원하는 친생부모(미성년자인 경우 법정 후견인도 포함)는 입양기관에 입양동의서를 제출하도록 되어 있다. 입양기관의 장은 입양 의뢰된 사람의 권익을 보호하고 부모를 알 수 없는 경우에는 부모 등 직계존속을 찾기 위하여 노력을 다하여야 한다.

3) 법적 근거

입양제도에 관한 법적인 최초 근거로는 1952년 후생시설 운영요령에 의하여 수립되어 1961년 「고아입양특례법」이 제정되었다. 그 후 1976년 「입양특례법」이 제정된 후 일부 내용들이 개정되는 과정들을 거쳐서 2011년 「입양촉진 및 절차에 관한 특례법」으로 전부 개정되고, 그 해 이듬해 동법 시행령과 시행규칙이 개정되었다.

「입양 촉진 및 절차에 관한 특례법」은 2012년에 「입양특례법」으로 변경되었다. 「입양특례법」에 의하면, 입양된 아동이 훗날 성장해서 자신의 뿌리를 찾을 수 있는 근거를 마련하고 양부모 자격을 사전에 엄격하게 관리하여 아동의 욕구와 권리를 충족하도록 한 제도적 장치를 마련했다는 데 의의를 갖는다.

「입양특례법」 제정 이후 2015년에는 국내입양의 경우 입양기관의 장이 입양아동과 양부모의 상호적응상태에 대한 관찰, 입양가정에 대한 아동양육 정보 제공 등의 사후관리

서비스를 제공하도록 규정하고 있으나, 국외입양의 경우에는 이를 적용하지 않고 있는 상태였다. 그러나 국외입양 아동의 권익을 보호하기 위하여 사후관리를 해야 할 필요성이 있는 바, 국외입양 사후관리는 입양기관이 국외 입양기관과 협력을 통해 진행하여 국내입양과 상이하게 이루어지므로, 대통령령에서 그 방법 등을 구체적으로 정하도록 함으로써 국외입양 아동이 건강하고 안전하게 양육될 수 있도록 하려는 차원에서 일부 개정되었다.

또한 2019년에는 현행법에서는 아동학대예방 및 방지업무, 보호대상아동 및 취약계층 아동에 대한 지원업무 등 아동 지원업무가 별개의 기관에 위탁되어 산발적으로 운영되고 있어서 아동정책을 종합적이고 체계적으로 추진할 수 있는 통합 수행기관의 필요성이 제기되었다. 이에 아동권리보장원을 설립하여 보호가 필요한 아동이 발견되어 보호 종료 이후까지 이어지는 전 과정을 총괄적, 체계적으로 지원하도록 하기 위해 사회보장정보원에 위탁하도록 하였다. 그리고 양육환경의 변화로 돌봄에 대한 사회적 요구가 증가하고 있는 현실 및 초등학생의 방과 후 심각한 돌봄공백 문제 해결을 위하여 다함께 돌봄센터를 설치·운영할 수 있는 법적 근거를 마련하려는 차원에서 일부 개정되었다.

결과적으로 아동입양의 절차가 아동의 복리를 중심으로 이루어질 수 있도록 국가의 관리·감독을 강화하고, 최선의 아동 보호는 출신가정과 출신국가 내에서 양육되어야 한다는 것을 기본 패러다임으로 국가 입양 정책을 수립할 필요가 있다. 아동의 권익을 최우선으로 한다는 취지로 개정된 「입양특례법」의 주요 변경내용은 다음 〈표 12-1〉과 같다.

〈표 12-1〉「입양특례법」의 주요 변경내용

항목	주요 변경내용
가정법원 허가제 및 출생신고 의무화 도입	•「입양특례법」 제11조, 요보호 아동의 국내 · 외 입양은 가정법원의 허가로 성립된다고 명시 • 예비 양부모는 법원 서류 접수 후 허가를 득한 후 입양 가능 • 가정법원 허가를 위해서는 양자가 될 아동의 출생신고서 제출 • 이는 출생신고를 의무화해 입양 아동의 권리 강화
입양 숙려제 도입	•「입양특례법」 제13조, 아동의 출생 후 1주일의 숙려기간을 두도록 한다는 것을 명시 • 입양 동의는 아동 출생 후 1주일이 경과한 후에만 가능 • 아동에게 입양동의로 인한 결과 등 충분한 상담 제공
국내입양 우선 추진제 도입	•「입양특례법」 제7조, 국내입양 우선 추진제 도입하여 국내입양 활성화 강조 • 입양의뢰 된 아동의 양친될 사람을 국내에서 찾는 것을 최우선으로 시행해야 하는 항목을 포함 •「입양특례법」 제6조, 국내에서 양친이 되려는 사람을 찾지 못하였을 경우에 한하여 국외입양 추진 가능함을 명시
입양부모 자격기준 강화	•「입양특례법」 제10조, 양친이 될 자격기준 강화 • 입양 성립 전에 입양기관 등으로부터 소정의 교육 이수 강화

2 입양의 유형

입양에는 친족 및 비친족 입양, 기관 및 민간입양 그리고 개방 및 비밀 입양, 국제입양 등으로 구분하고 있다. 여기에서는 그에 대한 내용을 간략하게 설명하고자 한다.

1) 친족 및 비친족 입양

친족입양은 확대가족 등의 혈연관계나, 아버지나 어머니의 재혼으로 인하여 성립되는 입양을 말하며, 비친족입양은 가족관계가 성립되지 않는 입양부모가 아동을 입양하는 것을 말한다. 따라서 이 입양의 유형을 혈연유무에 따른 유형이라고도 말한다.

2) 독립 및 기관입양

독립입양은 공식적인 입양기관을 거치지 않고 친부모와 양부모가 될 사람 간에 협의하거나 제 삼자자의 소개로 입양하는 경우를 말한다. 독립입양의 경우, 공식기관을 통해 이루어진 입양이 아니기 때문에 친부모가 다시 자녀를 양육하기 희망할 경우에 법적인 아동양육권리 보호가 불가능하다. 또한 입양 후 아동 또는 입양가정에 문제가 발생할 경우 입양아동 파양 등의 문제가 발생할 수 있다.

반면 기관입양은 국가에서 인가받은 공식 입양기관과 정식 절차에 의해 가정법원의 허가를 얻어서 아동을 입양하는 경우를 말한다.

3) 비밀 및 공개입양

비밀입양은 입양사실에 대해 입양아동은 물론 주변의 모든 사람들에게 비밀로 하며, 마치 입양아동을 출산한 것처럼 가장하여 비밀을 유지하는 입양을 말한다. 비밀입양은 혈연중심인 우리나라에서 많이 취해 온 입양의 형태이다.

반면 공개입양의 경우에는 입양 사실에 대해 입양아동과 주변의 사람들에게 공개하는 것을 말한다. 공개입양은 친생부모와도 관계를 유지할 수도 있지만, 아이를 낳아준 친생부모와 접촉하지 않을 수도 있다.

4) 국제입양

국제입양은 「국제사법」에서 정한 입양 절차에 따르는 입양을 말한다. 한국에서는 한국인과 외국인 사이의 입양, 또는 외국인과 외국인 사이의 입양을 말하며, 외국에서 하는 한국인 사이의 입양 또는 한국인과 외국인 사이의 입양 등과 같은 경우가 이에 해당된다. 이는 외국인이 국내 또는 외국에서 한국인 양자를 입양하려는 것이므로 국제입양의 한 형태라고 볼 수 있다. 다만, 입양 당사자의 자격 등 입양의 요건과 절차 등에 대한 특례를 인정하고 있어 입양 당시 양친의 본래 국적의 법을 적용한다.

Plus Tips

국내 · 외 입양 프로세스

• 입양대상 아동의 입양준비에 관한 법적 절차(법 제9조, 제22조, 시행규칙 7조)

요보호 아동 발생
- 친생부모: 입양숙려기간(7일) 준수
  - 양육에 관한 정보, 사회적응서비스, 정부지원정보 제공
  - 기아 : 기아발견신고 및 조서 작성, 부양의무자공고, 후견인 지정, 가족관계등록창설(가정법원 성 · 본 창설허가재판)

↓

입양동의 및 아동인수
- 친생부모 및 양자될 사람(요보호아동)에게 입양의 동의, 입양의 효과 및 파양, 입양정보공개청구 관련, 입양동의의 철회 등에 대한 충분한 상담 제공

↓

입양대상아동확인서 발급
- 보장시설의 장 또는 입양기관의 장이 작성 → 아동 거주지 관할 시 · 군 · 구청에 제출(별지 제5호)
- 입양정보통합관리시스템(ACMS) 등록

예비양부모 입양신청
- 전화, 내방 등 개별 및 부부상담 진행(입양기관)
- 법 제10조(양친이 될 자격 등) 충족
- 양친가정조사신청서(별지 제6호) 제출

↓

양친 가정조사
- 가정조사 실시(입양특례법 제10조, 같은 법 시행규칙 제8조 제2항)
- 예비양부모 교육 : 보건복지부령으로 정하는 소정의 교육이수(별지 제1호 양친교육이수증명서 발급)
- 범죄경력조회 요청(경찰관서)

↓

양친가정조사서 발급
- 입양특례법 시행규칙 제8조제2항에 따른 양친가정조사서(별지 7호) 발급

↓

결연
- 국내입양우선추진(5개월/ACMS활용)
- 양친될 자와 입양대상아동 결연

※ 법제11조제1항에 따른 서류 구비

↔

※ 국내에서 양친될 자를 찾지 못했을 경우

국외입양 예비양부모
- 법 제10조에 따르며, 해당국에서도 양친이 될 자격을 인정받아야 함
- 국외입양의 가정조사는 입양을 원하는 국가 또는 외국입양기관이 행한 가정조사서로 갈음함

↓

해외이주허가(국외입양)
- 해외이주허가신청서(별지 제11호) 및 해외이주허가신청 제출서류 구비하여 보건복지부 장관에게 허가신청

←

법원허가제
- 양자가 될 사람의 등록기준지 또는 주소지 관할 가정법원에 신청
- 가정법원의 인용심판 확정
- ACMS 정보 입력
  - (입양조치일자) 심판확정문 확정일
  - 그 외 : 조치구분에 따른 일자

〈법원의 추가보정 요청이 있을 시〉
- 구비서류 재정비 및 예비 양부모 소환(가사조사관) 등

↓

국내입양
- 친양자입양신고(가정법원의 허가서 첨부)
- 입양아동의 인도와 보고
- ACMS 정보 입력
  - (입양신고일) 친양자입양신고서 상 신고일

국외입양
- 친양자입양신고(가정법원의 허가서 첨부)
- (입양아동) 여권 및 비자 신청 · 발급
- 입양아동의 인도와 보고

국외입양허가시 ACMS 정보입력
- (조치일자) 심판확정문 확정일
- (출국일) 아동의 출국일자
- (국적취득일) 해당국에서의 국적취득일자

↓

사후서비스 제공
- 입양성립 후, 1년 동안 사후관리 제공(입양기관)
- 입양정보공개청구 등(국내 · 외 입양인)
- 국외입양 사후관리
  - 국적취득보고(입양기관)
  - 모국방문사업, 모국어연수지원, 모국에 관한 자료 제공, 친생부모 찾기 사업, 입양정보공개제도에 관한 홍보, 국적회복지원, 국외로 입양된 자를 위한 상담 등(입양기관)

출처: 보건복지부(2020). 2019년 아동분야 사업안내 - 가정입양 지원.

3 입양사업 현황

1) 국내 · 외 입양 현황

과거 한국전쟁 이후 해외 원조에 많은 부분을 의존하였던 우리나라는 당시 국내입양은 생각하지도 못하고 해외입양을 시작하였다. 이는 국가와 사회가 책임져야 할 부분에 대한 회피뿐 아니라 국내의 가부정적 가족 문화와 혈연을 중시하는 보수적 가족관 및 비밀위주의 입양관행 등이 해외입양의 주요 요인이 되었었다(김유경 외, 2011). 이러한 영향에 의하여 2000년대 전반까지는 국외입양 아동의 수가 국내 입양아동의 수보다 많았다.

그러나 〈표 12-2〉는 연노별 국내 · 외 입양 현황을 나타낸 것이다(보건복지부, 2019). 표에서 보는 바와 같이 2008년 이전까지 국외입양이 전체의 70%를 차지하고 있었으나, 2009년 이후부터는 국내입양이 국외입양을 상회하는 추세가 지속되고 있다. 이는 정부에서 추진하는 국내입양 활성화 정책과 입양에 대한 사회적 인식 제고 등으로 인하여 전체 입양 아동에서 국내 입양 아동이 차지하는 비율이 점차 증가추세로 변화되었던 것으로 해석된다. 입양아동 수가 꾸준히 감소추세를 보이는데 따른 일차적 원인은 저출산 여파 등으로 '요보호아동 수'가 매년 감소한데 따른 것으로 분석된다.

〈표 12-2〉 연도별 국내 · 외 입양현황 (단위: 명)

구분	계	2008년 이전	2009	2010	2011	2012	2013	2014	2015	2016	2017	2018
계	248,024	233,191	2,439	2,475	2,464	1,880	922	1,172	1,057	880	863	681
국내	80,477 (32.5%)	71,633 (30.2%)	1,314 (53.9%)	1,462 (59.1%)	1,548 (62.8%)	1,125 (59.8%)	686 (74.4%)	637 (54.4%)	683 (64.6%)	546 (62.0%)	465 (53.9%)	378 (55.5%)
국외	167,547 (67.5%)	161,558 (69.8%)	1,125 (46.1%)	1,013 (40.9%)	916 (37.2%)	755 (40.2%)	236 (25.6%)	535 (45.6%)	374 (35.4%)	334 (38.0%)	398 (46.1%)	303 (44.5%)

2) 아동의 성별 및 연령

2016년부터 2018년에 이르기까지 국내·외 성별 및 연령에 따른 입양 아동의 현황은 〈표 12-3〉에 제시하고 있다(보건복지부, 2019). 표에서 보는 바와 같이, 국내입양의 경우, 여아의 비중(71%)은 남아(29.1%)에 비해 월등히 높은 것으로 나타났으며, 연령별로는 3월~1세 미만 아동이 65.1%로 가장 많이 나타났으며 이는 2017년 대비 4.7% 증가한 것을 알 수 있다.

국외입양은 상대적으로 여아 비율(27.1%)에 비해 남아 비율(73%)이 높으나 전년에 비해 3% 감소하였으며, 연령별로는 1~3세 미만이 전체의 97%를 차지하고 있는 것을 알 수 있다.

〈표 12-3〉 국내·외 입양아동의 성별 및 연령 (단위: 명)

연도	국내입양							국외입양					
	계	성별		연령				계	성별		연령		
		남	여	3월 미만	3월~1세 미만	1~3세 미만	3세 이상		남	여	1세 미만	1~3세 미만	3세 이상
2016	546	191 (35.0%)	355 (65.0%)	33 (6.1%)	336 (61.5%)	142 (26.0%)	35 (6.4%)	334	269 (80.5%)	65 (19.5%)	62 (18.6%)	250 (74.8%)	22 (6.6%)
2017	465	150 (32.3%)	315 (67.7%)	4 (0.9%)	281 (60.4%)	150 (32.2%)	30 (6.5%)	398	302 (75.9%)	96 (24.1%)	-	382 (96.0%)	16 (4.0%)
2018	378	110 (29.1%)	268 (70.9%)	3 (0.8%)	246 (65.1%)	88 (23.3%)	41 (10.8%)	303	221 (72.9%)	82 (27.1%)	-	294 (97.0%)	9 (3.0%)

3) 입양아동 발생 유형

〈표 12-4〉는 2016년부터 2018년에 이르기까지 입양아동 사유별 현황을 제시하고 있다(보건복지부, 2019). 국내·외 입양을 미혼모 아동, 유기 아동, 결손가정 아동 등의 세 가지 요인에 의한 연도별 현황을 나타내고 있다. 표에서 보는 바와 같이, 국내·외 입양 모두 미혼모 아동이 압도적으로 많았으며, 국내입양의 경우 유기아동(12.5%)과 결손가정 아동 등(4.2%)의 순위로 나타났다.

〈표 12-4〉 국내·외 입양아동 사유별 현황 (단위: 명)

연도	국내입양				국외입양			
	계	미혼모아동	유기아동	결손가정등	계	미혼모아동	기아등	결손가정
2016	546	481	48	17	334	327	2	5
		(88.1%)	(8.8%)	(3.1%)		(97.9%)	(0.6%)	(1.5%)
2017	465	417	35	13	398	397	-	1
		(89.7%)	(7.5%)	(2.8%)		(99.7%)		(0.3%)
2018	378	315	47	16	303	302	1	-
		(83.3%)	(12.5%)	(4.2%)		(99.7%)	(0.3%)	

4) 입양 국가별 해외입양 현황

다음 [그림 12-1]은 2016년부터 2018년에 이르기까지 입양 국가별 해외입양 현황을 나타낸 것이다. 여러 나라 중 미국이 188명(62%)로 가장 많았으나 전년(274명, 68.8%) 대비 6.8% 감소하였으며, 독일의 경우 1명으로 이는 2002년 1명 이후 재진입한 것을 알 수 있다.

(단위: 명)

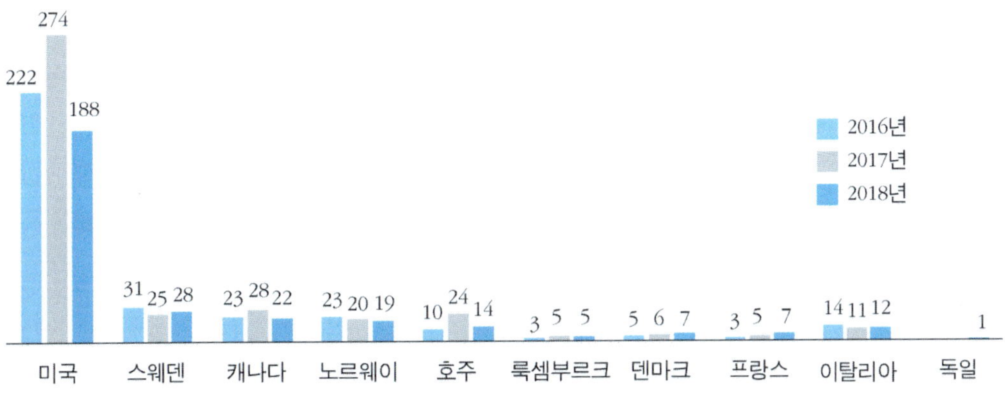

[그림 12-1] 입양국가별 현황(2016-2018)

5) 입양 기피 이유

일반국민이 생각하는 입양에 대한 태도는 긍정적이지만 아직 우리나라는 입양신청 부모 수에 비해 대기아동수가 여전히 더 많은 것으로 보아 입양에 대한 기피가 여전히 있는 것을 알 수 있다. [그림 12-2]는 2013년부터 2018년까지 입양대기아동 및 양친가정 조사 신청자 현황을 나타내고 있다(보건복지부, 2019).

일반국민이 생각하는 우리나라 사람들의 입양 기피 이유는 입양아를 친자녀처럼 사랑 양육할 지에 대한 걱정이 32.1%로 가장 많았고, 다음은 혈연위주의 가족제도가 29.5%로 많았고, 경제적인 여유가 없기 때문이 11.9%, 입양에 대한 편견이 11.4% 순으로 많았다. 따라서 우리나라 사람이 생각하는 입양장애 요인은 사랑·양육에 대한 걱정, 혈연중심의 가족제도, 경제적인 요인 등으로 나타났다.

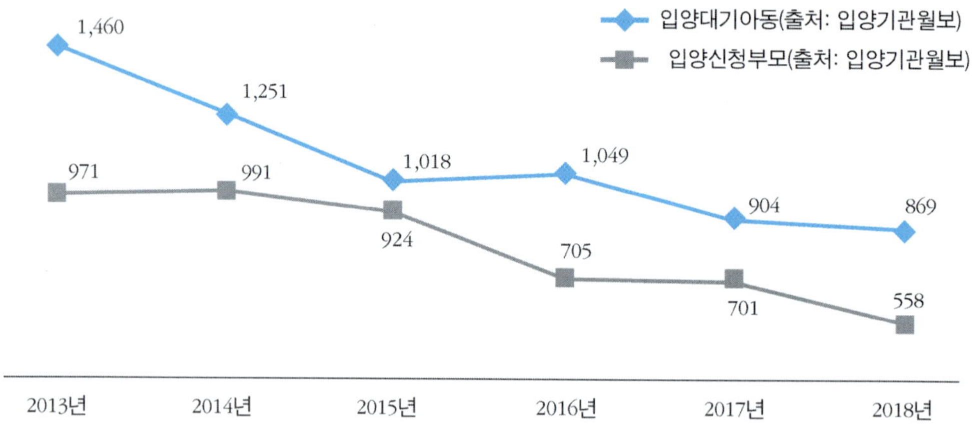

[그림 12-2] 입양대기아동 및 양친가정조사 신청자 현황

6) 입양기관 현황

입양기관은 국내·외 입양이 가능한 입양전문기관과 국내 입양기관으로 분류된다. 다음 〈표 12-5〉에서 보는 바와 같이 현재 우리나라의 국내·외 입양이 가능한 입양전문기관은 홀트아동복지회, 대한사회복지회 그리고 동방사회복지회로 3곳이며, 기타 국내 입양기관은 7개소로 총 10개 기관이다(보건복지부, 2020).

〈표 12-5〉 국내 · 외 입양기관 현황

기관명	기관소개
홀트아동복지회 (https://www.holt.or.kr)	• 한국전쟁 직후, 1955년 입양사업을 통해 설립됨 • 보건복지부 제47호 및 사회복지사업법 제16조에 근거한 사회복지법인 • 입양사업, 아동 · 청소년 · 미혼 한부모 · 장애인 · 저소득계층 · 다문화가정의 다양한 복지서비스를 제공하는 전문기관 • 현재까지 24,000여명의 아동들에게 국내입양가정을 찾아주었음 • 서울 · 부산 · 대구 · 충청 · 인천 · 광주 · 경기 · 강원 · 전북사무소
대한사회복지회 (http://www.sws.or.kr)	• 1954년 전쟁고아의 복지를 위해 정부에 의해 설립되었음 • 1965년부터 '사랑의 손길 펴기 운동'을 전개하여 소외계층을 위한 복지사업에 주력하고 있음 • 특히 입양사업을 중심으로 미혼모 쉼터, 영아일시보호소 등 운영하고 다양한 프로그램들을 활발하게 전개하고 있음 • 서울 · 부산 · 대구 · 광주 · 경기 · 전남지부
동방사회복지회 (http://eastern.or.kr/)	• 1971년 한국기독교 십자군연맹에 의해 설립하여 1972년부터 정부로부터 인가를 받아 입양사업을 시작함 • 그외 동방아동복지회 설립, 동방영아일시보호소, 아동상담, 종합사회복지관 등의 개소를 통해 종합적인 복지서비스 제공 • 특히 미혼모자공동생활가정 5개소와 함께 해피맘 양육모지원사업을 활성화시키고 있음 • 서울 · 부산 · 대구 · 인천 · 대전 · 경기지부
기타 입양 기관	• 성가정입양원, 한국사회봉사회(입양알선 업무 중단), 광주영아일시보호소, 자비아동입양위탁소, 꽃동네 천사의 집, 한빛국내입양상담소(휴업), 홍익아동복지센터 등

4 입양사업의 지원정책

국제아동의 입양 협약에 의하면, 입양은 아동의 가장 근본적인 권리를 존중하고 아동의 최선의 이익을 보장하기 위해서 이루어져야 하는 기본정신을 규정하고 있다. 입양아동에 대한 지원정책으로는 입양가정 및 입양숙려제도에 의한 지원 등으로 구분하여 설명한다.

1) 입양가정 지원

우리나라에서 입양가정에 공통적으로 지원하고 있는 입양지원정책에는 입양아동 및 장애아동 양육보조금, 입양대상 아동 생계비, 의료급여, 국내입양 비용 지원 등이 있다. 양육보조금은 중앙정부에서 지원하는 국비 70%, 지방비 30%의 비율로 재원이 마련된다.

입양아동 양육보조금은 「입양특례법」상 허가를 받은 입양기관에 의해 국내 입양한 가정의 모든 입양아동에게 13세까지 1인당 15만원의 양육수당이 지원되고 있다.

한편 장애아동 양육보조금은 「입양특례법」상 허가를 받은 입양기관에 의해 장애아동을 국내 입양한 가정에 지급한다. 장애아동의 유형에는 입양 당시 「장애인 복지법」 제32조 제1항에 따라 장애인 등록을 한 아동을 말한다. 중증장애아동의 경우 1인당 월 62만 7천원, 경증장애동 등은 55만 천원, 의료비는 연간 260만원 한도 내에서 본인이 부담한 의료비 전액이 지원되고 있다. 또한 장애인보조기구에 대한 의료비 청구도 포함하여 연간 의료비 지원 한도액의 50% 이내로 지원하고 있다.

의료급여 지원에 의하면 만 18세 미만의 입양아동에 대해서는 1종 의료급여를 지원하고 있으며, 중·고등학교 재학생의 경우 20세까지 제공하고 있다.

그리고 국내 입양 비용 지원에는 입양 알선에 소요되는 인건비, 아동양육비(위탁모 비용 포함), 입양 알선 절차에 소요되는 비용, 입양기관의 운영비 및 홍보비, 사후 관리비 등 입양 알선에 실제로 드는 비용 등을 말하는 것으로 전문기관 270만원, 지정기관 100만원 정액이 지원된다(보건복지부, 2020).

2) 입양숙려기간 모자지원

입양숙려기간 모자지원 대상으로는 출산예정 이후 미혼·이혼 한부모로써 입양특례법 제13조 및 제33조의 선정기준을 충족한 자가 해당된다. 미혼·이혼 한부모가 선택하는 서비스 이용에 대한 비용 지원은 다음 〈표 12-6〉과 같다(보건복지부, 2020).

〈표 12-6〉 미혼·이혼 한부모가 선택하는 서비스 이용 비용 지원

구분	2019년도	
	지원내용	지원단가
1. 가정내 보호지원	• 산후지원인력 가정방문 서비스 지원(1주)	• 500,000원 - 산후지원인력서비스 이용료(40만원 한도) - 아동생필품비 포함(10만원)
	• 가족 또는 친구 등 지인의 도움을 받기 원할 경우(1주)	• 350,000원 - 아동생필품비 포함
2. 미혼모자 가족복지 시설 내 입소자 지원	• 미혼모자가족시설 입소 시, 산후지원인력 인건비 지원(1주)	• 400,000원 - 산후지원인력 인건비
3. 산후조리원 보호 지원	• 1주 산후조리원 이용료 지원	• 최대 700,000원 • 1주 이용료가 700천원 미만인 산후조리원의 경우, 실비지원 ※ 아동생필품비 및 생모식료품비 등 포함

3) 입양아동 의료급여 지원

의료급여는 「의료급여법」 제3조 제1항 및 「입양특례법」에 의하여 국내에 입양된 만 18세 미만의 아동에게 지원된다. 입양아동을 건강보험증에 기재하되, 수급권자임을 표시하여 의료이용 시 본인부담금을 면제('08. 2. 1부터 시행)받는 사전 지원 방식과 입양아동을 건강보험과 함께 통합관리하고, 의료 이용 시 납부한 본인 부담금을 사후 환급('08. 3. 1부터 시행) 받는 사후 지원방식이 있다.

이 때 양부모가 입양사실 공개를 원하지 않을 경우, 업무처리 시 비밀보장에 각별히 유의해야 한다. 지방자치단체는 입양아동 및 입양가족의 개인정보보호에 만전을 기해야 할 필요가 있다. 다음은 민원 발생 사례이다.

- '입양아동 의료본인부담금 환급금 환수 명단(34명) 내역'을 해당 소재지 전체 입양가정에 우편으로 발송하여 입양아동 정보를 노출
- 예산부족으로 인한 '입양아동 양육수당 등 양육보조금 지급 일시 중단 안내 공문' 우편발송으로 인해 입양아동에게 입양사실 노출

5 입양제도의 문제점 및 대책

우리나라는 현재 국내입양 활성화를 위한 다양한 정책을 실천하고 입양가정 및 아동에게 재정적인 측면에서 지원이 제공하고 있다. 입양관련 법규가 정비됨에 따라 2012년에 개정된 입양특례법에 의하면, 아동을 입양할 경우, 가정법원의 허가를 받도록 명시하였다. 이는 곧 아동의 출생신고를 의무화하는 것과 같다.

그 동안 우리나라는 당사자 간의 합의와 신고만으로 비교적 쉽게 입양이 이루어졌다. 자녀를 출산하여 입양시켰다는 사실을 외부에 알리고 싶지 않은 친생부모, 특히 미혼모인 경우에는 그들의 입장과 입양사실을 비밀로 하고 싶어 하는 양부모의 입장이 결합하여 출생신고가 안된 아동을 양부모의 친생자로 등록하는 사례가 많았다.

그러나 아동 인권 측면에서 향후 성인이 된 입양 아동이 자기의 출생기원을 찾기 힘들어 인권침해라는 지적이 나옴에 따라 친생부모가 출생신고를 한 후에 국가기관인 법원이 개입해 입양 허가를 받도록 하는 절차에 의해서 입양이 이루어지도록 한 입양특례법을 개정하게 이르렀다.

그러나 입양특례법 개정 이후에 나타난 변화에 의하면, 입양 성사 건수는 줄어든 반면, 아동 유기현상은 증가되고 있다고 보고되었다. 예를 들어, 2000년 153건이던 영아유기 사건은 지속적으로 증가하여 2012년 139건, 2013년 225건으로서 2000년 이후 최고 건수를 기록했다(보건복지부, 2014).

입양특례법은 양자의 친생부모에 대한 알 권리를 존중하기 위하여 출생신고를 의무화하면서 입양이 성사된 후 가족관계등록부에 등재된 친자기록이 삭제된다. 그럼에도 불구하고 친생부모와 양부모의 출생과 입양에 대한 익명성이 보장되지 않아 오히려 아동의 복리가 저해되는 결과를 초래하게 되었다는 목소리가 높아졌다.

이러한 결과는 입양특례법대로 입양을 시키려면 친모의 출생신고가 '무조건' 필요하기 때문에, 미혼모 입장에서는 아이 친부모에 대한 신상 기록을 남기고 싶어 하지 않으므로 정식 입양을 시키기보다는 아이를 버리는 쪽을 선택하게 될 수밖에 없는 문제점을 대변해주고 있다. 그 결과, 베이비박스에 맡겨지는 영유아가 증가하고 있을 뿐만 아니라 사망한 유기 영유아의 발견도 증가하고 있으며 미혼모들을 어둠의 경로로 내몰고 있다는 지적이 많아지고 있다(연합뉴스, 2016).

이러한 반응에 대해 보건복지부 관계자는 아이가 훗날 본인의 뿌리를 확인하고 싶어 할 때 친부모의 신원이 제대로 확인되어야 하므로 아이의 출생신고는 불가피할 수 밖에 없다고 한다. 이에 덧붙여 다만 개인의 사생활 측면에서 불필요하게 입양 사실이 알려져 고통받지 않도록 하는 제도적 정착이 필요하다고 제언하였다.

입양특례법의 좋은 취지와는 달리 더 많은 부정적인 측면에 대한 근본원인은 한편으로 한국의 입양 환경이나 국민의 의식과 정서를 제대로 반영하지 못한 결과로 보고 있다. 아직도 우리나라는 혈연중심의 가부장적 가족관이 지배적이므로 입양문화를 수용하기에는 한계가 있다. 따라서 이러한 제한에 따른 가능한 대안을 제시하면 세 가지 정도로 요약된다.

첫째, 모든 아동은 자신이 태어난 가정에서 양육되는 것보다 더 이상적인 것은 없을 것이다. 그러나 입양이 불가피할 수밖에 없다면 입양과정에서 아동의 의견을 청취하고 반영하도록 해야 한다. 현재 입양특례법 등에서 13세 이상의 아동의 경우에 의견청취를 하도록 명시하고 있지만 국내외 대부분의 입양의 경우 이보다 훨씬 어린 영・유아나 아동에 한한 경우가 많기 때문에 13세 미만의 아동의 경우에도 나이와 성숙도를 고려하여 아동의 의견을 적극적으로 수렴할 수 있는 제도가 마련될 필요가 있다.

둘째, 입양특례법에 의한 입양은 3자(친생부모, 아동, 입양부모)의 비밀보장을 기본원칙으로 하고 있으나 현재 시행되고 있는 법원의 허가와 민법의 친양자 신고제도는 이를 고려하지 않은 방식으로 진행되어 쌍방의 신상이 공개되는 사례가 있다. 입양특례법상 양자의 친생부모의 알권리와 친생부모의 익명성 보장 중 어느 한 쪽만을 선택하기 보다는 양쪽의 가치를 적절히 조화시키는 방향으로 개정이 필요하다. 예를 들면 부모가 아닌 입양기관의 장이 가족관계 등록을 하여 입양을 진행하도록 한다던가, 법원과 중앙입양원에서 아동의 출생기록을 보관하고 있다가 훗날 입양아이가 자신의 뿌리를 찾고자 할 때 본인의 요청으로만 열람할 수 있게 하는 것으로 보완한다면 아동유기도 줄이고 아동의 정체성을 찾는데도 도움이 될 것이다(장병주, 2013).

셋째, 우리나라 요보호아동은 미혼모로 인한 발생사유뿐 아니라 점차 경제적 위기와 가족해체 등의 이유로 빈곤아동과 학대아동의 발생율이 증가하고 있다. 이에 정부 차원에서도 양육미혼모에 대한 지원을 확대하여 입양보다는 원 가정에서 친부모의 책임과 의무를 다할 수 있도록 전반적인 지원체계가 필요하다. 향후 미혼모가 보다 적극적으로 직접양육을 선택할 수 있는 환경이 조성되도록 지원해야 한다는 것을 의미한다. 따라서 입양숙려제 기간 동안 아동과 함께 있을 수 있는 거처를 제공한다거나 미혼모의 자녀양육, 학업 지속 및 취업, 돌봄 서비스, 경제적 지원 등에 대한 다각적인 지원이 확대되어야 할 것이다.

Plus Tips

Baby Box(베이비박스)의 찬반 쟁점

우리나라에서는 서울 주사랑 공동체교회의 이종락 목사가 베이비박스를 처음으로 도입, 운영하고 있다. 입양아동의 권리를 보호하기 위해 출생신고 등을 의무화한 입양특례법이 시행된 2012년 이후부터 최근 6년 동안 946명의 아이가 베이비박스에 버려져 그 수요는 점점 증가하고 있는 추세이다. 따라서 입양 전 출생 신고 의무화로 입양 건수는 오히려 줄고, 보호시설로 보내지는 아이들만 늘어난 셈이며, 법원 허가 절차 등의 입양특례법이 "현실에 맞지 않다"는 목소리도 내고 있다(아시아 경제, 2017).

입양 아동수 추이

(단위: 명, 자료: 보건복지부)

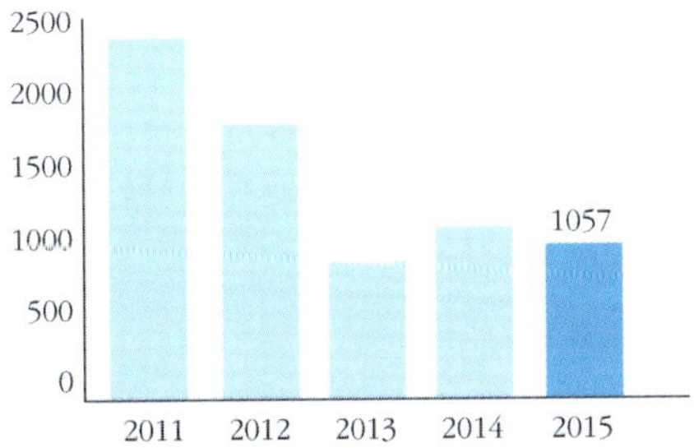

베이비박스 이용 건수 추이

(단위: 건, 자료: 보건복지부)

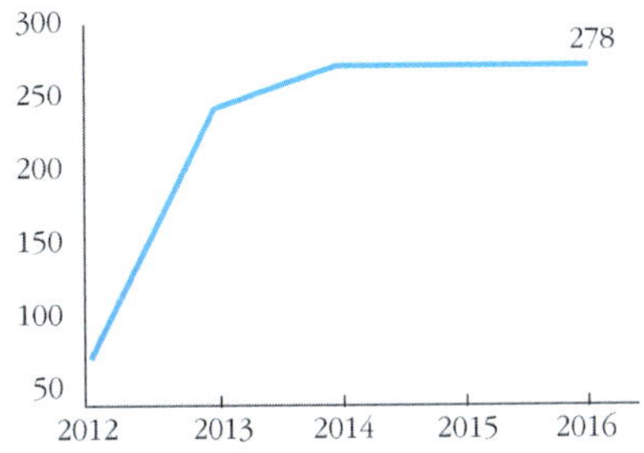

한편 이러한 상황에서 베이비박스를 두고 현행법 위반 논란은 끊이지 않고 있다. 베이비박스는 영아유기죄를 조장·방조하는 불법시설이라며 반대를 주장하는 반면 '어쩔 수 없는 선택으로 버려지는 생명을 살린다'라는 입장에서 찬성을 주장한다(한국일보, 2017).

〈베이비박스 찬반 쟁점〉

찬성	쟁점	반대
위험한 곳에 버려질 아이 안전하게 보호	아동유기	아동유기행위 방조·조장하므로 현행법 위반
법 제정 이후 유기 증가	입양특례법	유기 증가와 특례법은 무관
베이비박스 없었으면 생존도 불가	아동 권익	원가정 양육 포기 부추겨 아동의 혈통·정체성 알 권리 침해
여성의 양육 포기할 권리와 사생활 보호 필요	여성의 자기결정권	친모가 아닌 제3자 유기 위험, 미혼모에 대한 부정적 인식 강화

그렇다면 베이비박스의 찬반 논란 가운데 해법이 있다면 무엇이 있을까? 유엔 아동권리위원회는 2011년 베이비박스에 대해 "아동이 부모 밑에서 자랄 권리를 침해한다"는 결정을 내린바 있다(중앙일보, 2014).

출처: 아시아경제(2017). '베이비 박스의 비극'... 버려지는 아이들 늘어난다. 2017-05-11.
한국일보(2017). 베이비박스, '생명의 상자'인가 '영아유기조장 불법시설'인가. 2017-05-16.
중앙일보(2014). [우리 모두의 아이들]. "어린생명 살려" "아이 더 버린다." 2014-04-11.

CHAPTER

13

시설아동 보호서비스

아동보호의 원칙에 의하면, 아동의 원가정 보호가 최우선이다. 부모가 없거나 보호를 받지 못할 상황에서는 일시적인 가정위탁 보호, 다음으로 영구적인 입양 가정보호, 마지막으로 시설보호가 최후의 방법이 된다.

시설아동 보호 서비스는 요보호상태에 놓인 아동의 기본적 생존권을 사회적 책임에 의해 보장하는 아동복지사업의 마지막 대안이 된다고 할 수 있다. 이 장에서는 아동복지시설 및 시설보호사업의 이해, 시설보호사업의 과제 등을 설명한다.

1 아동복지시설의 이해

아동복지시설은 보호대상아동을 건전한 사회인으로 자랄 수 있도록 보호조치하기 전 일시 보호하거나 가정복귀, 입양, 가정위탁이 어려운 아동을 보호 및 양육하기 위한 곳을 말한다. 또한 아동복지시설을 퇴소한 사람에게 취업 준비기간 또는 취업 후 일정 기간 동안 보호함으로써 자립을 지원하고 있다. 최근에는 전통적으로 운영되었던 시설보호 양육체계에서 벗어나 가정과 같은 시설환경을 새로이 구축하고 개별아동의 다양한 욕구와 특성을 반영하여 운영하고자 하는 노력이 이루어지고 있다.

아동복지시설은 아동복지법을 근간으로 보호아동이 가정과 같은 환경에서 건강하고 행복하게 자랄 수 있기 위해 사회적, 제도적, 정책적으로 지원하는 여러 시설보호 사업을 추진하고 있다.

1) 아동복지시설의 유형

아동복지 시설은 단순한 보호차원의 개념이 아닌 아동상담, 일시보호, 가정위탁, 입양, 급식 등의 다양한 프로그램을 제공하여 시설의 아동뿐 아니라 지역사회 전체 아동을 위한 종합서비스를 제공하는 시설로 전환해 가고 있는 방향으로 추진해 나가고 있다.

〈표 13-1〉은 아동복지법(제52조, 개정 2019. 01.) 상에 아동복지 시설의 종류를 명시하고 있다. 2016년 기준으로는 8가지 시설로 분류되었는데 최근 2019년에 개정되면서 아동보

호전문기관, 가정위탁지원센터 그리고 아동권리 보장원 등 3가지를 추가해 총 11가지 종류로 구분하였다.

〈표 13-1〉 아동복지시설의 유형

시설의 유형	시설의 목적
1. 아동양육시설	보호대상아동을 입소시켜 보호, 양육 및 취업훈련, 자립지원 서비스 등의 제공
2. 아동일시보호시설	보호대상아동을 일시보호하고 아동에 대한 향후의 양육대책 수립 및 보호조치 등
3. 아동보호치료시설	법원, 소년부지원에서 단기보호 처분을 받아 보호위탁된 19세 미만의 아동을 대상으로 치료와 선도를 통하여 건전한 사회인으로 육성
4. 공동생활가정	보호대상아동에게 가정과 같은 주거 여건과 보호, 양육, 자립지원 서비스 제공
5. 자립지원시설	아동복지시설에서 퇴소한 자에게 취업 준비기간 또는 취업 후 일정기간 보호함으로써 자립 지원
6. 아동상담소	아동과 그 가족의 문제에 관한 상담, 치료, 예방 및 연구 등
7. 아동전용시설	아동에게 건전한 놀이·오락 및 심신의 건강유지와 복지증진에 필요한 서비스를 제공(어린이공원, 어린이놀이터, 아동회관, 체육, 연극, 영화, 과학실험전시 시설, 아동휴게숙박시설, 야영장 등)
8. 지역아동센터	지역사회 아동의 보호·교육, 건전한 놀이와 오락의 제공, 보호자와 지역사회의 연계 등 아동의 건전한 육성을 위하여 종합적인 아동복지 서비스 제공
9. 아동보호전문기관	학대받은 아동의 치료, 아동학대의 재발 방지 등 사례관리 및 아동학대예방을 담당하는 업무 수행
10. 가정위탁지원센터	보호대상아동에 대한 가정위탁사업을 활성화하기 위하여 위탁가정 발굴, 위탁대상 아동 상담, 위탁가정 부모에 대한 교육, 사례관리 등의 업무수행
11. 아동권리보장원	아동정책에 대한 종합적인 수행과 아동복지 관련 사업의 효과적인 추진을 위하여 필요한 정책의 수립을 지원하고 사업평가 등의 업무 수행

2) 입소 대상 아동

시설보호 입소 대상 아동은 아동 및 보호자와 상담·지도, 보호자 가정 복귀, 연고자 가정 대리양육, 가정위탁 등에 의해 가정보호가 어렵거나 적합하지 아니한 경우에 한해 아동복지시설에 입소시킨다(아동복지법 제15조 제4항). 아동복지시설에 입소한 아동 중 2세 미만의 유기 아동은 성본의 창설 후 가정위탁 보호로 전환하도록 한다.

아동양육시설과 일시보호시설(아동복지법 52조, 제1항, 제2항)에 규정된 입소 대상자 및 자립지원 시설 입소 대상자는 다음 〈표 12-2〉와 같다. 요보호아동의 경우, 아동양육시설 및 일시보호시설에 입소할 수 있으며, 시설 퇴소자 아동 중 취업 중인 아동이나 취업준비생인 18세 이상 24세 이하인 사람은 자립지원 시설에 입소할 수 있다(보건복지부, 2017).

〈표 13-2〉 시설보호 입소 대상아동 기준

시설유형	입소 대상 아동 기준
양육시설 및 일시보호시설	• 보호자가 없거나 보호자로부터 이탈된 아동 • 보호자로부터 학대받은 아동 • 보호자의 학대로 아동보호전문기관에 신고되어 시장에게 보호조치를 의뢰한 아동 • 기초생활수급자로서 보호자의 질병, 가출 등으로 가정 내에서 보호하기 어려운 아동 • 시장 또는 구청장이 특별히 보호가 필요하다고 인정하는 아동(가출아동에 대해서는 적극적으로 시설 보호 등 보호 조치)
자립지원 시설	• 시설퇴소 아동 중 취업 중인 아동(우선) • 시설퇴소 아동 중 취업 준비 중인 20세 이상 24세 미만인 자 • 국민기초생활보장 수급자로서 24세 미만인 자

3) 보호대상 아동 보호체계

다음 〈표 13-3〉은 보호대상아동 보호체계를 나타내고 있다(보건복지부, 2020). 표에서 보는 바와 같이, 보호대상 아동이 발생하면 보호조치를 하기 전에 1차적으로 일시보호시설 또는 일시위탁(베이스박스 영아 등을 다른 시설에 임시 보호조치 불가 원칙)을 통해 보호하면서 보호대상아동에 대한 상담, 건강검진, 심리검사 및 가정환경에 대한 조사를 실시하여 입소를 의뢰하게 된다. 그리고 2차 보호조치는 입양, 가정위탁, 공동생활가정, 마지막으로 아동양육시설 등의 순서로 배치하는 것을 엄수하도록 되어 있다.

아동생활시설 및 공동생활가정과 같은 경우는 성별 분리하여 숙소를 배정한다. 다만 초등학교 미만 남매의 경우 같은 숙소에 배치가 가능하나 초등학교 입학 연령에 도달한 경우 남녀 분리를 원칙으로 한다. 가정위탁이나 그룹홈, 양육시설의 보호가 종료되면 원가정 복귀로 진행된다.

〈표 13-3〉 보호대상아동 보호체계

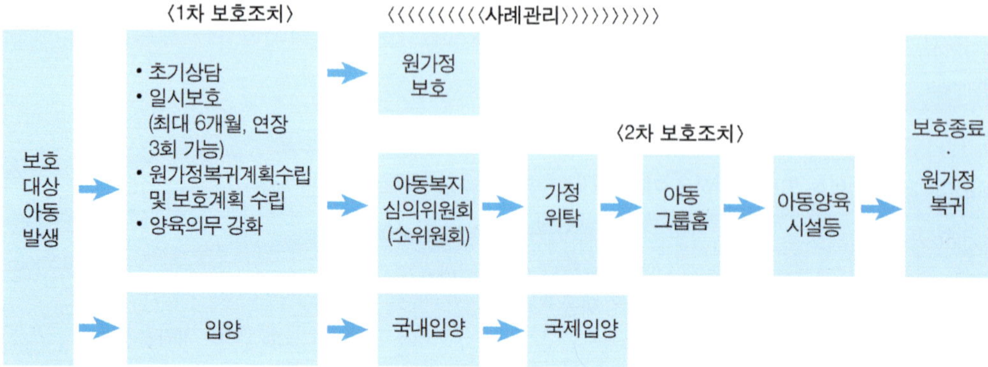

4) 아동인권 보호 및 교육

아동복지시설의 입소아동은 학교 전학이나 통학이 어려운 경우 학습권 침해가 우려되므로 입소아동이 지속적으로 교육을 받을 수 있도록 대안학교 연계, 위탁교육 등 아동에 대한 학습연계계획을 수립하여 실시하여야 한다.

아동인권이란 아동이 가진 권리이며 아동에게 주어지는 특별한 보호와 권리에 대한 배려이다. 유엔아동권리협약에 의하면 모든 아동은 생명존중의 권리, 보호의 권리, 참여의 권리, 발달의 권리 등을 갖는다. 아동복지시설에서 아동인권을 보호하고 실천하기 위한 아동인권 교육의 주요 내용은 다음과 같다(보건복지부, 2020).

- 아동시설은 아동이 가정, 학교, 사회로부터 침해받아온 인권을 보호해야 하며, 인권교육실시를 통한 아동의 인권의식 강화를 비롯해 모든 프로그램에 있어 아동권리를 실현할 수 있도록 노력해야 함. 또한 아동시설 내에서 인권보호 및 실현에 대한 제도를 갖추어야 한다.
- 아동인권교육은 아동이 자신의 인권이 무엇인지 알고 아동 스스로 하나의 인격체로 존중받으며 성장할 수 있는 권리의 행사를 위하여 아동 본인들에게 그들의 권리를 알게 하는 교육이 이루어져야 하고, 권리교육은 아동이 직접 참여할 수 있는 다양한 방법을 통해 이루어져야 한다.
- 종사자는 아동의 인권보호자로서 인권과 인권보호에 관한 교육을 받아야 하며 아동의 인권교육을 위한 프로그램을 기획하고 인권교육을 직접 실행하므로 인권 교

육 방법에 대한 교육도 받아야 한다. 교육을 통해 아동시설 내에서는 혹시 발생할 수 있는 종사자에 의한 아동에 대한 체벌, 성학대 등 인권침해상황을 예방하도록 한다.

- 아동의 일반적 권리, 권리보장 및 실현을 위한 노력, 권리 침해 시 호소경로 장치 등 아동의 권리에 관한 세부사항을 명시해서 문서화해야 하며, 아동인권 규정은 아동은 물론 보호자에게도 문서로 전달하여 아동인권 보장을 위해 함께 노력해야 하고, 아동시설 내에서 인권침해 사실이 발생한 경우 어떤 경로를 통해 호소하여 구제받을 수 있는지도 반드시 알려주어야 한다.

5) 퇴소 및 보호기간 연장

시설장은 아동복지법 제16조의 보호대상아동의 퇴소조치에 근거하여 보호 중인 아동이 18세에 달하였거나, 보호 목적이 달성되었다고 인정되는 아동의 경우에는 퇴소할 수 있도록 조치를 취한다.

한편 보호 중인 아동 중 보호기간 연장을 요청한 아동의 신청을 받아들일 수 있는데 그 요건은 다음과 같다.

- 대학 이하의 학교(대학원 제외)에 재학 중인 자
- 아동양육시설 또는 직업능력개발훈련시설에서 직업관련 교육·훈련 중인 자
- 학원에서 교육중인 20세 미만의 자
- 질병, 장애 등을 이유로 시·도지사 또는 시장·군수·구청장이 보호기간의 연장을 요청하는 자 등
- 25세 미만이고 지능지수가 71 이상 84 이하인 사람으로서 자립 능력이 부족한 경우
- 취업이나 취업 준비 등 그 밖의 사유를 이유로 보호대상아동이 보호기간 연장을 요청하여 1년 이내의 범위에서 보호기간을 연장하는 경우

한편, 19세 미만 아동 중 자립 준비가 충분하지 않은 아동이 연장하고자 하는 경우에는 반드시 보호기간을 연장해야 하는 조치를 해야 한다.

6) 프로그램 개발 및 운영

아동복지시설에서는 다양한 프로그램을 개발하고 운영하고 있는데 인권교육, 사회적응, 경제적 자립 그리고 심리정서적 프로그램 등이 대표적이다. 또한 시설아동의 퇴소를 준비하는데 필요한 자립지원 프로그램도 운영한다. 즉, 진로지도, 적성검사, 기술훈련, 예절교육, 여가활동과 스트레스 해소방법, 주거마련, 경제교육, 건강관리 교육 등 다양하다(최순종 외, 2008). 이에 4개 주요 아동복지시설에서 운영하고 있는 프로그램은 〈표 13-4〉와 같다(김경준 외, 2006).

〈표 13-4〉 아동복지시설의 주요 프로그램

시설 프로그램	아동양육시설	자립지원시설	보호치료시설	공동생활가정 (그룹홈)
사회적응 프로그램	• 경제교육(용돈관리, 은행체험 등) • 봉사활동 • 일상생활 기술훈련 프로그램 • 스카우트 활동 • 학업지도 • 자기보호 프로그램 (성교육, 약물오남용, 성폭력예방 등) • 예절교육	• 직무능력향상 교육 • 근무지 방문 프로그램 • 저축강좌 • 진로지도 • 약물예방교육, 성교육	• 학업지도 • 인성교육 • 성교육 • 사회성개발 프로그램 (집단여행 등)	• 학업지도 • 패밀리웰리스 프로그램 (대화기법향상) • 금전관리 프로그램
경제적 자립 프로그램	• 직업훈련 프로그램 • 자격증 취득 프로그램 • 자립지원금 지급	• 경제자립지도 프로그램(구직교육) • 진로탐색 및 직업훈련 프로그램 • 취업알선 • 저축지도 프로그램 • 자격증 취득 프로그램	• 기술교육(피아노수리 및 조율, 제과제빵 등)	• 전세자금 지원 • 자격증 취득 프로그램 • 아르바이트 및 취업 알선
심리정서적 프로그램	• 멘토링 • 문화체험(공연관람 등) • 신앙지도 • Home-Coming Day (퇴소아동자립상황 모니터링을 통한 정서지원) • 상담(개별상담, MBTI, HTP 등)	• 상담 • 문화바우처사업 (공연관람 등) • 도서관운영 • 미술, 놀이치료 • 체육활동	• 전문상담(개별상담, MBTI 등) • 정서개발 프로그램 (연주회 등) • 가족 프로그램(가족 등반행사, 가족상담 등)	• 미술, 놀이치료 • 식물키우기, 주말농장 등 • 체육활동

2 시설보호사업의 이해

시설보호 사업이란 부모가 자녀를 양육할 의사나 능력이 없을 때 아동과 혈연관계가 없는 성인에 의해 시설에 수용하여 24시간 집단보호를 제공하는 보호서비스를 말한다. 과거에는 대부분 전쟁고아나 부모 사망, 비혼인 상태에서 태어난 아동들이 시설보호 대상 아동이었으나 1980년대 이후에는 시설입소 아동 대다수(76%)가 부모나 연고자가 있는 상태로 보고되었다(노혜련, 장정순, 1998). 이는 부모가 생존해 있지만 이혼이나 별거 등의 가족해체, 빈곤가족이나 한부모가족 등의 이유로 인해 보호를 필요로 하는 아동들이 증가하고 있다는 것을 말해준다.

그동안 아동보호 서비스의 주된 역할을 해 왔던 집단적 시설보호의 여러 단점들과 제한점들이 보고되면서 최근에는 대규모의 집단보호보다는 공동생활가정 등과 같은 소규모의 시설보호 위주로 변화해가고 있다. 또한 아동보호 차원에서 가족과 부모의 관여를 증대시키고 시설보호 종사자의 전문성을 확보하고 사회의 적응을 도와 건전한 사회인으로 성장하고 발달하도록 지역사회의 적극적 참여를 촉진하고 있다. 따라서 시설보호 사업은 보호아동들이 사회생활에 원만하게 적응할 수 있도록 사회화의 역할을 담당하는 것이 무엇보다 중요하며, 이를 통해 사회적 가치관, 자립의식, 생활태도와 기술을 습득하도록 지도하는 것에 중점을 두어야 할 것이다.

1) 시설보호의 목적

과거의 시설보호는 고아를 단순히 수용하고 보호하는데 일차적인 목적이 있었다고 한다면 오늘날에는 일차적 목적을 넘어서 아동의 건전한 성장과 발달 및 사회적 치료를 목적으로 하고 있다. 이는 아동문제의 보다 근본적 해결책을 모색하는 것이라고 볼 수 있다.

아동시설보호의 목적이 요보호아동들을 장기적으로 집단 수용하는 것에서 변모하여 아동보호뿐 아니라 아동과 그 가족에 대한 치료서비스 등의 전문적인 서비스를 제공하여 아동을 가족에게 복귀시키는 것으로 변화되어야 한다는 점이 강조되고 있다.

무엇보다 시설보호의 첫 번째 목적은 아동이나 부모사정 및 여러 가지 요인으로 인하여 아동이 가정에서 생활할 수 없음으로 인해 안전한 주거지를 보장하고 의식주 등의 기본적 생리적 욕구를 충족시켜줌으로써 아동의 건강한 성장과 발달을 지원하는 것에 있다.

두 번째, 시설보호의 목적은 부모의 사별, 이혼 및 별거 등의 가족해체와 붕괴 등으로 인해 나타나는 가족의 역기능적인 문제를 최소화하기 위하여 과거의 부정적이고 부적절한 생활 경험으로 인해 받은 심리·정서적 상처를 치유하며, 학교 교육과 사회화 등의 생활 전반에 대한 서비스를 제공하는 것에 있다. 요보호 아동들은 시설 입소 전에 가족원간의 갈등이나 부모의 학대·유기 등으로 인해 보다 많은 심리적인 상처를 안고 있을 것이기 때문에 이들에게는 의식주 해결뿐 아니라 이들이 안고 있는 사회·심리적인 문제도 해결하는 것이 중요하다(노혜련·장정순, 1998). 따라서 아동보호와 양육 이외에 아동의 인격발달이나 기능에 장애를 가져오게 한 사회적·정서적 문제를 개선시키는데 중점을 두어야 한다(장인협·오정수, 1999).

세 번째로는 시설보호 아동이 만 18세 이후의 시설 퇴소를 대비하여 자립할 수 있는 직업훈련을 위한 과정을 제공하는 것을 목적으로 한다. 즉, 취업 준비기간을 포함하여 취업 후 자립하기까지의 일정기간 보호 및 지원하는 것을 목적으로 한다.

2) 시설보호의 기본 원칙

아동은 본래 가정에서 가족과 함께 사회적, 정서적으로 성장할 권리를 가지고 있으나 시설보호를 받는 요보호아동의 경우, 권리의 제약을 받는 경우가 있다. 아동권리에 대한 주장은 국제사회의 노력의 일환으로 1958년에 유엔아동권리선언이 이루어졌으며, 1991년도 우리나라도 아동권리에 관한 협약에 의해 효력이 발생되고 있다. 이러한 아동권리의 차원에서도 요보호아동에게 제공되는 시설보호 서비스는 무엇보다 아동의 권리가 최우선적으로 고려되어야 하며, 아동의 특성을 반영하고 아동의 욕구충족에 필요한 적절한 서비스 제공이 이루어져야 할 것이다.

(1) 인권보장의 원칙

인권보장의 원칙이란 아동을 보호의 대상이 아닌 권리의 주체로 인식하고 필요한 아동복지 서비스를 제공하는 원칙을 말한다. 아동은 더 이상 성인의 축소판이나 소유물이 아닌 독특한 개인 및 독립적 인격체로서 무한한 잠재능력을 가진 존재이다. 20세기에 들어오면서 아동기에 대한 새로운 인식이 정립되면서 우리나라의 헌법, 아동복지법, 교육기본법 등을 비롯하여 어린이헌장이나 UN의 아동권리선언 등에는 아동의 인권이나 인간성 존중이 명문화되어 있다.

시설에서 집단생활을 하게 되면 아동들의 행동 및 생활을 통제하기 위하여 지나친 규정과 규율을 적용할 수 있다. 그 과정에서 아동에 대한 인권 침해가 발생할 수 있으며, 그로 인해 아동에게 심리적인 부담이나 상처를 주게 되는 등의 문제점이 발생된다(공계순 외, 2003). 결과적으로 인권보장의 원칙이 잘 적용되기 위해서는 아동의 생존과 발달을 위하여 의식주를 제공받고 안정된 생활을 누리며, 학대와 착취로부터 보호되고 교육받을 권리와 함께 자신의 견해를 표현할 권리를 보장해주어야 한다.

따라서 아동복지시설은 아동이 가정, 학교, 사회로부터 받아온 인권침해로부터 보호해야 하며, 인권교육을 통해 아동의 인권의식을 강화해야 한다. 아동인권교육은 인권이 무엇인지 알고 아동 스스로 하나의 인격체로 존중받으며 성장할 수 있도록 아동 본인들에게 그들의 권리를 알게 하는 교육을 말한다. 그 일환으로 국가에서는 시설 아동을 대상으로 성폭력 및 아동학대 예방교육을 의무적(6개월 1회 연간 8시간 이상)으로 실시하도록 하고 아동복지시설장은 모든 종사자가 관련 교육을 받을 수 있도록 적극 지원해야 한다.

(2) 가정보호 중심의 원칙

가정보호 중심의 원칙이란 아동의 원가정이 가정으로서의 정상적인 기능을 수행하지 못하여 이를 대신할 수 있는 다른 보호 장소가 요구될 경우, 가능한 한 가정과 유사한 환경에서 보호하여 아동과 가정에 제한적인 요소를 최소화하여야 한다는 것을 말한다. 아동양육의 최적의 장소는 가정이며, 가정보다 더 좋은 곳은 없지만 시설보호가 필요할 수밖에 없는 경우에는 가정과 같은 생활환경을 정비하고, 시설아동들에게 필요한 교육, 상담, 자립 훈련 등의 서비스를 제공하는 것이 필요하다.

그동안 시설보호 사업은 부모의 대리적 기능을 완수하기 위하여 다각도의 노력을 기울여왔으며 물리적 환경 및 서비스 차원에서도 많은 변화를 가져왔다. 그럼에도 불구하고 시설에서 생활하는 아동들 대부분은 통제된 집단생활 속에서 자신의 욕구보다는 전체의 기준이나 규정에 맞추어 상호작용을 하게 되므로 정서적 관계에서 친밀하고 따뜻한 관계를 맺기가 어렵고 가정에서 성장하는 아동과는 다르게 이질적인 생활을 경험하면서 여러 가지 제약이 따를 수 있다.

그러므로 가정보호 중심의 원칙은 이러한 시설보호의 단점을 잘 보완하면서 가정과 같은 분위기에서 가족과 같은 따뜻한 인간관계를 느끼며, 정서적으로 안정되고 아동의 잠재능력을 최대한 계발할 수 있도록 보호와 지도가 필요하다는 것을 의미한다.

(3) 개별화의 원칙

개별화의 원칙이란 아동들의 개별적인 특성의 차이를 올바로 인식하고 그에 맞는 개별화 서비스를 제공하는 것을 말한다. 아동의 독특성을 인정하면서 아동의 신체, 인지, 정서 사회적 발달 측면에서 균형있는 성장과 발달을 이루기 위한 최적의 원조가 무엇인지 다각도로 검토하고 그에 맞는 적절한 서비스를 제공하여야 한다.

집단으로 거주하는 시설보호는 개인차를 고려하지 않은 획일적 처우에 의하여 아동의 권리나 개성이 존중받지 못하는 문제, 사생활 보장의 어려움, 정서적 불안정 등으로 인하여 정상발달을 저해하게 되는 경우가 발생된다. 아동입장에서 보면 각기 연령의 차이도 있을 뿐 아니라 저마다 개성이나 능력이 다르며 성격차원에서도 이질적인 요소들이 있기 때문에 개별아동 중심의 보호차원이 필요하다.

그러나 대다수의 시설을 운영하다 보면 이러한 개별화의 원칙을 적용하는 것이 현실적으로 어려울 수 있다. 공동생활의 특성 상 개별적으로 아동을 양육하고 보호하는 담당 생활교사의 수는 많은 수의 아동에 비해 절대적으로 부족하기 때문에 자칫하면 아동을 일괄적으로 취급하거나 개성이나 개인인격보다 집단의 통제나 처우의 효율성을 우선으로 하기 쉽다. 이러한 관점에서 아동의 성장발달에 필요한 세심한 보살핌이나 개별적인 접근은 매우 중요하다. 따라서 개별화의 원칙에 근거하여 아동 개개인의 신체적·정서적·사회적 상황을 정확히 파악하여 개인의 존중과 욕구의 이해에 근거하는 서비스를 제공하도록 하여야 한다.

(4) 전문적 보호의 원칙

전문적 보호의 원칙이란 시설보호 서비스를 제공하는 경우, 아동 및 아동 주변의 환경적 측면에 대한 이해를 바탕으로 전문적인 지식과 기술을 적용할 수 있는 전문가에 의해 이루어져야 한다는 것을 말한다.

아동 발달단계에 따른 욕구와 사고, 행동상의 차이에 대한 지도나 가정환경의 변화 등으로 인하여 발생되는 아동의 문제 등은 다양해지고 복잡해지는 양상이기 때문에 전문인력과 전문기관에 의해 이루어져야 한다. 즉, 시설보호 아동에게는 일상적인 생활 전반에 걸쳐서 성인에 대한 보호와 지도가 필요하며, 학업적인 측면에 대해서도 적절한 교육에 대한 지원이 이루어져야 하며, 특별한 경우 심리상담, 치료 및 재활 훈련 등의 전문적 서비스가 제공되어야 한다.

따라서 아동에게 직접적인 서비스를 제공하는 아동복지 전문가는 일상생활의 기본적인 케어 및 지도 그리고 치료적·교육적인 차원에서 전문성이 확보되어야 하며, 더 나아가 지역사회 내 관련 기관과의 협력체계를 구축하는 문제까지 포함하여 아동이 필요로 하는 다양한 욕구를 충족시킬 수 있는 전문적 능력을 갖추고 있어야 한다. 이러한 전문적 보호의 원칙이 잘 적용되기 위해서는 무엇보다 전문가로서의 역량을 강화하는 서비스를 지원할 필요가 있으며 정기적인 직원 연수나 수퍼비전 등의 기회를 제공하는 것이 중요하다.

(5) 적극적 사회참여의 원칙

아동복지시설은 사회적 보호의 연속체 안에서 아동을 보호·양육·교육을 통해 사회화시키는 기능을 수행하는 시설이다. 아동은 자신이 소속되어 있는 사회에 적응하기 위해 필요한 지식이나 기능, 태도, 가치관, 신념, 생활양식 등을 배우고 익히며 발달해 간다. 특히 집단적 보호를 받는 아동은 일반 가정의 아동과 비교할 때 여러 가지 다양한 것을 체험하고 학습하는 경험이 제한될 수 있으며, 소극적인 태도와 인간관계에 대한 불신감이나 고립감 등을 안고 있을 수 있다. 따라서 아동의 사회생활의 영역이 폐쇄적이고 제한적인 생활영역에 머무르지 않고 지역사회와의 폭넓은 교류의 장을 통하여 사회의 한 구성원으로 건강하게 살아갈 수 있는 다양한 지원을 하는 것이 필요하다(문선화 외 2009).

3) 시설보호사업의 현황

(1) 보호조치 아동의 발생사유

다음 [그림 13-1]은 보호대상 아동현황보고(2020)에 의한 보호조치 아동의 발생사유를 그래프로 나타낸 것이다. 그래프에서 보는 바와 같이, 보호조치 아동의 발생사유로는 2010년 이후부터 해마다 '부모의 학대, 빈곤, 실직 등'의 이유가 가장 많은 비중을 차지하고 있으며 '미혼부모와 혼외자의 사유' 그리고 '비행 · 가출 · 부랑, 유기 등'의 순으로 높게 나타났다.

보호조치 아동 현황보고에 의하면, 그동안 IMF 외환위기, 세계경제 위기 등으로 2010년까지 요보호아동이 매년 약 9천 명 정도 발생했으나, 2010년 이후부터는 경기가 안정국면에 접어들면서 감소추세로 나타났고 최근 우리나라의 저출산 현상으로 인한 아동수의 감소요인도 한 몫했을 것으로 보인다.

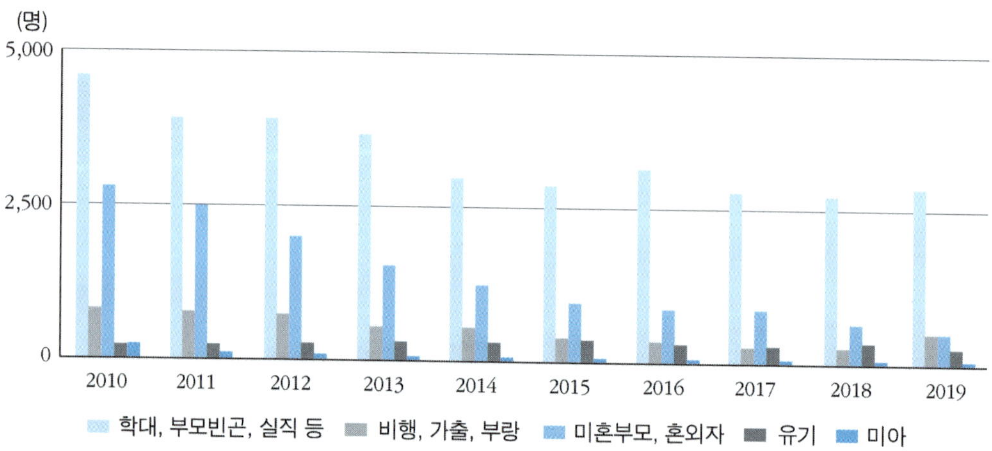

[그림 13-1] 보호조치 아동의 발생사유

(2) 보호유형별 조치 현황

보호유형으로는 시설보호, 가정위탁, 입양, 소년소녀가정 등으로 분류되어 있다. [그림 13-2]는 연도별 요보호 아동의 보호유형별 조치 현황에 관한 것이다(보건복지부, 2020). 2010년부터 2019년에 이르기까지 모든 보호유형은 감소추세로 나타났지만 여전히 시설보호아동이 가장 높은 비중을 차지하고 있다. 아직까지도 아동보호는 비밀입양위주의 입양문화, 혈연중심의 가족문화 등으로 인해 입양 · 가정위탁보다는 아동시설보호 위주로 이루어져 왔다는 것을 알 수 있다. 이러한 실태는 향후 가정위탁이나 입양 등의 보호조치가 더 많이 이루어질 수 있도록 제도적 보완이 필요하다는 점을 시사한다고 할 수 있다. 이에 정부정책도 양육시설의 기능을 단순히 아동을 보호 · 양육하는 것에 두지 않고 아동상담, 보호 및 치료, 자립 지원 등의 다양한 프로그램을 개발하고 지원할 수 있도록 해야 한다. 더불어 아동복지시설도 시설아동의 건전한 육성을 위하여 지역사회 내 가능한 자원을 연계하고 통합하는 포괄적 서비스모델을 지향하는 시설로의 변화를 추구해야 할 것이다.

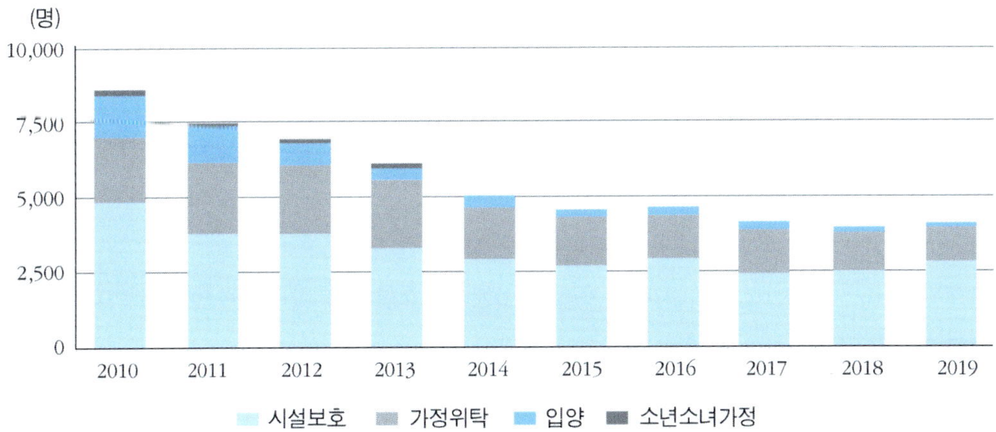

[그림 13-2] 보호유형별 조치 현황

4) 시설보호사업의 지원정책

(1) 시설보호아동의 지원

시설보호아동 지원대상은 아동양육시설, 일시보호시설, 보호치료시설, 자립지원시설, 공동생활가정에 보호 중인 아동이 대상이 된다. 첫 번째, 시설보호아동의 지원은 국민기초생활수급자의 지원금액을 고려하여 생계급여 및 교육급여 지원을 제공한다. 아동 개인별 지원액은 〈표 13-5〉와 같다(보건복지부, 2020). 이와 같은 개인 명의로 국가, 지역사회, 원가정 등으로부터 아동 개인에게 지급되는 금전은 아동 스스로 자율적인 관리가 어려운 상황이므로 시설에서 위임하여 관리한다. 단 아동을 건강하게 양육하기 위한 제반 지출에만 사용하도록 되어 있다.

〈표 13-5〉 각 시설별 아동 개인별 지원액

2019년 기준(단위: 원, 인/월)

양육시설	보호치료시설	자립지원시설	일시보호시설
131,630	208,210	85,560	208,210

두 번째 아동발달지원 계좌지원은 만 18세 미만의 아동복지시설(아동양육시설, 공동생활가정) 보호아동, 가정위탁 보호아동, 장애인생활시설 아동, 소년소녀가정 아동에게 제공된다. 즉 보호대상아동이 후원자 또는 보호자의 도움으로 월 5만원 범위에서 매월 적립하면 국가나 지자체가 1:1 매칭을 지원('20년부터 정부 지원 금액 4만원에서 5만원으로 확대)하여 자립자금을 지원하고 있다.

세 번째로 후원자 연계 및 후원금 관리에 대한 시설아동 지원이 있다. 후원자와 시설아동을 매치하여 결연을 맺고 후원을 제공한다. 후원금 통장명의는 아동 개인 명의로 하되, 아동임의로 현금 과다지출 방지하고, 특별한 필요 사유가 있는 경우에는 아동의 동의를 받아 시설장이 협의하여 통장을 관리한다. 후원금이 많이 입금되는 아동은 자립정착금, 상급학교 진학을 위한 교육비 및 개인적금 적립 등을 통해 불필요한 사용을 예방하고, 효과적으로 사용할 수 있도록 지도한다.

네 번째로 아동의 건강한 심신 보존 및 치료를 위한 지원이다. 심리·정서·인지·행동상의 어려움이 있는 시설아동의 문제행동 개선 등을 통해 아동의 전인적 성장을 도모하기 위하여 맞춤형 아동 치료·재활 프로그램(종합심리검사, 치료프로그램 비용 지원), 통합 사례관리 지원 그리고 아동·가족 역량강화 프로그램 비용을 지원한다.

마지막으로 보호종료 아동을 위한 자립정착금 지원이다. 18세 이상의 보호종료 아동(연장보호 종료 아동 포함)을 대상으로 자립정착금 아동 1인당 500만원 이상 지급하고 아동이 계획에 맞게 사용하도록 아동복지시설 등 자립업무 담당자들이 사전 교육을 실시하도록 하고, 정착금 지급 후 사후관리를 하도록 안내하도록 되어 있다. 그 외 대학 진학 자금으로 아동 1인당 500만원 이상 지급을 권고사항으로 명시하고 있다.

(2) 보호아동 자립지원

보호아동 자립지원은 시설입소 단계부터 아동발달 단계에 따른(미취학·초·중·고·대학) 자립준비 프로그램을 운영할 수 있도록 운영비를 지원하고 있다. 아동복지시설은 입소부터 아동자립지원을 위한 아동의 개인별 특성을 파악, 적합한 프로그램을 제공한다. 생활자립역량(독립생활) 강화를 위해 공간 활용 가능한 시설은 15세 이상 아동 중 본인이 원하는 경우 아동의 정신적 신체적 특성 및 안전사고 등을 고려하여 1인실 제공을 검토하고, 자립통합지원시설, 자립지원시설을 활용할 수 있다.

자립지원 대상아동으로는 대리양육 또는 가정위탁보호 중인 아동, 아동복지시설에서 보호 중인 아동, 아동복지시설에서 퇴소 또는 가정위탁 보호 종료 후 5년이 지나지 아니한 아동 등이 해당된다. 이들을 위한 기본적인 자립기술에 필요한 8대 영역은 다음 〈표 13-6〉과 같다.

〈표 13-6〉 자립기술의 8대 영역

영역	내용
1. 일상생활기술	일상생활에 필요한 세탁, 청소, 예의범절, 요리하기 등 기술습득
2. 자기보호기술	개인위생관리, 응급처치방법, 성교육, 스트레스 다스리기 등
3. 지역사회 자원활용 기술	지역 내 활용 가능한 서비스, 사회자원 방문조사 및 활용
4. 돈 관리 기술	교육을 통한 올바른 경제관념을 형성, 효율적인 용돈 관리기술습득
5. 사회적 기술	긍정적인 대인관계 기술습득, 효과적인 의사소통 기술 등
6. 진로탐색 및 취업기술	적성검사를 통한 상급학교 진학 및 직업탐색
7. 직장생활기술	이력서 작성법, 면접방법, 대처방법 등 직장생활기술 습득
8. 다시 집 떠나기	집구하기, 계약, 이사 등의 거주지 마련방법습득

다음 〈표 13-7〉은 자립지원 서비스 체계를 나타내고 있으며 단계별 서비스 내용은 총 11단계이다(보건복지부, 2020). 입소상담에서부터 시작하여 사례관리를 통한 자립지원 프로그램을 지원하며 자립준비계획을 수립하여 진로, 학습, 취업 계획 등에 맞추어 자립을 준비시킨다. 보호종료 후에도 사후 관리가 이루어진다. 즉, 만 18세 보호종료 후(최대 5년) 안정적인 자립생활 정착이 이루어질 때까지 상담, 사후관리, 자립에 필요한 자원 발굴 연계 등을 지원하며 취업, 직업훈련, 주거, 진학, 경제, 생활, 의료 등 관련하여 자

립준비 수준을 점검하고 취업형과 진학형으로 구분하여 사회초기 적응 및 자립기반을 구축할 수 있도록 지원하고 있다.

〈표 13-7〉 자립지원 서비스 체계

단계별		서비스 내용
1단계	입소(위탁) 상담	• 원가족 복귀계획 수립
2단계	입소(위탁) 결정 후	• 건강, 지능, 사회성, 심리, 학습 관련 통합사정 실시 • 통합사정결과를 토대로 아동복지시설(위탁가정) 배치
3단계	시설(위탁가정) 적응 기간	• 아동복지시설(위탁가정) 적응을 위한 프로그램 운영
4단계	적응기간 경과 후	• 아동복지시설(가정위탁센터)내 사례관리회의 - 자립 · 건강 · 심리 · 학습 등 관계자 참석
5단계	사례관리 회의 후	• 아동별 자립지원서비스 계획 수립 - 1, 4단계의 내용을 반영 - 원가족 유대강화 서비스 포함 - 경계선지능 등 자립취약 아동에 대한 별도의 서비스 개입계획 수립
6단계	자립지원통합관리시스템 입력	• 5단계의 아동 자립지원서비스 계획을 사회복지시설정보시스템(자립지원) 메뉴에 입력
7단계	자립지원프로그램 운영	• 연령 수요에 맞추어 자립지원을 위한 프로그램 운영
8단계	자립준비계획 수립 및 운영(아동복지법 제39조)	• 만 15세부터 보호종료 이후를 대비하여 매년 개인별 자립준비계획을 수립하여 운영 - 진로, 학섭, 취업 계획 등 포함
9단계	보호종료 전 점검	• 보호종료가 예정된 아동에 대한 자립준비 점검 - 대학진학, 취업(예정)유무, 등록금조달, 주거 마련, 원가족 관계 등 - 경계선지능 등 자립취약아동의 자립준비기간이 필요할 시 아동복지법 시행령 제 22조 3호에 근거하여 연장 보호 검토
10단계	보호종료	
11단계	사후관리 및 상담	• 만 18세 이상 보호종료 후 5년까지 안정적 자립정착을 위한 사후관리 및 자립수준평가 실시 〈서식 2호〉 • 사후관리 및 자립수준평가 실시를 위한 기관 내 업무 지원체계 구축 필요

한편 보호조치 중인 보호대상 아동의 연령이 18세에 달하였거나 보호목적이 달성되었다고 인정되면 그 보호 중인 아동의 보호조치를 종료하거나 해당시설에서 퇴소시켜야 한다. 또한 해당 보호대상아동의 복리에 반하지 아니한다고 인정되면 가정에 복귀시

킬 수 있다. 한편 보호기간 연장도 가능하며 사유(아동복지법 제16조제4항, 시행령 제22조)는 다음과 같다.

- 「고등교육법」에 따른 대학 이하의 학교(대학원은 제외한다)에 재학 중인 경우
- 아동양육시설 또는 「근로자직업능력 개발법」에 따른 직업능력개발훈련시설에서 직업 관련 교육·훈련을 받고 있는 경우
- 20세 미만인 사람으로서 「학원의 설립·운영 및 과외교습에 관한 법률」에 따라 등록된 학원에서 교육을 받고 있는 경우
- 시·도지사 또는 시장·군수·구청장이 보호대상아동의 장애·질병 등을 이유로 보호기간 연장을 요청하는 경우
- 25세 미만이고 지능지수가 71 이상 84 이하인 사람으로서 자립 능력이 부족한 경우
- 취업이나 취업 준비 등 그 밖의 사유를 이유로 보호대상아동이 보호기간 연장을 요청하여 1년 이내의 범위에서 보호기간을 연장하는 경우

(3) 자립지원 시설 현황

아동양육시설, 공동생활가정, 가정위탁 등의 아동복지시설은 만 18세~24세의 보호종료아동에게 일정기간 숙소를 제공하여 안정된 자립기반을 조성하고 안정적인 사회진출과 자립실현을 지원하기 위한 사업이다. 서비스내용으로는 상담지원, 자립지원, 정서지원, 생활지원 등이 해당되며 〈표 13-8〉은 지역별 자립지원 시설 현황을 나타내고 있다.

보호아동을 위한 자립지원 시설은 1993년 자립지원센터 7개소를 운영하는 것으로 시작되어 최근 2019년 기준으로 총12개소가 운영되고 있다.

〈표 13-8〉 지역별 자립지원 시설 현황

시도	시설명	정원	성별
서울특별시	돈보스코자립생활관	40	남
	상록여자자립생활관	30	여
	청운 자립생활관	30	여
부산광역시	미네르바의 집	29	남·여
대구광역시	삼덕동 SOS 자립생활관	30	남·여
	검사동 SOS 자립생활관	30	남·여
광주광역시	무등 자립생활관	30	남·여
대전광역시	인애 자립생활관	34	남·여
충청도	현양 자립생활관	24	남·여
	향림 자립생활관	30	남·여
전라도	삼성 자립생활관	30	남·여
	목포 자립생활관	30	남·여

3 시설보호사업의 과제

아동복지시설은 기본적으로 시설 아동·청소년을 인격적으로 존중하며, 가정적인 분위기에서 정서적인 안정을 갖도록 보호해야 한다. 또한 그들의 개별적인 잠재능력과 특성을 최대한 고려하여 개별적인 자립지원대책을 수립하여 보호·양육해야 한다. 그러나 아동복지시설 운영에 있어서 아동의 적성이나 능력을 고려한 질적인 수준이나 자립 등에 필요한 재정적 지원 등은 아직 미약한 편이다. 시설보호아동의 건전한 성장과 발달을 위하여 정책적, 제도적인 측면에서 적극적인 방안이 강구되어야 할 것이다.

1) 서비스의 질을 담보한 전문인력 확보

최근 아동의 입소 이유가 다양해지고 있다. 특히 입소 이전에 심리적 외상을 경험하는 아동이나 장애를 가진 아동 등의 경우, 특별한 보호와 지원이 제공되어야 하는데 개별아동에 대한 욕구에 초점을 맞추어 서비스하는 것이 현실적으로 어렵다. 또한 시설환경에서 오랫동안 생활한 아동은 시설병적인 성격이 형성되어 결과적으로 원만한 대인관계의 능력을 형성하지 못하거나 사회적응력 등에서 결함이 나타나기 쉽다(표갑수, 2002). 게다가 시설아동은 신체, 정서, 인지, 사회발달에 있어서 일반아동에 비해 발달지체 현상을 보인다거나 세심하고 민감한 양육을 받지 못함으로 인해 자존감이 낮고 자신에 대한 부정적인 정서가 만연하며, 부적응적 행동이 나타난다는 연구결과들이 보고되고 있다(김진경 외, 2003; 권세은, 2002; 정혜경 외, 1999; 노동익, 1997).

이러한 결과는 시설보호 아동의 전인적 발달 측면을 위하여 더욱 더 적극적인 개선방안이 요구되는 것으로 시설아동의 개별적 욕구를 충족시킬 수 있는 프로그램을 개발하고 운영할 수 있는 전문인력 배치가 조속히 이루어져야 할 것이다. 만약 전문인력 수급상의 문제가 있을 경우, 지역사회의 전문상담 인력을 활용하여 양질의 전문상담 서비스를 제공하는 방안도 고려될 필요가 있을 것이다.

2) 사회적응 제고 방안

퇴소 이후 시설아동의 사회적응 제고 방안에 관한 것이다. 퇴소 연령이 만기가 되면 자립 준비가 되어 있지 않은 경우에도 퇴소할 수밖에 없다. 이러한 상황은 퇴소아동 측면에서 보면 많은 어려움에 직면하게 되는 경우가 발생되기 때문에 현실적인 방안이 검토되어야 한다. 예를 들면, 학업의 지속화, 취업기회 확대 및 자립 측면에서의 지원이 필요하다.

먼저 시설보호아동이 학업을 지속하기를 원하고 자질이 인정되는 경우에는 학업이 계속될 수 있도록 제도적인 차원에서 지원되어야 한다. 그리고 취업연계 방안이 지속적으로 모색되어야 하는데, 지역사회의 각종 관공서 및 기업체의 협조가 요구되며, 취업지원 지역협의체 구성의 제안도 바람직할 것으로 보인다. 또한 퇴소 이후 거주지를 마련해야 하는 측면에서 자립지원금 증액이 필요할 수밖에 없다. 퇴소아동이 함께 생활할 수 있는 자립생활관의 건립이 전국적으로 확대되거나 영구임대 아파트의 우선 입주권을 보장하는 등의 주거안정을 위한 지원이 요구된다.

3) 종사자 처우 문제 개선

아동복지시설의 종사자는 부모와 같은 역할을 하기 때문에 종사자의 자질은 매우 중요하고 아동을 돌보는 종사자의 수는 양육의 질을 결정짓는 중요한 요소가 된다. 따라서 시설에 종사하는 직원에 대한 처우문제는 지속적으로 거론되고 있으며 개선되어야 한다고 주장한다.

우선적으로 시설에 종사하는 직원의 수는 대상아동 대비 많이 부족하다. 법적으로 명시해 놓은 규정보다 감당해야 할 업무는 상대적으로 많다. 대부분의 아동복지시설에서는 법정 근로시간 이상을 근무하는 경우가 대다수이므로 아동을 위한 서비스에 치중하지 못하며, 직원의 이직율이 높다. 개별아동의 특성에 부합되고 보호아동에게 부모역할을 대신할 수 있는 수준의 애정적, 양육적, 교육적, 정서적 지원을 제공할 수 있도록 인건비 지원을 확대하여 생활보육사 1인당 보호 아동수를 감소시켜야 할 것이다.

4) 정부 지원의 확대 방안

참여정부에서 지방자치단체의 시대가 열리게 되면서 복지사업에 대한 예산은 지방비로 충당해야 하는데 각 지방자치단체는 재정확보에 어려움을 겪고 있는 상황이다. 인건비와 운영관리비 등의 정부 지원금은 약 90%로 되어 있지만 실제 시설 수입의 90%에 미치지 못하는 실정이다. 중앙기관에서 지원받는 예산이 적고 시설에서 자체경비를 충당해야 하므로 정부의 재정 지원 확대가 필요하다.

게다가 아동관련 복지 사업이나 기관 및 시설은 예산 분배에서 제 목소리를 내지 못하는 제약이 따른다. 아동특성에 따라 운영되는 지원비가 필요하며, 장기적으로 자립프로그램에 대한 통합적 지원이 필요하다고 보여진다. 정부지원금 확대 방안 및 자립프로그램에 대한 통합적 지원이 필요하다.

또한 국가의 재정적 지원의 확대는 직원들의 후원금 확보나 경비 충당을 위한 소모적인 업무에 치중하는 것을 막을 수 있는 한편, 재정적 열악함으로 나타나는 각종 부작용에 대한 사회적 비용을 줄이는 효과는 물론 궁극적으로 시설아동의 체계적이고 전문적인 양육과 보호를 위한 최적의 서비스를 제공할 수 있을 것이다. 그리고 자립 프로그램에 대한 통합적 지원은 지역사회에서 가능한 자원을 공유하며, 지역사회의 사회복지기관, 의료기관, 여러 학교 및 단체 등과의 유기적인 연계를 강화하여 다양한 프로그램을 제공하여 시설보호의 서비스 수준을 향상시킬 수 있을 것이다.

Plus Tips

보호시설 퇴소 청소년 4명 중 1명, 빈곤층으로 전락

한해 4천여 명의 청소년이 보육원 등 아동보호시설을 나와 자립하고 있지만, 이들의 약 4명 중 1명은 기초생활수급자가 되는 등 빈곤층으로 내몰리는 것으로 나타났다. 사회보장정보원의 '시설퇴소아동의 기초수급 및 차상위계층 수급 현황' 자료에 따르면, 2014년부터 최근까지 약 5년간 시설에서 퇴소한 청소년은 2만 695명이었다. 이 가운데 기초생활수급자 또는 차상위계층이 된 사람은 전체의 24.4%인 5천 52명이었다. 만 18세에 도달해 아동양육시설이나 그룹홈, 위탁가정 등에서 나와 독립한다고 하더라도 4명 중 1명은 생활고로 인해 수급자가 된 것이다.
빈곤층이 되는 속도도 매우 빨랐다. 수급자의 88.5%인 4천 472명은 시설퇴소 후 6개월 만에 기초생활수급자나 차상위계층이 됐다. 시설퇴소 청소년의 자립을 돕기 위한 정책으로는 지원 수준과 체계가 장기적인 자립을 유도하기에는 부족하다는 지적이 나온다.

〈시설퇴소아동의 기초수급 및 차상위계층 수급 현황〉

구분	전체 퇴소아동 수	퇴소 후 일정기간 내 수급자로 변경된 현황
합계	20,695명	5,052명
2014	3,907	450
2015	4,060	846
2016	4,278	1,189
2017	4,651	1,356
2018	3,799	1,211

청소년들은 퇴소 시 지방자치단체에서 100만원에서 500만원 정도의 자립정착금을 받고 있으며, 관련 정책이 없는 지역에서는 홀로서기를 위한 초기비용을 한 푼도 지원받지 못한다. 주거 지원의 경우에도 자격 요건이 까다롭거나 지원 물량이 적어 실질적으로 혜택을 보는 청소년이 많지 않다. 시설퇴소 아동의 월평균 소득이 150만원 이하인 것을 고려할 때 주거비와 생활비, 교육비 등을 홀로 감당하기에는 버거운 상황이다.
'퇴소 청소년이 자립에 실패해 기초생활보장대상자로 전락하게 되면 나라의 큰 손실'이기 때문에 보호 종료 아동에 대한 국가 책임성을 강조하고 있다.

출처: 연합뉴스(2018). 보호시설 퇴소 청소년 4명 중 1명, 빈곤층으로 전락. 2018/10/11

참고문헌

강종석(2011). 북한이탈주민 정착지원 제도의 주요내용과 현안. 국회 입법조사처 주최 전문가 간담회 자료.

고선주 · 박옥임 · 문희(2010). 저소득층가정의 환경적 지지가 아동의 정서, 행동문제에 미치는 영향. 『실과교육연구』, 16(3), 207-226.

공계순 · 박현선 · 오승환 · 이상균 · 이현주(2003). 『아동복지론』. 학지사.

관계부처 합동(2015). 2015~2019 아동의 삶과 대한민국의 미래를 바꾸는 제1차 아동정책 기본계획.

교육과학기술부(2006). 다문화가정 자녀 교육지원 대책.

____________(2008). 09 다문화가정 학생 교육 지원계획(안).

교육부(2015). 2015 특수교육통계.

_____(2015). 특수교육연차보고서.

_____(2016). 교육복지우선지원사업 관리 · 운영에 관한 규정.

_____(2005~2018). 각 연도별 특수교육통계,

_____(2018). 2018년 특수교육 연차보고서

구인회 · 박현선 · 정익중 · 김광혁(2009). 빈곤과 아동발달의 관계에 대한 종단 분석. 『한국사회복지학』, 61(1), 57-79.

구자헌(1972). 『사회복지』. 한국사회복지연구소.

구현아 · 백혜진 · 안효금(2010). 요보호아동 가정위탁 서비스 개선방안에 관한 연구. 경기도가족여성연구원 정책보고서 2010-02.

국가인권위원회(2002). 국제인권조약 국내이행자료집 제4권.

국제노동기구(2010). 전 세계 아동노동 현황.

국회입법조사처(2016). 우리나라 아동학대 사건의 현황 및 시사점. 지표로 보는 이슈 제 57호.

권세은(2002). 시설보호아동과 일반아동의 사회적 기술, 정서조망능력과 자기역량 지각의 비교. 서울대학교 대학원 석사학위논문.

권신영 · 공정원 · 김미영 · 방미나(2017). 『가족복지론』. 어가출판사.

김경준 · 김지혜 · 류명화 · 정익중(2006). 청소년 유형별 복지욕구 실태와 지원방안. 한국청소년개발원.

김광혁(2006). 아동기 빈곤이 학구적 성취에 미치는 영향 – 빈곤의 시기와 기간, 정도의 영향을 중심으로 –. 『사회복지연구』, 31, 195-217.

_____(2008). 가족의 경제적 결핍과 구조적 결손, 이웃환경이 청소년기 아동의 학업성적에 미치는

영향. 『한국청소년연구』, 19(3), 115-138.

______(2010). 아동, 청소년의 학업성취도에 대한 가조소득의 수준별 영향의 차이: 아동발달단계별 비교를 중심으로. 『한국청소년연구』, 21(2), 35-65.

김만두 · 김융일 · 박종삼(2004). 『사회복지대백과사전』. 도서풀판 나눔의 집.

김미숙(2013). 『아동정책 연구 현황』. 한국보건사회연구원.

김미숙 · 김유경 · 김안나 · 김효진 · 성수미(2011). 다문화가족아동의 사회적응실태 및 아동복지서비스 지원방안연구. 한국보건사회연구원.

김미숙 · 조애정 · 배화옥 · 김효진 · 홍미(2007). 한국의 아동빈곤실태와 빈곤아동지원방안. 한국보건사회연구원연구보고서 2007-13.

김미영(2013). 사회적 취약계층 가족의 아동양육지원을 위한 사회복지사의 활용방안. 『한국가족복지실천학회』, 제1권 2호, 84-102.

김세원 · 손수영(2012). 저소득가정 아동의 자기보호와 적응에 관한 실태조사 연구, 어린이재단 –서비스 대상 초등학교 고학년 아동을 대상으로– 어린이재단 아동복지연구소.

김수희(2007). 장애아동을 키우는 엄마들을 위한 통합적 독서치료.

김순옥 · 박은주 · 배은영 · 원명순 · 주현경 · 최종구(2014). 『아동복지론』. 동문사.

김승권(2007). 한국 아동권리의 현황과 권리수준 제고방안. 『보건복지포럼』, 통권 128호, 21- 36. 한국보건사회연구원.

김승훈(2009). 아동권리협약 채택 29주년의 의미와 과제. 『인도법 논총』, 29, 133-136.

김연희 · 백학영 · 이겨레(2010). 북한이탈주민 정착지원사업 효과성 분석-경제적응을 중심으로. 통일부 용역보고서. 대구대학교 산학협력단.

김영모(1990). 『현대사회보장론』. 한국복지정책연구소출판부.

김영지 · 김희진(2015). 유엔아동권리협약 이행방안연구: 유엔아동권리위원회 권고사항 이행과제개발 기초연구. 연구보고 15-R21. 한국청소년정책연구원.

김옥경 · 이선옥 · 고태순 · 이현아(2005). 『21세기 교사를 위한 유아교육개론』. 태영출판사.

김유경 · 변미희 · 임성은(2011). 『국내입양실태와 정책방안 연구』. 한국보건사회연구원.

김은정 · 이재인(2006). 취약계층 가족에 대한 아동양육지원정책의 현황와 개선과제: 빈곤가족, 한부모가족, 장애인가족을 중심으로. 『사회복지정책』, 25, 253-278.

김정일(2006). 『상담사, 교육자, 사회복지사, 지도자를 위한 상담의 물꼬를 터라』. 창지사.

김지혜 · 정익중(2010). 빈곤은 인터넷 활용에도 영향을 미치는가?: 빈곤이 부모의 지도감독과 청소년의 인터넷 활용유형을 매개로 학교부적응과 학업성취에 미치는 영향. 『사회복지연구』, 41(3),

29-56.

김진경 · 유안진(2003). 시설거부 여부, 성별 및 연령에 따른 초기 청소년의 의사소통 기술과 또래관계 질. 『아동학회지』, 23(2). 121-135.

김혜영 · 김은지 · 최인희 · 김영란(2011). 『조손가족지원방안연구』. 한국여성정책연구원.

남궁용권 · 김남근 · 김노연(1996). 『알기 쉬운 교육학 개론』. 양서원.

남북하나재단(2019). 『2018 탈북청소년 실태조사』. 북한이탈주민지원재단.

__________(2020). 『2019 북한이탈주민 정착실태조사』. 북한이탈주민지원재단.

노대명 · 김태완 · 이금순 · 박수진 · 전지현(2010). 북한이탈주민의 정책수요 진단 및 전달체계 효율화 방안. 사회통합위원회 2010-25.

노동익(1997). 아동복지수용시설의 운영 개선방안에 관한 연구. 중앙대학교 대학원 석사학위논문.

노병일(2012). 『아동복지론』. 공동체.

노혜련 · 장정순(1998). 육아시설아동의 생활실태와 만족도에 관한 연구. 『한국아동복지학』, 6, 65-92.

대한의사협회(2006). 『아동학대 예방 치료 지침서』. 대한의사협회 기획정책국.

류정희(2016). 제1차 아동정책 기본계획의 의의와 과제. 보건복지포럼 2016-03.

류정희(2019). 2018 아동종합실태조사를 통해 본 아동 삶의 질. 통계프리즘.

메디컬 헤럴드(2012). 필수예방접종 부담, 날아갈 듯 가벼워졌어요. 어린이 필수예방접종 지원확대. 2010-01-12.

문선화 · 구차순 · 박미정 · 김현옥(2009). 『한국사회와 아동복지』. 양서원.

박세경(2015). 아동보호체계의 실태진단과 안전보장체계 구축의 필요성. 『보건 · 복지 Issue & Focus』, 제291호. 한국보건사회연구원.

박인선(1994). 『미혼모복지사업의 문제점과 해결방안』. 한국보건사회연구원.

박정란 · 서홍란(2001). 『아동복지론』. 양서원.

박주현 · 최덕경(2011). 『다문화사회의 이해와 실천』. 창지사.

박지연 · 김은숙(2006). 『장애인 가족지원』. 서울: 학지사.

박지영(2020). 온종일 돌봄 체계 구축 · 운영 현황 및 계획. 육아포럼.

박혜신(1995). 아동학대가 아동성격에 미치는 영향. 원광대학교 교육학과. p.9.

백은령 · 이명희 · 유영준 · 최복천 · 김기룡(2010). 『장애인 가족지원』. 서울: 양서원.

법무부(2020). 아동학대 신고의무제도 안내 자료.

보건복지가족부(2009). 다문화가족 생애주기별 맞춤형 정책 과제.

__________(2010). 2010 아동 · 청소년 사업 안내, 가정위탁보호 사업.

보건복지부(2009). 2009년 아동청소년백서. 보건복지부.

_________(2009). 보건복지백서.

_________(2009). 유엔아동권리협약과 함께 하는 아동인권. 보건복지부.

_________(2013). 2023 한국 아동종합 실태조사.

_________(2014) 요보호아동 발생 및 조치 현황자료.

_________(2014). 2014년 드림스타트 사업 안내.

_________(2014). 아동의 주관적 건강 및 상대적 빈곤율은 개선, 삶의 만족도는 낮은 수준. 보도자료. 2014-11-04

_________(2015). 제35회 장애인의 날 교육자료 - 장애인의 삶과 사회적 인식.

_________(2016). 2016 보건복지통계 연보. 제62호.

_________(2017). 2017 아동분야 사업안내-1권. IX. 디딤씨앗통장(CDA).

_________(2017). 2017 아동분야 사업안내-1권. VI. 공동생활가정(그룹홈) 운영.

_________(2017). 2017 아동분야 사업안내-1권. VII. 아동복지시설 운영.

_________(2017). 2017 아동분야 사업안내-1권. VIII. 보호아동 자립지원.

_________(2017). 2017 아동분야 사업안내-2권. X. 드림스타트.

_________(2017). 보육사업안내. 보육료 지원대상 및 지원금액.

_________(2018). 2017년 장애인 실태조사 결과.

_________(2019). 2018 국민기초생활보자 수급자 현황.

_________(2019). 2018년 입양통계, 2019 보건복지부 보도자료 발췌. 2019/05/11

_________(2019). 2018년 말 기준 전국 지역아동센터 통계조사 보고서. p. 8.

_________(2019). 2019 지역아동센터 지원 사업안내, pp. 54-55.

_________(2020). 보육통계 국가승인통계 제15407호 어린이집 및 이용자 통계.

_________(2020). 보건복지부, 가정위탁 보호율 높이기 위해 6대 과제 중점 추진. 2020/05/21.

_________(2020). 2020 아동분야 사업안내 1.

_________(2020). 가정위탁보호아동현황(19.12.31기준).

보건복지부 · 서울대학교 사회복지연구소(2006). 한국의 주요 아동지표 2006. 보건복지부 · 서울대학교 사회복지연구소.

보건복지부 · 아동보호전문기관(2020). 2018 아동학대 주요 통계.

보건복지부 · 중앙아동보호전문기관(2015). 2015 전국아동학대 현황 보고서.

보건복지부 · 통계청(2017). 2016 가정위탁보호 아동 현황.

보건복지부 · 한국보건사회연구원(2012). 장애인실태조사.

북한이탈주민지원재단(2010). 2010 북한이탈주민 기초설문조사.

사단법인 한국아동단체협의회(2016). 우리에게 놀 권리가 있어요- 아동권리헌장.

서영숙 · 황은숙(2004). 『교사, 아동, 부모를 위한 한부모 가정과 이혼 이해교육』. 양서원.

서울특별시교육청(2016). 2016학년도 교육복지우선지원 기본계획 · 운영 매뉴얼. 서울교육 2016-16.

설동훈 · 서문희 · 이상식 · 김명아(2009). 다문화가족의 중장기 전망 및 대책연구: 다문화가족의 장래 인구추계 및 사회 · 경제적 효과분석을 중심으로, 보건복지가족부.

성영혜 · 김연진(1997). 『아동복지』. 동문사.

송정애 · 정해은(2012). 『가족복지론』. 양서원.

송지혜(2014). 굿네이버스 [시사 IN] 학교가 생기니 꿈이 생겼네. 시사 IN Live

신나리(2017). 기자명함 떼고, 벌금 300만원 택한 이유? 오마이뉴스 2017/08/05.

신인순(2012). 빈곤아동의 정서문제에 영향을 미치는 요인. 『한국가정학회지』, 50(4), 115-125

안수찬(2015). 숫자의 힘. 초록우산 어린이재단 뉴스레터지.

안영진(2006). 『21C 교사양성을 위한 아동발달』. 공동체.

안전행정부(2013). 지방자치단체 외국인주민현황조사.

여성가족부(2007). 조손가족실태조사연구.

________(2011). 2011년도 아이돌보미 지원사업 안내.

________(2015). 전국 다문화가족 실태조사 연구.

________(2015). 한부모가족 실태조사.

________(2016). 2016 한부모 가족지원사업 안내.

________(2017). 2017년 다문화가족지원사업 안내. 여성가족부 다문화가족정책과.

________(2019). 2018년 한부모가족 실태조사 결과 발표 보도자료. 2019.04.12.

________(2019). 2018년 전국다문화가족실태조사 연구. 2019-01.

________(2020). 다문화가족 관련 연도별 통계. 2020-06 다문화 가족과.

여유진(2018). 『아동빈곤의 현황과 정책과제』. 한국보건사회연구원.

염동훈 · 김혜영 · 안치민(2007). 『조손가족 실태조사 및 지원방안 연구』. 여성가족부.

오만석(2011). 다문화가정 자녀교육의 현실과 과제. 여섯 가정을 중심으로. 『다문화교육연구』, 4(1), 43-77.

오성배 · 강태중 · 이기범(2008). 『다문화가정 학생교육 지원 중장기계획 수립을 위한 연구』. 교육과학기술부.

오정수 · 정익중(2008). 『아동복지론』. 학지사.

오혜경(2003). 생애주기별 장애아동의 양육부담과 가족지원에 관한 연구. 제3회 모니카 공개 학술 세미나.

오혜경 · 정소영(2003). 『영유아기 장애아동의 양육부담과 가족지원』. 도서출판 신정.

우남희(2015). 우리사회의 아동권리를 진단하다. 『육아정책 Brief』, 통권 제37호.

월드비전 블로그(2013). '책임관광, 아동의 권리를 지키는 착한 여행자가 되어 주세요.' 이슈 세상탐방. 2013/11/06

월드비젼 세계 보건총회 정책제안서(2013). "보건의료 필수의약품에 대한 접근성 보장이 전 세계 아동 사망률을 낮출 수 있습니다."

유니세프 어린이 소식지(2011). 아름다운 우리 – 유엔아동권리협약 특집. 4호. 유니세프 한국위원회.

유희정(2004). 보육정책의 전망 그리고 과제. 한국여성개발원. 인문사회연구회자료.

윤종희 · 이재연(1992). 『아동기의 실종』. 교보문고.

윤혜미 · 김혜래 · 신영화(2005). 『아동복지론』. 청목출판사.

이경혜, 김정일(2009). 학업수행 부진에 부모빈곤이 미치는 영향 및 자기주도적 학습능력의 매개효과. 『아동학회지』, 30(4), 57-68.

이기숙(1999). 『유아교육과정』. 교문사.

이기숙 · 장영희 · 정미라 · 엄정애(2003). 『유아교육 개론』. 양서원.

이배근(2004). 『아동학대의 이론과 실제』. 신흥랜드싸이언스.

이봉주 · 김선숙 · 김낭희(2013). 쉽게 알아보는 한국 아동의 삶의 질에 관한 종합지수 연구. 세이브더칠드런. p.51.

이숙희(2014). 아동의 발견. 대학원신문. 기획사회편. 2014/3/14

이순아(2005), 아동의 빈곤실태와 공 · 사적 소득이전에 의한 빈곤 감소 효과: 가구유형을 중심으로. 전북대학교 석사학위 청구논문.

이순형 · 민하여 · 이소은 · 이완정 · 황혜신 · 이강이 · 이영미 · 이혜승 · 한유진 · 이옥경 · 권혜진 · 성미영(2006). 『아동복지 이론과 실천』. 학지사.

이승우(2011). 빈곤아동과 가족을 위한 위스타트 사업의 효과성 연구: 속초마을 사례. 한림대학교 사회복지대학원 석사학위논문.

이용교(2004). 『인간과 복지』. 학현사.

이인숙 · 박호란 · 김윤수 · 박현정(2011). 북한 이탈 아동의 신체 및 심리적 건강상태 평가. 『한국 아동보건 간호 학회』, 제17권 4호, 256-263.

이재연 · 박영애 · 문혁준(2010). 아동정책의 현재와 미래. 『한국아동학회지』, 제31권 3호.

이종은 · 고언정 · 김민경 · 이화조(2012). 서울시 아동인권 실태조사 최종보고서. 서울시 여성가족재단 연구사업 보고서. 3-348.

이혜숙 · 임은이(2009). 빈곤가정의 빈곤화 과정 연구. 『한국가족복지학』, 26, 255-294.

임세희(2007). 장기빈곤이 아동의 학업성취에 미치는 영향-부모자녀관계를 중심으로. 『사회복지연구』, 34, 55-78.

임시아(2011). 『아동복지론』. 공동체.

장병주(2013). 개정 입양제도의 문제점과 개선방향 – 개정민법과 입양특례법을 중심으로 –. 경북대학교 법학연구원 『법학논고』, 제41집, 501-532.

장인협 · 오정수(2000). 『아동 · 청소년 복지론』. 서울대학교 출판부.

장혜경 · 김혜경 · 이진숙 · 김현주 · 장화경(2002). 『외국의 가족정책과 한국의 가족정책 및 담당부서 체계화 방안 연구』. 한국여성개발원.

전봉자(2009). 다문화가정 아동의 문제점과 지원방안. 가야대학교 행정대학원 석사학위논문.

정은희(2015). 아동빈곤현황과 정책방향. 보건복지포럼. 2015.02.

정은희 · 최새은 · 이상균 · 하태정(2013). 우리나라 아동빈곤의 특성. 한국보건사회연구원 연구보고서 2013-30. 한국보건사회연구원.

정혜경 · 장영은(1999). 사회복지시설아동의 신체발육 및 영양상태. 『대한지역사회영양학회지』, 4(1), 3-11.

정혜원(1992). 가정 내의 아동학대, 훈육태도와 아동의 성격간의 관계. 연세대학교 사회복지대학원 석사학위논문. 15-16.

조윤화 · 김용진 · 오윤지 · 왕영민 · 김태용(2019). 『2019 장애통계연보』. 한국장애인개발원.

주정일 · 이소희(2003). 『아동복지실천론』. 교문사.

초록우산 어린이재단(2013). 아동관련법과 아동복지법 변천사 연구.

________________(2014). 복지사각지대 빈곤아동가구 현황분석 및 복지서비스 욕구에 관한 연구. 아동복지연구소 2014-01.

________________(2015). 아이들도 보물을 가질 권리가 있다. 초록우산 어린이재단 뉴스레터지. 2015. 07/08호.

최민숙(2002). 『장애아동 교육을 위한 가족참여와 지원』. 학지사.

최성근(2011). 북한이탈주민 정착 실태와 개선방안. 『통일경제』, 제2호.

최성일(2008). 『경기도 새터민 정착지원 방안 연구』. 경기도가족여성연구원.

최순종 · 윤옥경(2008). 보호시설 퇴소 청소년 자립지원 실태에 대한 연구 – 부처별 시설 및 프로그램을 중심으로. 국가청소년위원회.
통계청(2005). 인구주택총조사.
_____(2016). 전국 한부모가족 현황 – 장래가구추계 전체가구 대비 한부모가구 비율.
통일부(2011). 2011 북한이탈주민 정착지원 업무 실무편람. 재인용.
표갑수(2002). 『아동청소년복지론』. 서울: 나남출판사.
한국방정환재단(2016). 한국 어린이 · 청소년 행복지수.
한국보건사회연구원(2011). 유엔아동권리협약 제3 · 4차 국가보고서 및 권사사항 자료집. 보건복지부, 한국아동권리모니터링센터.
한국보건사회연구원(2013). 『2013 빈곤통계연보』. 한국보건사회연구원.
한국여성복지회(2005). 『가족복지론』. 청목출판사.
한국장애인개발원(2013). 장애아동 및 가족 실태조사.
_______________(2015). 2015 장애인백서.
한국청소년 정책연구원(2009). 장애아동, 청소년의 삶의 질 향상을 위한 지원방안 연구 I: 재활복지 서비스 제고방안. 연구보고 09-R18-5.
_________________(2011). 아동 · 청소년 정신건강 증진을 위한 전문가 워크숍 – 정신건강 정책 및 법 · 제도를 중심으로 –. 한국청소년정책연구원.
___________________(2013). 한국청소년 인권실태 연구 III. 연구보고 13-R13.
한미현 · 문혁준 · 강희경 · 공인숙 · 김상희 · 안선희 · 안효진 · 양성은 · 이경열 · 이경옥 · 이진 · 천희영 (2007). 『아동복지』. 창지사.
한성심 · 송주미(2003). 『아동복지론』. 창지사.
허남순(1998). 아동학대의 실태 및 영향. 아동복지학 창간호. 서울: 한국아동복지학회. p.23.
허선 · 이수진(2012), 아동빈곤가구의 복지사각지대 규모추정 및 현황분석을 통한 대안모색, 초록우산 어린이재단 아동복지연구소.
황옥경 · 이승기(2009). 아동기본법안 연구. 아동과 권리.
황정원(2015). 우리나라의 특수교육 현황. 『교육통계 FOCUS』, 2015년 12월 통권 194호.

공감언론 뉴시스(2020). 사회일반. 보육교사, 점심시간 평균 7분에 불과... 1인당 20명씩 돌봐. 2020/01/12.
경북매일(2019). 님비 vs 핌피. 2019/08/19
경인일보(2020). 가정위탁 보호 종료 아동의 현실, 2020/07/20.

경향신문(2016). 디딤씨앗 통장 인력·예산 부족으로 사업수행 난항. 2016/10/06.
_______(2019). 조손가정 "어떻게 지원받는지 몰라요"…찾아가는 돌봄절실. 2019/05/04.
_______(2020). '부모의 징계권' 삭제 민법 개정안 입법예고.."아동체벌 금지 명확히". 2020.08/04.
세계일보(2015). 커피농장 노동자들의 심각한 노동착취. 2015/06.
아시아경제(2017). '베이비 박스의 비극'… 버려지는 아이들 늘어난다. 2017/05/11.
연합뉴스(2016). 취지는 좋지만… 현실무시한 입양특례법. 2016/01/16.
_______(2017). [인구절벽] 올해 출생아 36만명 전망…심리적 저지선 무너진다. 2017/07/30
_______(2017). 국공립 어린이집 확충… 이용율 5년 내 "40% 달성 계획" 시동. 2017/06/11.
_______(2018). 보호시설 퇴소 청소년 4명 중 1명, 빈곤층으로 전락, 2018/10/11
_______(2019). 다문화가구원100만 인구 2%는 다문화…이웃으로 자리잡다. 2019/09/21.
_______(2020). 지난해 아동학대로 43명 사망..학대건수 3만건 넘어. 2020/6/25
오마이뉴스(2020). 친부모가 찾을 틈도 없이 서둘러 해외 입양… 왜?. 2020/02/10.
이코노미 톡 뉴스(2017). 통계로 본 여성의 삶 - 혼인감소 이혼율 증가. 2017/07/03.
중앙일보(2014). [우리 모두의 아이들]. "어린생명 살려" "아이 더 버린다". 2014/04/11.
한국일보(2017). 베이비박스, '생명의 상자'인가 '영아유기조장 불법시설'인가. 2017/05/16.
한국NGO 신문(2017). "특수학교 설립 반대 행위는 헌법의 평등정신에 반해". 2017/09/20

국가주요지표 홈페이지(http://www.index.go.kr). 아동급식 지원현황
국제연합아동기금 홈페이지(http://www.unicef.org). 유엔아동권리 협약 체결 내용 및 제네바선언
굿네이버스 홈페이지(http://www.goodneighbors.kr). "말라리아로부터 아프리카 아동들의 생명을 지켜주세요"
다문화가족지원 포털 홈페이지(https://liveinkorea.kr/portal/). 다문화가족 통계자료.
대한사회복지회 홈페이지(http://www.sws.or.kr). 입양기관 소개
동방사회복지회 홈페이지(http://eastern.or.kr/). 입양기관 소개
보건복지부 사회서비스 전자바우처 홈페이지(http://www.socialservice.or.kr) '사회서비스 전자 바우처 제도'
아동발달지원계좌 디딤씨앗통장 홈페이지(www.adongcda.or.kr). 디딤씨앗통장 사업내용
아이사랑보육포털 홈페이지(www.childcare.go.kr). 공공형 어린이집
여성가족부 홈페이지(http://www.mogef.go.kr/). 다문화가족 지원 사업
위스타트 홈페이지(http://www.westart.or.kr). 위스타트 운동

유니세프 한국위원회 홈페이지(http://unicef.or.kr/cre). UN 아동권리협약 전문

육아종합지원센터 홈페이지(https://central.childcare.go.kr/ccef/main.jsp). 육아종합지원센터 소개

재단법인 한국방정환재단 홈페이지(http://www.korsofa.org). 대한민국 어린이 헌장

중앙가정위탁지원센터 홈페이지(http://www.fostercare.or.kr). 가정위탁보호 – 실천원칙

탈북청소년교육지원센터 홈페이지(http://www.hub4u.or.kr). 북한이탈주민 자녀의 국내 재학생 추이

통일부 홈페이지(www.unikorea.go.kr). 자료마당, 통계자료

통일부 홈페이지(www.unikorea.go.kr). 주요정책 현황, 북한이탈주민 입국인원현황

한국보육진흥원 홈페이지(http://kca.childcare.go.kr). 드림스타트 사업

한국사회봉사회 홈페이지(http://www.hanbong.or.kr/). 입양기관 소개

한국아동권리모니터링센터 홈페이지(http://www.childrights.kr/). UN 아동권리협약 전문

홀트아동복지회 홈페이지(https://www.holt.or.kr). 입양기관 소개

Aries(1962). *Centuries of Childhood: A Social History of Family Life.* New York: Knopf, p. 33.

Becker, G. S.(1981). *A treatise on the family*. Cambridge: Harvard Univ.Press.

Belsky, J.(1980). Child maltreatment: An ecological integration. *American psychologist,* 35, 320-335.

Belsky, J.(1993). "Etiology child maltreatment: A developmental-ecological analysis." *Psychological Bulletin,* 114, 413-434.

Bronfenbrenner, U.(1979). *The ecology of human development*. Cambridge, MA: Harvard University Press.

Cocoran, M.(2000). Mobility, persistence. and the intergenerational determinants of children's success. *Focus*, 21(2), 16-20.

Conger, R. D., Conger, K. J., & Elder, G.(1997). Family economic hardship and adolescent adjustment: Mediating and moderating processes. pp. 288-310. *In Consequences of Growing Up Poor.* NY: Russell Sage Foundation.

Conger, R. D., Conger, K. J., Elder, G., Lorenz, F. O., Simons, R. L., & Whitbeck, L. B. (1992). A family process model of economic hardship and adjustment of early adolescent boys. *Child Development,* 63, 526-54.

Downs, S. A., Costin, L. B., & McFadden, E. J.(1996). *Child welfare and family service: polices and practice*. White plains, NY: Longman.

Duncan, G. J., Brooks-Gunn, J., & Klebanov, P.(1994). Economic deprivation and early-childhood

development. *Child Development,* 65(2), 296-318.

Duncan, G. J., Magnuson, K. Kalil, A., & Ziol-Guest, K.(2012). The importance of early childhood poverty. *Social Indicator Research,* 108, 87-98.

Duncan, G. J., Yeung, W. J., Brooks-Gunn, J., & Smith, J. R.(1998). How much does childhood poverty affect the life chances of children?. *American Sociological Review*, 63(3), 406-423.

Duncan, G. J., Ziol-Guest, K., & Kalil, A.(2010). Early-childhood poverty and adult attainment, behavior, and health. *Child Development,* 81(1), 306-325.

Dunst, C., Trivette, C., & Deal, A.(1998). *Enabling and empowering families.* Cambridge, MA: Brookline Books.

Felfe, C. & R. Lalive(2012). "Early child care and child development: For whom it works and why." SOEP papers on Multidisciplinary Panel Data Research, No. 536.

Friedlander, W, A. & Apte, R.(1974). *Introduction to Social Welfare*. Englewood Cliffs: Prentice Hall.

Garbarino, J.(1992). The meaning of poverty in the world of children. *American Behavioral Scientist*, 35(2).

Gershoff, A., Raver, & Lennon, C.(2007). Income is not enough: Incorporating material hardship into models of income associations with parenting and child development. *Child Development,* 78, 70-95.

Gilbert & Terrell(2002). *Dimensions of Social Welfare Policy*(5th ed.). Boston: Allyn & Bacon.

Gupta N. & M. Simonsen(2010). "Non-cognitive Child Outcomes and Universal High Qualit Child Care." *Journal of Public Economics*, 94(1-2), 30-43.

Havnes,. T. & M. Mogstad(2011). "No Child Left Behind: Subsidized Child Care and Children's Long Run Outcomes." *American Economic Journal : Economic Policy*, 3(2), 97-129.

Kadushin, A. & Martin, J. A.(1998). *Child welfare services*(4th ed.). N. Y.: Macmillan Publishing Co., Inc.

Kadushin, A.(1974). *Child welfare services*(2nd ed.). New York: Macmillan Publishing Co., Inc.

Kadushin, A.(1980). *Child welfare service*(3rd ed.). New York: Macmillan Publishing Co., Inc.

Kaufman, J. & Zigler, E.(1987). "Do abused children become abusive parents?" *American Journal of Orthopsychiatry,* 57, 186-192.

Kim, H. R.(2007). Overview of nutritional status of policy directions of supporting childrens's nutrition in North Korea. *Health and Welfare Policy Forum,* 132, 24-34.

Korea National Statistical Office(2008). The entry number of North Korean defectors. *Retrieved October18, 2010,* from http://kostat.go.kr/wnsearch-New/search.jsp.

McLoyd, V. C.(1998). Socileconomic Disadvantage and Child Development. *American Psychologist,* 53(2), 185-204.

Newman, B. M. & Newman, P. R.(1991). *Development through life:* a psychosocial approach(5th ed.). Pacific Grove, CA: Brooks/Cole.

Patterson, G. R.(1982). *Coercive Family Process*. Eugene, OR. :Castalia.

Pecora, Peter, James Whittaker, Anthony Maluccio, & Richard Barth(2002). *The Child Welfare Challenge: Policy, Practice and Research.* N. Y.: Aldine de Gruyter.

Wilson, W. J.(1987). *The truly disadvantaged: the inner city, the underclass, and public policy.* Chicago, IL: Univ. Chicago Press.

Zuckerman, E.(1983). *Child Welfare*. N.Y.: The Free Press.

찾아보기

인명

ㄱ

ㄴ

ㄷ

ㄹ

ㅁ

ㅂ

ㅊ

ㅋ

ㅌ

ㅍ

저 | 자 | 소 | 개

김미영

중앙대학교 가정대학, 동대학원(가정학사/석사)
숙명여자대학교 대학원 아동복지학과 아동복지전공(석사/박사)
한국행동수정연구소 조기치료교육원장 · 수석연구원 역임
숙명여자대학교 아동복지학과 강사 역임
광운대학교 교육대학원 겸임교수 역임
현재 대덕대학교 사회복지과 교수
저서) 부모교육(공저, 2008), 아동발달(2010), 영아발달(2013), 아동복지론(공저, 2013),
유아발달(2014), 정신건강론(공저, 2015). 영유아발달(2017), 가족복지론(공저, 2017).

아동권리와 복지 [개정판]

1판 1쇄 발행 — 2018년 3월 2일
2판 1쇄 발행 — 2020년 8월 28일
2판 2쇄 발행 — 2022년 2월 28일

저　　자 – 김미영
발 행 인 – 강철원
발 행 처 – 양성원
주　　소 – 경기도 파주시 검산로 173번길 29-20
전　　화 – 031-946-3861(代)
팩　　스 – 031-946-3864
이 메 일 – tnwpub@naver.com
홈페이지 – tnwpub.co.kr
출판등록 – 2015년 8월 31일 제2015-000211호

ISBN 979-11-6126-316-8

정가 20,000원